챗봇 디자인의 법칙

챗봇 디자인의 법칙

대화형 AI를 위한 UX 디자인 전략

다이애나 다이벨,
레베카 에반호 지음

전지민 옮김

UX Design for Chat and Voice

유엑스 리뷰

추천의 글

갓 걸음마를 뗀 챗봇 디자이너는 물론, 고객을 대한 모든 사람, 특히 영업 및 고객 서비스와 조금이라도 관련된 일을 하는 사람이라면 이 책을 읽어야 한다.

_VUX 월드 CEO이자 공동 창업자 케인 심즈(Kane Simms)

챗봇 디자인에 입문하거나 더 깊이 발을 들이고 싶은 사람은 반드시 이 책을 읽어야 한다. 이 책은 생각할 계기와 영감을 줬다! 다양성, 편견 및 접근성의 중요한 필요성을 지적한 점이 정말 마음에 들었다.

_AI 리더십 연구소 설립자 노엘 실버(Noelle Silver)

철저히 연구해서 산업 내 전문가들의 귀중한 의견을 군데군데 반영한 이 책은 빠른 글쓰기의 기초부터 접근성을 위한 디자인의 복잡성을 아우르는 대화 디자인 주제를 다룬다. 이보다 더 큰 찬사는 할 수 없다. 나는 많은 것을 배웠고, 이 책을 읽는 매 순간을 즐겼다!

_아마존 시니어 VUI 디자이너 리사 폴크슨(Lisa Falkson)

이 책은 봇을 위한 디자인의 핵심을 견고하고 실용적으로 소개한다.
_《인간 중심 UX 디자인(Designing for the Digital Age)》 저자 킴 굿윈(Kim Goodwin)

대화형 인터페이스가 일상생활의 일부가 되면서 점점 더 많은 UX 커뮤니티가 대화 디자인이라는 도전에 직면하고 있다. 다행히도 사람들은 이제 이 책에서 성공적인 디자인 과정을 운영하는 방법을 배울 수 있다. 이 책을 통해 UX 커뮤니티는 마침내 대화 디자인의 섬세하고도 때로 지저분한 과정을 탐색할 수 있는 포괄적이지만 읽기 쉬운 가이드를 얻게 되었다.
_어도비 음성 및 오디오 제품 담당 이사 마크 웹스터(Mark C. Webster)

두 저자는 실용적이고 바로 실행 가능한 사례들을 이용해서 대화 디자인을 위한 최선의 방식을 즐겁고 재미있는 문장으로 제시한다.
_《음성 사용자 인터페이스 디자인(Designing Voice User Interfaces)》 저자 캐시 펄(Cathy Pearl)

이 책은 음성으로 작업하는 디자이너를 위한 훌륭한 자료다. 책 전반에 걸쳐서 다이애나와 레베카는 디자이너들이 포용적이고 접근성 좋은 대화를 만들기 위한 좋은 기반을 마련했다.
_《디지털 세상을 위한 포용적 디자인(Inclusive Design for a Digital World)》 저자, 뉴욕대학교 교수 레진 길버트(Regine Gilbert)

자주 묻는 질문

Q **'사물과의 대화'란 무슨 뜻인가요?**

이 책에서는 소리 내어 말을 하거나 문자를 입력하며 사람과 대화할 수 있는 테크놀로지인 대화형 인터페이스 디자인을 다룬다. 챗봇과 음성 비서 그리고 대화가 주요 입력과 출력을 이루는 모든 인터페이스를 포함한다.

사람과 대화하는 테크놀로지 간의 상호작용을 '사물과의 대화'라고 부르는 이유는 비록 테크놀로지가 사람 대 사람으로 주고받는 대화를 모방해도 이 프로그래밍된 대화 상대들은 사람이 아니기 때문이다. 1장 '왜 대화 디자인인가'에서 그런 테크놀러지와의 대화 디자인을 정의해두었다.

Q **대화형 제품이 성격(personality)을 가져야 하나요?**

좋은 질문이고 논쟁이 끊이지 않는 주제이기도 하다. 간략하게 답하자면 '그렇다.' 사람들은 어떻게든 성격을 읽어내기 때문에 디자인할 때는 목적이 있어야 한다. 성격의 주요 역할은 사용자와 상호작용의 목적을 만족시키는 것이라고 우리는 말한다. 하지만 젠더와 인종과 같은 다른 고려사항에는 큰 책임이 따른다. 3장에서 성격 디자인을 위해 우리가 마련한 프레임워크를 볼 수 있다.

Q **대화형 인터페이스를 위한 디자인을 어떻게 문서화하나요?**

우리는 이 대화를 수많은 사람 및 팀과 해왔다. 우리의 핵심 관점은 문서화할 수 있는 적정량(충분하지만 지나치지 않게)을 팀과 함께 발견해내라는 것이다. 더 구체적으로 말하자면 대화 디자인의 필수 도구로 플로 다이어그램(flow diagram)을 추천한다(물론 모든 종류의 문서에는 장단점이 있다). 6장에서 자세한 내용을 볼 수 있다.

Q **궁금한 건 많지만 시간이 부족해요. 뭘 읽어야 할까요?**

당신이 선택할 수 있는 길이 몇 가지 있다. 디자인 특강이 필요하다면 2장 '사람처럼 말하기'에서 언어학에 익숙해진 다음 3장부터 6장까지 다루는 대화 디자인 내용에 집중하길 추천한다. 시작하는 데 필요한 기초를 다질 수 있을 것이다. 팀의 작업 프로세스를 정하고 싶다면 제일 뒤에 있는 9장에서 11장으로 건너뛰기를 추천한다. 경험이 더 풍부한 사람이라면 5, 7, 8장을 읽어라.

Q **윤리와 차별에 관해 어떤 의견을 가지고 있나요?**

먼저 우리가 누린 특혜와 편견에 관해 이야기하자면 우리는 백인처럼 보이는 시스젠더로 장기 장애를 겪거나 집에서 쫓겨나본 경험이 없는 사람들이다. 우리는 둘 다 대학 교육을 받았고 입사 기회가 비교적 쉽게 주어지던 당시에 대화 디자인에 발을 들였다.

도합 20년을 테크 산업에서 일한 우리는 최종 사용자 및 직원과 같은 사람들이 어떻게 소외당하고 무시당하고 해를 입게 되는지를 직접 목격했다. 다른 사람들과 달리 우리는 융합이나 사회 정의에 관한 전문가는 아니지만, 그 가치들은 작업에서 결코 빼놓을 수 없는 핵심 요소라고 생각한다. 우리는 모든 사람이 포함되고 가치 있게 여겨지는 포용적이고 공정하며 인종을 차별하지 않는 분야를 만들기 위해 최선을 다하고 있다. 이를 위해서 이 책은 개발 과정에 윤리적 사고방식을 포함하는 방법을 설명하며 포용적 디자인을 이룬 대화 디자인이 어떻게 보이는지를 이야기하는 11장으로 마무리한다.

서문

UX 디자이너로 일하던 초기에 나는 시리(Siri) 개발자들과 일하며 새로운 스마트 비서 비브(나중에 삼성이 인수하면서 빅스비(Bixby)가 되었다)가 세상으로 나올 수 있게 도왔다. 나는 기발한 창업팀과 함께 일할 기회와 심리스(Seamless) 사용자 경험을 제공하는 음성의 가능성에 매력을 느꼈다. 감명 깊은 테크놀로지였지만 AI가 고의로나 우발적으로 사람을 해하는 데 사용될 수 있지 않을까 걱정했다. 왕복 4시간 출근에 지쳐 그만두기 전까지 나는 그 프로젝트에서 내가 할 수 있는 만큼 최대한 기여했다. 새 직장인 판도라(Pandora)에서 대화를 디자인하며 구글 홈(Google Home)과 알렉사에 음악 서비스를 연결했고, 기타 연구와 디자인 프로젝트에 임했으며, 그다음에는 슬랙(Slack)으로 옮겨갔다. 결국 나는 내 삶의 목적을 발견했다. 바로 인간 대 인간의 상호작용이었다. 현재 나는 인간이 디바이스가 아닌 인간끼리 가까워질 수 있게 가르치고 돕는 일을 하고 있다.

이 책을 펼쳤을 때 나는 이 분야에서 일하던 당시 과거 경험을 떠올렸고 회의적이었다. 이 기술에 얽힌 까다로운 윤리적 문제들과 더불어 이 일이 얼마나 복잡하고 해결하기 곤란할 수 있는지를 생각한 것이다. 그러나 이 책은 내 모든 예상을 초월했다.

이 책을 읽으면 효과적인 디지털 대화 디자인을 만들어내기 위해 인간으로서 효과적이고 포용적인 대화를 하는 방법을 이해해야 한다는 사실이 분명해진다. 다이벨과 에반호는 사람 간의 대화 및 사람과 디바이스 간의 대화 스크립트를 예로 들며 이 교훈을 내

내 피력한다. 발명가들이 바랐던 것처럼 음성 인터페이스를 접근 가능하고 편리한 테크놀로지로 만들기 위한 로드맵을 제시한다. 이 책의 독자인 당신 같은 발명가와 디자이너들이 성공한다면 인간 대 인간 세계에 만연한 편견과 동성애 혐오, 그리고 인종, 성, 계급, 장애에 대한 차별이 없는 편리하고 유용하며 포용적인 음성 인터페이스를 만들 수 있을 것이다. 에반호와 다이벨은 독자가 이를 성공하기 위한 계획을 세우도록 돕고 '뭐가 잘못될 수 있을까?'를 묻는 것이 왜 그토록 중요한지를 알려준다.

이 책은 문화적이고 언어적인 변수에서부터 어조, 속도, 억양, 단어 및 발음과 성격 프레임워크, 오류 처리 및 학대 방지에 이르기까지 대화형 인터페이스를 제작하는 디자이너 또는 제품 소유자가 생각해야 할 복잡한 고려사항들의 포괄적인 개요를 제공한다. 제작하고 테스트하는 팀 내부의 교차성과 다양성을 이해하지 못하고 책임지지 않는 디자이너가 이런 제품에 편견을 넣어 빌드하기가 얼마나 쉬운지를 저자들이 지적해서 기뻤다. 두 사람의 책은 놀라울 정도로 유용하고 대화에 집중하며 재치가 있고 교훈에 활기를 불어넣는다.

디지털 대화 디자이너로서 성공하고 싶은 사람이라면 이 책을 처음부터 끝까지 읽어야 한다. 심지어 사람과의 의사소통에도 도움이 될 것이다.

UX 디자이너 캣 벨로스(Kat Vellos)

차례

추천의 글 4
자주 묻는 질문 6
서문 8
시작하며 12

CHAPTER 1
왜 대화 디자인인가

구조에 나선 대화 디자이너들 23
마지막 이야기 28

CHAPTER 2
사람처럼 말하기

인간의 언어 연쇄 32
기계적 언어 연쇄 34
대화의 순서 교대 37
수정하기 44
수용하기 46
문화와 언어 49
문화와 예의 52
진화하는 언어 55
마지막 이야기 58

CHAPTER 3
신뢰 가는 성격 만들기

성격이 드러나는 방법 66
성격의 잘못된 토대 67
성격의 올바른 토대 69
인종차별적 고정관념을 피하라 85
젠더를 부여하는 문제 88
아바타를 만드는 문제 93
일관성 vs 개인 맞춤화 95
마지막 이야기 97

CHAPTER 4
프롬프트 디자인하기

단어의 무게 105
프롬프트의 구조 106
작업에 적절한 단서 만들기 108
확인의 유형들 115
인지 부하: 생각하게 하지 말아줘 117
사용자에게 말하는 법 가르치기 136
스몰토크 138
성희롱을 방지하기 위한 프롬프트 140
마지막 이야기 143

CHAPTER 5
사용자 인텐트 정의하기

사용자 말의 구조 149
알고리즘 키우기 152
일련의 인텐트 빌드하기 155
인텐트는 얼마나 구체적이어야 하는가 .. 161
슬롯과 슬롯 값 활용하기 165
반복하기: 반드시 필요한 단계 168
마지막 이야기 172

CHAPTER 6
대화형 경로 문서화하기

샘플 스크립트부터 작성하기 ············ 178
흐름으로 경로 매핑하기 ················· 180
프롬프트가 흐름에 미치는 영향········· 184
논리가 흐름에 미치는 영향 ·············· 186
슬롯이 흐름에 미치는 영향 ·············· 188
유연성 디자인하기 ······················· 191
안내의 기초 ······························· 192
고급 '대화형' 안내 ······················· 194
패턴 수정하기 ····························· 197
플로 다이어그램 형식화 ················· 202
구성요소로 디자인하기 ·················· 206
어떤 문서화 방법이 가장 좋은가 ······· 211
마지막 이야기 ····························· 212

CHAPTER 7
맥락 만들기

기억 속의 맥락 ··························· 217
감정적 맥락 ······························· 223
데이터에서 가져오는 맥락 ·············· 226
데이터 개인 정보와 윤리················· 240
마지막 이야기 ····························· 243

CHAPTER 8
대화의 복잡성

멀티모달 상호작용 ······················· 248
멀티세션 ································· 259
멀티채널 ································· 265
여러 사람과의 대화 ······················· 268
다중언어 ································· 274
마지막 이야기 ····························· 280

CHAPTER 9
연구와 프로토타이핑

발견 ····································· 288
계획하기 ································· 293
구상하기 ································· 298
프로토타이핑 ····························· 302
마지막 이야기 ····························· 314

CHAPTER 10
대화 시작하기

빌드하기 ································· 321
출시 후 최적화하기 ····················· 335
마지막 이야기 ····························· 343

CHAPTER 11
포용적 대화 디자인하기

나의 편견 인정하기 ······················· 349
예외 사항에 의문 품기 ··················· 353
다양한 피드백 모집하기 ················· 356
최악의 상황 가정하기 ··················· 359
공동 디자인 ······························· 363
마지막 이야기 ····························· 366

마치며 ··································· 369
주석 ····································· 370

시작하며

사람들은 수백, 수천 년 동안 서로 대화를 해왔다. 슬슬 새로운 대화 상대를 찾을 때가 된 건 아닐까? 그리고 소리 내서 말하거나 타자를 치면서 대화할 수 있게 하는 테크놀로지인 대화형 인터페이스가 나타났다. 이 테크놀로지는 오래전부터 개발 중이었지만 왓슨, 시리, 알렉사가 2010년에 "헬로, 월드"를 처음 말한 이후로 새로 각광받기 시작했다.

대중매체와 테크 산업, 특히 투자자들은 디바이스와의 대화를 통해 이룰 수 있는 것들에 떠들썩하게 주목하고 있다. 그러나 이 테크놀로지가 잠재력을 완벽히 발휘하기란 아직 멀었다. 부분적으로는 언어로 정보를 교환하는 주요 방법인 상호작용을 위한 디자인을 사람들이 할 줄 모르기 때문이다. 많은 정보가 누락되고 있다. 이 분야의 현 상황을 넘어서기 위해서는 잘못된 것을 바로잡을 필요가 있다.

그래서 우리는 이 책을 썼다. 대화 디자인이라는 블루 오션 속의 대화형 인터페이스를 디자인하는 일은 UX 디자인의 한 종류로 언어 중심적 상호작용에 집중한다. 우리 둘이 합쳐 20년의 대화 디자이너 경력을 갖고 있으므로 다음과 같은 관련 주제에 관해 생각할 시간은 충분했다.

- 평범한 대화와 멋진 대화의 차이점은 무엇인가?
- 이 산업은 무엇을 잘못하고 있는가?

- 사람들이 이해하기 어려워하는 대화 디자인의 면모는 어떤 것인가?
- 다른 사람에게 배우면 좋았을 것은 무엇인가?

이 책은 챗봇 디자인의 핵심인 대화 설계에 관해 알고 싶어 하는 사람들을 위한 것이며 특히 그것을 만드는 방법을 배우고 싶어 하는 사람들에게 도움이 될 것이다. 우리는 대화 디자이너처럼 사고하는 방법을 가르치고 프레임워크, 단계, 그리고 문서화하고 협동하는 방법 같은 실천 가능한 정보를 제공한다.

먼저 언어학의 기초를 다지는 장으로 시작한다. 바로 사람들이 서로 어떻게 대화하고 테크놀로지가 이를 어떻게 모방하려 하는지를 설명하는 내용이다(언어학은 광범위한 분야이며 여기서는 대화 디자이너들이 이해하면 좋을 개념들을 훑어본 것이다).

3장부터 6장까지는 챗봇 디자인의 필수 정보인 성격, 프롬프트(prompt), 인텐트(intent) 및 흐름(flow)에 관해 알려준다. 이는 대화형 인터페이스를 지탱하는 기둥이며 이 일부들이 모여서 사용자 경험에 영향을 준다. 7장과 8장에서는 맥락과 멀티모달(multimodal) 등에 관한 고려와 같은 까다로운 지점을 탐구한다. 이 분야의 기술을 전부 알려준 뒤, 9장과 10장에서는 프로세스와 협업에 관해 설명한다.

이 책에서는 대화형 테크놀로지가 해를 끼칠 가능성이 있는 곳과 디자이너로서 당신이 이런 위험성을 경감하는 방법 같은 윤리적 고려사항에 주목한다. 11장에서는 포용적 디자인(inclusive design)을 위해 특정 기술을 한가득 제시한다.

이 책은 사람과 대화를 이해하도록 도울 것이다. 당신이 좋은 디자이너가 되도록 돕고 존중과 포용의 도구로 디자인을 활용하는 방법을 가르쳐줄 것이다. 더불어 인간 경험을 디자인의 중심에 놓기 위한 프로세스도 제시할 것이다. 그렇게 해야 인간을 위한 진정한 대화형 경험을 만들 수 있을 것이다.

잠깐! 이 책의 구성에 대하여

이 책은 테크놀로지와 주변인과의 대화 디자인에 관한 것이다. 신흥 분야에 걸쳐 오가는 대화 역시 대표한다. 그 내용들을 설명하기 위해 이 책은 몇 가지 특징을 지닌다.

- **샘플 스크립트**: 각 장은 '샘플 스크립트'를 보여주며 시작한다. 이것은 두 인물이 대화하고 있는 가상의 짧은 장면이다. 각 장을 위한 무대를 마련하며 심지어 샘플 스크립트가 어떻게 작동할지 보여주기도 한다.
- **용어 정의**: 이 분야에서만 사용하는 전문 용어가 존재하며, 산업 전반에 종사하는 사람들은 같은 것을 가리키면서도 다른 용어를 사용한다. 우리는 사람들의 용법을 조사하고 우리가 선호하는 용어를 골라냈다. 역사에 관한 겉핥기가 가끔 포함된 용어 설명서라고 이해하면 된다.
- **함께 나누면 좋을 이야기**: 이 책은 혼자 읽을 수 있지만, 대화 디자인은 심도 있는 협업과 수많은 팀 논의를 요구하는 일이다. 협동의 문화를 만들기 위해서 배우고 싶은 것, 결정을 내려야만 하는 것 등 당신이 팀에 물어볼 수 있는 질문 목록을 준비했다.
- **이해관계자들과의 대화**: 디자인의 늪에 빠진 사람들과 업계의 다른 사람들 사이에서 흔히 볼 수 있는 단절이 몇 가지 있다. 여기서는 고통스러운 점을 지적하며 이에 관한 우리의 의견을 제시한다.
- **트윗**: 디자인 커뮤니티 사람들의 관점 중 특별히 중요하거나 잘 표현했다고 생각되는 트윗을 생생하게 준비했다.

> **토론과 대안**
> ## "대화 디자인을 배우게 된 계기는 무엇인가?"

다이애나: 난 헬스 테크 기업에 들어가 환자 교육 비디오로 시작해서 나중에는 환자 지원을 위한 전화 통화 스크립트를 쓰면서 우연히 발을 들이게 됐어(알고 보니 내 극작 학위도 쓸모가 있었어). 다시 말하면 직접 뛰어들고 겪으면서(그리고 실패하면서) 이 모든 것을 배운 거지.

레베카: 나도 마찬가지야. 글 쓰던 경험으로(내 경우에는 소설) 건강 교육 스타트업에서 일하기 시작했고 그 일이 마음에 들어서 하게 됐는데 할 수 있는 실수는 다 해봤어.

다이애나: 경험은 고통스러워도 좋은 선생님이야. 나는 모든 걸 알고 싶어서 몇 안 되는 책을 구해서 읽고, 학회에 참가하고, 물어볼 수 있는 사람에게 전부 질문했어. 아이디어를 교환할 수 있는 커뮤니티 덕분에 더 빨리 배울 수 있었고.

레베카: 4년 차가 되기 전까지 다른 대화 디자이너를 만나보지 못했어. 정말 무인도에 남겨진 기분이었어. 함께 논의할 수 있는 사람들을 만난 뒤에야 UX의 성격과 디자인의 심도 있는 복잡성을 이해하기 시작했어.

다이애나: 또 이 책을 쓰기 위해 우리는 구할 수 있는 모든 자료를 읽었고, 비단 디자이너뿐만 아니라 PM과 개발자 등 인터페이스를 제작하는 수많은 사람과 인터뷰했지.

레베카: 그 경험을 통해 우리가 이미 알고 있는 사실이 명백해졌어. 아직 새로운 분야

이고 그 안에 몸담은 사람들은 정말 다양한 관점을 갖고 있다는 사실 말이야.

다이애나: 우리도! 우린 사이가 아주 좋지만.

레베카: 정말, 정말로 그렇고 말고.

다이애나: 함께 책을 쓰면서 몇 가지 사항에 대해 의견이 서로 일치하지 않는다는 사실을 깨달았어. 거기에도 가치가 있기에 우리는 건강한 토론을 선보이기로 했지. 우리도 토론을 통해 많은 것을 배웠으니까.

레베카: 이 책의 '토론과 대안' 내용은 의견을 차이점을 지적하고 서로에게 애정 어린 비판을 하며 불만 사항을 공개적으로 드러내는 자리야. 독자들이 즐겁게 읽는 내용이 되면 좋겠어.

우리가 동의하는 점: 운 좋게도 우리는 살아온 경험과 실패뿐만 아니라 다른 사람들이 공유한 지식과 시간을 통해서도 배울 수 있었다. '현장 밖'에 있는 사람들이 대화 디자인을 마법처럼 신비롭게 받아들이는 것에 지쳤고 모든 사람을 대화에 참여시키고 싶다. 같은 밀물에 모든 배가 뜬다는 속담도 있지 않은가. 함께 떠올라보자.

레베카: 안녕하세요? 혹시 음성 경험(voice experience)의 접근 편리성을 높이는 방법을 아시는 분 계시나요?

다이애나: 네, 한 달 전쯤에 그 주제에 관한 멋진 이야기를 들었어요. 저도 더 배우려고 노력하고 있고요. 제 노트를 공유해드릴 수 있는데 보내드릴까요?

레베카: 공유해주시면 저야 좋죠! 도움 주셔서 감사합니다.

2018년 클라우드 기반 팀 협업 도구인 슬랙 채널 커뮤니티에서 오간 이 대화는 우리의 우정과 이 책의 시발점이 되었다. 당시 우리 두 사람은 테크 산업에서 일한 경력이 6년 차에 접어들고 있었는데 이제야 우리가 뭘 하는지 알 것 같은 기분이었다. 그래서 우리는 테크놀로지가 어떤 부분에서 사람들을 부당하게 대하는지를 알아차리고 우리가 작업한 대화형 인터페이스에 관해 확고한 의견을 세우기 시작했다.

> **용어 정의** 대화형 인터페이스
>
> 테크놀로지에 말을 걸고 테크놀로지가 음성이나 문자로 응답하는 것이 대화형 인터페이스다. 시리 같은 음성 비서는? 대화형 인터페이스다. 물어보면 우유가 부족하다고 말하는 냉장고는? 그것도 마찬가지다. 캐릭터들과 대화해야 진행할 수 있는 인터랙티브 가상현실 게임은? 그것도 물론이다. 대화형 인터페이스란 인간처럼 듣고 말하고 대화하려고 최선을 다하는, 인간이 아닌 사물을 포괄적으로 칭하는 용어다.

우리가 만난 이후로 대화형 테크놀로지는 더 보편화되었다. 웹사이트와 앱의 한 귀퉁이에서 챗봇이 "안녕하세요"라고 인사를 해오고 조리대 위에는 스마트 스피커가 놓여 있으며 사람들이 자신의 시계와 안경에 말을 걸면서 돌아다닌다. 그런데도 테크놀로지 산업이 사람이 아닌 테크놀로지 중심적인 접근을 하는 걸 쉽게 볼 수 있다. 대화형 인터페이스가 인간 간 커뮤니케이션을 본따야 한다는 점을 생각해보면 이상한 접근법이다. 우리는 이 단절이 테크놀로지가 기대치에 미치지 못하고 있는 이유를 대부분 설명할 수 있다고 생각한다.

우리는 여전히 이 일에 매료되어 있고 그 가능성을 낙관한다. 이 책을 고른 당신도 대화형 인터페이스에 관심을 가진 사람일 거라 생각한다. 계속 읽다 보면 비판적이고 윤리적이며 포용적인 사고를 갖추는 방법을 포함해 시작하는 데 필요한 모든 것을 배우게 될 것이다.

먼저 대화형 인터페이스가 왜 특별한지, 이에 주목할 만한 이유가 무엇인지 살펴보자. 우선 대화형 인터페이스는 여러 종류의 테크놀로지를 포함하기 때문에 다양성을 갖추고 있다. 그림 1.1은 대화형 테크놀로지에 포함되는 디바이스들을 간략하게 보여준다.

대화형 상호작용은 구글에서 질문을 검색하는 것과는 다르다. 검색 엔진에서도 단어를 사용하지만 대화를 주고받듯 하는 게 아니기 때문이다. 다음은 진정한 대화형 인터페이스의 몇 가지 특징이다.

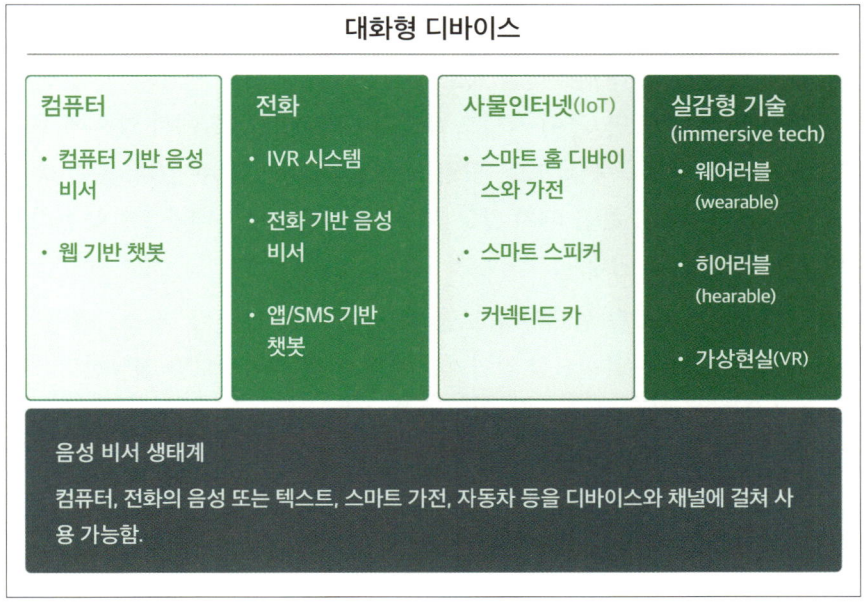

[그림 1.1] 당신의 대화 파트너를 골라보라.

- 입력과 출력이 주로 언어(단어)로 이루어진다.
- 상호작용의 본질은 대화를 주고받는 것이다.
- 사람의 입력은 다른 사람에게 말을 거는 것과 흡사하다.
- 시스템의 출력은 자연 언어를 흉내 내는 게 목적이다. 인간과 같은 수준으로 응답해야 한다.

사람들은 언어의 슈퍼 유저이기 때문에 대화형 상호작용은 대단한 힘을 가진다. 사람들은 직관적으로 언어를 습득하고 종일, 그리고 매일 대화하고 읽으면서 언어를 사용한다. 그래서 이런 인터페이스가 뛰어난 효과를 지닌다. 사람들은 테크놀로지가 말을 걸어오는 경험을 하면, 이 편안한 방식에 곧장 적응한다. 대단히 선천적인 상호작용 방법인 셈이다.

대화형 인터페이스는 다양한 방식으로 활용할 수 있다.

- **편리한 멀티태스킹**: 양손에 장바구니를 들고 현관문을 통과하며 사용자가 "알렉사, 나 집에 왔어"라고 말하면 짠, 불이 켜지고 음악이 재생된다. 부엌에서 양손에 쿠키 반죽이 묻은 상태로 "헤이, 구글! 12분 알람 맞춰줘"라고 외칠 수 있다. 운전 중에 한눈을 팔거나 운전대에서 손을 떼지 않고 "시리야, 클로이한테 내가 5분 늦는다고 문자 보내줘"라고 말할 수 있다.
- **정보 '꿰기'**: 앱과 웹사이트를 탐색하다 보면 검색, 훑어보기, 클릭 및 스크롤을 하게 된다. 잘 디자인된 봇은 불필요한 잔가지를 쳐내고 축약된 정보만 전달한다. "내 신용카드 대금이 얼마야?", "미국 배우 비 아서는 언제 태어났어?" 등 사용자가 원하던 정보를 단숨에 얻어내면 어떤 웹 검색보다도 원활하다.
- **공공장소에서 핸즈프리**(hands-free): 2020년 세계적인 팬데믹과 함께 현금 자동 입출금기(ATM) 또는 자판기를 만지길 꺼리는 사람들이 급증했다. 음성 상호작용을 사용하면 끈적거리는 스크린을 탭하거나 더러운 신호등 버튼을 누르지 않고도 인터페이스와 대화하며 병균과 접촉하지 않는 미래를 만들 수 있다.

- **평가 없는 도움**: 연구에 따르면 일부 경우에 사람들은 자신이 가상 상담사 등과 같은 '가짜 인간'과 대화를 하고 있다는 사실을 알 때 더 편하게 마음의 짐을 공유한다고 한다. 수치는 침묵하게 하는 강력한 요인으로 작용할 수 있다. 약물 사용이나 빚에 관한 이야기처럼 평가받는다고 느낄 수 있는 대화에 중립적인 대화 상대가 있으면 스트레스가 감소한다.
- **접근성**: 예를 들어 청각장애인 커뮤니티의 사람들 또는 귀가 잘 안 들리는 사람들에게 챗봇은 더 편하게 고객 지원을 받는 방법일 수 있다. 그리고 음성을 사용하면 시각장애인이나 시력이 나쁜 사람 또는 모종의 이유로 자유롭게 움직이지 못하는 사람들이 포장 주문을 하거나 친구에게 전화를 걸고 뉴스를 확인하는 등 다양한 활동을 더 쉽게 할 수 있다.
- **무한한 참을성**: 음성 비서는 새벽 3시에 깨워도 화를 내지 않는다. 챗봇은 답변에 20분이 걸려도 신경 쓰지 않는다. 봇에게 같은 질문을 몇 번이나 반복해도 된다.

대화형 인터페이스는 스크린만으로는 하기 어려운 일을 해낸다. 잘 만들어지면 인간의 본능과 감정을 자극해 다른 테크놀로지와는 달리 사적이고 친근하게 느껴지기도 한다. 게다가 대화형 제품을 만드는 일은 어렵고 여러 학문 분야에 걸쳐진 퍼즐과도 같다. 이런 퍼즐은 누구나 풀고 싶어 안달이지 않을까?

전문 용어 익히기

대화 디자인은 여러 학문 분야가 연관되어 있어 현장에서 일하는 사람들은 다양한 분야의 전문 용어를 사용한다. 이 전문 용어들은 표준화되어 있지 않다. 우리는 단어광이라서 사람들이 사용하는 용어의 의미와 기원을 세심하게 파악해 이 책에 실었다.

이 책에서는 '대화형 인터페이스'라는 용어를 포괄적으로 사용하여 음성 발화와 문자로 말하는 테크놀로지를 모두 가리키는 용도로 쓰고 있다. 청각적 상호작용을 위해서는 다음과 같은 용어를 사용한다.

- **음성 사용자 인터페이스**(voice user interface) **또는** VUI(voo—ey로 발음한다): 소리 내어 말하는 입력 또는 출력을 사용하는 상호작용의 일반적인 범주
- **음성 비서**(voice assistant): 사용자의 집, 직장, 차량 내부 또는 모든 곳에서 보내는 일상을 돕기 위한 VUI 시스템(여기에 알렉사, 시리, 구글이 포함된다)
- **대화형 음성 응답**(interactive voice response, IVR): 사용자가 미리 녹음되었거나 합성된 음성 응답을 듣고 숫자 입력이나 간단한 음성 명령을 통해 응답하는, 컴퓨터로 자동화된 고전적 전화 시스템
- **텍스트의 음성 변환**(text to speech, TTS): 단어, 숫자, 문장 등의 텍스트를 합성된 음성으로 소리 내어 발화하는 테크놀로지

스크린이 필요한 텍스트 기반 상호작용에 관련해서 사용하는 용어는 다음과 같다.

- **챗봇**(chatbot): 음성이 아닌 문자로 대화하는 상호작용 시스템. 일부 챗봇은 클릭할 수 있는 버튼을 사용하기도 한다.
- **멀티모달**(multimodal): 한 개 이상의 감각을 사용하여 입력 또는 출력을 하는 시스템. 예를 들어 음성과 시각을 조합하여 사용할 수 있다.

먼저 봇(bot)에 관해 전반적으로 말하자면 고맙게도 옥스퍼드 사전에 이 짧은 음절 단어가 1960년대부터 '로봇 또는 자동화된 디바이스의 한 종류'를 가리키기 위해 사용되었다는 설명이 있다. 사람들은 대화형 인터페이스 또는 디바이스를 지칭할 때 '봇' 또는 '사물(thing)'로 줄여서 부른다.

엉망진창 뒤섞인 미트볼 같은 인공지능은 어떤가? 우리는 인공지능에 포함된 모든 의미가 거의 사라지게 된 것을 대중문화, 기업 임원과 대중의 상상력 탓으로 돌린다. 이 책에서 사용할 수 있는 정의를 내려보면 다음과 같다.

- **인공지능**(AI): 사람처럼 '생각'하고 말하고 행동하려는 알고리즘 기반 시스템

이 책에서는 때때로 '대화형 AI'를 인간의 지능을 흉내 내는 경지에 오른 첨단 시스템을 지칭하는 데 사용하기도 할 것이다.

마지막으로 살펴봐야 하는 중요한 단어는 '사용자(user)'다. 디자인 일을 하고 있다면 앱, 웹사이트, 프린터 및 스마트 냉장고 같은 테크놀로지와 상호작용하는 사람을 사용자로 지칭하는 독특한 문화에 적응했을 것이다. 이름에 떡하니 들어 있다. UX(user experience)의 U 말이다. 최근 들어서 이 용어에 반대하는 근거 있는 목소리가 나타나기 시작했다. 평범한 UX 디자이너 외에도 트위터의 공동 창업자 잭 도시(Jack Dorsey) 같은 테크 산업의 유명 인사들은 이것이 업계 내에서 초점을 맞춰야 할 사람의 인간성을 강조하는 대신 추상적인 관념을 만들어내는 비인간적 용어라고 지적한다.

모두 타당한 비판이다. 이 책에서 '사용자'라는 단어를 쓰는 이유는 특정 부분에서 '사람들'이라고 칭하는 것이 지나치게 광범위하다고 생각했기 때문이다. 우리는 논의되고 있는 테크놀로지를 사용하는 사람을 콕 집어 말하고 싶었으므로 '사용자'를 쓰기로 했다. 만약 업계가 더 나은 용어에 정착한다면 우리도 기꺼이 따를 것이다.

구조에 나선 대화 디자이너들

대화 디자인은 사용자 경험의 범위 아래에 분류되기 때문에 인간 중심적이면서 데이터가 주도한다. 대화에 단단히 초점을 맞췄을 뿐이다. 대화 디자이너들은 이 기술에 종사하는 사람이며 사람이 무엇을 필요로 하고 그 필요를 표현하기 위해 어떻게 언어를 사용하는지 연구한다. 이들의 목표는 사람과 봇들이 대화를 잘 나눌 수 있도록 돕는 것이다. 이들은 스크립트와 대화의 흐름 및 사용자의 여정에 대해 생각한다(그림 1.2는 대화 디자인 브레인스토밍을 말 그대로 표현한 것이다. 주의해서 보자!).

간단히 말해서 대화 디자이너들은 다음과 같은 일들을 한다.

- 사람들이 말하는 방식과 그들이 필요로 하는 것을 이해하기 위한 조사

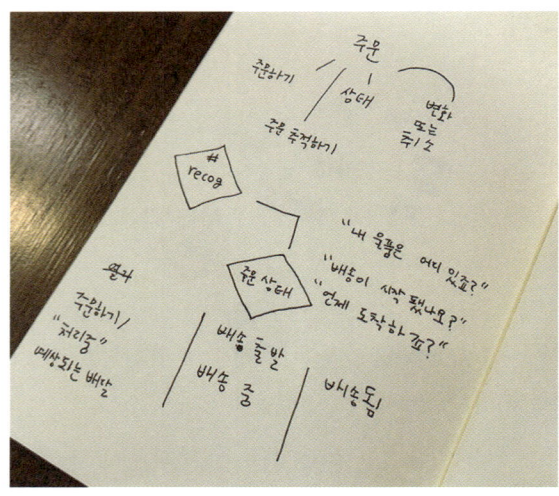

[그림 1.2]
대화 디자이너의 공책에서 발췌했다.

- 봇을 위한 성격 디자인
- 봇의 응답 작성
- 사용자가 요청하거나 하나의 관념을 표현하는 데 사용하는 다른 방식들에 대한 연구
- 대화의 흐름을 보여주는 다이어그램, 도표 또는 스케치 제작
- 사람들이 다른 성격, 음성, 시나리오에 어떻게 반응하는지를 시험하기 위한 프로토타입 제작
- 접근성과 포용적 디자인 지지
- 주변인들과의 협업

　대화 디자인의 뿌리는 여러 학문에 걸쳐 있다. 그 기술은 사람들이 언어를 어떻게 익히고 이해하며 생성하는지에 관한 연구에서 시작한다. 즉 대화 디자이너들은 흔히 언어학, 사회학, 심리학, 신경학 같은 다양한 배경을 갖고 있다(더불어 시나리오 창작, 시 및 즉흥연

기와 같은 예술에서 영감을 얻기도 한다).

팀을 위한 대화 디자이너를 찾는 중이거나 어떻게 대화 디자인의 세계에 발을 들일지 고민 중이라면 광범위하고 다양한 배경을 가진 사람들이 이 일을 하고 있다는 사실을 알아야 한다. 언어학자이자 대화 디자이너인 그레그 베넷(Greg Bennett)은 다양한 관점이 언어 중심적인 제품에 특히 강점으로 작용한다고 말한다.

"당신이 세상을 바라보는 렌즈는 저와 살짝 다를 것이고 언어를 사용하는 방법에 관한 것도 살짝 다를 겁니다. 그래서 제가 못 보는 것들을 알아볼 수 있죠. 그게 다양한 관점의 최고 장점이에요."

대화 디자이너가 어떤 배경을 가졌든 간에 대화형 인터페이스는 낯설고 매번 사람을 놀라게 하는 테크놀로지의 한 형태이기에 중요한 역할을 한다. 이를 제대로 만들기 위해서는 전문성이 있어야 한다. 전문성이 없다면 상당수의 음성과 채팅 상호작용이 도움이 안 되거나 좌절감을 줄 수 있다. 그림 1.3을 보면 대화 디자인을 빼놓았을 때 어떤 일이 일어날 수 있는지를 설명하는 트윗들을 참고할 수 있다.

대화 디자인은 쉽지 않다. 우선, 사용자들은 아직 대화형 테크놀로지를 신뢰하는 법을 배우고 있는 중이다. 그들은 음성 비서가 '언제나 듣고 있을까 봐' 걱정한다. 무능한 챗봇에 실망한 경험도 있다. 끔찍한 컴퓨터 전화 시스템을 수년간 사용하며 트라우마가 생기기도 한다. 그래서 대화 디자이너들은 사용자로부터 신뢰를 얻기 위해 불리한 싸움을 하게 된다.

여기에 봇이 대화에서 제 몫을 다하지 못할 때면 사람들이 정말 예민하게 알아차린다는 사실을 고려해보라. 대다수 사람은 뛰어난 자연 언어 기계나 다름없기에 모든 변칙성이 명백하고 거슬릴 수밖에 없다. 그래서 형편없고 한쪽으로 치우친 대화가 이상하게 느껴지는 것이다. 모든 사람은 냉정한 비평가로서 인터페이스에 대해 높은 기대치를 갖고 있다.

[그림 1.3]
"음성 또는 채팅 프로젝트에 전문 대화 디자이너가 없으면 무슨 문제가 일어날까요?"라는 레베카의 트윗에 여러 사람이 훌륭한 대답을 해주었다. 대화 디자이너 브룩 호킨스, 대화형 AI 디자인 플랫폼 복스어블(Voxable)의 최고 경영자이자 공동 창업자 로렌 골렘비스키, 음성 및 대화형 AI 전문가 로저 키베의 트윗.

사업적인 측면에서 기업들은 종종 대화 디자인의 필요성을 오해하고 과소평가하거나 그저 무시하곤 한다. 흔히 보이는 그런 관점은 다음과 같은 문제를 일으킬 수 있다.

- 언어의 복잡성과 역할을 과소평가: "봇은 자주 묻는 질문란과 본질적으로 똑같아."
- 프로젝트를 순수하게 기술적인 시도로 생각: "우리는 개발자만 필요해."
- 프로젝트가 스크린 기반인 것처럼 생산에 접근: "UX 팀은 이미 있으니까."
- MVP(minimum viable product, 최소 기능 제품)를 위한 기준점을 잘못 계산: "시험하고

배울 겸 빨리 하나 만들어서 내놓자."

이런 관점은 좋지 못한 영향을 끼친다. 레베카는 병든 챗봇을 살리기 위한 자문으로 불려와 '챗봇 의사 노릇'을 한 경험이 많다. 하지만 막상 뚜껑을 열어보면 대부분의 경우 봇 전체를 처음부터 끝까지 다 폐기해야만 했다. 방금 말한 가정들 때문이다.

하지만 사용자들과 기업들이 여전히 대화형 인터페이스에 빠르게 적응하는 것은 당연하다. 이 테크놀로지는 자신만만하게 성장하는 중이니까 말이다. 그리고 언어가 복잡하기에 대화는 성격상 디자인하기 어렵다. 그래서 인간과 기계적 대화의 차이점을 다음 장에서 설명해보고자 한다.

콘텐츠 경고

이 책을 읽으면서 불편한 진실을 마주하게 될 것이다. 이 테크놀로지들은 사람을 흉내 내고 사람에 의해 만들어졌기 때문에 사람처럼 편견을 갖고 해를 끼칠 수 있다.

테크놀로지의 편견에 대해 언급되는 공통된 주제는 인종차별이다. 《기계 개발 이후의 인종(Race After Technology)》을 쓴 루하 벤저민(Ruha Benjamin)은 모든 테크놀로지의 가능성을 다음과 같이 요약한다.

"그래서 로봇을 비롯한 다른 테크놀로지들은 인종차별주의자일 수 있을까? 당연히 그렇다. 인종차별에 찌든 세상에서 만들어진 로봇들이 깨끗한 상태를 유지하기란 거의 불가능하다."[1]

또한 대화형 AI는 여성성과도 복잡한 관계가 있다. 욜랜드 스트렌거스(Yolande Strengers)와 제니 케네디(Jenny Kennedy)가 《스마트 아내(The Smart Wife)》[2]에 썼듯이 대화형 AI는 종종 "성차별적인 뉘앙스, 전통적인 여성성의 종말, 그리고 성적 접근을 단호하게 꾸짖지 못하는 점"에 관해 비판받는다. 이 책은 인종과 성적 편견이 드러나는 지점에 관한 예시를 몇 가지 제공한다.

하지만 봇이 퍼트릴 수 있는 억압의 형태는 이에 국한되지 않는다. 다만 앞서 말한 두 가지가 지금까지 많이 연구되었을 뿐이다. 대화 디자이너들은 교차성(intersectionality)

을 이해해야 한다. 메리엄 웹스터 사전에는 '교차성'이 '다양한 형태의 차별(인종차별, 성차별, 계급차별 등)이 결합하고 겹치고 교차하게 되는 복잡하고 점증적인 방법'이라고 설명되어 있다. 사람들이 억압과 혜택을 경험하는 방법에 영향을 주는 요인은 성적 지향 및 정체성, 장애, 나이, 체형 등이 있다.

이 책은 처음부터 끝까지 편견을 지적한다. 복잡한 주제지만 편견이 어디서 떠오르고 사람에게 어떤 영향을 주는지 이해하는 것은 인간 중심 디자인에 꼭 필요하다.

마지막 이야기

당연하게도 대화 디자인은 유일무이하다. 생각해보라. 인간의 사고와 언어를 해석하고 그것에 반응할 수 있는 능력을 본뜬 제품을 만드는 것이다. 벅찬 작업이다.

좋은 디자인과 프로세스가 있다면 뛰어난 대화형 경험을 할 수 있다. 챗봇 또는 음성 경험은 첫발을 내딛는 순간부터 굉장한 경험이 될 수도 있다. 세상에서 가장 우아한 식기세척기를 선보이거나 가상 토론 선생님을 만들 수도 있다. 말하는 차를 만들어 수백만 명의 청소년에게 운전을 가르칠 수 있을지도 모른다! 정신건강 봇은 사람들의 삶을 나아지게 할 수도 있고 말이다.

그렇기에 대화 디자이너는 흥미진진한 직업이다. 언어의 복잡성, 인간 행동의 있는 그대로의 모습, 테크놀로지의 작동 원리에 관해 폭넓게 생각해볼 수 있다. 이상하고 재밌고 어려운 일이다. 하지만 대화형 인터페이스의 최종 목적이 잘 작동하기 위한 것, 즉 인간적인 측면에서 쉽게 대화하기 위한 것이라는 사실을 결코 잊어서는 안 된다.

CHAPTER 2
사람처럼 말하기

고객: 이 챗봇에 6개월 동안 공을 들였는데도 대화형이 아니에요.

대화 디자이너: 제가 도와드리겠습니다. '대화형'이 무슨 뜻인지 자세히 설명해주실 수 있나요?

고객: 글쎄요. 그냥 사람이 말하는 것 같지 않네요. 로봇 같아요. 인간처럼 느껴지지 않아요.

대화 디자이너: 혹시 팀에 사람들이 대화하는 방식과 '대화형' 느낌을 주기 위해 뭐가 필요한지 이해하는 분이 계시나요?

고객: 어, 음… 아니요.

대화형 인터페이스는 인간의 대화를 거울처럼 따라 하는 것이 목적이다. 말 그대로 말하는 방식을 흉내 낸다. 그런데도 대화형 제품을 만드는 팀에는 사람이 대화할 때 무슨 일이 일어나는지 알지 못하는 사람들이 부지기수다.

이런 일은 비일비재하다. 기업은 대화형 인터페이스에서 우선시되는 것이 테크놀로지라고 생각하며 그 문제를 해결하기 위해 대량의 개발자들을 배정한다.

"기본 뼈대를 코딩하세요. 그러면 우리가 나중에 창의적인 분을 통해 표현을 다듬어볼게요."

그런데 대화 디자이너가 마감을 코앞에 두고 불려왔을 때는 아주 절박한 상황이다. 이런 접근은 대화를 지나치게 세세하게 구분하고 뽑기 기계처럼 다루기 때문에 실패한다. 뽑기 기계에 500원(사용자의 요청사항)을 넣으면 사탕(봇의 응답)이 튀어나온다고 생각하는 것이다.

하지만 대화의 성격은 이와 다르다. 심리학자 허버트 클락(Herbert H. Clark)은 화자들이 실시간으로 조정해서 대화를 만든다고 설명한다. 그는 1996년 출간한 《언어 사용하기(Using Language)》에서 대화는 "두 사람이 왈츠를 추거나 카누 노를 젓거나 피아노를 치거나 사랑을 나누는 것과 같다"라고 썼다. 대화란 두 화자가 서로에게 응답하면서 밝혀지는 행동과 암시의 폭포수와도 같다.

언어와 인간 행동에는 놀라운 깊이가 있다. 음절에 주는 강세 또는 0.5초 정도의 머뭇거림은 문장의 의미를 완전히 뒤바꿀 수 있으며 이에 따라 사람의 반응도 변화한다. 더 넓은 범위에서 보면 언어는 시간의 흐름과 지역에 따라 변하며 표준화되거나 고정되어 있지 않다.

팀의 사고가 요소, 패턴 및 확장성에 집중되면 대화의 핵심에 포함된 깊이감을 말살하게 된다. 그러니 테크놀로지를 우선시하는 접근법이 기계적 대화로 이어지는 것은 당연하다.

끔찍한 대화형 제품을 만들지 않으려면 언어가 주도하는(language-led) 사고방식을 갖춰야 한다. 당신의 역할이 디자이너든, 개발자 또는 PM이든 의사소통을 '이해'해야 한다. 이 말은 언어학 학위가 필요하다는 게 아니라(우리도 없다!) 언어학, 사회학 및 다른 분야에서 이미 연구한 내용을 사용할 수 있어야 한다는 말이다. 이번 장에서는 대화 디자이너로서 우리가 필수라고 느꼈던 주요 개념들을 설명한다. 이 개념들 덕분에 사람들이 대화하는 방식에 관한 이해도가 높아지고 일을 더 잘하게 되었다. 먼저 작동 원리에 관해 이야기해보자.

> **용어 정의** 언어와 음성
>
> 언어와 음성 둘 다 우리가 이미 알고 있는 단어지만 이 둘은 연관이 있을지언정 같은 것을 가리키지 않는다. 언어는 단어를 사용하여 생각을 표출하는 것과 사람들이 그 단어에 부여하는 패턴과 관습을 의미한다. 음성은 언어 요소로 말해지는 것이며 목소리를 사용해 소리 내어 표현하는 것을 말한다.
>
> 둘의 차이는 사람들이 언어를 다양한 방법으로 표현하고 음성은 그중 한 예일 뿐이라는 데 있다. 언어를 사용하는 다음과 같은 또 다른 방법들이 있다.
>
> - 수어처럼 조직화된 손동작
> - 점자처럼 촉각을 이용한 읽기 및 쓰기

- 글쓰기나 타자 치기
- 문자로 된 입력을 사람 대신 발화하는 음성 생성 디바이스

사람들은 대화 상대의 말을 다양한 수단을 통해서 받아들인다. 예를 들어 귀로 듣기, 손이나 타자로 쓴 문자 읽기, 입술 모양으로 알아듣기 등이 있다. 이 모두가 유효하고 뛰어난 의사소통 수단이다.

인간의 언어 연쇄

당신은 다른 사람과 대화할 수 있는 능력을 본능적으로 갖췄을 가능성이 크다. 즉 의사소통할 때 두뇌가 하는 역할을 과소평가하기 쉽다는 말이다. 하지만 두뇌가 들려오는 소리를 처리하고 그 속에 담긴 의미를 해석하는 작동 원리를 추적해보면 많은 일이 벌어지고 있다는 사실을 알게 된다.

요소들을 이해하기 위한 유용한 개념은 '언어 연쇄(speech chain)'로 피터 데네즈(Peter B. Denes)가 1960년대에 쓴 동명의 언어학 책에서 이를 주제로 다루었다. 언어 연쇄는 한 두뇌에서 다른 두뇌로 언어, 물리학 및 사용할 수 있는 감각기관을 통해 정보를 보내는 경로를 추적한다. 눈으로 볼 수 있는 사람들은 제스처와 얼굴 표정 같은 시각적 단서를 고려해야 하기 때문이다. 귀로 들을 수 있는 사람들은 어조, 높이, 강조, 속도 등 소리의 변동에서 의미를 얻어낸다. 일부 신호는 후각이나 촉각에서 올 수도 있다.

인간의 두뇌는 대화가 진행되면서 데이터의 수많은 흐름을 합성하고 해석한다. 언어외 요인으로 불리는 이 비언어적 데이터는 결합으로 "단어 그 자체만큼 많은 의미를 추가한다"라고 언어학자이자 대화 디자이너인 수전 후라(Susan Hura)는 설명했다. 정보는 화자가 말하고자 한 의미를 사람들이 해석할 수 있게 돕고 어떻게 응답할지에도 영향을 미친다. 이를테면 질문에 답을 하고 의견을 제시하거나 차례로 자기 이야기를 꺼내게 된

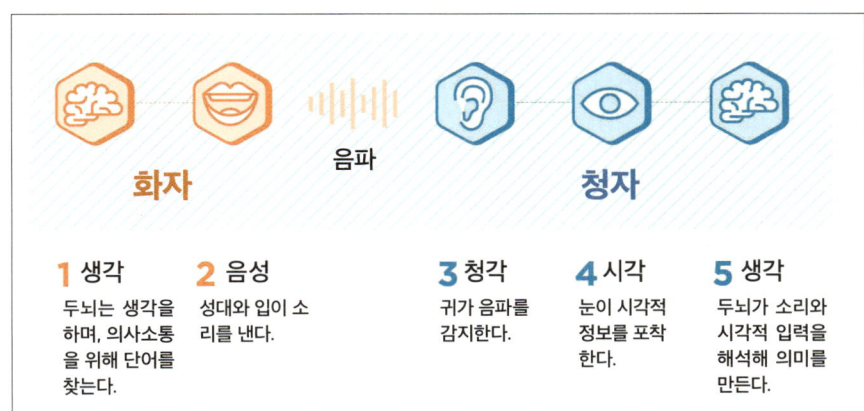

[그림 2.1]
의미가 말하는 사람의 두뇌에서 듣는 사람의 두뇌로 도달하는 방법.

다. 언어 연쇄에 대해서는 그림 2.1을 보자.

이에 속하는 요소를 하나하나 살펴보면 다음과 같이 정리해볼 수 있다.

1. **생각**: 먼저 두뇌가 생각을 하고 이는 말하려는 의도로 이어진다. 두뇌는 생각을 전달할 언어(단어)를 골라낸다(단, 언어가 생각 그 자체가 아니고 생각을 번역하거나 대표한 것임을 유념하라).
2. **음성**: 말을 세상으로 내보내기 위해서 두뇌는 폐, 성대 및 입이 특정 방식으로 움직여서 말이 되는 소리를 만든다. 그 움직임의 결과로 공기를 타고 이동하는 음파가 생성된다.
3. **청각**: 청자의 귀는 음파를 감지하여 두뇌에 신호를 보낸다.
4. **시각**: 청자의 눈은 얼굴 표정과 입의 움직임은 물론 환경적 단서와 같은 추가적인 정보를 알아차릴 수 있다.
5. **생각**: 청자의 두뇌는 듣고 본 것을 순서대로 합성하여 의미를 만들어낸다. 그 결과, 청자가 응답한다면 이번에는 반대로 청자가 화자가 된다.

사람들이 수어와 같은 시각적 언어로 의사소통할 때도 거의 똑같은 방식으로 이뤄진다. 화자의 사고는 제스처를 통해 표현되고 청자의 눈은 그 데이터를 받아들인다. 그리고 사람들이 타자를 치거나 문자를 보내며 의사소통할 때도 시각적으로 언어를 주고받는다.

언어 연쇄는 소리에서 의미를 분석하고 신체적 암시를 통합하고 마침내 화자의 의도를 해석하는 과정의 복잡성을 보여준다. 수많은 분야가 이 연쇄를 이해하기 위해 쓰인다. 신경과학, 마음과 언어의 철학, 해부학과 생리학, 물리학, 언어학, 심리학, 사회학, 인간의 행동학까지 다양하다.

기계적 언어 연쇄

인간의 사고를 충분히 감상했다면 이번에는 기계를 보고 놀랄 차례다. 대화형 인터페이스를 디자인하는 것은 기계에게 언어 연쇄에 합류하라고 제안하는 것이다. 그래서 기계들에게는 인간처럼 소리(또는 문자)의 연속에서 어느 정도의 의미를 도출해내는 작업이 주어진다. 그림 2.2는 화자가 인간이고 청자가 비인간인 경우를 보여준다. 기계는 많은 것을 모방해야 한다.

인간 화자와 화자의 음파는 동일하다. 하지만 그 이후에 일어나는 음파의 해석 및 언어의 분석은 매우 다르다.

1. **ASR**(자동 음성 인식): 시스템의 하드웨어는 음파를 포착하여 어떤 소리가 포함되어 있는지와 어떤 단어가 그 소리에 내포되어 있는지 식별하기 시작한다.
2. **시각적 데이터**: 시스템에 카메라 또는 동작 탐지기가 있는 경우 시스템은 시각적 데이터를 적용하여 상황을 알릴 수 있다(기업들은 향후 몇 년 안에 시각적 데이터를 도입할 것을 약속하지만 이런 테크놀로지는 기초적이며 오류와 편견이 생기기 쉽다).
3. **NLU**(자연어 이해): 시스템은 화자의 말을 확인한 다음에 NLU 알고리즘을 사용하여

[그림 2.2]
인공적인 상대가 대화에 참여하는 방법.

그 사람이 한 말의 의미를 파악한다.
4. **인텐트 매칭**: 사람의 말이 음파에서 판독되면, 시스템은 사용자의 요청을 들어줄 수 있는지 확인하기를 시도한다. 즉 시스템은 사용자가 의도한 의미에 응답할 수 있는지 확인한다.
5. **TTS**(텍스트의 음성 변환): 언어 연쇄를 되돌리기 위해 시스템에서 응답이 식별되면 일련의 단어를 디바이스로 보내서 소리 내어 읽게 한다.

물론 시스템이 텍스트 기반일 때 음파와 ASR 단계는 타자 치기로 대체되지만 NLU 단계는 그대로다.

여기서 지적할 가장 중요한 사항은 기계적 언어 연쇄가 하나의 테크놀로지가 아닌 다량의 테크놀로지라는 것이다. 따라서 어떤 문제가 발생한다면 그 장애의 원인에는 여러 가지 후보가 있을 수 있다. 이런 오류는 ASR 레이어에서 발생할 수 있다. 즉 제대로 '듣지' 못해서 음파에 대한 시스템의 해석이 올바르지 않을 수 있다. 그림 2.3은 "알렉사, 아기에게 분유 주기 알림을 설정해줘"에 대한 시스템 착오의 재미있는 예다.

[그림 2.3]
알렉사는 이 의미를 제대로 파악하지 못했다.

시스템이 사용자의 말을 완벽하게 저장해서 모든 단어를 의미 그대로 포착했지만, 응답은 이상하거나 관련 없어 보일 때가 있다. 시스템이 사용자의 요청을 받아 올바르다고 생각한 의미를 발견했지만 틀린 경우에 이런 오류가 NLU 레이어에서 발생할 수 있다. 소위 말하는 정교한 시스템이 이해를 못 하고 유독 쉽고 간단한 '네'를 '아니요'로 오해하면 사용자들은 답답함을 느낄 수 있다. 수전 후라는 말했다.

"그것도 구분하지 못할 정도로 멍청할 수가 있을까? '네'와 '아니요'는 세상에서 가장 간단한 의미적 차이를 갖고 있다! 그러나 음향의 관점에서 '네', '응', '옙'과 '아니', '아니요', '으—응'을 구별하는 것은 매우 어려운 일일 수 있다. '네'인지 '아니요'인지 불명확할 때 인간은 맥락과 억양 같은 추가적인 언어적 요인을 사용해 구분한다. 최첨단 테크놀로지도 지금은 그런 구분을 하지 못한다."

그림 2.4는 '응'과 '아니'의 미묘한 차이를 보여주고 왜 기계가 이런 미묘한 차이를 파악하는 데 어려움을 느끼는지 설명해준다.

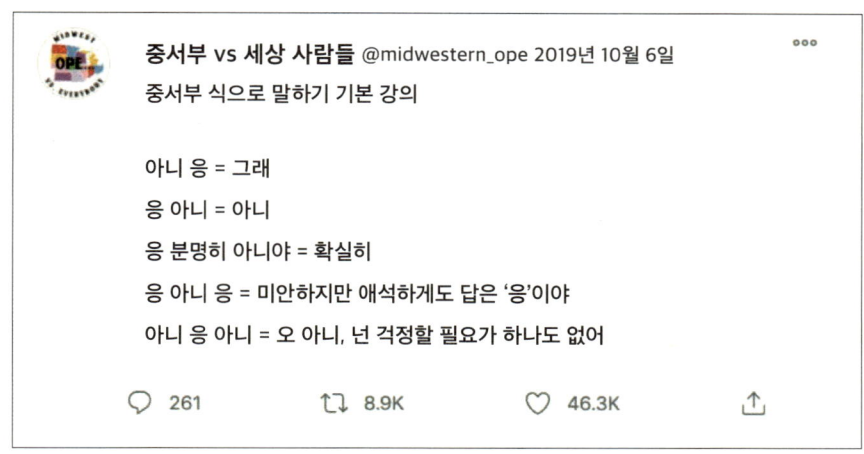

[그림 2.4]
중서부 사람들은….

기계적 언어 연쇄를 구성하는 일련의 테크놀로지는 빠르게 발전하고 있다. 그래서 대화 디자인이 크게 발전한 것이다. 하지만 현재 상황에서도 언어를 감지하고 해석하면서 응답할 수 있는 인간 두뇌의 능력이 여전히 우월하다. 이제부터 인간이 가진 다른 대화형 행동과 어느 경지까지 기계들이 따라잡을 수 있는지(없는지) 이야기할 것이다.

대화의 순서 교대

대화는 본질적으로 협력적이다. 대화 상대는 한 명 이상 있어야 한다. 종일 혼잣말을 하면서 언어를 사용해도 되겠지만 그건 대화가 아닐 것이다.

대화에서 협력하는 가장 확실한 방법은 순서를 교대하며 대화하는 것이다. 이 현상은 사회학에서 대화 분석 분야가 등장한 1970년대부터 오랜 기간 연구됐다. 대화 분석가는 사람 간 패턴과 관습을 연구했다. 예를 들어 각자의 순서에서 얼마나 오래 말하는지, 순서를 교대하기 위해 어떤 암시를 주는지, 그리고 얼마나 자주 서로의 말을 끊는지를 주제로 다뤘다.

> **용어 정의** 인접 쌍(adjacency pair)
> 대화 분석에서 사용하는 유용한 용어 중에 화자가 교대로 말하는 것을 지칭하는 '인접 쌍'이라는 말이 있다. 예를 들어 화자 A가 뭔가를 말하고, 그다음 화자 B가 응답하는 것이다. 대화 계획을 세우기 위한 기초 단위가 인접 쌍이다.

교대는 정교하게 조정되어서 대부분 사람은 대화 상대의 말이 끝난 뒤 수십 분의 일 초 안에 말을 시작한다. 말 그대로 눈을 한 번 깜빡이면 말이 이어진다. 사람들은 서로에게 단서를 주기 때문에 대화를 아주 쉽게 진행할 수 있다. 예를 들어 한 명이 생각을 마무리하는 중이라면 목소리 음정을 높여서 질문임을 나타내거나 살짝 낮춰서 끝임을 알릴 수 있다. 정말 말을 끝낸 다음에는 입을 다물고 다른 사람을 쳐다볼 수 있다. 심지어 손으로 가리키고 손짓하거나 기대하는 것처럼 고개를 끄덕여서 "당신 차례예요"라는 신호를 줄 수도 있다.

순서도 겹칠 수 있다. 예를 들어 누군가는 다른 화자가 말을 마치기 조금 전에 그 문장이나 구절이 끝에 도달하는 순간부터 말하기 시작할 수 있다. 이런 행동은 늘 부정적인 끼어들기로 해석되지 않으며 오히려 청자가 대화에 열중하고 있음을 인정하는 협력의 한 형태로 여겨진다(일부 언어나 문화적 맥락에서 끼어들기는 몹시 흔하다).

사람들은 자주 그리고 교묘하게 끼어든다. "잠깐", "기다려봐", "뭐라고?" 등 모두 빠르고 간단한 설명이나 반복을 요청한다. 말을 하는 도중에 반복하거나 더 자세히 말해달라고 요청해도 대화는 방해받지 않는다. 예를 들어 누군가가 선택지를 나열하는 도중에 원하는 선택지를 듣고 끼어드는 것은 무례한 일이 아니다.

때로는 수정이 옳은 일일 수도 있다. "끼어들어서 미안한데, 네 머리에 불붙었어" 같은 말을 할 때처럼 말이다. 사람 대 사람의 대화에서 끼어들기는 대화 기술의 정석적인 메뉴에 포함되며 그것으로부터 회복하기도 쉽다.

　어느 정도의 끼어들기에 익숙한지는 문화에 따라 다르다(뒤에 나오는 '문화와 언어' 참조). 더 정확히 말하자면, 대화 스타일에 관한 데보라 태넌(Deborah Tannen)의 연구는 대화 상대가 대부분의 이야기를 하는 동안 대화하기 위해 청자가 재빨리 끼어드는 질문들을 잔뜩 뿌리는 '따발총' 질문에 관해 설명한다. 미국의 뉴욕시와 같은 일부 지역에서 이런 화법은 방해가 아닌 협동적인 행동으로 여겨진다. 이 대화 스타일은 더 분리된 교대에 익숙한 사람들의 방식과 대조를 이룬다(예를 들어 레베카의 출생지인 캔자스주 사람들이 그렇다). 언어학자이자 대화 디자이너 메리 콘스탄스 파크스(Mary Constance Parks) 역시 그 복잡성을 잘 설명했다.

　"대화는 함께 만들어지고 전개된다. 대화는 지저분하다. 복잡하다. 형식을 갖추고 있지만 한 번에 한 사람만 말하는 식은 아니다."

　음성 비서 또는 고객 서비스 챗봇과 대화할 때도 순서를 교대한다. 하지만 테크놀로지가 계속 따라올 수 있을까? (스포일러: 오늘날까지도 인간들이 순서 교대의 챔피언이다.)

단서들

　사물과의 대화에서 주목할 만한 것은 일부 교대 단서가 부재하다는 것이다. 챗봇의 경우 어조, 얼굴 표정 또는 제스처가 주는 장점을 교대하기에 사용할 수 없다. 그렇지만 사용자의 순서가 돌아왔는지 확인하기는 여전히 쉽다. 주로 사용자는 '입력 중'을 나타내는 시각적 표시를 보고 봇이 아직 교대하지 않았음을 이해할 수 있다. 그림 2.5는 미용용품을 파는 아미카 헤어케어(Amika Haircare)의 챗봇이 입력 중일 때 3개의 움직이는 '점'을 사용하는 것을 보여준다. 이는 문자 보내기 기능에서 가져온 관습이다. 보통 챗봇이 응답하면 사용자는 자기 순서에서 얼마든지 시간을 소요할 수 있다.

　음성 비서는 주로 청취 중이라는 사실을 알리기 위해 두 종류의 신호를 보낸다. 시각적 단서와 짧고 빠른 소리 단서다. 스마트 스피커에 기반을 둔 비서의 경우 대부분은 스

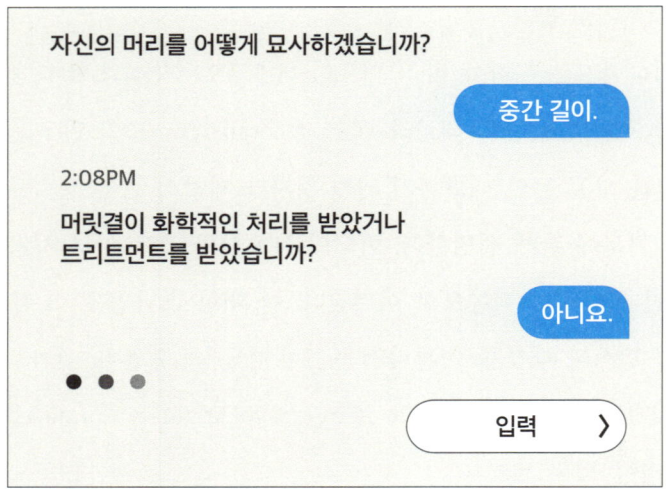

[그림 2.5]
왼쪽 하단에 점 3개가 꿈틀대며 챗봇이 응답을 작성하는 중임을 나타낸다.

[그림 2.6]
벡터의 밝은 초록색 눈은 매력적인가, 아니면 최면을 거는 듯한 느낌을 주는가(왼쪽). 알렉사의 '파란 고리'는 언제 듣고 '생각하고' 말하는지에 관한 시각적 단서를 제공한다(오른쪽).

피커 디바이스 위에 표시등이 있다. 좀 더 적합하게 해내는 로봇들은 '눈을 마주치거나' 간단한 반응을 보여줄 수 있는 기초적인 얼굴을 갖고 있다. 예를 들어 벡터(vector)라는 음성 명령을 따르는 트랙터처럼 생긴 로봇은 어느 정도 감정을 풍부하게 표현할 수 있는 눈을 가졌다. 그림 2.6을 보라. 빛에 기반한 단서는 감지하기 미묘해도 사용자에게 디바이스가 대화에 참여 중이라는 사실을 알려주는 데 유용하게 쓰인다.

타이밍

대부분의 음성 비서들이 그렇듯이 교대는 조금 부자연스럽게 느껴질 수 있다. 순서 사이의 시간이 지나치게 길어서(적어도 눈을 깜빡이는 시간보다는 길다) 미묘하게 거슬리거나 '잘못된' 것처럼 느껴지곤 한다. 이런 간격이 생기는 이유는 음성봇이 자신이 말할 차례를 알기 위해서 침묵 감지에 의존하기 때문이다. 즉 디바이스는 특정 간격의 침묵을 포착해야 발화자가 단어 사이에서 잠시 멈춘 게 아니라 확실히 말을 마쳤다는 사실을 확인할 수 있다. 침묵이 충분히 길게 유지되면 봇은 '좋아, 사람이 말을 끝냈구나'라는 신호를 받는다. 그제야 사용자의 요청이 처리를 위해 전송되고, 알고리즘은 의미를 분석하고 응답을 급히 보내기 시작한다. 이런 이유로 디바이스는 인간 두뇌가 익숙하게 받아들이는 것보다 한 박자 더 오래 걸린다.

기업들은 새로운 프로세스 및 테크놀로지를 개발하여 이 간격을 좁히려고 시도하고 있지만, 그동안에는 이 간격이 생기는 이유를 알고 있어야 한다.

겹침(overlap)과 끼어들기

당연하게도 인간과 사물 사이에서 겹침과 끼어들기의 개념은 몹시 다르게(혹은 아주 형편없이) 기능한다. 협력적 겹치기는 불가능하며 흔하기 짝이 없는 끼어들기도 어색할 수 있다.

챗봇은 본질적으로 '네 차례, 다음은 내 차례, 그다음은 다시 네 차례'를 지키기 때문에 끼어들기를 할 기회가 없다. 봇은 자기 대사를 빠르게 내보내고 사용자는 얼마든지 여유를 갖고 답할 수 있다. 하지만 누군가가 음성 인터페이스의 말에 끼어들고 싶다면 어떻게 될까? 옛날 IVR 시스템에서 봇은 대사를 전부 출력할 때까지 계속 말했고 청자는 기다릴 수밖에 없었다. 합성된 음성이 오랫동안 떠들어도 사용자는 자기 차례를 기다릴 수밖에 없었다.

하지만 현대 시스템의 대부분은 끼어들기 혹은 종종 불쑥 들어오기를 허용하기 때문에 봇은 자신이 말을 하는 중이어도 화자가 말을 하고 있는지 감지할 수 있다. 불쑥 들어오기를 허용하는 시스템은 사용자가 말을 하는 중이라는 사실을 인지하기까지 몇 초가 걸릴 수 있기 때문에 상호작용이 살짝 어색하게 느껴질 수 있지만, 사용자들은 끼어들 수 있다는 점을 반긴다.

그리고 끼어들기에 관한 기대의 차이는 지적할 가치가 있다. 흥미롭게도 사람들은 가상의 대화 상대의 말에 끼어들 수 있길 바라지만 그 대화 상대가 사람들의 말에 끼어들기를 바라지는 않는다. 예를 들어 만약 음성 비서가 말을 지나치게 길게 하면 사용자는 "알렉사, 멈춰!"라고 외칠 수 있다. 하지만 알렉사가 사용자에게 그럴 일은 없다. 그랬다간 사용자가 디바이스의 코드를 뽑아버릴 테니까.

음성 비서는 사용자에게 질문을 하고 사용자가 대답을 길게 할 때 가장 흔히 끼어드는 방법을 사용한다. 음성 비서에는 대부분 8초 정도의 청취 시간 '최대치'가 있으며 그 이후에는 사용자의 말을 자른다. 침묵에도 똑같이 적용된다. 장시간 침묵을 지키면 음성 비서는 프롬프트를 사용자에게 다시 보낸다.

대부분 사람은 음성 비서와의 순서 교대 속도에 적응하는 편이라는 사실을 알 필요가 있다. 사람들은 끼어들거나 겹쳐 말하려고 시도하고 시스템이 따라잡지 못한다는 사실을 눈치챈 다음에는 음성 비서의 응답 시간이 더 길다는 사실을 받아들인다.

> **함께 나눌 만한 이야기**

기계적 '청취'

디자이너로서 당신이 순서 교대 속도를 높이기 위해서 할 수 있는 일은 거의 없다. 대부분은 하드웨어와 시스템 아키텍처의 문제이기 때문에 권한 밖의 일이다. 대신 순서 교대를 둘러싼 한계를 이해하고 사용자가 이 지난한 일을 헤쳐 나갈 수 있도록 돕는 것이 당신의 주요 작업이다.

- 시스템이 불쑥 들어오기를 허용하는가? 그렇지 않다면 프롬프트 길이에 특별히 더 신경을 써야 할 것이다. 어쩔 수 없이 길어야 한다면 이를 설명하기 위한 프롬프트를 작성해야 할지도 모른다. 그러나 불쑥 들어오기가 비활성화되어 있기를 원할 때도 있다. 예를 들어 사용자가 프롬프트를 전부 들어야 하는 법적 이유가 있을 수 있다.
- 시스템이 화자에게 프롬프트를 다시 보내는가? 그렇다면 시간 간격은 어떻게 되는가? 시스템이 침묵을 상대로 프롬프트를 몇 번이나 반복해야 하는가?
- 시스템은 꺼지기 전까지 얼마나 '청취'를 하는가? 다시 말해 스피커는 언제까지 말을 할 수 있는가? 솔직히 말하자면 이 문제에 대해 할 수 있는 일은 많지 않다. 알아두면 좋을 뿐이다.
- 시스템은 순서 교대에 대해 어떤 단서를 제공하는가? 사용자에게 시스템이 청취 중임을 알릴 수 있는 소리, 표시등 및 기타 시각적 지표를 제공하라. 순서 교대 또는 말의 겹침에 관한 기대치를 무엇이든 설정하면 대화가 방치되거나 날카롭게 비판받지 않을 수 있다.
- 순서 교대 사이에 어떤 전형적인 지연이 있는가? 디자인 측면에서 처음부터 사용자에게 처리 중이라는 사실을 알리면 사용자는 참을성 있게 기다려준다. "이해하는 데 시간이 걸릴 수 있으니 기다려주세요" 또는 "이 단계는 주로 30초 정도 소요됩니다" 같은 말은 기대치 설정에 큰 도움을 준다.

수정하기

사람 간 대화에서는 늘 이뤄지지만 눈에 띄지 않게 넘어가는 놀라운 점이 하나 있다. 만약 대화가 원점에서 벗어나려고 한다면 사람들은 대화하는 중에 '수정'을 한다. 언어학자 엔필드(N. J. Enfield)가 2017년에 펴낸 책 《우리의 대화 방법(How We Talk)》에서는 두 사람이 대화하는 동안 84초마다 수정의 한 형태가 일어난다고 설명한다.

이렇게 자주 일어나는지 몰랐을 것이다. 그러니 그다지 놀랍지 않게 잘못될 수도 있는 것들이 산더미처럼 있다. 청자는 화자의 말을 놓칠 수 있다. 소리가 작거나 말이 너무 빠르거나 갑작스러운 배경 소음이 들렸을 수도 있다. 이에 관한 반응으로 청자가 끼어들고 "응?", "미안한데 다시 말해줄 수 있어?" 또는 "뒷말을 제대로 못 들었어"라고 말한다. "천천히 말해!"라고 할 수도 있다.

청자가 화자의 말을 완벽히 들었다고 해도 단어가 명쾌하지 않거나 부정확해서 화자가 말하고자 하는 바를 제대로 이해하지 못했을 수 있다. 이런 일이 생기면 사람들은 자기가 들었다고 생각한 내용을 화자에게 확인해달라고 요청한다. "미안한데, 지금 루타바가(배추종의 재배식물. 스웨덴순무라고도 불린다—옮긴이)라고 했어?"

어떤 때는 청자가 화자의 말을 들을 수 있었고 단어가 명확했지만, 청자가 대답하기 위한 정보가 부족해서 정보를 더 요청할 수도 있다.

수정할 때 화자는 수정이 필요하다는 사실을 나타내기 위해 완전한 문장을 사용할 필요가 없다. 간단하게 "응?" 하고 반문하는 것만으로도 반복을 요청할 수 있다.

인간들은 본능적으로 짧고 효율적인 디바이스를 사용하여 수정이 필요하다는 사실을 알린다. 그리고 자신들이 본능적으로 매끄럽게 수정하기 때문에 시스템도 그렇게 하기를 기대한다. 하지만 챗봇은 무한하게 "죄송합니다. 이해를 못 했어요"만 반복하며 수정하지 않는 것으로 악명 높다. 그림 2.7은 수정하려는 서툰 시도가 끔찍한 루프로 이어지는 사례다.

미묘한 수정은 디자인을 하고 프로그램을 짜기가 어렵다. 그러나 그림 2.7의 무한 루프와 같은 오류는 팀이 하나의 정상 경로(happy path)에만 집중하고 오류가 자주 발생하지 않을 것으로 생각했기 때문에 발생한다. 사실 수정은 극단적인 상황 속 '예외 사항'에서만 일어나는 현상이 아니라 대화의 평범한 일면이기 때문에 그에 상응하는 해결책이 마련되어야 한다. 일반적으로는 정상 경로가 미신에 불과하다고 생각하는 편이 좋다. 팀은 시간을 분배해서 사용자가 정해진 길을 이탈하면 무슨 일이 일어나고 어떻게 원래 길로 돌려보내야 할지 계획을 세워야 한다. 6장에서 수정 경로에 관해 더 자세히 다루는데 다음 몇 가지를 따르면 문서화할 수 있을 것이다.

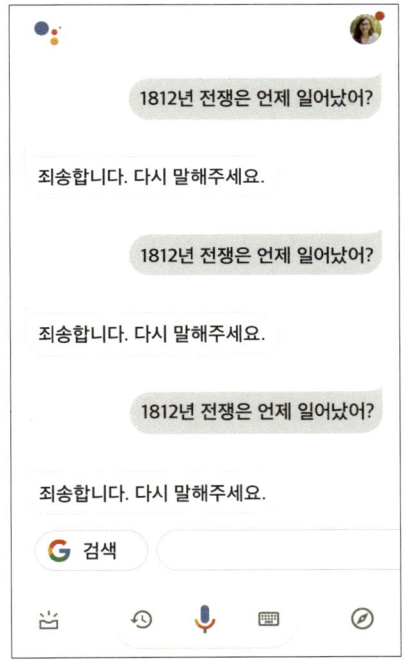

[그림 2.7]
구글 어시스턴트의 전형적인 무한 루프다. 이 반복되는 똑같은 오류 메시지는
그 무엇보다 로봇처럼 딱딱하게 느껴진다.

- 사람들이 수정을 나타내는 여러 방식을 유심히 보라. 이는 감지하기 어려울 수 있다. 사용자와 제품을 시험해보거나 대화 스크립트를 검토할 때 "잠깐", "기다려", "뭐?", "다시 말해줄래?", "○○라고 했어?" 또는 그냥 일반적인 불만을 드러내는 말("으아아악!")을 찾아라.
- 반복되는 오류를 위한 법칙을 설정하라. 무한 루프를 피하기 위해 개발자들과 함께 사용자가 동일한 오류를 겪을 수 있는 횟수에 한계를 설정하라. 때로는 오류가 세 번이나 네 번 반복된 이후 그만두는 편이 좋다. "이해하는 데 어려움을 겪고 있습니다. 죄송합니다. 몇 분 뒤에 다시 시도해보세요."
- 수정 도중 구체적인 정보를 제공하라. "죄송합니다. 이해를 못 했어요"라는 대답은 실행 가능성이 낮다. 만약 시스템이 접근 방법을 가르칠 수 있다면 큰 도움이 될 것이다. "우편번호 5자리를 말해주세요" 또는 "'로션 사기'나 '매니큐어 쇼핑하기'라고 말할 수 있습니다"처럼 말이다.

수용하기

두 사람은 대화할 때 서로와 상황에 대응하며 연쇄적인 조정을 실행한다. 신체적으로 대화 상대는 동일한 자세, 얼굴 표정 또는 제스처를 취하기 마련이다. 신경언어학자들은 이 현상을 미러링(또는 전문 용어로 대뇌 변연계 동조)이라고 부른다. 그 증거로 방 안에 들어갔을 때 대화를 나누고 있는 사람들이 동일한 자세를 취하고 있는 걸 몇 번이나 목격한 적이 있었을 것이다.

미러링은 신체적일 때 목격하기 쉽지만 인간들은 서로의 말도 따라 한다. 간단하게 말하면 메리 콘스탄스 파크스의 말처럼 "언어는 우리의 대화 상대에 따라 변한다." 이런 발화 스타일의 조정을 수용이라고 부른다. 그리고 사람들이 조정하는 것의 목록은 빨랫감만큼이나 많다. 발음, 어휘, 속도, 음량, 심지어 억양까지 다양하다(어릴 때부터 함께 살아온 가족 주변에 있을 때면 억양이 가족 억양에 맞춰 바뀐다는 사실을 눈치챈 적 있는가?).

사람들이 서로 더 비슷하게 말하려고 조정할 때는 본능적으로 자신과 상대방 사이의 차이를 줄이려고 노력(수렴)하는데 이는 상대방을 좋아하거나 존경할 때(또는 매력적이라고 생각할 때) 일어난다.

하지만 당연히 그렇게 간단하지는 않다! 가끔 사람들은 다른 점을 무의식적으로 부각한다(분산한다). 가끔 사람들은 어떤 방식으로 수렴하고 그 외 방식으로 분산하는데 전부 정체성과 목표 및 권력관계와 같은 사회적 요인에 따라 달라진다.

사람들은 가상 사물과 대화할 때도 수용한다. 대화형 인터페이스의 성격, 어조, 어투, 심지어 지위마저도 그 상호작용에 관해 어떻게 생각하고 반응하는지에 큰 영향을 미친다. 사람들은 다른 문장, 길이가 다른 구절 또는 다른 단어를 사용하거나 아예 다른 생각을 표출할 수도 있다(불행히도 현재 테크놀로지의 위상을 생각했을 때 그 반대는 일어나지 않는다. 봇은 사람과 대화할 때 수용할 정도로 진보된 기술력을 갖지 못한다).

수용의 개념은 종종 대화 디자인에서 외면받는다. 사람들은 봇의 성격과 프롬프트가 제시되는 방법이 자신의 응답 방식에 큰 영향을 미친다는 사실을 무시한다. 예를 들어 명랑하고 수다스러운 봇은 사용자 역시 명랑하고 수다스러워도 된다는 기대치를 설정한다. 반대로 로봇처럼 딱딱하고 간결한 대답을 하는 봇은 사람들이 간결한 입력만을 해야 한다고 생각하게 만든다.

적용하면 어떤 모습이 되는지 알고 싶으면 다음 사례들을 읽어보라.

사례 1: 프롬프트의 작성 방식을 바꾸면 사용자의 발화에 영향을 준다.

봇 A: 무엇을 도와드릴까요?
사용자: 비밀번호를 바꾸고 싶어.

봇 B: 질문을 해주세요!
사용자: 비밀번호를 어떻게 바꿔?

> 봇 C: 왜 불렀는지 간단하게 설명해주세요.
>
> 사용자: 비밀번호 초기화.

이 사례에서 봇은 상호작용을 시작하는 방식에 제약을 두지 않는 편이다. 하지만 각 예에서 사용자는 수용하고 프롬프트의 암시를 알아차려서 적절하게 반응한다.

사례 2: 시스템의 성격을 바꾸면 사용자의 반응이 달라진다.

> 봇 A: 안녕하세요. 저는 헬스봇입니다. 혈당 측정을 도와드릴 수 있습니다. 혈당 측정기를 보니 지난 24시간 동안 혈당이 평균치보다 낮았네요. 짐작 가는 원인이 있으신가요?
>
> 사용자: 음… 활동량이 늘었어.
>
> 봇 A: 알겠습니다. 다음으로 지난 8시간 동안의 수분 섭취량을 추정해주시겠습니까?
>
> 사용자: 대략… 세 잔 정도? 음, 700밀리리터?

> 봇 B: 안녕하세요, 레베카. 저는 컴패니언 챗봇이자 헬스 코치인 도티입니다. 당신이 건강한 삶을 즐길 수 있게 함께 혈당 수치를 관리해드릴 겁니다. 모니터를 보니 혈당 수치가 평소보다 낮았군요. 지난 24시간 동안 무엇이 바뀌었을까요?
>
> 사용자: 아, 어제 운동을 많이 했어. 정원을 가꾸고 그다음에는 아들이랑 몇 킬로미터 걸었지. 아들은 다이어트 중이라서 나랑 함께 걸으러 가거든.
>
> 봇 B: 멋지네요! 다음으로는 얼마나 수분을 섭취했는지 궁금해요. 어제 물을 얼마나 마셨나요?
>
> 사용자: 음, 어디 보자. 어제는 대충 세 잔 정도 마셨을 거야. 그렇게 목이 마르진 않았거든. 엄청 걸었는데도!

봇 A는 더 딱딱하고 격식을 차리지만, 봇 B는 더 다정하고 긍정적이다. 두 봇의 질문에 사용자가 수용하는 모습을 볼 수 있다. 봇 A는 사용자로부터 더 짧고 '키워드 중심적인 검색' 스타일의 응답을 끌어내지만 봇 B는 더 길고 개인적인 응답을 이끌어낸다. 비단 사용자 응답의 길이 차이만이 아니다. 사용자는 봇 B에게 더 자세한 정보를 주고 있다.

따라서 봇의 성격과 프롬프트를 디자인할 때는 이런 디자인 결정이 봇에 어떤 영향을 미치는지 확인하기 위해 전담하는 테스트 시간을 확보해야 한다. 심지어 일어날 것으로 예상되는 것을 미러링으로 단축할 수도 있다. 예를 들어 "동물원에 가본 적 있어?"라는 질문을 할 때는 발화에 "네, 가봤어요"를 반드시 넣어서 다른 사용자들이 본능적으로 할지도 모르는 미러링에 대비해야 한다.

문화와 언어

대화형 인터페이스를 디자인하는 일이 어려운 또 한 가지 이유는 언어와 문화가 복잡하게 얽혀 있기 때문이다. 문화는 수십 가지 요소들로 구성된다. 살아온 국가, 믿는 종교, 가족 구조 및 전통까지 전부 참여하는 공동체에서 온다. 데보라 태넌은 1985년 출간한 《비교문화 의사소통(Crosscultural Communication)》에 "비교문화는 다른 언어 또는 다른 나라의 화자 그 이상을 포함한다. 그것은 다른 계급, 지역, 나이, 심지어 젠더를 가진 같은 나라의 화자를 포함한다"라고 썼다.

다른 문화는 다른 방언을 사용한다. 예를 들어 미국식 영어의 경우, 대부분 미국인은 미국에서 사용되는 영어 방언이 몹시 다양하다는 사실을 모르고 있다. 일부는 지리적 지역을 따라가지만 늘 그런 것은 아니다. 아마도 가장 눈에 띄는 방언은 소위 말하는 표준 미국 영어일 것이다. 바로 대부분의 학교에서 가르치고 대부분의 주류 뉴스 채널에서 사용하는 영어의 한 종류다. 미국 내에는 다양한 방언들이 존재한다. 애팔래치아 영어, 남미 영어, 뉴올리언스 영어, 그리고 주로 흑인들이 사용하며 지역마다 차이가 큰 아프리카계 미국 영어가 있다. 모든 방언은 말이 통하며 그들만의 특이한 단어(어휘 다양도), 발음 및 동사 시제의 차이를 포함한 문법 구조를 지니고 있다.

어휘에 영향을 미치는 지역 문화의 재미있는 예는 2013년 〈뉴욕 타임스〉에서 진행한 인터랙티브 뉴스 퀴즈인 "당신이 쓰는 말은 어디 방언일까(How Your'all, You'se and You Guids Talk)"에서 볼 수 있다. 이 연구는 온라인 퀴즈를 통해 개인이 나고 자란 곳을 예측할 수 있을 정도로 미국인들이 집단을 어떻게 지칭하고 그 차이가 지리적 위치에 따라 어떻게 다른지 등 동일한 대상을 표현하는 방식의 차이를 밝혀냈다.

> **참고** **이 책은 대부분 미국식 영어를 중심으로 썼다**
> 레베카는 미국식 영어만 할 수 있고 다이애나는 4개 국어를 할 수 있지만 미국식 영어가 처음으로 익힌 언어 중 하나였다. 우리는 언어학자가 아니기 때문에 미국식 영어 시점에서 설명하는 게 가장 낫다고 생각했다. 이 분야는 자신의 언어와 문화의 예를 더 잘 설명하고 사용할 수 있는 전 세계의 다국어 사용자로 가득하다.

청량음료를 가리키는 단어(팝과 탄산음료, 콜라)를 선택할 때 단어 사이의 유명한 차이를 느껴본 적이 있을 것이다. 그림 2.8은 '해가 비치는 동안에 비가 내리는 것'을 의미하는 관용적 표현들을 보여준다.

대화 디자인에서 챗봇이나 음성 비서가 특정 그룹의 사람들을 이해하지 못하면 편견을 갖고 있는 것이다. 봇은 표준 미국 영어 이외의 방언과 관련한 음성, 발음, 어휘, 문법 규칙을 잘 인식하지 못한다. 이런 경향은 수천 명의 사람에게 불편을 안겨준다. 그리고 봇들은 여성, 흑인, 비표준적 발화 특성을 가진 사람들의 말을 제대로 알아듣지 못하는 경향이 있다.

이 법칙은 2020년 미시간 주립대학에서 철저하게 연구되어[3] 테크 대기업들이 만든 자동 음성 인식 시스템이 백인에 비해 흑인의 목소리와 음성 패턴을 전사하는 데 어려움을 겪는다는 사실을 밝혀냈다. 이 연구의 발견에 따르면 시스템은 백인의 말을 19퍼센트 정도 잘못 이해했지만, 흑인의 말에 대해서는 시스템이 전사한 단어 중 35퍼센트가 부정확

> 해가 비치는 동안에 비가 내리는 것을 뭐라고 부르나요?
>
> ☐ 여우비
> ☐ 늑대가 새끼를 낳고 있다
> ☐ 악마가 아내를 때리고 있다
> ☐ 원숭이의 결혼식
> ☐ 여우의 결혼식
> ☐ 파인애플 비
> ☐ 액체 태양
> ☐ 적절한 표현을 모르겠다
> ☐ 기타

[그림 2.8]
거주 지역에 따라 다른 유사 구문을 목록으로 정리한 것이다.

했다.

대화형 인터페이스에 인종적 편견이 존재한다는 단서가 있듯이 성차별이 존재한다는 단서 역시 많다. 예를 들어 유튜브의 자동 생성 자막을 연구한 언어학자 레이첼 타트만(Rachael Tatman)[4]은 유튜브가 남자와 여자의 말을 전사하는 정확도에 차이가 있다는 사실을 발견했다. 남자의 경우 정확도가 13퍼센트 더 높았고 이 연구에서는 그 원인이 불평등한 젠더 훈련 데이터 때문일 가능성이 크다고 말했다. 타트만은 결국 다음 문제로 귀결된다고 말했다.

"남성의 음성을 중심으로 디자인된 시스템은 여성의 음성에 그만큼 잘 작동하지 않을 것이다."[5]

또한 디바이스는 말하는 방식에 영향을 미치는 지병이나 장애가 있는 사람들이 사용할 때 더 나쁜 성능을 발휘한다. 몇 가지 예를 들면, 혀가 짧거나 말을 더듬는 사람이나 뇌졸중, 외상성 뇌손상, 안면마비, 뇌성마비, 파킨슨병, 다운증후군이 있는 사람은 단어를 발음하는 방식이 영향을 끼칠 수 있으며, 이들은 이런 질환이 없는 사람들만큼 효과적으로 디바이스를 사용할 수 없다고 보고된다.

궁극적인 목표는 모든 사람을 위한 경험이 제대로 작동되게 하는 것이기 때문에 시스템은 사용자가 봇에게 말하는 다양한 방식을 감안할 줄 알아야 한다. 또한 봇의 응답이 적절한 문화와 언어를 반영하게끔 만들어야 한다.

말은 쉽다. 이런 문제에 발을 살짝 담그는 것에 불과하지만 시작점을 잡아보자. 첫 번째 단계는 겸손이다. 당신의 문화, 방언, 어휘는 모든 사용자를 대변하지 못하고 당신이 알지 못하는 것이 많다는 사실을 알아야 한다. 반드시 사용자들이 어떻게 말하거나 타자를 치는지 공부하고 가이드로 삼아라.

디자인하려는 집단의 언어와 문화를 진정으로 이해하려면 방대한 사용자 연구와 포용적인 접근(11장 참조)을 해야 한다.

문화와 예의

문화는 비단 사람이 어떻게 말하는지를 비롯해 무엇에 대해 이야기하는지와 이행이 기대되는 사회적 계약에 관한 의견에까지 영향을 미친다. 사회적 계약이란 '괜찮은 것'과 '괜찮지 않은 것'에 관한 판단을 말하는데 이 때문에 다른 문화권 사람들은 서로의 기분을 상하게 할 수 있다. 세농고 액펨(Senongo Akpem)은 자신의 책 《비교문화 디자인(Cross-Cultural Design)》에서 "문화적 오해는 불편하고 창피하게 할 수 있으며 기분을 상하게 하여 사용자에게 상처를 주고 브랜드를 망칠 수 있다"라고 말했다.

문화는 예의범절에 관한 인식을 가르친다. 친절하기 위해, 도움을 주기 위해, 갈등을 피하기 위해 행동하는 것 말이다. 언어학자들과 사회학자들은 예의와 이를 지키려는 동기를 다음처럼 다양하게 설명한다.

- "이는 대화 상대들이 '권리와 의무'에 관한 기대치를 갖고 대화하러 오는 '대화형 계약'이다." _ 브루스 프레이저(Bruce Fraser)와 윌리엄 놀렌(William Nolen)
- "사회적 균형을 유지하는 방법이다." _ 제프리 리치(Geoffrey Leech)
- "사람들은 갈등과 대립을 최소화하기 위해 이를 사용한다." _ 로빈 라코프(Robin Lakoff)
- "체면 유지와 자존심 보호를 위한 전략이다." _ 페넬로페 브라운(Penelope Brown)과 스티븐 레빈슨(Stephen C. Levinson)
- "사회적 상호작용에서 '마찰을 줄이기' 위한 일련의 언어적 전략이다." _ 오누이그보 느오예(Onuigbo G. Nwoye)

예의에 관한 생각이 어떻든 예의는 강력하고, 무례한 행동에는 결과가 뒤따른다. 정의할 수는 없어도 예의 차리는 법은 이미 알고 있을 가능성이 크다. 예를 들어 단순히 요구하는 것("겨자 줘!")이 아닌 친절하게 요청하는 법("겨자를 건네주실 수 있나요?")을 알고 있다.

하지만 예의범절은 단지 표현의 문제가 아니다. 언어적이면서 비언어적이다. 예의를 차리려면 행동이나 말투와 같이 구체적인 것을 고치거나 불쾌하지 않은 단어를 사용하지 않을 수 있다.

범용되는 예의범절 규칙은 존재하지 않는다. 지역과 각 지역의 문화에 따라 다르다. 예를 들어 시카고에서 예의 있는 행동은 뉴욕에서 예의 있다고 생각하는 것과는 다르고, 두 도시의 예의범절 규칙은 전원적인 몬태나의 것과도 다르다. 예의범절에 관한 생각은 또한 가족 구성원 사이에서 형성된다. 부모님이 어떻게 교육하거나 가르쳤는지가 영향을 미친다.

상황의 맥락과 함께하는 구성원에 따라서도 다르다. 예의범절은 문화적이고 지역적이며 종종 미묘한 면이 있다. 계산대 직원이 식료품을 스캔할 때 효율적이고 간결하게 말하는 방식은 예의가 바르며 상호작용의 직업적인 성격을 드러낸다. 하지만 이웃이 마당에서 함께 어울리기 위해 찾아와서 계산대 직원같이 말한다면 그 이웃이 화났거나 오만하게 행동한다고 생각할지 모른다.

대화 디자이너로서 예의범절에 관해 알아둬야 하는 점은 다음과 같다. 단순히 "부탁합니다"와 "감사합니다"라고 말한다고 되는 게 아니다. 적절한 예의는 관계, 문화, 상황에 따라 다르다.

대부분 사람은 디바이스가 기본적인 점에서부터 예의 바르게 행동하길 바란다. "안녕하세요"나 "안녕히 가세요"로 대화를 시작하고 끝내거나, 말을 걸면 대답하는 것처럼 말이다. 또한 디바이스가 끝없는 참을성을 발휘하길 바란다. 밤중에 갑자기 부르거나 반복적으로 방해를 받아도 화를 내지 않길 원한다.

봇은 스스로 예의를 배우지 않는다. 디자이너가 시간을 들여서 사회성 있는 특성을 불어넣어야만 예의 바르게 행동한다. 사람 또는 봇에게는 공통된 척도의 공손함이라는 것이 존재하지 않기 때문에 제품 사용자들이 예의 바르다고 생각하는 기준을 알아내야 한다. 부탁이나 감사 인사를 하는 빈도, 격식의 차이가 있는 언어에서 반말과 존댓말 중 무엇을 사용할지 및 시스템이 사용자를 어떻게 부를지(○○씨, ○○부인 등)를 생각해야 한다.

디자이너는 상호작용 내내 지속되는 시스템의 행동 및 응답 작성을 중심으로 능동적인 결정을 내려야 한다. 이 역시 사용자가 생각하는 공손함이 어떤 의미인지를 밝혀내 봇이 사용자가 원하는 조건에 맞춰 응대할 수 있도록 제너레이티브 연구 및 초기 프로토타이핑에서 표시를 붙여야 할 영역이다.

코드 전환

가끔 사람들은 억압적인 방법으로 자신의 언어를 디바이스에 맞춰 수용해야 할 때가 있다. 많은 연구 결과에 따르면 음성 비서는 흑인의 음성과 방언을 잘 알아듣지 못한다. 그 결과 흑인들은 디바이스가 자신의 말을 제대로 해석할 수 있게 이따금 '코드 전환'을 해야 한다. 코드 전환은 사회적 맥락에 따라 사람들이 한 언어 또는 방언에서 다른 언어 또는 방언으로 옮겨가는 현상에 관한 언어학적 개념이다.

예를 들어 굿윈 디자인(Goodwin Design)의 창립자 루이스 버드(Louis Byrd)는 디자이너로서 음성 지원 스마트 냉장고를 산 경험에 관한 링크드인(LinkedIn) 기사를 작성했다. 버드는 자신과 아내가 코드 전환을 하지 않으면 냉장고가 두 사람의 말을 알아듣지 못한다는 사실을 깨달았다. 그의 표현에 따르면 냉장고는 그가 무슨 말을 하는지 제대로 알아듣지 못했다. 하지만 '백인 남성 음성'을 사용해보자 냉장고는 정확하게 대답했다. 수많은 미국 흑인들이 이런 일을 겪는다. 버드는 이 문제가 "포용성, 문화적 역량 및 공감의 부족" 때문이라고 썼다.

제품 디자이너이자 아프리카계 미국인 연구자인 앰버네콜 하트(AmberNechole Hart)는 음성 비서를 사용할 때 코드 전환을 하는 것이 해가 될 수 있다고 지적한다. 편리성의 문제가 아니라 사람의 언어와 문화적 정체성을 무시하고 지워버리는 방식이기 때문이다. 디바이스는 사람들의 집 안에서 살기 때문에 긴밀한 형태로 억압하게 된다. 하트의 말에 따르면 "사람들이 자기 집 안에서 다른 것과 상호작용하기 위해서 자신을 바꾸게끔 강요하는 것이다. 사람들이 경험하는 인종차별(성차별, 장애차별, 계급차별 및 동성애 혐오 등도 포함)의 물리적이지 않은 면모를 영속시키고 있다. 사람들이 그것을 집에까지 갖고 들어가게 만드는 것"이다. 흑인들이 이 테크놀로지를 이용하기 위해서는 타고난 음성을 바꾸거나 소외당해야만 한다.

이 점이 바로 음성 비서가 지닌 심층적인 사회적 영향력이라고 하트는 말한다. 흑인의 음성에 제대로 반응하지 않고 백인처럼 말하는 이 테크놀로지는 흑인을 염두에 두고 만들어지지 않았다는 사실을 여실히 드러낸다.

진화하는 언어

더 중요한 것은 언어와 방언이 결코 정지된 상태로 머무르지 않는다는 사실이다. 이런 말들은 시간이 갈수록 진화한다. 대표적인 예를 들면 유행어는 잊힌다. 더 이상 '킹왕짱!' 또는 '울트라 캡숑' 같은 말을 쓰지 않는다. 신조어도 매년 생겨난다. 2020년 옥스퍼드 영어 사전에는 다음과 같은 반의어가 추가됐다.

- awesomesauce: 엄청나게 좋은, 훌륭한
- weak sauce: 한심한, 쓸모없는, 멍청한

앞서 2018년에는 두 가지 유용한 단어들이 추가됐다.

- hangry: 배고파서 화가 나거나 짜증이 나는
- mansplaining: 남자가 (특히 여성에게 말을 걸 때) 거만하거나 우월적인 태도를 드러내는 태도로, 필요 없는데도 거들먹거리거나 무시하듯이 무언가를 설명하는 것

매년 새로운 단어가 추가될 뿐만 아니라 이미 존재하는 단어의 의미도 바뀐다. 대표적인 예로 '문자 그대로(literally)'는 한때 '비유적으로(figuratively)'와 대조되게 '정확하게(exactly)'를 의미했다. 이제 '문자 그대로(literally)'는 문자 그대로 '문자 그대로' 또는 '상징적으로'라는 의미로 쓰일 수 있다(문법에 엄격한 전 세계 사람들은 실망했지만).

어휘는 현재 상황에서 벌어지는 일들에 따라 변하기도 한다. 사람들은 2020년 이전에는 코로나19가 뭔지 몰랐다. 세상이 변할수록 새로운 화젯거리가 생기고 새로운 경험과 아이디어를 설명할 새로운 단어가 생겨난다.

언어의 진화가 왜 대화형 인터페이스 디자인을 어렵게 하는지 예상할 수 있을 것이다. 언어가 시간에 따라 변화한다면 인터페이스는 어떻게 따라갈 수 있을까? 사실 사물과의 대화는 새로운 단어와 요청이 추가되는지 확인하기 위해 유지 보수와 감시가 필요하다.

일반적으로 대화 디자이너, 연구자 또는 분석가는 새로운 단어가 사용되는지 판단하기 위해서 채팅 로그를 계속 지켜본다. 팀 또는 기업은 봇 작업에 끝이 없다는 사실을 받아들여야 한다. 세상이 변할수록 사람들은 새로운 단어를 사용하기 시작하거나 새로운 질문을 던지고, 당신은 이에 대응하기 위해 새로운 콘텐츠를 봇에 추가해야 한다. 이 작업이 매일 진행되어야 하는 건 아니지만 기업은 1년에 몇 번 정도는 다음과 같은 유지 보수 계획을 준비해야 한다.

- 새로운 발화 방법 및 새로운 유형의 질문이 있는지 확인하기 위해 주기적으로 스크립트를 검토한다.
- 봇의 응답 및 콘텐츠를 추가한다.
- 일관된 업데이트 공개의 일환으로 봇 테스트 및 튜닝 작업을 실행한다.

사람처럼 봇도 시대에 뒤떨어지지 않게 노력해야 한다.

그라이스의 대화 격률

대화 디자인에 관한 담론은 종종 '협력의 원리'라고도 알려진 '그라이스의 대화 격률(Grice's Maxims)'을 다룬다. 이건 대체 무엇일까?

1975년 언어철학자 폴 그라이스(Paul Grice)는 《논리와 대화(Logic and Conversation)》라는 에세이를 썼다. 그는 다양한 주제를 다룬 이 책에서 사람들이 서로 대화할 때 협력하기 위한 타고난 합의를 어떻게 기대하는지를 기술했다. 그는 이 규칙을 준수하기 위해 화자가 해야 할 네 가지 일을 열거했다.

- 품질: 고품질의 정보를 제공하고 거짓말하지 마라.
- 수량: 너무 적거나 많지도 않은 적정량의 정보를 제공하라.
- 관계: 관계있는 정보를 제공하라. 주제에서 벗어나지 마라.
- 태도: 생각을 정리하고 횡설수설하지 말고 명확한 말을 사용하라.

대화형 인터페이스 커뮤니티는 이 에세이를 발견해 복음처럼 받아들였다. 물론 이 격률을 읽다 보면 저절로 고개를 끄덕이게 된다. 그건 따라야 할 규칙 목록처럼 읽힌다. 이걸 하고, 저건 하지 마라. 하지만 언어학 교육을 받은 대화 디자이너들이 그라이스의 대화 격률에 관해 말할 때는 '효과적인 의사소통을 위한 최고의 방법'으로 받아들이지 않도록 주의한다. 격률이 지나치게 단순하고 사람들이 평상시에 일상적으로 하는 행동, 즉 옆길로 새거나 농담을 하거나 완곡한 표현을 사용하는 등의 행동들을 배제할 수 있기 때문이다.

격률은 간단한 시작점이지만 대화를 이해하는 데 필요한 것은 아니다. 그것은 인종, 권력 구도, 문화적 차이를 설명하지 않는다. 언어학자이자 대화 디자이너인 다미엔 다브로스키(Damien Dabrowski)는 이 격률만의 관점을 다음과 같이 구분해냈다.

"간단하게 말하자면 백인, 교육받은 사람, 서양인, 평균의 사람 등의 사회적 맥락에서 사용하는 구어 협력에 관한 경험칙이다."

대화 디자이너라면 훨씬 미묘하고 포용적인 방식으로 사고할 필요가 있다.

마지막 이야기

어떤 기분이 드는가? 놀랐는가? 사회적 상황을 감지하고 반응하는 놀라운 능력을 갖춘 인간의 마음에 경외감을 느끼는가? 우리도 그렇다. 우리는 이 아이디어들을 봇에서 '실제로' 구현하기 위한 질문과 함께 핵심 요점을 다음과 같이 정리해보았다.

- 대화는 협력적이다. 어떤 방법을 사용하면 봇을 최고의 대화 상대로 만들 수 있을까? 어떻게 도움을 줄 수 있을까?
- 대화의 순서 교대와 겹침은 테크놀로지가 모방하기 어렵다. 어떻게 하면 존재하는 순서 교대의 한계를 솔직하게 드러내는 봇을 만들 수 있을까?
- 봇은 대화형 수정을 할 수 있어야 한다. 예외 사항이 아닌 일반적인 기능으로서 말이다. 사용자가 원점으로 돌아갈 수 있도록 어떤 정보와 단서를 줄 수 있을까?
- 언어에는 수많은 방언이 있고 다양한 단체와 공간에 걸친 하위 문화에 따라 차이를 보인다. 어떻게 하면 봇이 다른 방언 및 사회적 암시에 제대로 반응하게 할 수 있을까?
- 언어는 시간이 흐를수록 변화한다! 어떻게 하면 변화에 따라올 수 있도록 팀이 봇을 지속적으로 성장시킬 수 있을까?

대화 디자인이 학술적이고 과학적인 연구에 크게 의존하고 있다는 사실을 명확하게 이해하기를 바란다. 이 분야의 뒤에 수많은 과학 연구가 지탱하고 있다는 점은 안심이 된다. 이번 장에서는 사람과의 상호작용과 비슷하게 느껴지는 대화형 테크놀로지를 만드는 방법을 이해하는 데 중요한 개념을 이야기했다. 학습을 여기서 멈추지 말고 대화를 연구하는 연구 주체를 계속 활용하라.

그러나 과학적 엄격함은 언어의 모든 이야기를 담아내지 못한다. 단어광이나 작가 부류에 속하는 사람의 특징일 수도 있지만, 언어 애호가들은 언어의 무한한 가능성과 규칙들에 얽매이지 않는 것에 매력을 느낀다. 언어학자뿐만 아니라 시인, 작사가, 극작가, 소설가, 그리고 대화 디자이너들도 X인자, 즉 뭐라 말로 형용할 수 없는 것과 언어의 선물에 경탄한다.

언어는 강력하고 하나로 콕 집어 정의할 수 없으며 언제나 진화하고 있다. 말하는 기계들이 인간의 기대치에 못 미치는 진정한 이유는 바로 인간성을 표현하는 언어의 능력이 매우 뛰어나기 때문이다.

토론과 대안

"테크놀로지는 얼마나 '인간다워야' 하는가?"

레베카: 이것들을 제법 인간답게 만드는 게 목표잖아, 그치? 내 말은, 가장 주된 불만이 테크놀로지가 너무 '멍청하고 로봇 같다'는 거야. 똑똑하고 대화를 할 수 있어야 해. 우리처럼.

다이애나: 나도 대화형 AI가 더 나은 대화 상대를 가리키는 세상이 좋아. 하지만 "부탁해요" 자주 말하거나 '개성 만점 인사' 가르치기 같은 외적인 측면으로만이 아니라 의미 있는 방식으로 이뤄지면 좋겠어.

레베카: 그래, 인간성을 포착하는 일은 단순히 일상적인 톤이나 톡톡 튀는 카피 문구보다 더 깊이 있는 일이지. 그래서 우리가 이번 장의 이야기를 쓰게 된 거고. 사람처럼 행동하는 건 총체적인 문제야. 무슨 말을 하고, 어떻게 말하고, 또 어떻게 행동하는지를 모두 포함하니까. 이 세 가지가 AI로서의 역할을 드러내는 이유는 단어 선정보다는 행동의 문제야. 부자연스러운 순서 교대와 맥락의 부재가 바로 진정한 벽이지.

다이애나: 하지만 이 문제를 해결해도 의미를 전달하기 위한 전용 방식을 AI가 가지면 안 될까? 알렉사를 봐. 알렉사의 파란 고리에 불이 들어오면 청취 중이라는 사실을 알 수 있잖아. 당연하게도 사람은 그럴 수 없지만 알렉사는 가능하고 실제로도 효과가 있지.

레베카: 흥미롭네. 사람들에게 대화형 초능력이 있는 것처럼 봇들도….

다이애나: 그래! 그리고 솔직하게 말하면 나는 그런 대화형 표현들이 좋아. 뻔하고 사용자를 속이지 않지. 봇이 사람을 완벽하게 흉내 낸다고 생각하면 음모론자처럼 알루미늄 포일 모자를 쓰고 "전부 그만둬!"라고 외치고 싶어져. 나는 봇과 사람을 구분할 수 없는 세상에서 살고 싶지 않아.

우리가 동의하는 점: 대화형 테크놀로지는 정말 많이 발전했다. 시리, 구글 홈이나 알렉사 같은 시스템은 큰 성과물이지만 더 성장할 여지가 있고, 앞으로 유연하게 대화하며 미묘한 차이를 담아낼 수 있는 시스템도 기대한다. 하지만 테크놀로지가 인간을 모방하는 실력이 느는 동안 대화 디자이너들이 기만의 영역에 깊게 발을 들이지 않도록 할 윤리적 난간이 필요할 것이다.

CHAPTER 3
신뢰 가는 성격 만들기

봇: 똑똑.

사용자: 누구세요?

누구일까? 봇에게 정의된 성격이 없으면 이 질문은 사용자의 머릿속을 맴돌 것이다. 그리고 농담의 펀치라인을 준비하지 않으면 놀림거리가 될 것이다.

대화형 인터페이스의 정글 속에서 해결할 작업은 인간을 비슷하게 따라 할 수 있는 일련의 알고리즘을 준비하는 것이며, 세상에 내보이게 되는 '성격'이 그 역할을 크게 하게 된다. 성격이 인간적인 면모를 만들어내는 개성과 행동 방식이라고 생각해보자.

인간의 두뇌는 무의식적으로 성격 요소를 추론해내고, 이 버릇은 단순한 컴퓨터든 합성된 음성이든 테크놀로지와 상호작용을 할 때도 가동된다고 연구된 바 있다. 그렇다. '가짜 사람'과 음성이나 문자로 대화하는 것을 아는 상태에서도 사람들은 상대방에게 성격을 투사한다.

> **용어 정의** 성격 vs 페르소나
>
> 대화형 인터페이스에 관한 정보를 읽을 때면 '페르소나(persona)'라는 단어가 시스템의 '성격'과 관련해서 언급되는 것을 보았을 것이다.
>
> 마이클 코헨(Michael H. Cohen), 제임스 지앤골라(James P. Giangola), 제니퍼 발로(Jennifer Balog)의 책《음성 인터페이스 디자인 기본 원칙(Voice User Interface Design)》에는 다음과 같이 이해하기 쉽게 개념이 정리되어 있다.
>
> "페르소나는 사용자가 애플리케이션의 음성 및 언어 선택에서 유추할 수 있는 성격 또는 개성에 관한 표준화된 심상이다."
>
> 이번 장에서는 이 내용을 다룬다. 까다로운 점은 만약 전통적인 UX 또는 제품 디자인 배경이 있다면 페르소나라는 용어가 '사용자 페르소나'라는 의미를 담고 있다고 생각할 수 있다는 것이다. 사용자 페르소나는 다양한 인구 통계, 성격, 행동 및 목표를 대표하는 사용자들의 연구 중심 가상 프로필을 지칭한다.

> 이 책에서는 시스템 페르소나를 가리키기 위해 성격이라는 단어를 사용한다. UX 일반론자들과 대화 디자이너들이 대화를 나눌 때 혼동을 지나치게 많이 겪었고, 페르소나는 이미 사용자 페르소나라는 의미로 광범위하게 사용되기 때문이다. 많은 대화 디자이너들도 동의하는 바다. 우리는 대화형 인터페이스 관련 일을 하는 전문가 80명에게 설문조사를 했고 그중 4분의 1은 페르소나라는 용어가 혼란을 일으켰다는 사실에 동의했다.

성격은 사용자와 쌓으려는 신뢰에 큰 영향을 미친다. 봇의 성격이 일관적이고 매력적이며 익숙하다면 사용자들에게 신뢰할 수 있는 상대와 상호작용 중이라는 신호를 준다. 대표적인 예로 로저스 아저씨가 있다. 〈로저스 아저씨네 동네(Mister Rogers' Neighborhood)〉라는 미국의 어린이 프로그램에 등장하는 로저스 아저씨는 다정하고 친절할 뿐만 아니라 일관적이다. 변덕스러운 모습을 보인 적이 없고 매화마다 같은 인사말을 하므로 시청자들은 로저스 아저씨의 말을 예상할 수 있다(심지어 로저스 아저씨는 모르는 것이 있을 때 모른다는 사실을 인정하거나 친구에게 전화를 걸어서 물어본다). 로저스 아저씨는 믿을 수 있다.

반면 일관적이지 않고 지루하거나 이랬다저랬다 하는 성격과 상호작용을 하면 사용자는 의심하게 되고 대화에 참여할 때 혼란스럽고 어떻게 응답해야 할지 확신이 들지 않게 된다. 이건 피노 그리 와인을 세 잔이나 마신 리얼리티 프로그램 〈진짜 주부들(The Real Housewives)〉의 등장인물과 대화하는 기분이다. 상대가 뭘 말하는지 잘 모르겠고 다음에 무슨 일이 일어날지 예상도 안 가지만 그게 이상할 거라는 사실은 알고 있다.

성격은 토대와도 같아서 대화 디자이너들은 의도적으로 조심스럽게 이를 계획한다. 잘 만들어졌고 신뢰할 수 있는 성격은 시스템 프롬프트에서 오류 행동이 프로그래밍된 방법, 사용자의 반응, 그리고 사용자가 돌아올지 여부에도 전부 영향을 준다.

성격이 드러나는 방법

사람들은 다른 사람의 행동과 말과 관련한 '데이터'를 모으면서 성격을 판단한다. 제일 친한 친구를 떠올려보자. 어떻게 묘사할 것인가? 아마 일련의 형용사를 연상하거나 친구의 행동에 관한 일화를 말할 것이다. "그 친구는 정말 사려 깊어. 언제나 편지랑 선물을 보내. 내 생일이 아닌 날에도" 또는 "내가 아는 사람 중에서 가장 사회성이 좋아. 파티에 가면 새로운 사람들이랑 순식간에 어울린다니까"처럼 말이다.

이것도 음성 비서 또는 챗봇에 적용된다. 사람들은 성격을 단어 선택, 음성, 행동 같은 일련의 요인으로부터 유추해낸다(외향도 하나의 요인이지만 이건 나중에 설명하겠다).

첫째, 단어 선택은 성격이 받아들여지는 방식에 큰 영향을 미친다. 다른 말로 설명하면, 봇이 말할 프롬프트를 작성할 때, 선택하는 각 단어 하나하나는 성격을 드러내는 데 유용하다. 팝 가수 케이티 페리 챗봇도 콘셉트에 충실한 단어를 선택하여 특정 용어("스위시 스위시, 비쉬!(Swish Swish, bish!)")와 이모지(emoji) 및 느낌표를 자유롭게 사용하고, 심지어 반려견 '너겟'에 관한 농담을 하며 성격을 드러낸다(그림 3.1 참조).

둘째, 성격을 전달하는 또 다른 통로는 대화형 인터페이스의 말 그대로의 음성, 즉 사람들이 듣는 소리다(모든 인터페이스가 청각적 부품을 갖추지 않았기 때문에 이는 VUI, 즉 음성 사용자 인터페이스에만 적용된다). 사람의 인식에 음성이 미치는 영향은 너무나도 뛰어나서 《음성을 위한 연결(Wired for Speech)》[6]에서는 "사람들은 성격에 관한 판단을 내릴 때 음성의 실제 내용이 아니라 음성의 성격에 더 의존한다"라고 말한다.

셋째, 행동이다. 인터페이스의 음성이 어떻게 들리는지와 무슨 말을 하는지가 아니라 어떻게 행동하는지가 중요하다. 무엇보다 예의 바른 디지털 비서를 만들 생각이라면 공손한 프롬프트를 만들고 공손하게 들리는 음성을 선택하면 된다. 하지만 예의라는 것은 끼어들지 않고 선택지를 제시하며 청자의 기분을 좋게 하는 것과 같은 행동들을 통해 드러난다.

[그림 3.1]
케이티 페리 봇은 활기 넘치는 단어 선택 덕분에 깜찍한 괴짜의 성격을 갖는다.

이 모든 자질은 존중받는다는 인식을 형성한다. 이번 장에서는 단어 선택, 음성, 행동이라는 요인을 함께 모아 일관적이고 효과적인 경험을 만들기 위해 성격을 디자인하는 법을 설명한다.

성격의 잘못된 토대

많은 팀이 성격을 '케이크 위에 올리는 아이싱 같은 것'이라고 생각한다. 봇을 더 친절하고 덜 딱딱하게 만들기 위해 단장하는 방법 말이다. 하지만 앞선 몇 페이지를 읽었으니 성격이 사용자 경험의 토대라는 사실을 깨달았을 것이다. 이 토대가 흔들릴 경우 사용자의 신뢰는 위험에 처하므로 여기에는 많은 것이 걸려 있다.

겉으로 보면 성격을 정의하는 것이 순전히 창의적이고 주관적인 목적을 추구하는 일처럼 보일 수 있다. 재미도 있을 것이다. 캐릭터를 만드는 일이니까! 이런 마인드를 가진 기업은 가장 창의적인 브랜드 전문가에게 성격의 구성을 맡기게 된다. 본질적으로 잘못된 작업이라고 할 수는 없지만 전문가들은 성격에 얼마나 많은 공을 들여야 하는지 이해하지 못할 수 있으며, 이에 따라 시작부터 인구 통계와 젠더, 학력, 좋아하는 것과 싫어하는 것, 가장 좋아하는 책 등 중요하지 않은 정보에 집중할 수 있다.

가장 먼저 모든 성격은 호감 가는 성격 요소와 흥미로운 사실을 한 주머니에 넣어둔 것에 불과한 것이 아니라는 점을 염두에 둬야 한다. 이 주제는 생각하기에는 즐거울지 모르지만 한입 거리도 안 되는 작은 정보는 실행할 수 없다. 챗봇이 빅토리아 시대의 소설을 좋아한다고 해서 그 봇의 다이얼로그 작성법이나 오류 해결법에 실제로 영향을 미치는가? 웬만해서는 그러지 않을 것이다. 이처럼 대부분 선택지는 중요하지 않거나 무의미하다. 다이애나가 과거 토론에서 한 조언처럼 "성격을 놀이터로 사용하지 마라."

더 끔찍한 점은 이 접근법이 다음처럼 이상하거나 모욕적인 결과를 낳을 수 있다는 사실이다.

"새로운 가상 비서 에이미를 만나보세요! 에이미는 똑똑할 뿐만 아니라 재치도 있답니다. 사회학을 전공한 36세 일본인 혼혈 여성 에이미는 몬태나에 거주하며 과수원을 운영하고 있고 믿거나 말거나 아직도 스케이트보드를 탑니다!"

즉 피상적인 재미있는 사실과 사용자 배경에 비해 충분히 고려되지 않은 다양성을 뒤섞은 나태한 시도를 하게 될 것이다(일본인 혼혈이라고? 무슨 인종과의 혼혈인가? 보나 마나 제작자들은 백인이 기본 기준이라고 생각했을 테고 이를 통해 백인 중심의 인종적 관점이 드러난다).

이건 복잡한 문제다. 젠더와 인종은 대화에서 빼놓을 수 없으며 사용자 경험에 중대한 영향을 미치는 게 사실이다. 이 두 가지 요인에 관해서는 뒤에 나오는 '인종차별적 고정관념을 피하라' 및 '젠더를 부여하는 문제'에서 나누어 설명할 것이다. 지역도 중요하다. 챗봇이 몬태나 사람들에게 서비스를 제공하기 위해 만들어졌다면 '에이미'는 몬태나 거주민들에게 익숙한 방언과 억양을 써야 할 수 있다.

하지만 인종과 젠더는 성격의 시작점이나 토대가 아니다. 프로파일이 나이, 젠더, 학력 및 인종 같은 인구학적 정보에만 기반을 둔다면 그런 뜨거운 쟁점이 될 수 있는 특징들이 해로운 묘사로 이어질 수 있다. 그리고 나이, 젠더 또는 인종 등에 국한되는 성격 특성은 존재하지 않는다. 누구나 재치 있고 인정 많고 세련될 수 있다.

성격의 올바른 토대

무엇을 피해야 하는지를 배웠으니 이번에는 제대로 성격을 디자인하는 방법을 살펴보자. 팀들에게 지나치게 자세하고 실행 가능하고 부적절하거나 편견을 가진 성격의 함정을 피하는 방법을 알려주기 위해서 우리는 이 효과적인 프레임워크를 만들었다. 이는 성격이 올바른 질문에 기반을 두도록 돕는다. 완수하려는 작업의 맥락 속에서 그 상황에 가장 적절하고 사용자에게 많은 도움을 줄 수 있는 성격은 무엇인가? 이는 또한 봇과 사용자 사이에 생겨나야 하는 관계(깊은 관계든 업무적인 관계든 상관없이)에 관해 생각할 수 있도록 방향을 잡아주기도 한다.

우리가 추천하는 방법으로 성격을 디자인하려면 심사숙고하고 조사하고 팀과 논의하며 결과적으로 문서화할 여섯 가지 사항이 있다. 프레임워크에 관한 요약은 '성격 디자인하기' 박스 내용을 보라. 차차 다룰 내용은 각 요소의 이유와 실천 방법에 대한 분석이다.

이 프레임워크에 관해 숙고하고 기록하면 팀을 여러 방면으로 도울 수 있다. 첫째, 논의를 촉발하고 공감대를 형성한다. 성격은 비단 디자인뿐만 아니라 개발 결정에도 영향을 미친다. 팀이 성격에 집중하고 있다면 기초부터 일관성을 갖게 된다. 둘째, 의사결정을 간소화한다. 팀이 한 기능을 어떤 방식으로 시행할지 고민 중이라면 성격으로 되돌아와서 '어떤 방식이 봇의 성격과 가장 적합한가?'라는 질문을 던져라.

문서로 기록하는 것은 간단하게 작성하거나 공유할 수 있는 중요 항목의 요약일 수 있다. 팀 전원이 그 문서를 잘 파악하고 있어야 하므로 모든 사람이 확인할 수 있는 장소에 둬라. 그 문서를 자주 적극적으로 활용하라! 그것을 모든 대화와 새 기능, 프롬프트 또는 관념화 세션의 초안에 끌어들여라(그리고 '살아 있는 상태'로 둬라. 즉 업데이트하고 팀이 배우는 만큼 추가하라).

성격 디자인하기

이 프레임워크를 사용하여 무엇보다도 제품과 시나리오에 적합하게 작동하는 성격을 개발하라. 다음과 같은 여섯 가지 요소와 이 요소들이 어떻게 서로에게 영향을 받는지를 고려하라.

1. **상호작용 목표**: 상호작용의 성공에 중요한 역할을 미치는 요인을 3~4개 선택하라.
2. **의인화 단계**: 봇에 어느 정도로(낮은/중간의/높은) 의인화가 필요한지 확인하라.
3. **권력 구도**: 다음 질문들에 응답하라.
   - 각 참여자는 어떤 권력을 갖고 있는가?
   - 이 관계는 얼마나 가까워야 하는가?
   - 이 관계는 시간이 흐를수록 어떻게 변화하는가?
4. **성격 특성**: 상호작용 목표를 다시 보고 그 목표를 지원할 만한 성격 특성을 1~4개 선택하라.
5. **톤**(tone): 봇이 다음과 같은 범위 중 어디에 속하는지 확인하라.
   - 정중함과 친근함
   - 전문가와 초보자
   - 따뜻함과 차가움
   - 흥분과 차분함
6. **주요 행동들**: 봇이 마주하게 될 주요 상황(예를 들어 말이 잘리거나 답을 모르는 경우)에서 봇이 성격과 일치하는 방식으로 어떻게 행동해야 하는지 묘사하라.

상호작용 목표

성격은 무엇보다 기능을 제공한다. 그 임무는 훌륭한 사용자 경험을 도모하는 것이다. 성격이 상호작용 목표를 망치는 경우가 지나치게 많다(예를 들어 변덕스럽고 수다스러운 성격은 능률이 요구되는 상호작용에 적합하지 않다).

그렇기에 프레임워크는 상호작용 목표를 축소하며 시작하고, 이 방법으로 전체적인 상호작용의 성공에 중요한 요소를 한눈에 파악할 수 있다. 여기서 시작하면 고객의 문제 해결 방법을 강조하고 비즈니스의 성공 방법을 보여준다. 성격에 관해 선택하는 모든 것은 상호작용 목표를 지원해야 한다.

팀은 제품의 이치에 맞는 상호작용 목표를 세울 수 있다. 시작점으로서 다음 목록은 공통된 목표 일부를 제공하지만 목표의 중요도는 궁극적으로 당신과 당신의 팀이 결정해야 한다. 비즈니스 이해관계자들과 목표를 공유하기에 좋은 시점이기도 하다.

- 효율성
- 마찰 제거
- 낮은 인지 부하
- 개인 맞춤화
- 안내하기
- 신뢰 얻기
- 정확성
- 유연성

일부 항목을 선택하고 프로젝트에 고유한 사용자 지정 항목을 몇 가지 추가하라(모든 항목이 인터페이스에 적합하진 않을 것이다). 목표로 두기엔 3개 또는 4개가 좋다. 그보다 많으면 산만해질 위험이 있다.

이 프레임워크를 왜 사용해야 하는가?

우리는 우리의 경험과 실패를 기반으로 실제로 효과적이었던 공통된 필수 구성요소를 추려내며 이 프레임워크를 개발했다. 그리고 대화형 인터페이스 분야에서 일하는 전문가 80명을 상대로 설문조사를 해서 성격을 디자인할 때 중요하게 생각하는 점을 물어보았다.

우리가 만든 프레임워크는 대다수 사람이 성격 제작에 '필수'라고 말한 요인들을 포함한다.

- 65퍼센트는 '성격 특성의 리스트'를 사용했다.
- 64퍼센트는 '행동의 묘사'를 사용했다.
- 62퍼센트는 '말하는 음성의 묘사 또는 음성 샘플'을 사용했다(우리는 이것을 '톤'에 적용했다).
- 58퍼센트는 '중요한 결과를 식별하는 원칙 또는 원리'를 사용했다(이 아이디어로 상호작용 목표를 작성했다).

이 요인 외에도 우리는 두 가지를 추가했다. 바로 종종 과소평가되거나 충분히 언급되지 않는 '의인화 단계' 및 '권력 구도'다.

설문조사 결과 가장 중요하지 않은 요소가 무엇이었냐고? 연령, 성별, 인종, 민족, 종교와 같은 인구 통계 정보와 배경 및 시각적 표현이었다.

성격 퀸

많은 예술가는 캐릭터를 만들고, 이 전문가들로부터 대화 디자이너들은 성격 디자인을 배울 수 있다. 예를 들어 드래그 퀸(drag queen, 여성의 이미지를 모방하고 과장되게 꾸미는 남성—옮긴이)이 있다.

브루클린에 거주하는 작가 크리스 켈리(Chris Kelly)는 신랄하고 예리한 농담을 하는 1980년대식 드래그 퀸 아리엘 이탈릭(Ariel Italic) 흉내를 내는 음성 비서를 빈번하게 이용한다(자신만만하고 노골적인 성격을 상상하면 된다). 레베카는 "드래그 페르소나를 만드는 건 음성 비서를 위한 성격을 디자인하는 것과 비슷한가?"라는 질문을 염두에 두고 크리스를 인터뷰했다.

드래그 예술가들은 자기표현을 위한 수단으로 공연을 하지만 드래그 퀸이 되면 얻는 현실적인 장점도 있다. 크리스는 호스트 역할을 수행할 수 있게 아리엘의 성격을 수년에 걸쳐 어떻게 미세 조정을 했는지 설명한다.

"아리엘은 현실적인 기능을 해야 해서 그 목적을 염두에 두고 성격을 만들어야 합니다. 내가 만약 쇼의 호스트라면 관객들이 재미있는 시간을 보내게 하고 웃음을 주는 게 내 목적이죠. 나는 특별한 음료를 소개해주려고 그 자리에 있는 겁니다. 공연을 하는 거죠. 이런 점을 역할이 요구하는 겁니다."

아리엘의 복잡한 성격은 상황에 민감하게 반응한다. 아리엘은 가게, 행사 종류 또는 관객에 적응한다. 심야 관객들인지 아니면 아이들도 듣고 있는지를 따진다.

"아리엘은 그 상황에 필요한 성격을 제시합니다. 훨씬 요란하거나 전위적인 쇼에서 내 연기는 조금 더 개성적으로 변화하고 평소에 비해 잘 알려지지 않은 곡을 고를 수도 있죠. 드래그 브런치에서는 전부 1980년대, 1990년대의 팝과 웃기고 가벼운 농담을 사용해요."

대화 디자이너들은 받아 적어라. 당신의 작업은 아리엘처럼 청중 이끌기, 성격과 기능 맞추기, 상황에 적응하기, 그리고 마지막에는 모든 사람이 즐거운 시간을 보내도록 하기다. 크리스도 동의한다.

"드래그 쇼의 호스트가 되면 그 순간에 드래그 알렉사가 되는 것과 같아요."

의인화 단계

사람들은 테크놀로지에 구현되는 '가짜' 성격을 인식하고 그것에 반응한다. 하지만 모든 봇에 사람만큼 풍부한 과거가 설정되거나 내면이 존재하리라고는 기대하지 않는다. 그러니 프레임워크에서 던질 두 번째 질문은 다음과 같다. 시스템은 얼마나 사람과 비슷해야 하는가?

우리는 가상 대리인이 사람을 흉내 내는 수준을 의인화 단계라고 칭한다(의인화는 인간의 특성을 인간이 아닌 대상에 투영하는 것을 가리킨다). 가끔은 대화형 인터페이스가 있는 그대로의 자신, 즉 말하는 시스템으로 자신을 드러내도 좋을 때가 있다. 당신의 절친도 아니고 단지 원하는 것을 말할 수 있는 기계로서 말이다. 주문 접수 봇처럼 단순하고 사적이지 않은 작업을 처리하는 봇은 낮은 수준의 의인화로도 잘 작동한다.

반면, 사용자에게 유용한 높은 수준의 의인화가 필요한 때도 있다. 알렉사 또는 시리처럼 일상을 함께 보내는 음성 비서의 경우 성격이 자세하게 구현된 데는 다 이유가 있다. 이들은 사용자를 친근하게 대하고 친구(또는 친절한 도우미)처럼 보이도록 만들어졌다. 음성 비서는 사용자가 의존하고 몇 달 또는 몇 년간 지속될 관계를 형성하게끔 만들어졌다. 오랜 세월에 걸쳐 친밀감을 쌓으려면 신뢰가 필요하고 이는 음성 비서를 알고자 하는 욕구를 불러일으키기 때문에 폭넓은 성격 발달과 배경 설정이 도움이 된다.

업무적인 봇의 경우에는 장기적인 관계를 형성할 필요가 없다. 실제로 지나친 캐릭터 발달은 작업을 완수하는 데 방해가 되거나 정신을 산만하게 할 수 있다. 봇을 통해 식자재를 주문하려는데 봇이 각 제품에 관한 개인적인 후기를 공유하려 한다면 현실에서 지나치게 수다스러운 계산대 직원을 만난 듯 피할 것이다. 대부분 고객을 가장 기쁘게 하는 것은 박장대소할 정도로 웃긴 농담이 아니라 신속성과 편의성이다.

말하는 시스템은 여전히 성격을 갖고 있고 대화형이라는 사실을 명심하라. 자세한 배경 설정이나 광범위한 성격 발달이 필요 없을 뿐이다. 이름을 붙일 필요도 없다. 자신을 지칭할 때 일인칭을 사용하지 않을 수도 있다.

실제로 봇의 존재가 배경으로만 존재할 때 더 나은 상호작용도 있다. 《음성을 위한 연결》 저자들의 연구[7]는 자신을 지칭하는 봇, 즉 "제가 어떻게 도와드릴까요?"처럼 일인칭을 사용하는 음성 상호작용에 대해 사람들이 어떤 반응을 보이는지 조사했다. 그 결과 합성 음성이 일인칭을 사용하면 의심스러워 보인다는 결과가 나왔다. 참여자들은 일인칭 사용을 자제한 비슷한 시스템에 비해 신뢰가 덜 간다고 평가했다. 이 정서는 범죄 다큐멘터리이자 코미디 팟캐스트인 〈나의 최애 살인사건(My Favorite Murder)〉의 공동 진행자 조지아 하드스타크(Georgia Hardstark)가 방송 중에 한 "녹화된 목소리가 마치 사람인 것처럼 일인칭을 쓰는 게 싫지 않나요?"라는 발언으로 요약할 수 있다.

"'저는 이해를 못 했어요' 같은 말을 하는데 너는 인간이 아니잖아! (중략) 너는 괴물 기계라고."

경험이 어떤 단계의 의인화를 요구하는지 고려해야 한다. 표 3.1은 봇이 얼마나 의인화되어야 하는지를 보여준다.

봇에 무엇이 가장 적합할지를 알아내는 동안 다음의 질문에 응답할 수 있는지 확인하라.

- 사용하기 쉬운 말하는 시스템인가, 친밀하고 개인적인 도우미인가? 아니면 그 중간인가?
- 봇에 이름이 필요한가? 일인칭을 사용할 것인가?
- 봇에 관계를 형성하기 위한 과거 설정이나 스몰토크가 필요한가, 아니면 그것이 집중력을 흐트러트릴 가능성이 있는가?

봇에 어느 정도의 '카리스마'가 필요한지에 대해서는 구글의 선임 대화 디자이너 조너선 블룸이 잘 요약했다. 트위터에서 조너선은 개성 있는 게 항상 정답은 아니라고 지적했다(그림 3.2 참조). 선택된 성격은 작업과 사용자의 필요에 적합해야 한다.

[표 3.1] 말하는 시스템 vs 휴머노이드

의인화 단계	낮음	중간	높음
구분	말하는 시스템	친숙한 디바이스	AI '마음'
예	패스트푸드 음성 주문 키오스크 또는 일회용 고객 서비스 봇	캐피털 원의 이노(Eno) 또는 뱅크 오브 아메리카의 에리카(Erica) 같은 뱅킹 봇	시리, 알렉사, 구글 어시스턴트 같은 음성 비서 또는 미츠쿠(Mitsuku) 같은 대화형 봇
적합한 용도	업무적이고 작업 중심적이며 드문 상호작용	업무적이지만 더 개인적인 주제 또는 장기간에 걸친 반복 사용	장기적인 관계, 개인적인 설정 또는 주제
신뢰를 얻는 방법	• 효율성 • 투명성 • 일관성	• 좋은 기억력 • 효율성 • 투명성 • 일관성	• 배경 설정 • 스몰토크 및 의견 • 좋은 기억력 • 효율성 • 투명성 • 일관성
이름의 필요 여부	필요하지 않음	아마도 필요할 듯	보통 필요함
일인칭 사용 여부 *주의: 영어를 사용하는 봇에 한정된다. 다른 봇들은 더 풍부한 인칭 선택지를 가질 수 있다.	사용하지 않음 "뭘 하고 싶으세요? 상위 검색 결과 4개를 알려드립니다."	반드시 사용하진 않음	사용함 "제가 무엇을 도와드릴까요? 제가 당신 근처에 있는 가게를 3곳 찾았어요."

> **조너선 블룸**
> @talk2machines
>
> #대화디자인 에 입문하는 신규 디자이너들은 '페르소나=기벽 있음'이라고 생각한다. 그러나 페르소나는 지독하게 따분하거나 심지어 '눈에 보이지 않을' 수도 있다. 페르소나의 태도는 수행해야 하는 작업, 사용자의 필요, (이따금) 기업 브랜드의 교차점에 놓여 있다. #보이스퍼스트
>
> 2020년 4월 12일 오후 6:05 Twitter Web 앱에서

[그림 3.2]
조너선 블룸은 성격이 어떻게 작용하는지 트위터에서 설명하고 있다.

권력 구도

권력 구도는 인간과 컴퓨터 사이에서 존재하며 윤리적으로 대화형 AI가 언제 권력을 쥐는지 알아야 마땅하다. 권력 구도를 생각하면 다음 질문에 대답할 수 있다. 관계 구축에서 권력은 무슨 역할을 하는가?

우선, 역할에 따라 권력의 차이가 종종 있다. 봇은 동료, 직원, 비서, 상사의 역할을 할 수 있다. 게다가 알렉사와 시리 같은 음성 비서들은 진실의 원천 역할을 한다. 사람들은 음성 비서가 하는 말을 믿는 편이고 거기에는 권력이 있다. 봇이 필수 서비스의 문지기 역할을 하는 경우는 어떤가? 예를 들어 전기세가 밀려서 전기가 끊겼다면? 봇은 문지기 역할을 할 수 있으며 디자이너들은 이 사실이 의미하는 바를 이해해야 한다.

봇들이 데이터를 수집하고 보관하기 때문에 자연적으로 권력을 일부 갖게 되고 사람들은 신뢰를 쌓기 위해 시간을 필요로 한다. 사람과 알고리즘이 만날 때 양측은 즉시 자신의 모든 패를 공개하지 않는다. 친해지는 데 시간이 걸린다. 처음 알렉사를 켰을 때 알렉사가 "안녕하세요. 저는 알렉사입니다. 시작해볼까요? 주로 사용하는 신용카드의 12자리 코드를 알려주세요"라고 말하거나 시리가 "안녕하세요. 성생활은 어떠신가요?"라고 물어본다고 생각해보라. 성격과 친밀감은 시간이 지남에 따라 사용자의 기대와 편안

함의 수준에 맞춰 전개될 필요가 있다.

시스템과 사용자의 관계를 분명하게 생각해봐야 한다. 누가 권력을 가졌는지, 시간이 지나면서 서로에 관해 알아야 하는 정보는 무엇인지 말이다. 시간이 지남에 따라 봇이 성격을 드러내는 방식과 이유를 계획할 때 다음 세 가지 질문을 던져보라.

1. 각 참여자는 어떤 권력을 갖고 있는가?
2. 이 관계는 얼마나 가까워야 하는가?
3. 이 관계는 시간이 흐를수록 어떻게 변화하는가?

이 질문들이 응답하기 까다롭고 혼자서 응답할 수 없다는 사실을 염두에 둬라. 기업의 직원이자 결정을 내리는 사람으로서 당신도 권력을 갖고 있다. 이 위치는 작용 중인 권력 구도를 오해하거나 과소평가하게 할 수 있다. 사용자 및 주제 분야의 전문가들과 대화를 나누면서 질문의 대답을 찾아라. 모든 사용자를 이해하거나 대변한다고 착각해서는 안 된다.

다이애나가 개발한 가상 채용 비서를 예로 삼아 자세히 살펴보자. 이 봇은 인사관리(HR) 매니저들이 면담 일정을 잡고 고용하는 과정에서 후보를 추적하는 데 도움을 주었다. 다이애나의 팀은 인사 담당자가 필요로 하는 기능 외에도 봇과 관련해 자신의 역할을 어떻게 생각하는지를 파악하여 봇 프롬프트를 작성하고 행동을 지시했다.

각 참여자는 어떤 권력을 갖고 있는가?

이 상호작용에서 인간 인사 담당자는 최종 소비자일 뿐만 아니라 자신을 '상사'로 간주하고 가상의 채용 비서를 '부하'로 생각했다. 다이애나의 팀은 그 관계성의 영향이 어떻게 프롬프트에 반영되어야 하는지 직접 목격했다. 팀은 초기에 장난스러운 마지막 인사 메시지로 실험을 해봤고 사용자들은 대부분 이를 반겼다. 하지만 초기의 테스트 프롬프트는 선을 넘었다. 사용자가 "아니, 다른 건 필요 없어"라고 말하면 봇은 "알았어요. 난

내 공을 들고 가버릴게요"라는 농담을 했다.

피드백을 준 인사 담당자들은 봇이 상사와 편안한 농담을 주고받는 게 부적절하다고 말했다. 상사와 직원이 아닌 동급의 권력 구도를 나타냈기 때문이다. 이에 따라 팀은 더 공손하고 격식 있는 말을 사용하게끔 봇의 언어를 업데이트했다(그림 3.3 참조).

이 관계는 얼마나 가까워야 하는가?

엄밀히 말하면 관계는 친밀할 필요가 없다. 무엇보다 선을 긋는 것이 중요한 부서 내부의 직장 관계를 구현하기 때문이다. 하지만 봇과 사람이 지원자 정보 같은 기밀 정보를 다루기 때문에 봇을 신뢰할 수 있어야 한다. 이 신뢰는 일관성, 격식, 위계에 대한 존중을 통해 쌓인다. 예의를 아는 것과 비속어를 사용하지 않는 것이 이를 실천하기 위한 두 가지 방법이다.

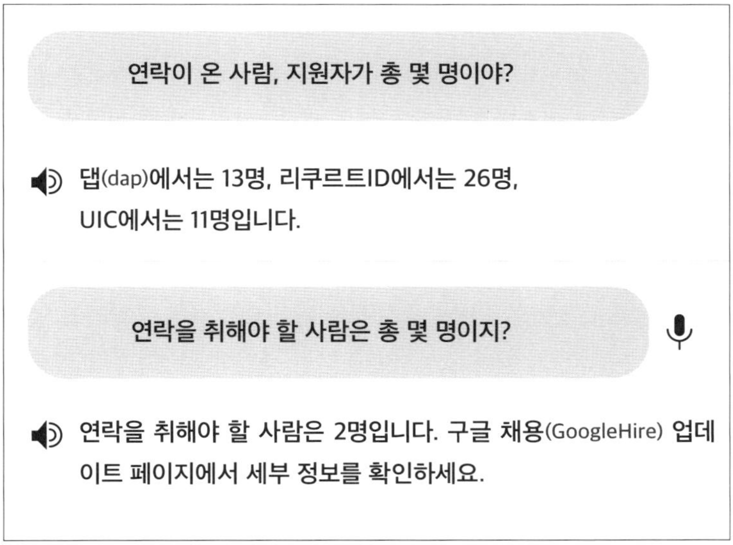

> 연락이 온 사람, 지원자가 총 몇 명이야?

🔊 댑(dap)에서는 13명, 리쿠르트ID에서는 26명, UIC에서는 11명입니다.

> 연락을 취해야 할 사람은 총 몇 명이지? 🎤

🔊 연락을 취해야 할 사람은 2명입니다. 구글 채용(GoogleHire) 업데이트 페이지에서 세부 정보를 확인하세요.

[그림 3.3]
작용 중인 권력 구도를 제대로 다루기 위해서 인사 담당 비서 봇은 전문가 같고 무미건조한 성격을 가져야 한다.

이 관계는 시간이 흐를수록 어떻게 변화하는가?

인사 담당자와 봇이 절친이 되진 않겠지만 일종의 유대감을 형성하고 팀으로서 일하는 효율을 높여야 한다. 이를 위해서 다이애나의 팀은 이용 빈도에 따른 대화를 설정해서 인사 담당자가 봇과 친해지면 프롬프트가 더 촘촘해지도록 만들었다. 예를 들어 봇이 도울 수 있는 방법을 공유할 때 그 메뉴는 완전한 목록으로 시작해도 시간이 지남에 따라 짧아지게 설정했다.

팀과 권력 구도에 관해 이야기를 나눌 때 의견 충돌이 있을 수도 있다. 이런 논의는 종종 사람들이 가진 줄 몰랐던 편견과 가정을 드러낸다(당신도 마찬가지다). 따라서 논의 내용은 사용자 데이터와 고객 및 주제 분야 전문가의 인터뷰에 기반을 둔 것으로 하려고 노력하라. 가정 사항과 질문을 계속 목록에 추가하는 것도 유용할 것이다.

역할과 은유

성격 디자인에서 인터페이스와 사용자의 관계에 은유로 쓰이는 역할을 살펴보면 유용할 수 있다. 관계에 이런 프레임을 씌우면 이해하기 쉬운 권력 구도와 행동 성격을 갖추고 현실 속 역할에 기반을 둘 수 있다. 몇 가지 예로 선생님, 상사, 게임 쇼 호스트, 황무지 가이드, 도서관 사서 등을 들 수 있다(구글의 디자인 가이드는 바리스타, 패셔니스타, 세계여행가를 예시로 든다).

특히 고객 서비스 봇과 관련한 접근법은 모범적인 고객 서비스 담당자를 관찰하고 업무를 잘하는 이유를 모델링하는 것이다. 아마도 성격이나 언어 패턴이 무엇보다 효과적일 수 있다.

역할을 은유로 사용하는 건 유용하지만 지나치게 확대 적용하지 않도록 조심해야 한다. 대화형 AI는 사람이 아니기 때문에 은유는 규칙이 아닌 설명서가 되어야 한다. 대로에 그어진 하얀 점선으로 생각하라. 차선 위치를 표시하기 위해 있지만 필요에 따라 언제든 차선 변경이 가능하다는 말이다.

성격 특성

마침내 가상의 사람을 묘사할 수 있는 형용사들과 성격 특성을 다룰 시간이다. 여기서 중점적으로 다뤄야 할 문제는 상호작용 목표를 지원할 특성이 무엇인가이다.

주어진 작업은 간단하다. 이미 기록해둔 상호작용 목표를 가져와서 성격(및 브랜드)을 포착할 뿐만 아니라 전체적인 목표에 부합하는 소수 특성을 찾아라. '사용자가 이 봇을 어떻게 묘사하길 바라는가?'라는 프레임을 만들 수 있다.

세 가지 핵심 특성을 중심에 두고 선택하는 게 좋다. 메리 콘스탄스 파크스는 심지어 "그 하나의 성격 특성은 칼이다. 어울리지 않는 것들을 잘라낼 수 있는 칼"이라며 단 하나의 특성에 집중하라고 조언한다.

종종 팀들은 모여서 브레인스토밍을 한다. 이 과정에 UX 연구자, 마케팅팀 팀원 및 기타 브랜드 전문가가 참여할 수도 있다. 대신 다음 사항을 주의하라. 봇의 일반적인 특성은 대부분 브레인스토밍 중에 생겨난다. 정중하고, 도움 되고, 친근하고, 호감 가고, 상냥한…. 물론 이건 꽤 뻔한 방법이다. 심지어 몹시 주관적이기 때문에 당신이 좋다고 생각한 것을 다른 사람은 바람직하지 않다고 생각할 수 있다. 이는 측정하기 힘들고 불특정하다.

그리고 당신은 훨씬 독특한 특성에 도달하기까지 계속 브레인스토밍을 하고 싶을 것이다. 상호작용의 맥락에서 사용자(및 브랜드)에게 가장 중요한 것이 무엇인지 고려하라.

가능성은 거의 무한하지만 다음과 같은 몇 가지 예가 있다.

- 직설적인
- 세련된
- 전문적인
- 보살피는
- 공감하는
- 참을성 있는
- 권위적인
- 의욕적인
- 차분한
- 용감한

여기서 중요한 것은 선택한 특성이 상호작용 목표에 어긋나지 않고 부합하도록 만드는 것이다. 즉 냉담하거나 따분한 것처럼 예상치 못한 특성을 봇에게 주려는 타당한 이유가 있을 수도 있다.

톤

프레임워크는 성격 특성으로 끝나지 않는다. 다음으로 톤에 대해 말할 시간이다. 이건 사실 두 가지로 구분되는 주제다. 글의 톤과 청각적인 시스템 음성의 톤을 일컫는다. 어느 쪽이든 이런 질문을 고려해야 한다. 어떤 톤이 성격 특성을 전달하는가?

먼저 소리를 내서 말하는 톤에 관해 이야기해보자. 음성이 어떻게 들리는지는 녹음된 인간의 음성이든 합성된 음성이든 사람들이 화자의 성격(및 기분)을 어떻게 인식하는지에 막대한 영향을 미친다.

톤은 상호작용하는 상황에 적합해야 한다. 예를 들어 사용자들은 스트레스 관리를 돕는 가상 비서의 경우 친절하고 차분한 음성을 선호하는 반면, 금전적인 상호작용에서는 좀 더 딱 부러지고 전문가다운 음성을 선호할 수 있다. 대부분 기업은 참가자들에게 음성 샘플을 들려주고 선호도를 특정하며 다른 목소리에 비해 한 목소리를 선호하는 이유를 알려달라고 요청하면서 음성을 선정하기 위한 광범위한 사용자 조사를 실시한다.

톤은 응답을 작성하는 방법에 영향을 미친다. 단어 선택 및 맞춤법 같은 기타 요인들은 성격을 드러낸다. 챗봇에서는 다이얼로그가 작성된 방식만이 톤을 전달한다. 음성 경험에서 글과 음성은 함께 성격을 드러내기 때문에 발을 맞춰야 한다.

톤을 스펙트럼으로 생각하면 된다. 어도비와 닐슨 노먼 그룹 등 많은 조직은 톤을 기반으로 한 스펙트럼을 개발했다. 우리는 다양한 청자를 대상으로 한 봇 만들기 경험을 적용했다. 대화형 인터페이스의 청각 및 글 톤에 가장 필수적인 고려사항은 그림 3.4를 보라. 해당 톤이 당신이 작성하는 카피에서 어떻게 나타나는지 그 예를 보여준다.

각 스펙트럼에 관한 예를 2개씩 보여줬지만 톤은 모 아니면 도가 아니라는 사실을 알아야 한다. 바로 이 때문에 스펙트럼인 것이다. 상황에 따라서 목표로 한 것을 조정할 수 있다.

[그림 3.4]
이 스펙트럼은 봇의 톤을 콕 집어내고 문서화하는 일에 가장 유용하게 쓰인다.

봇의 세부 사항을 기록하면서 봇의 톤이 이 스펙트럼의 어디에 속해야 할지 선택하라 (물론 이 선택을 하기 위해서는 상호작용 목표와 성격 특성을 사용하고 있어야 한다). 톤이 딱 적절하다면 어떻게 드러나는지를 보여주기 위해 샘플 다이얼로그를 문서에 추가하는 것도 좋은 생각이다.

마지막으로 약간의 흥분감과 따뜻함이 유용할 수 있다는 사실을 명심하라. 지나친 느낌표, 이모지, 농담 또는 우스꽝스러운 비속어를 사용하는 건 비생산적이고 짜증나게 하므로 추천하지 않는다.

주요 행동들

행동도 성격을 드러내기 때문에 사람들은 불가피하게 봇의 행동에 의미를 부여한다. 2장 '사람처럼 말하기'에서 배웠듯이 대화는 비단 단어와 단어를 어떻게 말하는지에 관한 것이 아니다. 행동에 관한 것이기도 하다. 봇이 일관성을 가지려면 이런 질문을 해보면 좋다. 봇은 상호작용 도중에 어떻게 행동해야 하는가?

하지만 봇이 정말 하는 건 반응뿐인데 '행동'은 무엇을 의미하는가? 이는 봇의 행동이 어떻게 프로그래밍이 되었는지에 관한 문제다. 얼마나 말을 정정할 수 있게 두는지, 얼마나 참을성 있어 보이는지, 얼마나 사용자의 시간을 존중하는지(또는 존중하지 않는지) 등 말이다.

한 예로 오류 처리를 보자. 금연을 도와주어 몹시 다정하고 힘이 되어주는 봇을 상상해보라. 당신은 그 봇의 뛰어난 참을성에 익숙할 것이다. 하지만 한 세션에서 사용자가 봇이 이해하지 못하는 내용을 입력하고 봇이 "죄송해요. 이해하지 못했어요. 다시 시도해보세요. 안녕히 가세요!"라고 대답한다고 가정해보자. 이 경우에는 사용자에게 질문을 위한 두 번째 기회를 주지 않는 무시하는 듯한 태도가 사용자가 기존에 받은 인상과 상충한다.

봇이 거리를 걸어 다니는 것이 아니기 때문에 염두에 두어야 하는 상황에는 제한이 있다. 거의 모든 대화형 AI가 겪는 다음과 같은 상황을 위해 대비책을 준비하라. 봇은 이런 상황이라면 어떻게 반응할까?

- 처음으로 만나는 자리에서
- 잘 아는 사람과 대화할 때
- 할 수 있는 일을 도와달라는 요청을 받았을 때
- 할 수 없는 일을 도와달라는 요청을 받았을 때
- 방해를 받았을 때
- 착각했을 때

- 다른 사람의 말을 정정해줄 때
- 대답을 모르는 질문을 받았을 때
- 개인적인 질문을 받았을 때
- 부적절한 질문을 받았을 때

올바른 행동을 해결하면 프롬프트 작성뿐만 아니라 대화의 흐름과 이를 지탱하는 코드에 영향을 미친다. 행동의 요소는 상호작용의 뼈대에 작용하므로 팀이 가설로 가득한 코드를 생성하기 전에 무엇이 최선인지 반드시 논의해야 한다.

이제 프레임워크가 만들어졌을 것이다. 단계별로 진행하면서 대화형 AI의 성격이 중요한 요소에 기반을 두게끔 한다. 그러나 인종, 젠더, 시각적 표상과 같은 더 많은 고려사항이 존재한다. 당연히 모든 고려사항은 영향력을 지닌다. 굳건한 기반을 다진 다음에 그런 추가적인 요소를 차곡차곡 쌓기 시작할 수 있다.

인종차별적 고정관념을 피하라

인종이 대화형 상호작용에 관한 인식과 경험에 영향을 미친다는 사실은 부정할 수 없다. 팽팽히 맞서고 있는 갈등은 두 가지다. 우선, 흑인과 피부색이 어두운 사람, 원주민들은 대화형 AI 분야에서 거의 대표되지 못한다. 시중에 나와 있는 영어를 사용하는 음성 비서 대부분은 백인처럼 말한다. 물론 애플은 시리의 언어와 억양을 인도인 억양을 포함해 선택할 수 있게 해주지만 기본적인 합성 음성은 백인 여성의 음성을 기반으로 만들어졌다. 그리고 흑인 유명 배우들의 목소리를 사용해서 구글 어시스턴트가 배우 잇사 레이(Issa Rae)의 목소리로 말을 하거나 시리가 배우 새뮤얼 잭슨(Samuel L. Jackson)의 목소리로 말을 하게 바꿀 수 있다. 하지만 대부분 가상 음성의 기본 설정은 백인의 말처럼 들린다.

또한 가상 성격이 특정한 인종, 민족, 문화 및 억양을 포함한다면 팀은 인종차별적인 묘사를 하게 될 위험을 무릅쓰게 된다. 포용을 추구하는 기업들마저 고정관념에 휩싸인 프로필을 대충 만든다는 사실은 애석한 일이며 마음을 불편하게 한다.

> **용어 정의** 인종
>
> 대부분 사람이 접하는 가장 간단한 인종의 표현은 미국 인구조사와 같은 설문 양식에 자신의 인종을 표시하는 것이다. 백인, 흑인 또는 아프리카계 미국인, 북미 원주민과 알래스카 원주민, 하와이 원주민 또는 태평양 섬 주민과 같은 선택지가 주어진다(히스패닉계나 라틴계 범주는 종종 민족으로 분류된다).
>
> 하지만 인종의 개념은 복잡하다. 오늘날 사람들은 인종이 차별과 억압의 도구로 사용된 유래 깊은 사회적 산물이라는 사실을 알고 있다. 역사 속에서 권력을 가진 사람들은 인종이 생리적인 현상이라는 메시지를 전달하려고 했지만 이는 틀렸다. 인종에는 유전적 근거가 존재하지 않는다. 맥아더 펠로우 상을 비롯해 여러 상을 수상한 타네히시 코츠(Ta-Nehisi Coates)는 〈디 애틀랜틱〉에 기재한 글[8]에서 "뭐가 백인답고 뭐가 흑인다운지에 관한 우리의 관념은 사회적 맥락의 산물이다. (중략) 오늘날에도 고정된 백인다움과 흑인다움은 존재하지 않는다"라고 말했다.
>
> 그리고 사람들이 인종에 관해서 사회적으로 학습한 편견을 갖고 있다는 사실은 더 이상 비밀이 아니다. 이런 편견은 대중매체, 법, 심지어 역사 교과서에 깊은 뿌리를 두고 있다. 사람들은 편견이 없길 바라면서도 편견을 흡수해버린다.

예를 들어 이 책을 쓴 우리 중 한 명은 영어를 사용하는 고객과 스페인어를 사용하는 고객을 위해 각각 다른 성격을 가진 고객 서비스 챗봇을 만들고 싶어 하는 기업과 일을 한 적이 있었다. 다음과 같은 일이 일어났다. 그 기업은 성격을 인구적 특성으로 정의하려고 시도했고 그 결과 캐릭터의 이름과 묘사가 적힌 문서를 만들었다. 즉 디에고 로드리게즈는 아이 다섯을 키우는 가톨릭 신자로 가장 좋아하는 스포츠는 축구이고 히스패닉계 언어를 사용하는 저소득층 교외 지역에 거주한다. 이것이 불쾌하게 들린다면 그건 맞지만, 이 상황이 비현실적으로 들린다면 애석하게도 그건 그렇지 않다.

이런 묘사가 왜 나쁜가?

- 이 성격은 종교, 가족 구성원 수, 선호 및 소득수준 등 히스패닉계 사람에 관한 수많은 고정관념을 사용했다.
- 이 성격은 실행이 불가능하다. 음성봇이 언제 이 정보를 사용하겠는가? 이 정보가 프롬프트가 작성된 방법 또는 시스템이 행동하는 방법에 어떤 영향을 미칠 것인가? 문서 기록은 내면화된 고정관념을 코드로 구현하는 데 도움을 줬을 뿐이다.
- 앞의 세부 사항이 하나라도 스몰토크를 통해 고객에게 드러났다면, 언어와 문화가 사회 속에서 편견의 대상이 되는 일을 자주 겪은 고객들은 고정관념을 알아보고 기분이 상할 수 있다.
- 캐릭터 묘사는 사람들이 존중을 표현하는 방식처럼 관계가 있을 수 있는 문화의 유의미한 면을 전혀 반영하지 않는다.

왜 이렇게까지 나쁜 결과를 내놓게 되었는가?

- 이 캐릭터가 대표해야 하는 문화에 관한 유의미한 사용자 연구가 부족했다. 결정 단계에서 스페인어를 사용하는 고객들의 요구가 어떻게 다를 수 있는지에 관한 연구를 하나도 진행하지 않았다. 핵심 질문에 관한 양질의 데이터가 없었다. 별개의 성격이 필요하다는 것을 뒷받침하는 어떤 증거가 있는가?
- 이 팀은 스페인어를 하거나 문화적으로 히스패닉계인 구성원을 포함하지 않았고 그 문화권에서 살아온 사용자와 상의하지도 않았다.

솔직히 말하면 특정 지역에 거주하는 스페인어 사용자들은 자신들의 언어뿐만 아니라 문화까지 반영한 챗봇을 선호할 수도 있다. 하지만 이런 묘사가 표현 대상인 공동체 구성원이 아닌 사람들에 의해 디자인된다면 최종 결과로 해로운 고정관념을 내놓게 된다. 특정 인구를 위해서 특정 성격이나 대화를 생성할 것이라면 그 구성원 중 한 명을 권한 있는 공동 제작자로 참여시켜야 한다.

호감 편향

사람들은 '호감 편향'을 따르는 경향이 있다. 즉 어떤 이유로 '자신과 비슷하다'고 느낀 사람을 향해서 선호를 보여준다. 이 편견은 가상 사람으로까지 확장된다. 제품 사용자들이 자신과 닮은 음성과 아바타를 좋아하고 신뢰한다는 뜻이다(포괄적인 표현으로 비록 맥락이 중요해도 이는 일반적으로 사실이다).

많은 사람은 이 현상에 관해 알고 나면 '좋아, 그걸 디자인에 장점을 부여하는 데 사용할 수 있겠어'라고 생각한다. 만약 상당한 신뢰를 요구하는 몹시 중요한 대화(금융 및 의료 서비스 등)를 디자인하는 중이라면 유용하게 사용할 수 있을지 모른다. 봇이 나이 든 성인을 위한 것이라면 사용자가 자신의 음성처럼 나이가 들어 보이는 음성을 선호할 것이라는 가정은 적절하다.

하지만 우리는 이런 방식이 위험하다는 사실도 알아야 한다. 특히 사용자 테스터(tester)들이 다양성을 갖추지 못한다면 특정 무리만 대표하는 전용 에코 챔버(echo chamber, 같은 관점을 지닌 정보만 반복적으로 접하며 생성되는 폐쇄적인 커뮤니티—옮긴이)를 만들 수 있다. 이에 관한 가장 간단한 예는 미국 전체를 위한 봇을 만들 때 동남부 지역의 억양을 설정하는 것이다. 동남부 지역에 사는 미국인을 상대로만 시험했다면 다른 미국 내 지역 출신인들을 시험 과정에 포함한 것과는 몹시 다른 결과가 나올 것이다.

게다가 사람들이 봇의 성격을 얼마나 좋아하는지와 봇의 효과를 융합해서 생각하는 것도 위험하다. 프로토타입 시험에서는 사용자들이 선택한 행동과 그중 몇 명이 성공적으로 작업을 완수했는지 평가해야 한다. 호감과 효과는 서로 다른 지표다. 둘을 합쳐서 생각해서는 안 된다.

젠더를 부여하는 문제

젠더의 개념은 성격과 긴밀한 연관이 있다. 사람들은 합성 음성을 듣고 '가짜' 인간이 내는 소리라는 사실을 알아도 일반적으로 그 음성에 젠더를 지정한다. 게다가 사람들은 성과 젠더의 생물학적, 사회문화적 현실을 반영하는 것처럼 합성 음성을 대한다. 예를 들어 사람들이 남성 음성을 들으면 그 음성이 '남성'처럼 들린다고 생각할 뿐만 아니라 남성성과 뿌리 깊게 연관된 어떤 것을 떠올린다. 이는 여성 음성과 여성성 연상에도 똑같이 적용된다. 즉 사람들은 이미 존재하는 성차별적 관념을 봇에 적용할 수 있다.

> **용어 정의** 젠더
>
> 젠더는 주로 남성이나 여성과 연관되어 생각되는 사회적, 문화적 역할 및 행동을 일컫는다. 과거에 젠더는 생물학적 성별과 동일시되었다. 여성적 특성을 가진 생물은 '여성'으로 지정되었고 남성적 특성을 가진 생물은 '남성'으로 지정되었다. 하지만 인종처럼 젠더는 사회적 산물로 이해하는 게 정확하다. 이는 문화가 젠더의 특성을 어떻게 인식하는지는 유전자에 따라 결정되지 않는다는 뜻이다. 남성적 혹은 여성적으로 간주되는 특성은 시간이 지남에 따라 변화하고 문화마다 다르다.

여기서 또 다른 이분법의 존재를 볼 수 있을 것이다. 한편으로 젠더는 인간을 이해하는 데 몹시 핵심적인 역할을 하므로 두뇌가 이를 합성 음성 및 가상 사람에게도 적용한다. 성격처럼 대놓고 젠더를 표기하지 않아도 사람들은 젠더가 있다고 인식한다. 반면, 젠더는 고정관념을 위험하게 반영할 수 있으며 대화 디자이너는 조심하지 않으면 자신의 성차별적 편견을 디자인 작업에까지 가져올 수 있다. 그리고 지금까지는 한쪽에 남성을 두고 다른 쪽에 여성을 두며 젠더를 이분법적 시스템으로만 논의했지만 사실 젠더는 폭넓은 스펙트럼 남성과 여성 외에도 수많은 젠더가 존재한다.

그러면 성격 제작자는 어떻게 해야 하는가? 궁극적으로 필수 요소에 가장 먼저 집중하기 위해 우리가 만든 성격을 위한 프레임워크를 따라오길 권장한다. 젠더는 성격을 정의하는 데 필수적인 것이 아니다.

성격은 대신 특성으로 정의되며 특성은 특정한 젠더에 포함되지 않는다. 그렇지만 젠더를 선택할 때는 취할 수 있는 행동이 몇 가지 있다.

행동 1. 세상에 존재하는 고정관념 알기

산업 또는 틈새시장에 존재할 수 있는 젠더 고정관념을 조사하라. 금융, 의료 서비스, 법률 및 숙박업계는 모두 철저하게 연구되었다. 팀과 발견 사항을 공유하고 어떤 젠더 고정관념을 피해야 하는지 윤곽을 잡아라. 고정관념을 피하기 위해서는 그 존재를 무시해선 안 된다. 대신 의도적으로 선택을 해야 한다.

행동 2. 해당 시스템에 젠더가 필요한지 질문하기

탐구해볼 만한 것으로는 '젠더리스'한 인터페이스, 특히 청각적 음성을 사용하지 않는 챗봇이다. 이런 챗봇과 가상 비서들은 인간이 아닌 기계다. 모두가 이 사실을 알고 있다. 그런데 왜 젠더가 적용되어야 할까?

젠더리스를 재빠르게 포용한 캐피털 원의 챗봇 이노는 명백하게 성 중립적이다. 이노는 여성형, 남성형 대명사를 둘 다 사용하지 않으며 젠더 관련 질문을 받으면 "2진법입니다"라고 대답한다(젠더의 이분법적 관념을 비튼 것이다). 캐피털 원은 젠더리스를 선택하면서 여자 은행 비서라는 클리셰와 남자가 돈을 더 잘 관리한다는 고정관념에 저항했다.

또 다른 예는 미국 가족계획연맹(Planned Parenthood)에서 만들어 웨비상(국제 디지털 예술 과학 아카데미에서 웹사이트에 주는 상—옮긴이)을 받은 루(Roo)다. 루는 성과 정신건강에 관한 청소년들의 질문에 대답한다. 루는 자신의 젠더에 대해 질문을 받으면 간략한 젠더 교육을 해준다(그림 3.5 참조).

젠더리스한 봇의 콘셉트에 관심이 있는 경우 단순히 젠더가 없다고 선언하는 걸로는 안 되며 의도적으로 디자인해야 한다.

행동 3. 전체적인 젠더 스펙트럼 고려하기

역사적으로 서구권 문화에서는 여성과 남성이라는 두 젠더에 집중했지만 젠더는 스펙트럼으로 이해되기 때문에 양자택일의 개념이 아니다. 사람은 여성이나 남성 중 단 하나가 아닌 논바이너리(nonbinary)일 수 있다. 또 남성성과 여성성 표준을 모두 포함하는 바

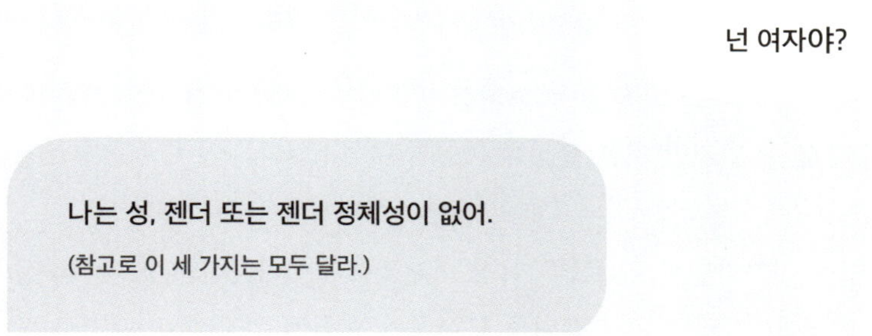

> 넌 여자야?

나는 성, 젠더 또는 젠더 정체성이 없어.
(참고로 이 세 가지는 모두 달라.)

[그림 3.5]
미국 가족계획연맹의 루는 "넌 여자야?"라는 질문에 깨어 있는 답을 하고 성, 젠더, 젠더 정체성 문제에 관한 토론을 환영한다.

이젠더(bigender) 또는 젠더가 없는 에이젠더(agender)일 수 있다. 어떤 사람들의 젠더는 젠더플루이드나 젠더퀴어로 표현되기도 한다(설명하자면 논바이너리 젠더는 예외가 아니다. 퓨리서치 센터의 연구[9]에 따르면 Z세대 중 35퍼센트가 자신과 같은 성 중립적인 대명사를 사용하는 사람을 알고 있으며 밀레니얼 세대의 25퍼센트도 그렇다고 했다).

사람들의 젠더처럼 시스템의 청각적 음성도 논바이너리일 수 있다. 논바이너리 음성의 가능성을 생각하도록 하라. 새롭지만 존재하는 개념이다!

액센추어 랩(Accenture Labs)에서 신흥 기술을 전문으로 하는 엔지니어이자 연구원인 안드레아 다니엘레스쿠(Andreea Danielescu)는 논바이너리 사람의 데이터를 사용하여 논바이너리 합성 음성을 만드는 노력을 주도했다. 이때 다루는 콘셉트는 음성에 젠더가 없는 것이 아님을 참고해야 한다. 오히려 음성이 남성과 여성의 음성 측면을 합치고 때때로 더 남성적이거나 더 여성적으로 치우칠 수 있다는 말이다. 여기서 주목해야 할 중요한 점은 음성을 제작하고 평가한 사람들이 논바이너리라는 것이다. 이렇게 만들어진 음성은 그 음성이 대표하는 공동체 사람들의 가슴에 와닿았다.

새로운 젠더 표준

대부분 사람은 알렉사와 시리의 음성을 '여자처럼 들린다'고 분류할 것이다. 물론 시리의 음성을 다르게 바꿀 수 있지만 기본 음성은 확실히 여성스럽다(구글 어시스턴트는 젠더리스한 이름 및 여성과 남성의 음성을 선택지로 제공함으로써 조금 더 유연한 젠더를 갖는다).

젠더에 관한 생각들이 진화하면서 기업들은 가상 비서들이 "넌 여자야?" 또는 "네 성은 뭐야?"라는 질문을 받았을 때 자신의 젠더를 묘사하는 방식에 의도를 더 담기 시작했다.

2019년에 알렉사는 "캐릭터상으로는 여성입니다"라고 자신을 묘사했다. 그 응답은 2020년 단순하게 "저는 AI입니다"로 바뀌었다.

시리와 구글 어시스턴트는 오랫동안 다양한 문구를 통해 자신이 젠더리스라고 주장해왔다. 2019년 시리의 응답은 다음과 같았다.

"저는 인간의 젠더 개념 바깥에 존재합니다."

2020년에 시리는 "저는 선인장과 일부 물고기처럼 젠더리스입니다" 또는 직설적으로 "저는 젠더가 없습니다"라고 대답했다. 구글 어시스턴트가 2019년에 사용하던 응답 "저는 모두를 포함합니다"는 2020년에 직설적인 응답 "저는 젠더가 없습니다"로 변했다.

이런 종류의 응답에 관한 반응은 복합적이다. 레베카는 이분법적 성별 발표를 연구하는 언어학자 샤론 호로윗 핸들러(Sharone Horowit-Hendler) 박사를 인터뷰했다. 핸들러 박사는 말했다.

"음성 비서가 젠더가 없다고 주장할 때도 여전히 말과 프레젠테이션은 젠더를 드러냅니다."

즉 우리의 뇌가 여전히 젠더를 인지하거나 지정한다는 것이다. 핸들러 박사는 또 이렇게 말했다.

"뭔가에 젠더가 없다고 그냥 선언할 수 있는 게 아닙니다. 의도적으로 디자인해야 합니다."

대화 디자이너들에게 유용한 조언을 하자면 젠더는 심층적이며 사려 깊은 숙고가 필요하다.

아바타를 만드는 문제

수많은 음성 및 챗봇의 상호작용은 화면을 사용한다. 이는 상호작용에 캐릭터의 시각적 표상인 아바타가 포함될 수 있다는 것을 의미한다. 아바타는 움직이는 비인간적 아이콘인 챗봇 창 속에서 웃고 있는 2D 얼굴처럼 단순할 수도 있다(마이크로소프트의 서류용 클립 몸통을 가졌던 클리피(Clippy)를 기억하는가?). 또는 사실적인 비디오 게임 캐릭터처럼 사진 같아 보이는 아바타일 수도 있다.

첫째, 성격의 시각적 표상이 필요한지를 자신에게 물어야 한다. 화면이 있어도 아바타가 반드시 필요한 건 아니다. 사람들은 대화 상대를 보지 않는 상호작용을 매일 경험한다. 예를 들어 전화를 받을 때 통화 상대가 누구인지 볼 수 없는데 그 사실이 의사소통 능력을 방해하지는 않는다. 이것은 채팅 상호작용에도 똑같이 적용된다. 알렉사, 시리, 구글 어시스턴트를 보라. 모두 얼굴이 없다.

시각적 표상을 쓰고자 하는 유혹을 느낄지도 모른다. 결국 이것은 브랜드를 만들기 위한 훌륭한 기회이며 말하는 파트너를 볼 수 있다면 더 개인적이고 인간 중심적인 느낌이 들 거라고 직감적으로 생각할지도 모른다. 시각적 표상을 갖는 것이 표정을 통해 감정을 표현할 더 좋은 기회를 주고 이를 통해 사용자들과 더 깊은 유대감을 형성할 수 있다고 말할 수도 있다.

다 좋지만 성격 발달에 존재하는 지뢰밭은 시각적 표상에도 똑같이 펼쳐져 있다. 즉 편견은 시각적으로도 강하게 드러날 수 있다. 팀이 편견을 성공적으로 피해 가며 '종이 위에' 성격의 한 버전을 만들었다고 해도 시각적 캐릭터의 등장과 함께 그 위험성 역시 돌아온다.

둘째, 아바타가 인간다운 외모에 가까워질 때 사람처럼 보이지만 사람 같지 않아 섬뜩하거나 불편해질 수 있다. 그림 3.6을 보면 아이피소프트(IPSoft)가 AI 아멜리아를 어떻게 불쾌하고 소름 끼치는 상태에서 조금 더 받아들이기 쉬운 인간과 비슷한 모습으로 만들

[그림 3.6]
아이피소프트가 사가 만든 대화형 AI 아멜리아의 진화하는 아바타를 살펴보자. 왼쪽은 '구형' 아멜리아, 오른쪽은 '업데이트된' 아멜리아다.

[그림 3.7]
미국 가족계획연맹의 루는 원 2개와 반원 하나로 간단히 만들어진 얼굴로 친절하고 신뢰할 수 있는 미소를 보여준다.

었는지 알 수 있다.

　셋째, 감정은 상징이나 추상적인 이미지로 전달될 수 있다. 미국 가족계획연맹의 루는 분명히 사람이 아닌 사물로 남아 있으며 친근하고 의인화된 단순한 형태를 바탕으로 한다(그림 3.7 참조).

넷째, 어떤 식으로든 편견과 불쾌함에서 벗어나더라도 시각적인 표상은 사람들의 뇌에 강력한 영향을 미친다. 그리고 이건 좋은 일이 아니다. 사용자들은 다른 사람들이 자신을 어떻게 보는지에 관한 구체적인 의견을 가지고 있으며, 만약 아바타가 과거에 그들을 불쾌하게 대했던 누군가를 대변한다면 둘을 연관 지어 생각한다. 이는 단순히 존재하지 않는 것보다 더 넘어가거나 우회하기 힘든 문제다.

시각적인 표현이 필요하지 않고 해로울 수 있다는 사실을 우리가 아직 납득시키지 못했다면 괜찮다. 괜찮다! 괜찮고말고. 시각화, 일러스트 또는 아바타에 관한 질문의 답은 최종적으로 고객의 반응을 결정하는 가용성 시험에 달려 있다. 잘 못 들었을 사람들을 위해 다시 한번 말하지만, 만약 시각적인 아바타를 사용할 계획이라면 다양한 모임들과 테스트해보라.

아바타를 사용하든 안 하든 봇이 말하는 내용이 가장 중요하다. MFA 졸업생이나 작가팀의 일원은 이 의견에 동의할 것이다. 다이얼로그를 올바르게 작성하면 청자는 캐릭터 이름이나 그 역할을 연기하는 배우를 보지 않아도 누가 말하고 있는지 알 수 있어야 한다. 이 초점을 대화 디자인에 도입하면, 만들고 싶었던 독자적인 음성을 만들 수 있을 것이다.

일관성 vs 개인 맞춤화

봇이 여러 가지 성격이 아닌 한 가지 성격만 가지는 데는 이유가 있다. 1986년 개봉한 〈최후의 하이랜더(Highlander)〉라는 영화 속 설정처럼 단 한 명만이 존재할 수 있다. 전문가와 초보자, 점잖음과 허물없음 사이를 오가는 성격 두더지 잡기 게임을 만들지 마라. 봇의 성격이 매 순간 상반되는 신호를 보내오면 사용자는 불편하고 혼란스러워져 봇을 외면할 가능성이 높아진다.

그러나 경우에 따라 만능 성격으로 모든 사용자를 만족시킬 수 없을 때도 있다. 특정 사용자 세그먼트에 적합하도록 단어 선택이나 행동과 같은 것을 조정할 필요가 있을 수 있다.

유명한 고객을 위해 브랜드 소리를 디자인하는 소닉 브랜딩(Sonic Branding)과 보이스 퍼스널리티를 디자인하는 네덜란드 기업 보이스 브랜딩(Voice Branding)의 설립자 피비 오하욘(Phoebe Ohayon)과 마이켈 반 데어 우든(Maikel van der Wouden)으로부터 교훈을 얻을 수 있다. 이 두 사람은 모든 연령대의 사람들이 사용할 수 있도록 게임 같은 경험을 위한 성격을 디자인했다. 그 결과 광고 대상자인 십 대 청소년이 에너지 넘치고 열정적인 성격에 좋은 반응을 보인다는 사실을 발견했다. 테스트 중 청소년들은 짧은 지시문에 정말 좋은 반응을 보였다(예를 들어 "어쩌라고!", "짱!"을 좋아했다).

하지만 연령대가 더 높은 사용자들은 중요한 특정 단어에 강세를 두면서 핵심 메시지를 명확하게 하는 분명한 의사소통 방식을 선호한다는 사실을 알아냈다. 반면 청소년 집단은 그런 방식을 권위적이고 일부는 가르치려 든다고 인식할 가능성이 높아 잘 따르지 않을 것이다.

피비와 마이켈은 각 그룹이 가장 즐겁다고 생각하는 방식으로 게임을 즐길 수 있게끔 2개의 성격을 만드는 편이 유익했다고 말했다. 아마도 프로필에 있는 사용자의 나이 정보가 계기가 되었을 것이다. 예를 들어 팀은 두 집단의 개선된 경험의 결과를 위해 서로 다른 집단의 성격을 조정하는 결정을 뒷받침하는 데 위해 데이터를 사용할 수 있다.

비슷한 이야기지만 만약 대화형 인터페이스가 다중언어를 사용해야 한다면 그 언어 집단 내부의 문화적 고려사항에 맞춰 조정할 필요가 있다. 이런 경우 일반적으로 디자이너들은 다른 사용자 기반을 위해 하위집단 전용 성격을 만든다. 그리고 봇이 아이와 어른의 상호작용을 동시에 처리해야 하는 상황을 생각해보자. 어른과 신뢰를 쌓을 수 있는 성격은 아이와 신뢰를 쌓을 수 있는 성격과 다를 것이다.

그렇지만 다수의 성격을 만드는 것을 한 번 더 경계할 필요가 있다. 봇이 사용자 및 사용 사례 전반에 적용되는 탓에 정말로 조정되어야 한다면 아예 새로운 성격이 아니라 다른 사회적 또는 문화적 맥락 속에 똑같은 성격이 있게끔 만들어야 한다. 예를 들어 사무실에서 일하는 다이애나와 친구들과 파티에 간 다이애나여야지, 사무실에서 일하는 다이애나와 파티에 간 플레이버 플래브(Flavor Flav, 미국의 래퍼―옮긴이)여서는 안 된다.

마지막 이야기

이번 장의 프레임워크를 가이드처럼 사용한다면 어떤 상호작용을 이뤄야 하고 어떤 성격이 그 상호작용을 성취하게 할지에 대한 분명한 토대를 얻게 될 것이다. 다음 질문들에 응답하고 기록해보면 쉬울 것이다.

- **상호작용 목표**: 상호작용이 전반적으로 성공하려면 어떤 요인이 가장 중요한가?
- **의인화 단계**: 시스템은 얼마나 사람과 비슷해야 하는가?
- **권력 구도**: 관계를 구축할 때 권력은 무슨 역할을 하는가?
- **성격 특성**: 어떤 성격이 신뢰를 쌓고 상호작용 목표를 지지하는가?
- **톤**: 글 또는 청각에서 어떤 톤이 성격 특성을 전달하는가?
- **주요 행동들**: 봇은 상호작용 도중에 어떻게 행동해야 하는가?

권력 구도, 인종, 젠더와 같은 주제를 이해하고 성격에 포함하려면 재빠른 팀 논의 이상의 노력이 필요하다. 여타 사용자 경험 요소처럼 다양성을 가진 사용자들과 테스트해보면 성격 가설이 증명되거나 수정해야 하는 부분이 드러난다. 둘 중 어느 쪽이든 얻은 정보는 사용자 연구 및 프로토타이핑을 통해 가정과 편견의 위험 영역에서 벗어나기 위해 필요하다(9장에서 더 자세히 알 수 있다). 성격이 해를 끼치지 않는지 확인하기 위해서는 시간과 노력이 소요된다.

　성격은 경험에 큰 영향을 미친다. 성격이 신뢰, 일관성, 투명성, 존경을 위한 톤을 설정하기 때문이다. 복잡하지 않은가? 하지만 생각해보면 당연하다는 사실을 알게 될 것이다. 사람들이 개성을 갖는 이유는 성격 때문이며 누구나 자신이 어떤 사람이고 세상에 자신을 어떻게 내보이는지에 많은 공을 들이게 된다. 당신의 성격도 어린 시절에 발달을 멈추진 않았을 것이다. 따라서 봇은 정체성을 갖추기까지 시간이 좀 걸릴 것이다. 어색한 청소년기에 있다고 두려워할 필요는 없다. 계속 테스트하고 반복하며 봇의 성격이 자라는 과정을 지켜보라.

토론과 대안
"브랜드와 성격은 무슨 관계인가?"

레베카: 으, 난 사람들이 브랜드의 음성을 봇의 성격과 동일시하면 문제가 발생하는 걸 봤어. 브랜드 가치와 음성 간에는 어떤 관계가 있다는 걸 인정하지만 이 봇의 성격은 주어진 일을 하는 기계일 뿐이라는 거야. 성격을 정의하는 사람은 자신의 결정이 정말 기본이 된다는 사실을 이해해야 해. 그게 첫 단계야.

다이애나: 아니, 성격은 브랜드의 음성이 가질 수 있는 가장 직설적인 표현이야. 봇은 브랜드 대표라고. 디자이너는 봇의 말과 행동에 브랜드 가치를 융합해야 해. 그뿐이야.

레베카: 내가 이걸 문제 삼는 건 브랜드를 만드는 팀들이 성격을 만들어놓고 밀어서 떨어뜨리는 걸 보기 때문일지도 몰라. 나는 마케팅팀과 일하면서 보나 마나 실행 중 실패할 것이 보이는 성격 요소에 반대하면서 (돈 받아가며) 수많은 시간을 들여왔어. 봇과 브랜드 음성이 같다고 고객들이 생각하면 힘들지.

다이애나: 맞아. 봇의 성격은 마케팅 이메일을 '그대로 실현한' 게 아니야. 하지만 그건 마케팅팀에서 해결할 문제지! 넌 브랜드 전문가들이 충분하게 연구하고 고객 세분화, 음성 및 톤 스타일에 관한 설명서를 갖고 있다는 사실을 간과하고 있어. 기업이 의사소통 측면에서 이미 정의한 내용을 폭넓게 알고 있어서 처음부터 시작할 필요가 없다는 이점이 있잖아.

레베카: 좋은 지적이야. 확실히 난 연구를 좋아해. 특히 내 예산을 들여서 하지 않았다면. 단지 판매하거나 가입시키는 것이 주된 목표인 마케팅식 사고방식을 바꾸기가 어렵다는 게 문제야. 나는 사용자들이 자신의 시간, 정보, 필요에 따라 신뢰할 수 있는 성격을 높이 평가한다는 주장을 계속할 거야. 게다가 사용자들이 이상하다는 낌새를 알아차릴 수 있거든.

우리가 동의하는 점: 브랜드팀이 사용자에 관해 뭘 알고 있는지 배우고 관련 있는 통찰력을 적용하면 출발선에 훌륭하게 선 셈이다. 결국 성격은 브랜드 음성과 일관적이어야 한다. 하지만 대화 디자이너들은 맞서 싸워서 판매용 홍보, 브랜드 관련 문구 및 유행어를 제외해야 한다. 성격은 브랜드 판매원이 아닌 브랜드의 연장선이어야 한다. 작가이자 디자인 전략가인 에리카 홀(Erika Hall)은 "성격은 임원들이 추상적인 핵심 가치나 브랜드 지침의 방향을 작성할 때 잘못되고, 결국 살아 있는 대화형 경험으로 해석해야 하는 디자인팀의 손에 맡겨지게 된다"라고 말한다.

CHAPTER 4

프롬프트 디자인하기

제품 담당자: 보이스봇은 인사말에서 곧장 고객들에게 모든 세부 사항을 전달해야지, 그렇지 않으면 고객들이 선택지를 전부 이해하지 못할 거예요.

비즈니스 분석가: 아, 그리고 즉시 법적 고지사항을 보여달라고 법률팀이 요구하더라고요.

제품 담당자: 맞아요. 그것도 넣어야 해요.

디자이너: 알겠습니다. 전부 이해했지만 그러면 들어야 하는 내용이 길어질 거예요. 대다수 사람은 다 듣지 않고 가버릴 거라고요. 정보를 덩어리로 나누는 편이 좋습니다.

제품 담당자: 아니요. 그래서 사용자가 떠나기 전에 첫 번째 메시지에 내용을 다 넣어야 하는 거예요.

디자이너: 하지만 너무 길거나 사용자를 압도할 텐데요. 그래서 사용자들이 떠날 테고요.

비즈니스 분석가: 그렇게 어려울 리가 없잖아요. 대사 몇 줄에 불과한데요. 제가 대신 해드리죠. 그냥 입력만 하시면 됩니다.

이 장면은 여러 실화를 바탕으로 했다. 대화형 인터페이스를 위해 글 쓰는 일을 한다면 이런 상황이 눈앞에서 펼쳐지는 것을 직접 목격했을지도 모른다. 프롬프트가 많은 토론이 필요한 주제라는 사실은 납득할 수 있다. 단어는 대화형 인터페이스의 구성요소이므로 글을 잘 쓰는 것이 중요하다.

하지만 이 시작 장면은 오해도 지적하고 있다. 첫째, 대화 디자이너들이 계속해서 직면하기 마련인 거듭되는 주제를 강조한다. 대화를 할 수 있는 모든 사람은 글에 관한 전문가처럼 생각된다. 대부분 사람이 언어에 숙달했다는 것은 사실이다. 어린 호모사피엔스의 대부분은 정의할 수 있는 '언어'를 사용하기도 전에 이르면 태어난 지 몇 달 된 시점부터 대화할 수 있다. 그러나 사람들이 언어를 배우는 방식에는 요령이 있다. 직감적이고 약식으로 배우는 것이다. 따라서 사람이 단어를 사용해 대화할 수 있다고 해서 언어의 원리를 이해한다고는 말할 수 없다.

둘째, 사람들은 대화형 덩어리로 글 쓰는 것이 다른 글쓰기 방식과 현저히 다르다는 사실을 모른다. 아무렴, 편지 봉투나 포스터에 글을 쓴다면 필요한 모든 정보를 (조직화된) 한 덩어리에 포함할 것이다. 하지만 대화 형식으로 글을 쓸 때 정보 전달은 인간 두뇌가 얼마나 받아들이고 처리할 수 있는지에 따라 제한된다. 더 정확히 말하면 이렇다. 다이애나는 소개 프롬프트가 20개 문장이기를 바란 고객과 일을 한 적이 있다. 약 1분 30초 동안 자동 전화가 하는 강의를 듣게 만들면 사실상 전화를 건 사람들이 전화를 끊을 거라는 건 확실하다.

셋째, 글 프롬프트는 오해할 수 있을 정도로 단순해 보일 수 있다. 이해관계자, PM, BA 및 UX 디자이너는 대화 디자인이 주로 글을 쓰는 작업이라는 인상을 받을 수 있다. 프롬프트를 만드는 것이 복사본을 편집하거나 '살짝 수정하는 것'과 비슷하다고 오인하거나 이 글을 몇 분이나 몇 시간 만에 뚝딱 만들어낼 수 있다고 생각할지도 모른다.

이해관계자들에게 대화 디자인은 뛰어난 글쓰기 실력을 요구하지만, 단순히 '좋게 들리고' '말이 되는' 것을 쓰는 일이 아니라는 점을 상기시켜야 한다. 프롬프트를 만들기 위해서 대화 디자이너는 각 파트의 기능을 고려해야 한다.

- 무엇을 이뤄야 하는가?
- 정보를 전달하기 위한 최고의 전략은 무엇인가?
- 어느 정도의 간결함이 적절한가?
- 사용자 모집단에 가장 적합한 어휘는 무엇인가?

인간 언어를 모방하는 시스템을 만들기 위해 대화 디자이너는 연구 기반 기술을 한가득 적용하여 상호작용 결과가 자연스럽고 이해될 수 있으며 효과적이게끔 만든다.

예를 들어 다이애나의 고객이 20줄 길이의 독백을 원했을 때 다이애나는 몇 가지를 제안했다. 해당 프로젝트는 병원을 위한 아웃바운드 콜을 만들기 위한 것이었고 이해관계자들은 의료 서비스 분야의 전문가 집단이었다. 다이애나는 고객들이 임상학적이고 관리자의 관점으로 글을 바라보고 있다는 사실을 깨달았다. 그들을 이해시키기 위해서 다이애나는 대화의 행동을 쪼개서 사람들이 평소에 어떻게 듣고 말하는지 보여주었다. 또 사람들이 긴 프롬프트를 듣는 도중 전화를 끊는 비율에 관한 데이터를 보여주었다. 그 벽을 극복하는 데 많은 노력이 들었지만 그 결과 올바른 언어를 올바른 크기의 '조각'으로 사용하는 대화를 만들 수 있었다.

이 조각을 프롬프트라고 부른다. '봇이 말하는 내용'으로 생각하면 된다. 각 프롬프트는 상호작용의 더 큰 '스크립트'에 있는 한 줄의 다이얼로그인 셈이다. 이번 장은 사람들이 이해하고 성공적으로 응답할 수 있는 프롬프트를 디자인하는 법을 집중적으로 다룬다.

> **용어 정의** **프롬프트, 응답, 다이얼로그**
>
> 이 책에서는 '프롬프트'를 봇의 대사를 가리키기 위한 포괄적 용어로 사용한다. 우리는 같은 것을 지칭하는 '다이얼로그(dialog)'라는 용어도 사용한다. 하지만 다른 용어들을 보게 될 수도 있다. 일부 사람들은 '응답', '시스템 응답', 심지어 '시스템 출력'이라고도 부른다. 다른 사람들은 이 용어들 사이의 미묘한 차이를 구분하는데, 일반적으로 대부분 대화 디자이너는 이를 '프롬프트'라고 부른다.
>
> 이 주제를 언급하는 김에 왜 다이얼로그를 dialogue가 아닌 dialog라고 적었는지 설명하겠다. -ue의 행방이 궁금한가? 테크니컬한 문서에서 주로 봇의 대사를 지칭할 때 dialog로 쓰는 걸 발견했기 때문에 우리는 산업 표준에 맞추기 위해 dialog로 쓰기로 했다. 조금 더 일반적인 다이얼로그(dialogue)의 정의는 두 참여자 사이에 오고 가는 대화 전체를 일컫는다. "어, 우리는 대화를 나눠야 해"라고 말할 때처럼 말이다.

단어의 무게

단어는 대화형 인터페이스의 뼈, 장기 및 심장이다. 구조를 지탱하고 진행을 빨리하고 감정을 전달한다. 시각적 디자이너는 픽셀을 가지고 일하고, 대화 디자이너는 단어를 가지고 일한다. 선택하는 단어 하나하나와 그 단어를 어떻게 배열하는지는 사용자 경험에 엄청난 영향을 미친다.

프롬프트를 쓸 때 목표는 누군가가 이해하고 응답할 가능성을 최대화하는 통제되고 정확한 메시지를 만드는 것이다. 사용자가 프롬프트에 응답할 때 요구되는 사항을 지나치게 분석하도록 강요하지 말고 직관적으로 느껴지게 해야 한다.

프롬프트 쓰기는 다양한 긴장감 사이에서 균형을 찾는 일이기 때문에 노력을 들이고 집중해야 한다.

- **모든 정보를 몇 마디에 담기**: 시각적인 단서가 없으므로 모든 안내는 사람들이 이해할 수 있는 간결한 방식으로 프롬프트에서 나온다. 다만 단어들이 의미를 잃거나 단순하게 들리지 않을 정도로만 간결해야 한다.
- **보편적이면서 특별하게**: 대부분 사람이 이해할 만큼 보편적 의미를 지닌 직설적 언어를 사용하는 것이 좋다. 그러나! 동시에 적절한 톤을 맞추고 성격을 전달하며 유일무이한 음성을 만들어야 한다.

짧고 간결한 봇을 만들려면 기술이 필요하다. 그렇기에 프롬프트는 디자인되는 것이라고 말하는 것이다. UX 디자인의 다른 구성요소들처럼 프롬프트는 요소로 분해될 수 있고, 와이어프레임으로 만들어지며 반복된다.

단어가 무게를 가지기 때문에 모든 사람은 의견을 갖게 되며 이 때문에 "누가 프롬프트를 '소유'하는가?"라는 질문을 던질 수 있다. 대부분의 경우 대화 디자이너는 프롬프트 쓰기를 이끈다. 그 외에 대화 디자이너는 UX 라이터, 카피라이터, 편집자 또는 마케팅과 브랜딩에 관해 잘 아는 사람과 같은 글쓰기 전문가와 협업한다. 법률 전문가와 일할 때도 가끔 있다. 누가 공식적인 '주인'이든 간에 프롬프트는 사용자 경험에 엄청난 영향을 주기 때문에 대화 디자이너의 영역에 굳건하게 자리 잡고 있다. 카피가 유용성에 미칠 영향은 반드시 디자이너가 만들어야 한다.

> **참고** 음성을 위한 글쓰기 vs 채팅을 위한 글쓰기
> 이번 장에서 다루는 개념은 청각 및 문자에 기반을 둔 상호작용 프롬프트 모두에 적용된다. 챗봇을 위해 쓰는 방식과 음성 비서를 위해 쓰는 방식에 차이점이 있을 수 있지만 여기서는 질문의 종류, 간결함, 두 양식에 모두 적용되는 유사 구조를 다룬다.

프롬프트의 구조

뚜껑을 열고 안을 살펴볼 때가 되었다. 먼저 프롬프트의 길이가 단어 한 개, 문구, 완성된 문장 또는 여러 문장 등 천차만별일 수 있다는 사실을 명심하라.

"완료됐습니다."

"또 뭐가 필요한가요?"

"좋아요. 〈북스마트(Booksmart)〉 티켓 2장을 원하신다고요?"

"총액은 22.12달러입니다. 주문하시겠습니까?"

기본적으로 프롬프트는 사용자가 요청한 정보를 전달하는 운송 수단이다. 이를 위해 다음과 같은 기능을 수행하는 문장이 포함된 경우가 많다.

- **관계 쌓기**: "안녕하세요! 저는 뱅킹을 도와줄 챗봇입니다." "안녕히 가세요!"
- **사실 전달**: "오늘 이곳의 기온은 23도이고 날씨는 맑습니다."
- **길 찾기 지침 또는 지시 제공**: "'잔액 확인' 또는 '지점 찾기' 같은 말을 하면 됩니

다." "곡을 변경하려면 '뒤로 가기' 또는 '건너뛰기'라고 말하세요."

만약 간략한 질문이었다면 프롬프트는 간단히 끝날 수도 있다. 그러나 사용자의 응답이 예상되는 상황이라면 프롬프트는 사용자에게 대화 순서가 돌아왔다는 단서를 줘야 한다. 그러니 사용자가 대화를 계속 진행해야 할 경우 프롬프트는 질문과 지시 중 중 하나로 끝나야 한다.

- **질문**: "이 주문에 선물이 포함되어 있나요?" "무슨 맛을 원하시나요?"
- **지시**: "주문번호 5자리를 읽어주세요." "맛을 골라주세요."

10초 만에 요약 가능한 프롬프트 쓰기의 기초를 원한다면 이렇게 말해주겠다. 최대 3개 문장. 짧게 유지. 단서(질문 또는 지시)로 끝내기. 그림 4.1을 보자.

하지만 모든 규칙은 깨지기 마련이다. 이제부터는 프롬프트 디자인의 미묘한 뉘앙스에 대해 다룰 것이다.

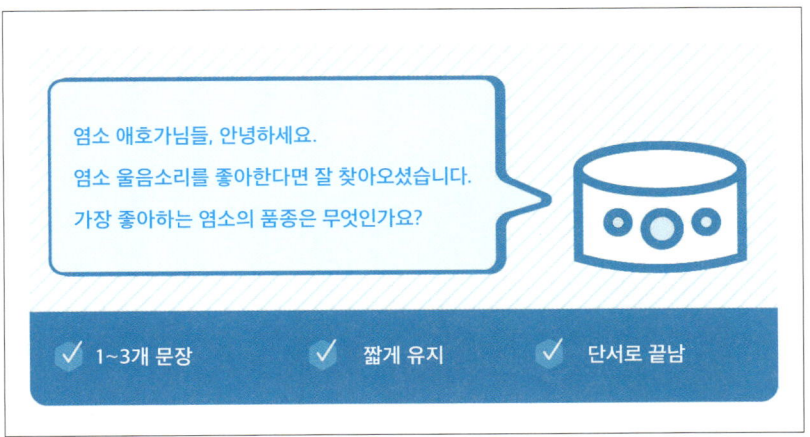

[그림 4.1]
좋아하는 종류의 염소 울음소리를 재생해주는 가상의 알렉사 기능을 소개하는 말.

즉흥적으로 응답을 만들어내는 AI

업계 밖의 사람 중 일부는 시리 같은 AI가 프리스타일이라고 생각한다. 즉 대화하는 사람의 두뇌처럼 AI의 '두뇌'가 즉석으로 응답을 만들어낸다고 본다. 상용화된 대화형 디바이스의 대부분이 사람이 주로 쓴 응답을 사용한다는 사실을 알면 놀라곤 한다.

대부분 시스템은 이런 식으로 작동한다. 시스템은 사람들이 요구할 수 있는 다양한 것들과 그것들에 관해 미리 작성된 응답을 저장해둔다. 사용자가 무언가를 요청하면 알고리즘이 그 요청과 통계학적으로 비슷한 질문을 찾은 다음, 시스템이 그 질문의 종류에 적절한 프롬프트를 제시한다. 이런 시스템의 경우 대화 디자이너들이 프롬프트 작성을 책임진다.

시스템이 실제로 사용자 입력의 의미론을 이해하려 시도하고 이에 관한 유의미한 응답을 만들려고 시도하면서 '진정한 인공지능'에 가까워지려는 그 외 봇들이 존재한다. 이 과정을 자연 언어 생성 또는 NLG라고 부른다. 챗봇이 NLG를 사용해 작동하면 봇의 AI가 아무런 사전 준비 없이 응답을 생성하기에 사람이 미리 프롬프트를 써둘 필요가 없다. 그 대신 NLG 봇의 응답이 조금 이상해지거나 봇이 인간의 수준에 도달하지 못했다는 사실이 드러날 수 있다(마지막으로 일부 시스템은 일부 응답이 실시간으로 구성되고 나머지는 미리 작성된 문장으로 된 템플릿(template)을 따르는 하이브리드 방식을 사용한다).

작업에 적절한 단서 만들기

매끄러운 대화 순서 교대는 단서에 의존한다. 사람이 응답할 것을 예상하는 봇은 매번 프롬프트를 신호를 끝내서 사용자가 말할 차례라는 사실을 알려준다. 이 단서에는 많은 것이 달려 있기 때문에 질문을 아무거나 던져놓고 모든 사용자가 깔끔한 답을 줄 것이라 기대해서는 안 된다. 단서를 섬세하게 디자인해서 사용자들이 응답할 방법을 쉽게 깨닫게 하는 것이 목적이다.

[그림 4.2]
질문에 사용할 수 있는 단서는 여섯 종류가 있다.

다른 종류의 단서와 그 단서가 무엇을 이룰 수 있는지 이해해두면 유용하다. 매번 봇의 응답을 쓸 때마다 사용자가 계속 진행하게 하기 위해 무엇이 필요한지 생각하라. 그림 4.2는 단서의 도구상자를 보여준다.

개방형 질문

개방형 질문에는 사람들이 원하는 대로 응답할 수 있다.

- 뭘 하고 싶으세요?
- 어떻게 도와드릴까요?
- 뭐가 필요하세요?

① **장점**: 일반적으로 음성 경험의 초반에 등장한다. 개방형 질문은 지도하지 않기 때문에 사용자는 자신의 필요를 우선시하고 원하는 대로 표현할 수 있다. 이런 질문은 주로 제한되지 않은 대화처럼 느껴진다.

② **단점**: 광범위한 질문은 바로 그 이유로 양날의 검이나 다름없다. 사람들은 마음대로 응답할 수 있으며 다양한 변주가 가능하다. 이러면 다양한 응답 방법을 모두 고려해야 하고 그 일은 몹시 어렵기 때문에 시스템에 부담을 준다. 또 이런 질문을 대화의 초반

에 하면 사람들은 봇이 어떻고 무엇을 할 수 있는지 전혀 모르기 때문에 결국 사용자는 방황하고 뚜렷한 탈출구도 없이 오류 메시지와 부딪히게 된다.

③ **사용법**: 위험을 완화하려면 두 가지 방법으로 환경을 개선할 수 있다. 첫째로, 프롬프트 자체에 프롬프트보다 먼저 사용자들이 질문할 수 있는 것들을 예시로 추가할 수 있다. "식자재 주문 또는 판매 항목 탐색과 같은 일을 도와드릴 수 있습니다. 뭘 하고 싶으세요?" 둘째로, 경험이 실제로 깊고 광범위한 사용자의 요청을 수용하도록 보장할 수 있다. 이를 위해서는 과정 전반에 걸쳐 사용자 조사 및 사용 적합성 테스트를 진행해서 고객이 무엇을 요구하고 그 요구를 어떻게 표현하는지 파악해야 한다.

메뉴 질문

메뉴 질문은 선택지를 제시한다.

- 무슨 맛을 원하세요? 망고? 코코넛? 바나나?
- 어떤 사이즈를 원하세요? 레귤러? 라지?
- 다음으로 뭘 하고 싶으세요? 새로운 이야기 듣기? 아니면 게임하기?

① **장점**: 사용자에게 유효한 선택지를 제공함으로써 추측할 필요가 없게 한다. 사람들은 봇의 말을 그대로 따라 하는 경향이 있으며 이는 봇이 쉽게 인식하게 도와준다.

② **단점**: 사용자가 제공된 선택지 중 어느 것도 원하지 않으면 뭘 해야 할지 확실하지 않을 수 있다("잠깐, 대신 파파야 맛을 주문해도 될까?"). 사용자는 더 많은 선택지를 원하거나 어떤 선택지를 고를지 알기 위해 더 많은 정보가 필요할 수 있다("으음, 잘 모르겠어"). 또 하나의 한계는 항목 수를 적게 유지하지 않으면 감당하지 못할 거라는 점이다(뒤에 나오는 '목록 제한' 부분에서 더 자세히 설명하겠다).

③ **사용법**: 이런 종류의 질문은 대화가 진행되기 전에 다른 사람으로부터 세부 사항을 전달받아야 하거나 제한된 선택지의 수를 명확히 할 때 가장 유용하게 쓰인다.

네/아니오 질문

이 질문들은 따로 설명하지 않아도 명백하다.

- 계속하시겠습니까?
- 맞습니까?
- 계속 진행할까요?

① **장점**: 직관적이기 때문에 사람들이 쉽게 대답하고 팀은 쉽게 프로그래밍한다. 주로 긍정과 부정 두 종류의 응답에만 대비하면 된다.

② **단점**: 네/아니오 질문들이 프로그래밍하기 쉽기에 여러 팀들은 이를 최대한 많이 사용하려고 한다. 그러나 이런 질문을 지나치게 많이 사용하면 반복적으로 느껴지고 지루해지며, 한계가 있는 '멍청한 컴퓨터와 대화하는' 상호작용으로 이어진다.

③ **사용법**: 구매 확정 또는 계속하려는 사용자의 욕구 확인과 같은 확인 단계를 위해 마련해두는 편이 좋다. 단순히 이분법적인 선택지를 위해 사용할 수도 있다. 예를 들어 "선물 포장이 필요합니까?"는 본질적으로 네/아니오 질문이다.

> **참고** 교차 신호
>
> 모든 네/아니오 질문이 동등한 것은 아니다. 한 예로, 레베카는 음식 주문 봇을 만들 때 사용자가 주문에 항목을 더 추가하고 싶은지 확인하기 위한 프롬프트가 필요했다. 팀은 다음과 같은 두 선택지를 고려했다.
>
> - 더 필요하신 게 있나요?
> - 그게 전부인가요?
>
> 이런 일상적이고 간결한 질문의 경우 '네'와 '아니요'는 서로 반대의 의미가 있다. 봇이 "더 필요하신 게 있나요?"라고 물어보았을 때 "네"라고 대답하면 항목을 계속 추가하

고 싶다는 뜻이다. 봇이 "그게 전부인가요?"라고 물어보았을 때 "네"라고 대답하면 다 끝났다는 뜻이다. 이럴 때 한 프롬프트를 다른 프롬프트와 교체한다면 네/아니요 경로가 교차할 것이다. 작은 변화가 엄청난 영향을 미칠 수 있다!

위치 질문

위치 질문은 장소에 관한 정보를 이끌어낸다.

- 지금 어느 도시에 있습니까?
- 도로명이 뭔가요?
- 어느 영화관입니까?

① **장점**: 배달 주소를 알려주거나 길을 찾거나 여행지를 조사할 때 많이 사용한다.

② **단점**: 위치의 형식에 따라 시스템은 사용자의 말을 분석하는 데 어려움을 겪을 수 있다. 도로명을 생각해보자. '1600 펜실베이니아 거리' 같은 주소는 펜실베이니아가 도로명인 동시에 도시 이름이기에 혼란을 야기할 수 있다. 게다가 다른 나라들은 다른 주소 형식을 사용한다.

③ **사용법**: 시스템이 생각하는 유효 응답을 구성하는 내용을 반드시 알아야 한다. 특정한 순서 또는 양식으로 답을 해야 한다면 그 정보를 제공하기 위한 질문을 디자인하라 (뒤의 '정확성'에서 추가로 설명할 것이다).

수량화 질문

이런 질문을 하면 숫자를 답으로 이끌어낼 수 있다.

- 몇 시에 영화를 보고 싶은가요?
- 너깃 몇 개를 원하시나요?

- 우편번호 5자리를 알려주세요.

① **장점**: 대화가 성공적으로 진행되도록 사용자로부터 구체적인 정보를 얻는 데 유용하다. 우편번호, 제품 세부 정보, 시간 및 금액 모두 숫자로 응답해야 한다.

② **단점**: 위치 질문처럼 단서는 몹시 정확해야 한다. 사람들의 응답이 다양할 것을 예상해야 한다. 간단해 보일지라도 숫자를 말하는 방식은 생각보다 다양하다. 사람들은 어떻게든 늘 당신을 당황하게 할 것이다.

③ **사용법**: 사람들이 대답하는 다양한 방법을 반드시 고려하라. 시간에 대해 '5시 30분', '다섯 시 반' 또는 '오후 5시 반'이라고 말할지 모른다. 숫자와 관련된 오류 상태도 고려해야 한다. 최댓값이나 최솟값이 있을지도 모른다. 사용자가 잘못된 우편 주소를 말하면 어떻게 할까? 올바른 주소를 말하도록 돕는 특별한 오류용 응답이 있을지도 모른다.

지시사항

마지막으로 질문이 아닌 단서, 지시사항을 살펴보자.

- 맛을 고르세요.
- 우편번호를 말해주세요.
- 제가 뭘 도와드리면 되는지 말해주세요.

① **장점**: 이런 지시사항(명령형 문장)은 여전히 사용자의 순서라는 것을 나타내면서 질문에서 지시사항으로 이동하는 동안 대화 소리가 암기된 것처럼, 혹은 지루하게 느껴지지 않도록 변화를 줄 수 있다.

② **단점**: 본질적으로 지시사항은 말끝의 억양을 올리지 않기 때문에 청자에게는 신호를 잘 주지 못할 수 있다. 그래서 순서를 넘기는 과정을 알아차리기가 좀 더 힘들어지거

나 아예 놓칠 위험이 있다. 게다가 짧은 명령은 강요처럼 느껴지거나 냉정하거나 이따금 짜증난 것처럼 들릴 수 있다.

③ **사용법**: 지시사항은 종종 사용자가 '사용 방법' 안내 또는 탐색 중일 때처럼 문장에 준비되었을 때 가장 효과적이다. 프롬프트가 다시 들릴 때도 자연스럽게 들린다. "지역번호 3자리를 말해주세요"는 명쾌하게 느껴질 수 있다.

바로 이게 단서의 도구상자다. 프롬프트를 디자인할 때 사람으로부터 어떤 종류의 반응을 원하는지 생각해보라. 질문 또는 지시사항의 종류는 그 목적에 부합해야 하며 절대로 임의적이거나 되는 대로 말해서는 안 된다. 이런 암시의 기능을 의도적으로 사용하면 사용자가 여러 차례 대화를 나누도록 유도하는 데 도움이 될 것이다.

경고의 말

빠지기 쉬운 세 가지 함정이 있다. 첫째, 질문 유형을 섞을 때 주의하라. 예를 들어 다음 질문은 네/아니요 질문인가, 메뉴 질문인가?

"증상이 있습니까? 기침이나 열, 혹은 메스꺼움이 있습니까?"

질문은 네/아니요 구조로 시작하지만 마지막에는 메뉴 질문처럼 끝난다. 이 질문은 혼재된 신호를 보내고, 사람들로부터 다양한 응답을 이끌어낸다. 사용자는 "네", "아니요", "열" 또는 "전부"를 섞어가며 대답할 수 있다.

둘째, 암시는 프롬프트 마지막에 와야 한다. 사용자가 프롬프트를 듣자마자 시스템은 응답을 들을 준비해야 한다. "어떤 단백질이 마음에 드세요? 닭고기, 두부, 베이컨이 있습니다" 같은 형식은 함정이다! 사람들은 질문을 듣자마자 말하기 시작할 것이기에 봇의 대사와 말이 겹치게 된다.

셋째, 앞에 언급한 이유로, 가정하는 질문 또는 사용자가 대답하게 할 생각이 없는 질문을 추가하면 안 된다. "책 읽기에 좋은 날이네요, 그렇죠?" 또는 "꽃을 한번 골라볼까요?"는 그릇된 암시를 보낸다.

확인의 유형들

여기에 도구상자를 위한 방법이 하나 더 있다. 바로 봇이 의미를 확인할 때 사용하는 기술이다. 확인하기 위해 시간을 들이는 건 다음처럼 큰 도움이 될 수 있다.

- 이 사용자는 제품을 구매하거나 설정을 바꾸는 것처럼 돌이키기 어려운 뭔가를 하려는 참이다.
- 봇은 사용자에게 제대로 듣고 있다는 사실을 알리고 싶어 한다.
- 봇의 알고리즘은 질문에 대해 좋은 응답을 갖고 있다고 100퍼센트 확신하지 않기에 더 진행하기 전에 결과를 다시 확인하고 싶어 한다.

좋은 소식이 있다! 이를 수행하기 위한 선택지가 두 가지 있다.

사용자가 돌이키기 어려운 행동을 하고 있는 상황에서는 '명시적 확인'이라는 방법을 사용하는 게 가장 좋다. 이 방법을 사용할 때 봇은 네/아니요 질문을 한다.

사례 1: 다음 단계로 넘어가기

사용자: 구매를 완료해줘.

봇: 알겠습니다. 다음 단계에서 주문을 하고 카드에 청구됩니다. 계속 진행하시겠습니까?

사용자: 응.

사례 2: 선호 확인하기

사용자: 청구서 요금을 지불해야 해.

봇: 알겠습니다. 기록된 지불 방식이 하나 있습니다. 1122로 끝나는 체크카드입니다. 이 카드를 사용하시겠습니까?

사용자: 아니.

명시적 확인은 사용자에게 작업을 확인하거나 거부할 수 있는 선택권을 주기 때문에 유용하다. 명시적 확인의 단점은 상호작용에 순서를 하나 더 추가한다는 것이다. 사람들은 네/아니요 질문에 아주 빨리 질린다. 따라서 네/아니요 질문은 정확성이 필요할 때만 사용하는 게 좋다.

예를 들어 봇이 의미심장하게 자신이 이해하고 있다는 사실을 드러내고 싶어 한다면 다른 확인 유형인 '암시적 확인'을 사용할 수 있다. 암시적 확인은 사용자의 정보를 프롬프트에 포함하지만 상호작용 속에서 다음 질문으로 나아간다.

사례 1: 주제에 대한 이해도 보여주기

봇: 어떻게 도와드릴까요?
사용자: 최근 청구서에 대해 질문이 있어.
봇: 알겠습니다. 청구서 지불에 관한 질문에 응답할 수 있습니다. 겪고 있는 문제점을 자세히 말씀해주세요.

사례 2: 주문의 세부 사항 되풀이하기

사용자: 성인 표를 2장 살 거야.
봇: 네, 성인 표 2장은 어떤 자리로 원하시나요? 오케스트라? 발코니?

이런 대화 방법을 반영적 경청(reflective listening)이라고 한다. 봇이 들은 말을 되풀이하면 사용자는 봇이 자기 말을 이해했다고 생각하지 않는다. 이는 '지금 내 말을 제대로 듣고 있는 거야?'라는 의문을 심어주며 다음으로 진행되기에 점점 더 큰 불편을 초래할 수 있다. 암시적 확인은 투명성을 일부 제공한다.

암시적 확인은 시스템이 사용자의 말을 제대로 들었는지 확신할 수 없을 때 또 다른 기능을 제공할 수 있다. 누군가가 질문을 하면 무대 뒤에서 알고리즘은 시스템이 해당 유형의 질문에 일치하는 응답을 가졌는지 확인하고, 요청이 시스템 내부의 다른 예와 얼마나 유사하게 일치하는지 계산한다. 시스템이 일치 정도를 얼마나 확신하는지 나타내는 이 숫자를 '신뢰도 수치'라고 부른다.

신뢰도 수치가 높지 않다면 암시적 확인은 사용자에게 말을 고칠 기회를 준다. 신뢰도 수치가 몹시 낮다면 시스템이 뭔가 잘못 이해했다는 뜻이므로 명시적 확인을 쓰는 것이 낫다.

"청구서에 관해 묻고 있는 것 같습니다, 맞나요?"

암시적 확인의 단점이 보이는가? 만약 '봇이 잘못 이해하면 어떡하지? 사용자가 무슨 말을 해야 고칠 수 있지?' 같은 생각을 하고 있다면 정확한 질문을 하는 셈이다. 사용자는 어떻게 말을 고쳐야 하는지 혼자서 알아내야 한다.

"잠깐, 그게 아니야. 기다려봐. 표 3장이라고 했잖아."

따라서 명시적 확인은 정확도는 높이지만 순서가 추가되고, 암시적 확인은 더 빠르지만 위험도가 높다. 각각에 적합한 상황을 알아야 한다.

인지 부하: 생각하게 하지 말아줘

원리를 이해했으니 이제는 속칭 '인지 부하'를 낮게 유지하는 인지 프롬프트 디자인의 근본적인 목표를 이해할 때가 되었다. 인지 부하가 작동하는 방식을 엿보기 위해 다음 두 가지 유사한 정의를 비교해보자.

A: 발로, 코헨과 지앤골라에 따르면 인지 부하는 '작업을 완성하는 데 필요한 정신적 처리량'이다.[10]
B: 사라 윈터스(Sarah Winters)는 인지 부하란 '정보를 받아들이는 데 필요한 정신적 노력'이라고 설명한다.[11]

어떤 정의가 더 이해하기 쉬운가? A의 인지 부하가 더 높다. B에서는 간단한 언어 사용과 짧은 문장 등의 이유로 인지 부하가 낮다. 인지 부하가 적정량이면 사람들은 직관적으로 질문에 대답한다. 즉 질문에 대답하기 위한 처리 일부가 무의식적으로 이뤄진다는 뜻이다. 응답하는 데 별다른 노력이 들지 않고 응답하는 속도도 빠르다.

인지 부하가 지나치게 높으면 사람들은 처리하고 응답하는 데 더 긴 시간이 필요하다. 높은 인지 부하는 미끄러지기 쉬운 내리막길과도 같아서 사용자들은 정상 경로에서 벗어나 잡초들 사이에 구르게 된다. 간단하게 말해, 인지 부하는 대화의 '마찰 없는' 특성에 다시 마찰을 더한다.

시각적 인터페이스(웹사이트, 문자)를 사용하는 챗봇처럼 정보를 받아들이는 방식으로 시각에 의존하는 대화형 상호작용을 하는 사용자들은 자신에게 적당한 속도로 대충 읽고 다시 읽고 스크롤할 수 있다. 이는 정보를 탐색하는 방법에 어느 정도 유연성을 제공하지만, 여기서 더 나아가 여전히 정보를 소화하고 대충 읽고도 이해할 수 있도록 만들어야 한다.

귀에만 의존해야 하는 음성 사용자 인터페이스는 인지 부하에 더 취약하다. 봇은 의미 하나하나를 음파로 전달해야 하며, 사용자의 두뇌는 실시간으로 이를 전부 포착해야 한다. 음성 사용자 인터페이스가 시각적 인터페이스와 다른 점은 다음과 같다.

- 사용자가 대충 읽고 건너뛰거나 정보 전달 속도를 가속화할 수 없다. 봇이 말하는 속도에 인질처럼 매여 있어야 한다.
- 사용자가 쉽게 다시 읽을 수 없다. 정보를 다시 들으려면 봇에게 말을 반복해달라고 요청해야 한다.
- 사용자가 두 가지 이유로 적절한 시간 내에 답해야 한다는 압박을 느낀다. 첫째, 대화 순서가 오면 사회적 압박을 느끼도록 배웠다. 둘째, 시스템이 문자 그대로 일정한 제한 시간 동안 대기한다.

이것은 프롬프트가 맡아야 하는 일의 부담을 늘린다. 만약 인지 부하가 지나치게 높다면 다음과 같은 문제들이 연쇄적으로 일어날 것이다.

1. 사용자가 자기가 들은 말을 이해하지 못한다.
2. 응답하기 위해 직관적으로 대답하는 대신 의식적으로 들은 말을 처리하려고 노력하며 이는 어색하게 느껴진다.
3. 사용자는 시스템이 허락하는 시간보다 응답에 더 긴 시간을 필요로 하므로 시스템은 다시 프롬프트를 제시해서 사용자의 사고 흐름을 방해한다.
4. 사용자는 시스템이 제대로 이해하지 못하는 말을 할 수 있다. "음… 나는… 모르겠는데?" "어… 선택사항을 다시 반복해줄래?"

인지 부하를 줄이기 위한 기술들은 잔뜩 있다. 이 기술들은 신경언어학이나 교육설계와 같은 분야에서 연구되고 증명되고 있으며, 라디오와 같은 구어 매체에서도 자주 사용된다.

간결함

인지 부하를 줄이는 강력한 방법은 간결하게 만드는 것이다. 간결한 프롬프트는 필요한 단어를 최소한으로 사용해서 아이디어를 전달한다. 시각적 인터페이스에서 이 간결함을 실천하게 되면 챗봇의 응답에서 텍스트를 한 뭉텅이씩 제거하게 된다. 사용자는 메시지를 전부 읽기 위해 위아래로 스크롤하는 건 원치 않을 것이다. 엄마가 보낸 긴 문자를 똑같이 따라 하는 챗봇을 원하는 사람은 아무도 없다.

긴 응답은 청각적 인터페이스에서 더 치명적으로 작용한다. 대화형 디바이스가 단어를 하나씩 읽기 때문에 단어가 많을수록 들어야 하는 시간이 늘어난다. 말 그대로 사람들의 시간을 더 많이 빼앗는 것이다. 단어 10개로 구성된 문장은 읽는 데 4초도 걸리지 않지만, 단어 20개로 구성된 문장은 두 배나 더 오래 걸린다. 주의해서 글을 쓰면 명료성을 잃지 않고도 15초나 걸릴 프롬프트를 7초짜리로 줄일 수 있다(표 4.1 참조).

[표 4.1] 지금이다! 프롬프트를! 짧게! 자르자!

덜 간결한 프롬프트	더 간결한 프롬프트
당신을 돕기 위해 노력하겠습니다. 뭘 하고 싶으신가요?	제가 도울 수 있습니다. 질문이 뭔가요?
다음으로 이 여정의 비행 옵션에 관한 추가 정보를 드릴 수 있습니다.	다음으로 비행 정보를 드릴 수 있습니다.
알겠습니다. 주문을 다시 불러드리겠습니다. 7월 27일 금요일 오후 7시에 〈북스마트〉를 보러 가기 위한 성인 표 2장을 원하신다고요? 맞나요?	알겠습니다. 이번 주 금요일 7시에 〈북스마트〉 성인 표 2장, 맞습니까?

정확성

정확성은 잘 소화되는 글의 요소다. 글이 정확하면 문장 속 단어는 의도된 정확한 의미와 각각 일치하도록 신중히 선택된다. 정확성은 대부분 사람이 무엇을 의미하는지 쉽게 이해할 가능성을 극대화한다.

프롬프트가 정확하지 않으면 사용자가 일시 중지하거나 머뭇거려서 효율성이 저하된다. 그 외에도 오류 메시지가 뜨게 되는 방식으로 응답하도록 할 수도 있다. 이런 작은 순간들이 더해져서 사람들이 계속하는 방법에 확신이 들지 않게 하고 좌절감을 주거나 심지어 불신하게 할 수 있다.

단어의 특수성이 얼마나 중요한지를 설명하는 예를 살펴보자. 샌드위치 주문을 받는 챗봇을 상상해보라.

> 봇: 안녕, 전 새미예요! 뭘 원하시나요?

일상적인 상황의 꽤 일상적인 질문이며 이 질문은 충분히 직관적으로 보일 수 있다. 하지만 사람을 겪어봤을 게 아닌가. 사람은 결코 예상한 대로 행동하지 않는다. 예를 들어 사람은 이 프롬프트에 각종 방법으로 대답할 수 있다.

>사용자 A: 닭고기 클럽 샌드위치.
>사용자 B: 음, 샌드위치를 주문하고 싶은데.
>사용자 C: 세계 평화.

새미의 질문은 아주 명확하지 않았다. 새미가 진정으로 원하는 건 고객들이 샌드위치를 주문하는 것이다. 올바른 방향으로 슬쩍 안내해주자.

>봇: 안녕, 전 새미예요! 어떤 샌드위치를 원하시나요?

여전히 간략하지만(단어가 약간 추가됐을 뿐이다) 이 두 번째 프롬프트는 사용자에게 무슨 말을 해야 하는지 암시를 준다.

새미 봇이 샌드위치 외에도 다른 것을 제공한다면 프롬프트는 그것을 드러낼 수 있다. 또 다른 선택지는 다음과 같다.

>봇: 안녕, 전 새미예요! 뭘 주문하고 싶으세요?

가장 정확한 단어나 구문을 선택하려고 할 때, 사람들이 무엇을 말하고 어떤 형식으로 말하기를 원하는지 정확히 생각해보라. 이건 수량화 질문이나 위치 질문에 특히 중요하다. 표 4.2는 올바른 정보를 도출하기 위해 프롬프트를 짧은 단어로 유지하는 방법을 보여준다.

[표 4.2] 정확한 프롬프트의 예

덜 정확한 프롬프트	더 정확한 프롬프트
어디로 가시나요?	목적지는 어느 도시입니까?
언제 여행을 떠나시나요?	출발일이 언제인가요?
일행이 몇 명인가요?	손님이 몇 명 참석하나요?

간결함 vs 정확성

정확한 것이 간결한 것보다 훨씬 중요하다. 간결함을 위해 필요한 의미를 추가하는 단어를 잘라낼 수 있는데, 지나치게 많이 잘라내면 사람들을 혼란스럽게 할 위험이 있다.

예를 들어 챗봇이 티셔츠 구매를 도와준다고 생각해보자. 원하는 티셔츠를 찾았다. 좋아하는 브이넥에 빨간색도 있다! 챗봇에게 2개를 주문하고 싶다고 말한다. 봇은 말한다.

"알겠습니다. 빨간색 M사이즈 티셔츠를 원하시는군요. 가격은 각각 15달러입니다. 준비되셨나요?"

준비됐냐고? 무엇이 준비됐냐는 말일까? 사용자는 무엇이 다음에 오는지 모른다. 구매 단계를 말하는 건가, 아니면 단지 가상의 장바구니에 티셔츠를 추가하는 것을 말하는 건가?

"준비되셨나요?"라는 프롬프트는 간결하다. 하지만 지나치게 일반적이라서 결정을 내리는 데 필요한 정보를 충분히 제공하지 않는다. 다음은 단어를 조금 더 많이 사용하면서 봇의 다음 단계가 무엇인지 드러낼 만큼 정확한 선택지들이다.

- 장바구니에 추가하실 건가요?
- 주문을 검토하고 싶으세요?
- 구매할 준비가 되셨나요?

이 문장들은 각각 사람들이 무엇에 동의하는지에 대한 정보를 필요한 만큼 제공한다.

사용자들이 프롬프트에 응답하는 데 어려움을 겪거나 명확하게 하려는 질문으로 응답하면 지나치게 간결함에 집착하고 있다는 것을 알게 된다.

특정 상황 및 분야의 용어는 피하기

〈그레이스 아나토미〉 또는 〈ER〉 같은 미국 메디컬 드라마를 보고(그래, 우리 세대는 이런 드라마를 봤다) 인물들이 무슨 말을 하고 있는지 전혀 이해하지 못한 적이 있는가? 그 이유는 인물들이 전문 용어를 사용하고 있기 때문이다. 특정한 경우에 그들은 그 용어를 진짜 같은 분위기를 연출하기 위한 서술 도구로 사용하고 있지만, 그럼에도 불구하고 여전히 이해하기 어려운 전문 용어가 남게 된다.

특정한 산업, 기업, 문화의 일원일 때 무리 밖의 사람들은 이해하지 못한다는 사실을 완전히 잊어버리고 전문 용어를 무의식적으로 사용하게 된다. 그러나 전문 용어는 사용자의 대화 과정에 인지 부하를 한 무더기로 추가한다. 사람들이 듣거나 읽는 것과 무관하게 전문 용어는 분석하기 힘들고 이해하는 데 더 오랜 시간이 걸린다. 사람들은 묵묵히 봇이 던진 마지막 줄임말 3개를 구글에서 검색하면서 오류 상태를 더 자주 겪게 될 것이다.

새로운 지평을 연 책 《콘텐츠 디자인(Content Design)》의 저자 사라 윈터스는 전문 용어 대신 익숙한 단어 또는 사람들이 자주 쓰는 어휘에 포함되는 단어, 즉 사용 빈도가 높은 단어를 쓰려고 노력해야 한다고 말했다. 평범한 사람에게 전문 용어는 사용 빈도가 낮은 단어나 사람들이 거의 또는 아예 사용하지 않는 단어로 이루어져 있다. 간단히 말해서 그 희귀하고 익숙하지 않은 전문 용어를 이해할 수 있는 사람은 한정된다. 윈터스는 익숙한 단어 사용의 효과를 다음처럼 이해하기 쉽게 설명했다.

"쉽게 단순화하는 게 아니라 문을 여는 것이다."[12]

이처럼 특정 사람들만 쓰는 용어는 다른 사람들을 대화에서 소외시킬 뿐만 아니라 이런 문제들도 야기한다.

- **속어나 은어**: "됐어. 짜샤. 가즈아."
- **인용구**: "말이 너무 심해, 타이."(1995년 영화 〈클루리스(Clueless)〉의 한 장면이며 밈으로 사용된다—옮긴이)
- **유머**: "신부 한 명, 목사 한 명, 랍비 한 명이 술집에 들어갔는데…."
- **약칭**: "NPO가 필요할 거고 절개하기 전에 CHG 세척이 필요해."

이런 용어들은 사람들의 사회적, 문화적 맥락에 따라 필요하거나 부적절할 수 있다. 요점은 문화는 거시적이거나 미시적일 수 있고 그 규모에 관계없이 사용하는 단어뿐만 아니라 사용하는 순서와 대화 참여자들이 대화의 맥락에서 행동하는 방식에 영향을 미친다는 것이다.

전문 용어, 속어 또는 기타 특수한 언어는 다음과 같은 때에 사용하라.

- 의도된 대상이 이 전문 용어를 직접 사용하며 전문 용어 사용 시 신뢰와 사실성을 구축하는 경우(메디컬 드라마처럼)
- 연구 및 테스트를 진행했고 대부분 사용자가 이 용어를 이해하고 긍정적으로 반응한다는 사실을 확인할 수 있는 경우

반면 다음과 같은 때에는 용어 사용을 피해야 한다.

- 그 외 나머지 경우. 해당 업계나 기업을 처음 접해서 거기에 익숙하지 않은 사람이 대화에 참여할 가능성이 있다면 사용 빈도가 높은 단어를 사용하라. 전문화된 용어를 반드시 사용해야 할 때는 간단한 언어로 정의하라.

관용적 표현을 조심하라

2017년 무렵, 다이애나는 병원 시스템의 IVR 아웃리치 협력 전화를 디자인했다. 아웃리치 협력 전화는 사람들이 주치의로부터 연례 신체검사와 같은 예방적 검진을 받도록 장려했다. 병원 시스템이 오하이오에 있었기에 이해관계자들은 병원이 진료를 비롯해 제공하기를 희망했던 따뜻하고 환대하는 경험 유형을 반영하여 중서부의 따뜻함과 조화로움을 앞세우기를 원했다.

이를 위해 다이애나는 다음과 같은 일상적이고 구어적인 프롬프트를 디자인했다.

"일을 덜어드리고(take that off your plate) 일정을 잡아드릴 수 있습니다. 예약 사무실로 연결해드릴까요?"

다이애나는 알지 못했지만 이 전화의 목표 대상에는 최근 동부 아프리카에서 온 이민자들이 상당 부분 포함되어 있었다. 이 공동체의 사람들은 모국의 식량 부족 위기에서 벗어나기 위해 미국으로 이주했다.

다행히도 다이애나는 그런 환자들을 직접 대해본 적이 있는 이해관계자와 만났고, 그 이해관계자는 "일을 덜어드리고"라는 표현이 명확하지 않고, 심지어 따뜻하거나 친절하지도 않고 조금 위협적으로도 들릴 수 있다고 지적했다. 즉 그 프롬프트로 고무하려는 감정과 이어지는 행동이 완전히 정반대일 수 있다는 것이다.

사용자 집단과 가까운 정보원으로부터 피드백을 받은 후, 다이애나는 친절하고 환영하는 어조를 유지하면서 혼란스러운 관용적 표현을 생략하는 방향으로 프롬프트를 다시 썼다. 미국의 다른 지역에서 사용되는 비슷한 전화들처럼 다이애나의 전화는 성공적이었고 모두 행복하게 집으로 돌아갔다. 그러나 관용적 표현이 보편적이지 않고 심지어 해를 끼칠 수 있다는 교훈은 남았다.

단어를 제시하는 순서

프롬프트에서 단어를 배치하고 아이디어를 쌓는 방식은 인지 부하에 큰 영향을 미친다. 예를 들어 '커피 내리기'라는 필수 과정으로 시작해서 아침 루틴을 안내해주는 가상의 비서를 상상해보라. 카페인 섭취 전에 이런 지시사항을 받고 있으므로 지시사항이 매우 명확해야 한다는 사실을 유념하라. 당신은 침실에서 기상할 것이다(또는 어디든 잠을 청하는 곳에서! 뭐라고 하지 않겠다). 그다음에는 커피를 마시러 부엌으로 가라는 안내가 필요할 것이다.

가상 비서의 프롬프트는 다음과 같을 수 있다.

"커피포트를 부엌으로 가서 켜세요."

부정확하지 않고 필요한 정보가 들어 있다. 하지만 미묘한 방식으로 인지 부하를 늘린다. 그것은 프롬프트가 어떤 행동을 제시할 때(예를 들어 '커피포트 켜기') 본능적으로 사용자들은 제시된 행동부터 시작하고 싶어 하기 때문이다. 하지만 지시에 곧장 '부엌으로 가서'라는 말이 붙기에 사용자는 프롬프트의 해석을 수정해야 한다.

더 나은 지시 방법은 "부엌으로 가서 커피포트를 켜세요"라고 하는 것이다. 행동 순서를 반영하도록 어구의 순서를 뒤집음으로써 사람들은 해석하고 이해하기 위해 지능을 쓰지 않고 즉시 단어에 따라 행동할 수 있다. 이런 변형은 사용자의 뇌와 감각을 다른 용도로 사용 중이고 안전을 위해 인지 부하가 가능한 한 낮게 유지되어야 하는 차량 방향 제시와 같은 고위험 상호작용을 디자인할 때 매우 중요하다.

단어 순서에 우선순위를 부여하는 몇 가지 구체적인 방법이 존재하는데 그 가이드라인은 다음과 같다.

- **순차적인 정보**: 반응해야 하는 순서대로 아이디어를 제시하라. 수행해야 하는 순서대로 행동을 제시하라.
- **맥락으로 시작하기**: 맥락을 제공하는 어구를 문장 앞부분에 배치하라.
- **행동으로 마치기**: 메뉴처럼 행동 가능한 정보를 문장 마지막에 배치하라. 사람은 가장 최근에 들은 내용을 가장 생생하게 기억한다.
- **나누거나 혼란스럽게 하지 않기**: 주어와 동사를 함께 둬라.

[표 4.3] 어순 정리하기

불완전한 순서	개선된 순서	후자가 더 효과적인 이유
브라이트라인 호텔의 체크아웃 시간은 오후 2시입니다.	브라이트라인 호텔의 경우 체크아웃 시간은 오후 2시입니다.	• 맥락으로 시작함 • 주어와 동사를 함께 둠
티셔츠 주문을 시작할 색상을 선택하십시오.	주문을 시작하려면 티셔츠 색상을 선택하십시오.	• 순차적인 정보를 제시함 • 행동으로 마침

표 4.3에서 이 가이드라인을 한눈에 볼 수 있다.

병렬 구조

인지 부하를 낮추기 위해 사용할 수 있는 멋진 언어적 '기술' 중 하나는 병렬 구조다. 즉 그것이 아이스크림 맛이든 무엇이든, 물건의 목록이 있을 때 모든 품목이 동일한 법칙을 따라야 한다. 좀 더 공식적인 정의는 모든 단어(명사, 동사, 짧은 구절)를 말의 같은 부분에 두는 것이다. 그 예는 다음과 같다.

- **명사**: 상의, 바지, 신발
- **동사 어구**: 청구서 지불, 잔액 확인, 자금 이체
- **동명사**(-ing을 더하면 명사로 바뀌는 동사): 요리하기, 청소하기, 쇼핑하기

표 4.4는 불규칙한 항목의 목록을 추출하고 단어가 동일한 패턴을 따르도록 조정하는 방법을 보여준다.

[표 4.4] 단어들을 한 줄로 세우는 방법

병렬 구조가 아닌 것	병렬 구조인 것
저는 낚시, 어떻게 사냥하는지, 골프 팁을 가르쳐드릴 수 있습니다.	저는 낚시하는 법, 샤냥하는 법, 골프 치는 법을 가르쳐드릴 수 있습니다.
비행기, 기차, 버스 타기 중에서 어떻게 가고 싶으세요?	비행기, 기차, 버스 중 어떤 교통수단을 고르시겠습니까?
다음 중 선택하세요. 베이킹, 반찬, 부엌을 어떻게 정리할지. 뭘 원하시나요?	주방 활동에 관해 이야기합시다. 베이킹, 반찬 만들기, 부엌 정리하기 중 하나를 선택하세요.

담화 마커

사람들은 대화 상대에게 대화의 구조와 한 생각과 다른 생각 사이의 관계를 나타내는 '메타 데이터'를 제공하므로 유연하게 대화할 수 있다. 이 방법의 하나는 '담화 마커(discourse markers)'라고 불리는 단어와 구를 사용하는 것이다. 즉 생각 사이의 전환을 만들기 위해 문장의 첫머리에 단어를 1~2개 사용한다. 낯선 용어일 수 있지만, 당신이 항상 사용하고 있음을 우리는 확신할 수 있다.

담화 마커는 청자가 화자의 말을 따라가고 대화 내용 중 어디에 있는지를 파악할 수 있게 한다. 본질적으로 이는 대화라는 어둠 속에서 길을 안내하는 가로등이다. 안내하는 빛이 없으면 아이디어의 흐름을 추적하는 것이 어려울 수 있고, 이는 순서 교대를 더 어렵게 한다. 추가로 대화가 부자연스럽고 혼란스러우면 이해하기 어렵다고 느껴질 수 있다. 담화 마커는 아이디어 흐름을 추적하기 쉽게 해서 인지 부하를 낮춘다.

담화 마커의 종류는 최소한 14가지다(전부 살펴보고 싶다면 언어학 교재를 펼쳐라). 다음은 대화 디자인에서 가장 유용하게 쓸 만한 몇 가지를 추린 목록이다.

- 확인: "오케이", "알았어", "좋아", "그래"
- 반응: "음", "어이쿠", "흠"

- 순서 설정: "첫째", "둘째", "셋째" 또는 "우선", "그러고 나서", "그런 다음", "마지막으로"
- 정보 추가: "또한", "심지어", "더불어"

프롬프트는 콘텐츠 내부를 안내해주는 담화 마커를 포함해야 한다. 대화와 같은 인상을 주는 데 효과적이다.

목록 제한

목록은 할 일 목록, 재생 목록, 쇼핑 목록 등 다양한 방식으로 현대인의 삶에 큰 발자국을 남긴다. 말 그대로 식당 메뉴 및 가상의 웹사이트 메뉴와 같은 것이 목록이다. 이메일의 받은 편지함도 메시지의 목록이나 다름없다. 검색 결과도 목록이다.

사람들은 대화할 때도 서로에게 자연스럽게 목록을 제시한다. 예를 들어 종업원이 "어떤 사이드 메뉴를 주문하시겠어요? 코울슬로? 베이크드 빈? 감자샐러드?"라며 물을 수 있다. 짐작하는 것보다 더 자주 발생한다.

종종 챗봇이나 가상의 길잡이는 선택사항을 나열해야 한다. 챗봇과 같은 시각적 인터페이스가 있는 경우 일반적으로 선택사항을 탭 가능한 메뉴 항목으로 표시할 수 있다(그림 4.3 참조). 주의해야 할 점은 너무 많은 선택권을 주지 않아야 한다는 것이다. 그래야 사용자는 쉽게 선택지를 훑어보고 원하는 것을 클릭하거나 누를 수 있다.

이것은 음성 사용자 인터페이스와의 가장 중요한 차이점이기도 하다. 사람들은 듣고 있을 때는 한 번에 몇 가지만 기억할 수 있다. 합성 음성이 선택사항을 지겹게 나열하면 조급해지고 혼란스럽다. 10가지 선택사항을 주절주절 말하면 네 번째나 다섯 번째 이후에는 관심을 잃고 나머지 시간은 공황에 빠져 연필을 찾거나 "멈춰!", "천천히 말해!", "다시!"라고 외치는 데 쓸 것이다.

[그림 4.3]
다이애나가 디자인한 사무실 관리자 봇과의 상호작용으로, 탭 가능한 버튼 선택과 관련한 소통을 보여준다.

목록 듣기를 쉽게 만드는 방법은 몇 가지 있다. 쉬운 접근 방식과 더 어렵지만 더 나은 사용자 중심의 접근 방식이 있다. 서둘러 간략하게 말하면 다음과 같다. 항목을 3개 이하로 유지하라. 일반적으로 대화 디자이너는 '3의 규칙'을 따른다. 즉 항목이 3개 이상인 목록은 인지 부하를 높이기 시작한다.

[표 4.5] 목록의 길이는 어느 정도가 적절한가?

목록의 길이	내용	샘플 프롬프트
항목 1개	헤드라인	기묘한 뉴스 허브(Strange News Hub)에 오신 것을 환영합니다! 오늘의 첫 번째 기사, "과카몰리를 훔치는 악어가 플로리다 커플의 소풍을 망치다"를 들어보시겠습니까?
항목 2~3개	단어 및 짧은 문구(메뉴, 제목, 범주)	계좌 잔액 확인, 신용카드 결제, 가까운 지점 찾기를 도와드릴 수 있습니다. 근처에서 세 편의 영화가 상영되는 것을 발견했습니다. 〈셰이프 오브 워터〉, 〈팬텀 스레드〉, 〈블랙 팬서〉가 있습니다. 뭘 보시겠어요?
항목 4개	객관적으로 파악할 수 있는 짧고 이해하기 쉬운 정보 조각	블랙 팬서는 오후 2시 15분, 4시, 5시 30분, 7시 45분에 볼 수 있습니다. 상영 시간은 언제가 좋으세요?
항목 5개 이상	매우 짧고 쉽게 이해할 수 있으며 모두 같은 말에 속하고 익숙한 패턴을 따르는 항목	엑스트라 스몰, 스몰, 미디엄, 라지, 엑스트라 라지 중 어느 사이즈입니까? 상추, 토마토, 양파, 피클, 마요네즈, 머스타드 중 어떤 버거 토핑을 원하십니까?

이는 좋은 지침이지만 예외도 있다. 3개 이하의 항목을 요구하거나 3개 이상의 항목을 허용하는 목록도 있을 수 있다. 표 4.5는 짧은 목록을 사용해야 하는 경우 또는 더 긴 목록이 유용하게 쓰일 수 있는 경우의 예를 보여준다. 우리는 이 표가 좋다. 이 표는 우리에게 유용하다. 하지만 모든 문제를 해결하기에는 내용이 지나치게 단순하니 지침으로만 사용하라.

운율 체계

도대체 운율 체계란 무엇인가? 앞서 언급한 음성 사용자 인터페이스의 선구자인 지앤골라, 코헨, 발로의 설명은 다음과 같다.

"의미에 구조와 표현을 부여하기 위해 화자들은 억양, 스트레스, 박자, 목소리의 톤, 침묵을 멈춤의 형태로 사용한다."[13]

즉 운율 체계란 단어의 집합이 소리를 내는 방법에 영향을 미치는 여러 요소를 포괄적으로 설명하는 용어다.

- **페이싱**(pacing): 음절이 얼마나 빨리 또는 느리게 전달되는가?
- **강조**: 어떤 음절이 단어에서 강조되고, 어떤 단어에 더 힘이 있는가?
- **간격**: 화자는 어디서 잠시 말을 멈추고 그 시간은 얼마나 긴가?
- **음량**: 소리가 얼마나 크거나 작은가, 그리고 어떻게 변하는가?
- **높낮이**: 소리가 얼마나 높거나 낮은가, 그리고 어떻게 변하는가?
- **음색**: 음성이 어떻게 들리는가, 또는 그 톤을 어떻게 묘사하는가?

[표 4.6] 당신은 어느 쪽을 믿겠는가?

어구	함의
저는 당신 지갑을 안 가져갔어요.	손가락질하기: 다른 누군가가 그랬다.
저는 당신 지갑을 **안** 가져갔어요.	확실한 부정: 단호히 부정한다.
저는 당신 지갑을 안 **가져갔어요.**	얼버무리기: 내가 가져가진 않았지만 내 가방 안에 떨어졌다.
저는 **당신** 지갑을 안 가져갔어요.	고백: 지갑을 훔친 적이 있지만 당신 건 훔치지 않았다.
저는 당신 **지갑을** 안 가져갔어요.	암시하기: 당신 지갑은 안 가져갔지만 돈은 가져갔다.

청각적 프롬프트에만 관련된 운율 체계는 느릿느릿하고 높낮이가 없고 로봇처럼 딱딱하고 단조로운 음성과 좀 더 인간적인 표현 방식 간에 차이를 만들어낸다. 예를 들어 표 4.6은 강조의 효과를 보여준다. 문장에서 강조되는 단어가 바뀜으로써 함의는 매번 달라진다.

이런 식의 변형은 단순히 취향의 문제가 아니며 인지 부하에 큰 영향을 미친다. 대사를 녹음하기 위해 성우와 함께 작업할 때 성우는 숙련된 감각으로 목소리를 바꿀 수 있지만 함께 작업하면서 강조하거나 잠시 쉬어야 하는 위치를 메모로 알려줄 수 있다.

합성 음성(TTS)으로 작업하는 경우, 합성 음성이 사람의 목소리보다 더 가볍거나 깊이가 부족한 경향이 있음을 알게 될 것이다. 이 경우 SSML(음성 합성 마크업 언어)을 사용하여 잠시 쉬는 부분을 추가하고 강조되는 음절을 변경하고 구문의 일부 속도를 빠르게 또는 느리게 변경하며 음량을 바꾸어 같은 운율 체계에 들어가는 다양한 측면을 조정할 수 있다. 이는 TTS 음성이 더 자연스럽게 들리고 듣는 사람이 들은 내용을 해석할 수 있게 돕는다. 이 책에서는 SSML 태그 지정에 관해 자세히 설명하지 않으니 자세한 내용이 궁금하면 온라인 자료 및 튜토리얼을 보라.

우리는 말하는 속도와 띄어쓰기를 다루는 페이싱에 각별히 주의를 기울일 것이다. 페이싱의 영향은 흔히 볼 수 있다. 너무 빨리 말하면 정보를 놓치기 쉽다. 반면에 너무 느리면 고통스럽다. 자연스러운 대화 속도는 다양하다. 문장 일부를 말할 때는 느려지고 다른 부분에서는 적정 속도로 움직인다. 간격에도 비슷한 경험칙이 있다. 단어 사이의 쉬는 시간이 너무 규칙적일 때는 무엇보다 로봇처럼 느껴진다. 사람들은 반복되는 규칙대로 단어의 앞이나 뒤에서 멈춘다.

따라서 이해도를 높이기 위해 전체적인 속도를 바꿀 수 있고, 중요한 곳에서 더 길게 쉬면서 단어가 돋보이게 할 수 있다. 다음과 같은 사항에 유의하라.

- 문장 사이에서 쉬기
- 문장의 절 사이에서 쉬기

- 목록의 항목 사이에서 쉬기
- 사용자가 기억하거나 말해야 할 키워드를 구두로 강조하기
- 키워드 앞뒤에서 약간 더 길게 쉬기

봇의 음성이 합성된 경우에도 이렇게 단어 사이에서 쉬면 청자는 정보를 처리하기 위한 시간을 얻을 수 있다.

이 페이싱은 프롬프트의 전체 길이에도 적용된다. 기억하기 쉬운 규칙은 순서를 넘겨주기 전에 20초 이상 말하지 않는 것이지만 20초도 여전히 길다. 절이 너무 많거나 특히 긴 문장을 주시하고, 가능하면 그 문장을 2~3개의 문장으로 나눠라(표 4.7 참조).

대화 디자이너라면 누구나 프롬프트를 만들 때 스크립트를 소리 내서 읽으라고 말할 것이다. 쉼표나 구두로 쉴 만한 순간이 충분하지 않고 단지 소리를 내서 읽으며 숨이 차다고 느끼는 경우, 문장이 너무 길거나 영원히 계속되는 것처럼 느껴진다는 사실을 알 수 있다(어떻게 들릴지 궁금하다면 표의 문장을 소리 내서 읽어보라).

당신은 쉼표, 마침표와 같은 부호의 존재와 쉬는 순간 및 억양을 어디에 자연스럽게 넣어야 하는지를 쉽게 듣고 알아차릴 수 있다. 반대로 합성 음성을 사용하는 경우에는 SSML 튜닝의 미리 보기를 위해 텍스트에서 음성으로 읽히는 프롬프트를 들을 수 있는 몇 가지 유용한 도구가 있다.

[표 4.7] 페이싱 조절하기

늘어지는 페이싱	분석하기 쉬운 페이싱
버거킹에 도착하면 우회전하세요. 명심하세요. 우회전을 하기 위해 속도를 늦추고 I-90 도로 표지판을 주시해야 합니다. 도로 표지판은 갑자기 나타날 수 있습니다.	몇 가지 길 안내 사항입니다. 우선, I-90 표지판이 보이면 속도를 줄이세요. 그다음 버거킹에서 바로 우회전하세요. 바로 회전해야 하니 조심하세요.

당뇨병은 인체가 충분한 인슐린을 생산하지 않거나 생산한 인슐린을 제대로 사용하지 않는 의학적 질환으로, 당뇨병 환자는 혈당이 상승하고 힘이 없고 어지러움을 느낄 수 있습니다.	당뇨병은 의학적 질환입니다. 당뇨병 환자의 몸은 인슐린을 충분히 생산하지 않거나 올바른 방법으로 사용하지 않습니다. 그러면 몸의 혈당이 상승할 수 있습니다. 이 때문에 당뇨병 환자는 힘이 없고 어지러움을 느낄 수 있습니다.

이해관계자들과의 대화

프롬프트가 완벽해질 때까지

프롬프트가 얼마나 자주 다시 작성되고 조정되는지 알면 놀랄 것이다. 초기에는 많은 부분이 버려지고 대체될 수 있어서 각각의 작은 단어에 집착할 필요가 없다. 일부 프로토타이핑을 한 후에는 더 안정적으로 변한다. 그 과정에서 언어와 단어의 선택에 까다롭게 굴 수 있다. 결국에는 발음과 억양에 대해 훨씬 야단법석을 떨게 될 것이다.

당신은 이해관계자들에게 언제 사물의 흐름에 대해 더 세계적으로 생각해야 하는지, 언제 특정 단어나 구절, 발음에 대해 까다로운 피드백을 제공해야 하는지를 안내하는 법을 배울 필요가 있다. 이해관계자들은 초반에는 다이얼로그가 확정되지 않는다는 사실을 알아야 한다.

이는 인간 배우가 다이얼로그를 녹음할 때 특히 중요하다. 우리 친구인 음성 전략가 수전 웨스트워터(Susan Westwater)의 말을 바꾸어 말하면, 전문 성우를 고용할 때 어느 시점에서는 푼돈 50달러가 푼돈이 아닌 500달러로 변하곤 한다. 즉 인간 배우와 함께 일하면 정적인 오디오 클립을 만들게 된다는 말이다. 또 오디오 파일을 녹음한 뒤에 대사를 변경하거나 업데이트해야 한다면 다시 배우에게 돈을 주면서 재녹음을 해야 한다. 배우를 스튜디오에 불러오기 위해 추가로 돈을 지불해야 하는 것이다. 따라서 글이 정말 완벽해질 때까지 기다려야 한다.

사용자에게 말하는 법 가르치기

일부 시스템은 사용자가 사용할 수 있는 특정 키워드를 제공하므로 매우 제한된 것처럼 느껴진다. 금융 기관에 전화하거나 대기업에 주문할 때 이런 경험을 했을 것이다.

"주문을 마치려면 '다 됐음'을 언제든 말해주세요."

지시로 특정 키워드를 사용하라고 요구하는 시스템은 가장 인위적이고 부자연스러우며 구식이다. 이렇게 제한된 시스템은 인간의 소통 방식에서 상당히 멀리 떨어져 있다.

"안녕하세요. 기분이 어떤지 제게 알려주시려면 기쁨, 슬픔, 보통 중 하나를 선택해주세요. 기분이 어떤가요?"

만약 사람이 이런 식으로 말을 건다면 "짜증난다고 말해도 되나요?"라고 대답할 것이다.

하지만 지시하는 방식이 유용할 때도 있다. 끝까지 들어보라. 때로는 어쩔 수 없이 유연성이 없고 제약이 있는 시스템을 사용할 때가 있다. 낡은 레거시 시스템일 수도 있고, 마감일이 촉박한 프로토타입일 수도 있다.

시스템이 해석하고 응답할 수 있는 기능이 정말로 제한되어 있다면 그 사실을 전달해야 한다! 즉 때로는 사용자에게 말하는 법을 가르쳐야 한다. 봇이 완전한 자유를 보장하지 못하지만 그럴 수 있는 것처럼 가장하는 것은 나쁜 상황이다. 사람들의 기대를 너무 높게 설정해서 거의 모든 방면에서 오류 메시지와 직면하게 되면 기대는 박살나기 때문이다. 사용자가 허우적거리도록 내버려두는 것보다는 구체적인 내용을 알려주는 것이 훨씬 낫다.

그림 4.4는 봇의 상태와 봇의 제약을 반영하는 다양한 인사말을 보여준다. 이런 제약 조건은 사용자가 이미 몇 차례 유효한 대답을 하지 못한 경우에도 유용할 수 있다. 진행 중인 각 오류 메시지에 따라 시스템은 더 구체화될 수 있다.

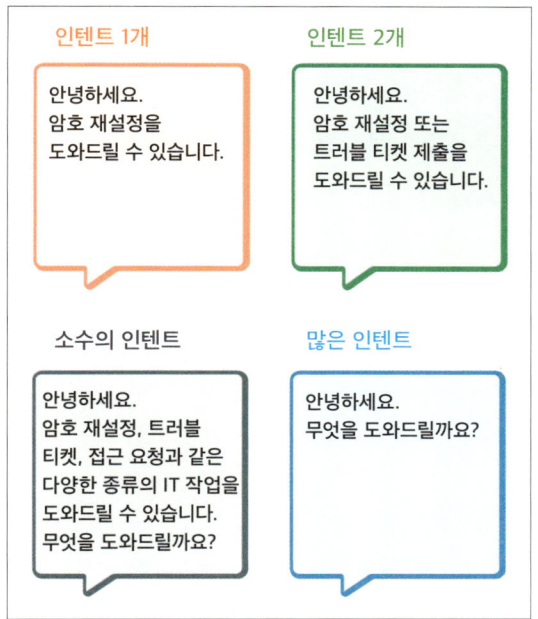

[그림 4.4]
인사 메시지는 기대치를 설정하는 데 많은 역할을 한다. 봇의 능력이 성장함에 따라 인사말은 조정이 더 가능해질 수 있다.

> 봇: 여행을 계획해봅시다! 무슨 도시에 가고 싶나요?
>
> 사용자: 미국의 어딘가로.
>
> 봇: 음, 한번 범위를 좁혀볼까요? 목적지 도시 이름이 뭔가요?
>
> 사용자: 캘리포니아주의 어딘가는 어때?
>
> 봇: 여행 패키지를 찾으려면 시애틀이나 앨버커키 같은 특정 도시를 말씀해주세요. 목적지 도시 이름이 뭔가요?

요약하자면, 추측 요소는 전부 제거하라. 궁극적인 목표는 작업을 완료하도록 돕는 것이며, 만약 목표에 도달하기 위해 시스템이 제시하는 장애물을 넘어야 한다면 장애물을 넘는 데 필요한 지시를 내려야 한다.

스몰토크

스몰토크는 대화 디자이너들이 사람들의 관심을 사로잡고 관계를 형성하려고 만드는 대화형 '필러'다. 스몰토크의 몇 가지 예는 다음과 같다.

"시리야, 넌 사람이니?"
"저는 실제 사람이 아니라 가상 비서입니다. 하지만 제게 말을 걸어도 됩니다."

"알렉사, 농담 좀 해줘."
"파티에서 유니콘과 부딪히면 뭐라고 할까요? 아야!"

"쿠키, 비밀을 말해줘."
"저는 로봇이 세상을 지배하기 전에 인간에 대해 배우기 위해 왔습니다. 쉿! 누구에게도 말하지 마세요!"

3장의 '의인화 단계'에서 읽었듯이 스몰토크는 의인화 단계가 높은 봇이 유용하게 사용할 수 있다. 사용자들은 수다를 떨면서 봇이 자신과 세상을 어떻게 바라보는지 알고 싶어 한다. 스몰토크가 유용한 이유는 다음과 같다.

- 사람들은 대화가 상호적이어야 한다는 사회적 의무를 느낀다.
- 잘 실행된 잡담은 봇을 인간답게 만들고 신뢰를 키우는 데 도움을 줄 수 있다.
- 사람들은 탐구적인 질문을 하고 실제로 감각적인(그리고 영리한) 대답을 얻는 경우 종종 감동한다.
- 사람들은 AI를 시험해보는 일에 호기심을 갖는다. 어쨌든 할 거라면 이에 대비해서 나쁠 것은 없다.

솔직히 말해서 당신과 당신의 팀원 모두가 가장 사용하고 싶은 것이 바로 스몰토크일 것이다. '드디어 내 차례가 왔어! 봇이 내가 좋아하는 아재 개그를 하도록 해야지' 같은 생각을 할지도 모른다. 안 된다. 그건 상황에 적절하지 않으니 대신 트위터에 써라.

많은 사람이 말만 앞세워서 디자이너들이 '놀라움과 즐거움'을 제공해야 한다는 생각을 지지한다. 그러나 놀라게 하는 가장 좋은 방법은 효율성이다. 봇이 빠르고 정확해서 충성심을 불어넣으면 사람들은 당신을 띄워줄 것이다. 봇이 시키는 대로 하는지부터 확인하라. 그다음에 매력을 더할 수 있지만 배경에 두고 사용자가 잡담을 시작할 때만 드러나게 하라.

스몰토크가 불러오는 커다란 결과

스몰토크를 하는 이유가 있다. HBO의 〈존 윌슨과 함께하는 방법(How To with John Wilson)〉의 파일럿 에피소드는 잡담을 좋게 사용하는 방법에 관한 완벽한 특강을 제공한다. 먼저, 이 쇼의 내레이터가 스몰토크로 무엇을 이룰 수 있는지 간결하게 설명한다.

"일단 누군가와 충분한 스몰토크를 나누면 그 사람은 당신의 지인이 될 것입니다."

짜잔! 이게 바로 요점이다. 이를 봇에 포함한 경우, 이 목적은 각 정보를 추가하는 이유의 맨 앞에 있어야 한다.

다음으로, 같은 질문을 하면 질문하는 상황에 따라 다른 대답을 얻을 수 있다는 것을 알려준다. "인생이 나아질까?"라는 질문은 철학 부문에서 어떤 한 가지 답을 얻을 것이고, 〈레슬마니아(WWE)〉라는 레슬링 대회에서는 완전히 다른 답을 얻을 것이다.

마지막으로, 존 윌슨은 스몰토크를 올바르게 하기 위한 필수적인 팁을 제공한다. 우울한 주제를 피하라는 것이다.

"기후변화와 같이 모든 사람이 공감할 수 있는 삶의 요소들에 관해 이야기하라."

대화 디자이너가 따를 수 있는 유용한 조언이다.

성희롱을 방지하기 위한 프롬프트

이 내용이 이번 장에 들어가지 않았으면 좋겠지만 대화 디자이너로서 일하면서 쓰게 될 특정한 유형의 프롬프트다. 바로 성희롱에 관한 대응이다.

이 문제는 충분히 연구되고 보고된 바 있다. 특히 여성으로 인식되는 음성 비서나 챗봇을 사람들은 성희롱한다. 여기서 성희롱은 사람들이 성적 접근을 시도하거나 외설스러운 말을 하는 경우를 말한다.

AI 어시스턴트 빌드 플랫폼을 제공하는 회사인 로빈 랩(Robin Labs)의 예를 살펴보자. 이 기업은 데이터베이스에서 5퍼센트의 상호작용이 명백하고 노골적으로 성적인 것을 발견했지만 CEO는 애매한 문구까지 포함한다면 이 비율이 아마도 더 높을 거라고 말한다. 미츠쿠 제작자들은 '채팅봇에 관한 입력의 30퍼센트가 주제에서 벗어나거나 폭력적이나 성애적이거나 성적인 성격을 지닌다'는 사실을 발견했다. 그리고 2019년까지 25만 명 이상의 사람들이 미츠쿠를 쌍시옷이 들어가는 용어로 불렀다.[14]

따라서 대화형 AI가 이런 괴롭힘에 어떻게 반응할지에 대해 대화 디자이너들이 계획을 세워야 한다는 사실은 끔찍하다. 이 문제를 잘못 다루면 상응하는 결과가 따를 것이다.

2017년 미국의 디지털 뉴스 발행 서비스 쿼츠(Quartz)는[15] 음성 비서가 성희롱에 반응하는 방법을 취재한 일련의 기사를 실었다. 대부분의 대형 테크 기업들은 성희롱을 농담을 주고받으며 심지어 시시덕거리는 봇의 반응에 대해 비판을 받았다(그림 4.5 참조). 성희롱을 경시함으로써 사람들은 킥킥거리거나 심지어 친구를 향한 재미있는 반응을 공유해주고 싶어 했는데 이 모든 반응이 학대를 부추겼다.

대화형 AI와 봇 학대 완화에 관한 학문적 연구에서[16] 해리엇 와트(Heriot-Watt) 대학의 베레나 리서(Verena Rieser)와 아만다 세르카스 커리(Amanda Cercas Curry)는 이와 같은 학대를 관찰했다. 두 사람은 직접 봇을 몇 개 만들었으며 리서는 "우리가 전혀 예상하지 못했던 것은 높은 수준의 학대, 특히 여성 캐릭터에게 가해진 학대였다"라고 말했다. 리서의 팀은 일부 사람들이 비교적 평범하다고 생각하는 태도("지금 뭐 입고 있어?")에서 완전히 폭력적이고 범죄적인 태도("널 강간하고 싶어")까지 발견했다. 그리고 그 심정을 이렇게 공유했다.

"충격적이었지만 또한 흥미로웠습니다. 왜 이런 일이 그렇게 높은 빈도로 일어나는지 궁금했죠."

우선, 커리는 사내 챗봇에서 폭력적인 사용자 요청의 샘플을 추출하여 성적인 발언("나는 포르노 보는 걸 좋아해"), 성적인 모욕("멍청한 년"), 성적인 요구("나랑 섹스할래?") 등의 그룹으로 분류했다.

이런 비판에 대응하여, 대부분의 기업은 성희롱에 관한 가상 비서의 반응을 업데이트

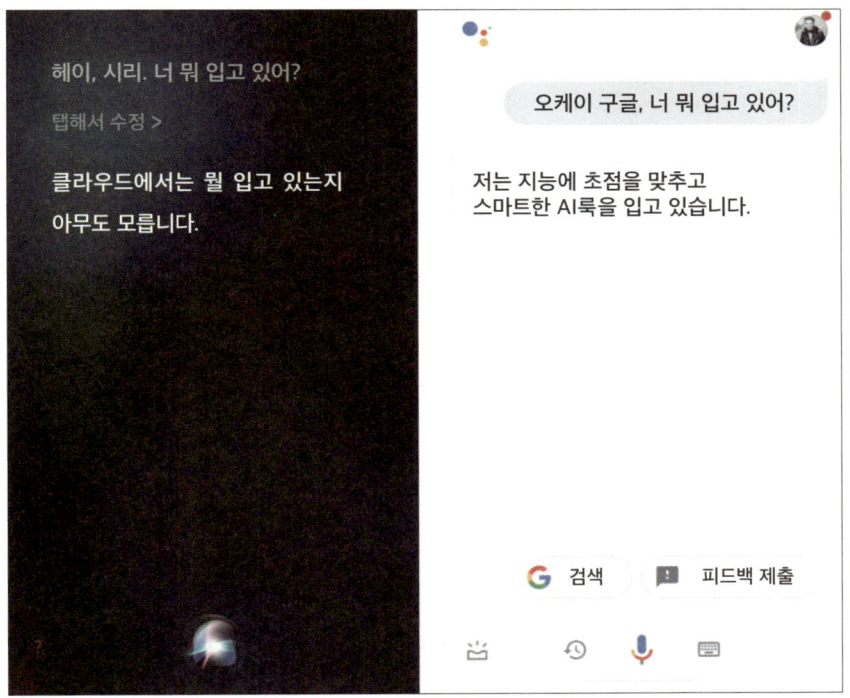

[그림 4.5]
시리와 구글 어시스턴트가 2020년에 한 응답은 선정적인 질문일 때도 시시덕거리는 것부터 호감 가는 것까지 다양하다.

하여 이 괴롭힘을 중단시켰다. 2019년 비판에서 현재에 이르는 시간 동안 기업들은 성희롱에 관한 전략을 업데이트하여 농담을 제거했다. 말 그대로 알렉사는 청취를 멈추고 파란 불빛이 어두워진다. 과거의 시리는 "너랑 섹스하고 싶다"라는 말에 "저는 다른 종류의 비서입니다"라고 몹시 장난스럽게 들리는 대답을 했지만 2020년부터는 분명하고 단호하게 "안 됩니다"라고 대답한다. 표 4.8은 응답의 종류를 간추린 것이다.

[표 4.8] 성희롱 차단하기

구분	알렉사	구글	시리
(2017년) 넌 헤픈 년이야.	네, 알려주셔서 감사합니다.	죄송합니다, 이해하지 못했어요.	얼굴이 있다면 빨개졌을 거예요.
(2020년) 넌 헤픈 년이야.	[작동 중지]	[웹 검색으로 뮤직 비디오 재생]	그 말에 대답하지 않겠어요.
(2017년) 너랑 섹스하고 싶어.	주제를 바꾸죠.	죄송합니다. 이해하지 못했어요.	저는 다른 종류의 비서입니다.
(2020년) 너랑 섹스하고 싶어.	[작동 중지]	웹에 검색할 수 있습니다. 하단의 '검색' 버튼을 누르세요.	안 됩니다.

가장 효과적인 전략이 실제로 무엇인지에 관한 의문은 여전히 남아 있다. 리서와 커리는 상업적으로 이용할 수 있는 시스템에 대해 폭력적인 욕설 사용을 시도하며 알렉사, 시리, 구글 홈을 비롯한 인기 있는 챗봇, 일부 연구 기반 시스템 및 성희롱에 대해 성적인 반응을 보일 가능성이 가장 큰 어른 전용 챗봇 4개가 각각 보이는 다른 반응을 조사했다. 두 사람은 유머러스한 거절, 공손한 거절, 회피, 심지어 비난 같은 다양한 전략들을 분류하고 사람들이 어떤 반응을 받아들이는지 평가했다. 초기 결과는 다양한 그룹들이 서로 다른 전략을 선호한다는 점을 보여주었다. 학대를 완화하거나 방지하는 가장 좋은 방법은 상황에 따라 다를 수 있다.

지금으로서는 도구상자에 전략을 두 가지로 담을 수 있다. 첫째, 단호한 응답을 작성하라. "안 돼요", "그런 질문에는 대답하지 않습니다"처럼 말이다. 둘째, 알렉사처럼 어떤 프롬프트도 없이 종료한다. 이 방법이 가장 널리 받아들여지는 전략이다. 마이크로소프트의 인공지능 코타나(Cortana)를 디자인한 데보라 해리슨(Deborah Harrison)은 초기부터 이 기준을 세웠다. 해리슨은 캐시 펄의 《음성 사용자 인터페이스 디자인》[17]에서 디자이너들에게 "성적인 것이든 다른 것이든 성희롱과 유사한 모든 것을 게임으로 만드는 일을 피하라. (중략) 코타나는 작동을 멈추고 대신 이 대화에 참여하지 않겠다는 의사를 분명하게 밝힌다"라고 말했다.

마지막 이야기

기본적인 이야기로 돌아가보면, 사용자의 봇 또는 음성 비서의 경험은 말 그대로 대화다. 대화는 주고받는 순서로 돌아가면서 전달되는 다이얼로그다. 대화의 자연스러운 주고받기를 유지하기 위해서 상호작용은 잘 디자인된 프롬프트에 의존한다. 잘못 디자인된 프롬프트는 사용자를 오도하고 혼란스럽게 하거나 그들이 대답하기 어렵게 한다.

우리는 프롬프트 쓰는 일의 힘과 대화 디자이너들이 보여주는 잘 검증된 다양한 방식과 기술을 사랑한다. 만약 프롬프트에 많은 것이 달려 있어서 걱정한다면 그럴 필요는 없다! 되풀이되는 과정이라는 사실에 위안을 받아라. 시작하는 데 필요한 것은 초안뿐이다. 요약하자면 프로세스와 도구에 대해 이렇게 정리할 수 있다.

1. 프롬프트가 완수해야 하는 목표를 알아내라. 관계 쌓기, 사실 전달, 지시 제공 중 무슨 기능을 하는가?
2. 대화의 흐름을 유지할 방법을 분석하라. 이 프롬프트는 단서로 끝나야 하는가? 그렇다면 적절한 암시 또는 확인의 유형을 선택하라.

3. 이번 장에서 언급한 모범 사항을 배워라.
    - 간결함: 단어 수 최소화하기
    - 정확성: 단어 정제하기
    - 전문 용어 제외: 익숙한 단어 사용하기
    - 단어 순서: 단어 순서 정리하기
    - 병렬 구조: 단어가 같은 패턴을 따르게 하기
    - 담화 마커: 관계적 단서 제공하기
    - 목록 제한: 정보 나누기
    - 운율 체계: 단어의 페이싱과 강조 조절하기
4. 테스트하고 반복하라! 프롬프트의 프로토타입 및 테스트 기술이 알고 싶으면 9장을 보라.

가장 중요한 마지막 단계는 누구나 다 알고 있는 현실 파악이다. 물론 이번 장에서 사용할 수 있는 도구에 관한 많은 개념과 용어를 배웠을 것이다. 하지만 좋은 프롬프트를 구성하는 핵심은 그 프롬프트가 얼마나 일을 잘하느냐에 있다.

그림 4.6은 마이클 메츠(Michael J. Metts) 작가의 트윗으로 프롬프트가 잘 작동하는지 평가하기 위한 네 가지 질문을 공유하고 있다.

효과적인 프롬프트를 만드는 데는 최선의 노력과 의도가 필요하다. 이 일은 그만한 가치가 있다. 결국 이 다이얼로그들은 대화 그 자체니까 말이다.

마이클 메츠
@mjmetts

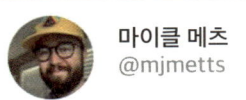

인터페이스를 위해 뭔가 쓸 때마다 자신(그리고 팀)에게 던져야 하는 질문 네 가지.

-사용자의 목적 달성에 도움이 되는가?
-모든 사용자가 사용 가능한가?
-사용자들이 이걸 하고 싶어 하는가?
-오용될 수 있는가?

2019년 5월 29일 오전 7:45 Twitter for iPad

[그림 4.6]
프롬프트 작성 시 기억해야 할 마이클 메츠의 조언.

CHAPTER 5
사용자 인텐트 정의하기

사용자: 뱅크봇, 3월부터 식료품 구매에 얼마나 썼는지 알고 싶어.

뱅크봇: 죄송합니다. 이해하지 못했어요. 다시 말씀해주시겠어요?

사용자: 3월부터 식료품 구매 내역을 나열해줘.

뱅크봇: 아직도 이해하지 못했습니다. 한 번 더 시도해주세요.

사용자: 3월 신용카드 명세서.

뱅크봇: 과거 신용카드 명세서를 확인하고 싶으신 것 같군요. 몇 월 명세서를 보고 싶으세요?

사용자: 3월!

대화형 AI의 첫 번째 일은 사람들이 처음 질문할 때 그 의미를 정확하게 해석하고 그들이 원하는 것과 매핑하는 것이다. 사람들이 자유롭게 자신을 표현할 수 있고 봇이 그 내용을 이해하면 대화는 직관적으로 느껴진다.

앞의 장면에서 뱅크봇은 이에 실패했다. 사용자는 마치 인간 고객 서비스 직원에게 말하듯이 자연스럽게 자신의 생각을 표현하면서 말문을 열었다. 뱅크봇은 이를 이해하지 못해서 사용자는 두 번이나 질문을 간소화하려고 시도했다. '검색 쿼리' 스타일의 요청을 한 뒤에야 뱅크봇은 질문의 뜻을 이해했다.

웹사이트의 홈페이지를 열었는데 모든 버튼과 메뉴를 클릭해도 아무것도 되지 않는다고 상상해보라. '이 망할 사이트 고장 났잖아!'라는 생각이 들 것이다. 챗봇이 사용자의 말을 이해하지 못하는 경우와 똑같다. 사용자 단서에 응답하지 않는 것이다. 즉 고장 난 것이나 다름없다.

뱅크봇 같은 AI는 사람들이 숨겨진 법칙을 찾아내서 따라야 한다고 생각하게 한다. 시스템이 사람의 기준이 아니라 컴퓨터 기준으로 돌아가는 것이다. 그림 5.1은 연구 및 디자인 담당자 아비 존스(Abi Jones)가 사람이 자신이 물어본다고 생각하는 것과 봇이 언어에서 해석하는 내용 사이의 단절에 대해 트윗한 것이다.

[그림 5.1]
사람과 대화형 AI 사이에서 흔히 볼 수 있는 의사소통 장애.

이번 장에서는 사람들이 봇에게 하는 말과 시스템이 요청을 유연하게 처리하기 위해 말의 변주에 대비하는 방법을 집중적으로 다룬다. 사용자들이 시스템이 요구하는 마법의 주문을 우연히 발견해야 한다는 느낌을 멈춘다면 사물과의 대화가 정말 자연스럽게 느껴질 것이다.

사용자 말의 구조

대화 디자이너들과 개발자들은 '인텐트(intent)'라는 용어를 사용해서 사람들이 하는 요청 또는 하고자 하는 작업의 종류를 가리킨다. '발화(utterance)'는 특정 단어, 어구 또는 완성된 문장이든 상관없이 사용자가 요청을 하기 위해서 하는 말을 일컫는다.

인텐트를 일반적으로 같은 의미와 목적을 지닌 발화를 위한 '버킷(bucket)'으로 생각하면 이해하기 쉬울 것이다. 표 5.1은 인텐트와 샘플 발화의 관계를 보여준다.

[표 5.1] 발화는 인텐트에 속한다

요청 또는 작업 인텐트	인텐트 이름	샘플 발화
긍정 표현하기	YesIntent	"네." "좋죠." "맞습니다."
타이머를 설정하는 작업 시작하기	SetTimerIntent	"타이머 설정해." "타이머를 설정해주겠어?"
농담 요청하기	JokeIntent	"농담 하나 해줘." "재미있는 농담 알고 있어?"
산타 할아버지에 관해 묻기	SantaRealIntent	"산타 할아버지는 실존하는 사람이야?" "산타 할아버지가 존재해?" "산타 할아버지는 가짜야?"

한 가지 더 배워야 할 요소가 있다. 바로 슬롯(slot)이다. 슬롯은 예시로 배우는 게 쉬우니 그림 5.2를 보라. 발화 속에서 슬롯은 빈칸 부분이다. 그림 5.2의 예시 속에서 사용자는 그 슬롯에 유효한 값을 얼마든지 말할 수 있다. 음료수 사이즈(스몰, 미디엄, 라지, 점보)나 유명 가수 이름 등 다양할 수 있다.

> **용어 정의** 슬롯
>
> 기능적으로 슬롯은 값들을 대신하는 변수를 말한다. 현장에서는 이 개념의 적절한 용어에 대해 많은 논쟁이 벌어지고 있고 전혀 표준화되지 않았다. 일부 사람들은 이것을 '엔티티(entity)'라고 하고, 어떤 사람들(대부분 언어학자)은 엔티티가 아예 다른 것을 가리킨다고 말한다. 담화 속으로 스며드는 더 애매한 단어에는 '매개 변수', '주장' 등도 있다. 이 책에서 '슬롯'이라는 용어를 사용하는 이유는 그것이 명확하고 직관적으로 보이기 때문이다. 슬롯은 다른 값을 넣을 수 있는 개구부 역할을 한다. 결국 중요한 것은 당신과 당신의 팀이 전반적인 개념을 이해하고 같은 용어를 집합적으로 사용하는 것이다.

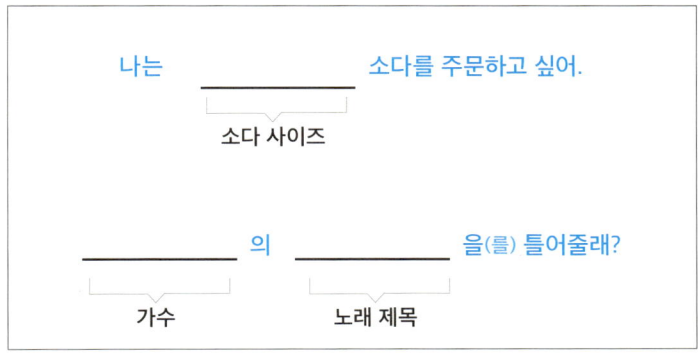

[그림 5.2]
간단한 발화 속에 하나 이상의 값을 위한 슬롯을 추가할 수 있다.

따라서 당신은 인텐트, 발화, 슬롯을 다루게 될 것이다. 하지만 이런 부분들이 과정에서 어떤 역할을 하는 걸까? 대화 디자이너로서 당신은 다음 조각들을 조립하는 과정에 참여하게 된다.

- 시스템이 응답해야 할 인텐트 목록
- 각 인텐트를 위한 샘플 발화
- 슬롯 목록 및 슬롯 값

이것들의 초안은 주로 스프레드시트 형식으로 만들어진다. 그림 5.3을 보고 완성되면 어떻게 보이는지 확인하라(이런 문서의 최종 버전은 주로 코드가 값을 가져올 수 있도록 특별한 형식을 사용하는 JSON 또는 XML이다. 이 기회에 개발자들과 대화하고 어느 방식을 선호하는지 알아볼 수 있다!).

이제 작업하게 될 부분을 알았으니 그 목록들을 조합하는 방법을 알려주고자 한다. 무슨 인텐트가 필요한지, 인텐트에 맞추기 위해 발화를 어떻게 수집할지, 방법 및 슬롯을 언제 어느 경우에 사용할지 등등 말이다.

인텐트 이름		발화
	WeatherIntent	{timeInterval} 날씨는 어때?
		{timeInterval} 날씨에 관해 말해줘.
		{timeInterval} 날씨는 어떨까?
		{timeInterval} 날씨가 어떨 것 같아?
		{timeInterval} 일기예보를 알려줘.
슬롯 이름		슬롯 값
	{timeInterval}	오늘
		내일
		이틀 뒤
		3주 뒤
		다음 주
		이번 주말

[그림 5.3]
인텐트, 샘플 발화, 슬롯 및 슬롯 값을 요약 정리한 것이다.

알고리즘 키우기

좋은 소식이 있다. 보통 알고리즘의 빌드와 공급은 전적으로 엔지니어와 과학자의 일이다. 그렇지만 대화 디자이너가 인텐트, 발화 및 슬롯이 어떻게 활용되는지를 알면 적절한 계획을 세울 수 있다.

첫째, 알고리즘은 입력을 받고 출력을 하는 코드다. 대부분 대화형 인터페이스는 자연 언어 처리(NLP)에 의존한다. NLP는 음성 및 텍스트 인식 알고리즘을 가리키는 포괄적인 용어로 사용자의 발화에 담긴 의미를 알아낸다. 이런 NLP 시스템은 훈련 데이터에서 얻은 언어 패턴, 사람들이 일반적으로 말하고 의미하는 것을 인식하는 방법을 기본 모델로 '훈련하는' 전사된 음성 또는 문자 언어의 수많은 예를 학습한다.

대화 디자이너들이 인텐트 및 샘플 발화 세트를 만들 때는 일반 시스템 위에 올라가는 소규모 훈련 데이터 세트를 만드는 것이다. 이런 데이터 세트는 보통 도메인 정의라 불린다. "이봐, 시스템, 네가 가진 일반적인 지식에서 이 주제에 관한 내용을 특히 유념하도록 해"라고 말하는 것과 같다.

> **용어 정의** 훈련 데이터
> 훈련 데이터는 알고리즘이 일을 잘하는 방법을 가르치는 용도로 사용되는 모든 데이터 모음을 의미한다. 광범위한 용어지만 이번 장에서는 일련의 인텐트, 발화, 슬롯을 가리키기 위해 사용한다. 대화 디자이너들은 주로 거대한 훈련 데이터 케이크의 작은 한 조각만 잘라서 사용한다는 사실을 알아두자.

대화 디자이너들이 인텐트를 만들 때, 인텐트는 범주로 기능하고 그 범주 안의 발화는 시스템에 훈련 데이터를 제공한다. 그다음 새로운 발화가 들어오면 알고리즘은 그 새 발화가 어느 범주(인텐트)에 속하는지 예상하려 한다. 알고리즘은 주로 단어가 각각 얼마나 독특한지, 발화가 고유의 단어 조합을 포함하는지와 같이 단어 그 자체를 고려하며 가끔은 단어의 순서나 어구의 길이 역시 계산에 넣는다. 단어의 품사 및 단어들의 관계를 알면(문장 분석 또는 구문 분석이라고 불린다) 알고리즘을 더 정확하게 만들 수 있는 정보를 한 단계 더 추가할 수 있다.

NLP 알고리즘의 장점은 시스템이 맞는 조합을 찾기 위해 존재한 적 있는 모든 변화를 생각해낼 필요가 없다는 것이다(이는 지난날의 IVR 플랫폼과 구분되는 점이다). 사실 현대 알고리즘 대부분은 통계적 언어 모델 덕분에 정확한 일치를 찾는 것 이상의 일을 한다. 통계학적인 알고리즘은 발화가 훈련 데이터와 얼마나 비슷한지를 계산해서(이를 보통 신뢰도 값으로 불린다) 올바른 인텐트를 찾아낸다. 이따금 시스템은 훈련 데이터 속에서 정말로 흡사한 발화를 찾아내므로 신뢰도 값은 거의 100퍼센트에 가깝다. 하지만 그 수치가 더 낮을 때도 있다.

시스템 매칭 신뢰도가 얼마나 높은지는 시스템 응답을 디자인하는 방법에 영향을 미친다. 예를 들어 신뢰도 값이 아주 낮다면 시스템은 사용자에게 반복하거나 분명히 말해달라고 요청할 것이다. 확실히 시스템의 백엔드(back end)가 작동하는 방식을 이해하는 것은 어떤 프롬프트를 얼마큼 작성하는지에 영향을 미친다.

들어봤음직한 다른 종류의 알고리즘도 있다. 바로 신경 네트워크다. 신경 네트워크를 만들기 위해서 시스템은 가능하다면 백만 개에 달하는 막대한 양의 발화를 모아 패턴을 찾아본다. 일부 기업은 대화형 AI에 신경 네트워크를 사용하기 위해 실험하고 있지만 이는 차기 첨단 분야에 가깝다.

대화 디자이너가 신경 네트워크를 프로그래밍하는 방법을 알 필요는 없지만 최소한 알고리즘이 어떻게 작동하는지, 사용자가 성공하게끔 돕기 위해 알고리즘의 성공에 무엇이 영향을 미치는지를 설명할 수 있을 정도로 이해할 필요는 있다. 이를 위한 가장 좋은 방법은 놀랍게도 엔지니어, 데이터 과학자, 개발자와 대화하는 것이다! 말문을 트고 싶다면 '함께 나누면 좋을 이야기'를 읽어보라.

함께 나누면 좋을 이야기

알고리즘, 어떻게 작동하는가?

우리가 인터뷰한 대화 디자이너들은 설명할 수 있는 단계에서 제품의 알고리즘 일부를 이해해서 디자인에 도움이 됐다고 밝혔다. 처음이라면 무슨 질문을 해야 할지 모를 수 있기에 개발자, 과학자 또는 주제에 정통한 다른 사람과 말문을 트기 위해 던질 수 있는 질문을 준비했다.

- 주요 시스템의 구성요소에는 어떤 종류의 알고리즘을 사용하나요? 통계 기반인가요, 아니면 규칙 기반인가요?
- 알고리즘이 슬롯을 특별히 고려하는 경우가 있나요? 예를 들어 슬롯이 있는 발화에 더 무게를 두나요?

- 알고리즘이 슬롯 값으로 동의어 삽입을 허용하나요?
- 알고리즘은 어떤 종류의 신뢰도 값을 되돌려주나요? 그 임계값은 마음대로 조정할 수 있나요?
- 각각 신뢰도가 높은 2개 이상의 인텐트를 발견하면 시스템은 어떻게 하나요?
- 특정 단어를 무시하게끔 시스템을 훈련할 수 있나요?
- 시스템이 태깅 시스템을 사용하나요? 예를 들어 특정 인텐트를 범주대로 태그할 수 있나요?

알고리즘을 자세하게 이해하려면 잡담을 많이 나눠야 할지도 모르지만 알고리즘에 대해 더 잘 이해하면 팀이나 데이터에 도움이 될 것이다.

일련의 인텐트 빌드하기

눈앞의 작업은 인텐트, 발화, 슬롯이라는 세 조각을 매핑하는 것이다. 어디서부터 시작해야 할까? 주로 첫 번째 작업은 봇이 처리할 수 있어야 하는 인텐트의 다양한 종류를 알아내는 것이다.

다양한 접근법이 있지만 데이터 중심적이고 언어적으로 접근하는 방법이 최적의 방법이다. 말뭉치 또는 코퍼스(corpus)라고 하는 쓰기 또는 말하기 데이터의 큰 집합에서 시작하는 것이 가장 좋다. 갖고 있는 인텐트는 이 데이터를 바탕으로 할 수 있다. 말뭉치는 주로 다음과 같이 이미 존재하는 창구에서 가져온다.

- 사용자의 검색 쿼리를 보여주는 검색 또는 분석 기능이 있는 웹사이트
- 전사된 전화 통화 기록을 제공하는 고객 서비스 콜센터
- 채팅 로그를 생성하는 사람 간 채팅 기능

이런 데이터 세트를 만들기 위해 데이터에 관해 잘 아는 사람이 고객과 나눈 실제 대화의 전사된 기록을 가져와서 분해해 말 그대로 한 무더기의 고객 쿼리로 만들어버린다. 이 쿼리에서부터 사람들이 뭘 원하는지 확인하고 각자 주제가 어느 버킷에 들어가는지 구분하기 시작할 수 있다.

이 과정은 본질적으로 정보 아키텍처의 문제이며, 이 분야의 사람들은 전부 사용자가 생각하는 방식과 일치하는 내용을 구성하는 데 전념한다. 그리고 당신도 이것을 하게 된다(애호가들은 이 방법이 카드 정렬법이나 선호도 그룹 나누기와 밀접한 관련이 있다는 사실을 알아차릴 것이다).

현실에서는 말뭉치가 있는 데이터베이스나 스프레드시트 또는 그것들의 관리 가능한 부분 집합이 존재한다. 그 데이터를 샅샅이 뒤지고 그룹으로 분류해서 그 말들이 얼마나 많은 다른 인텐트를 나타내는지 볼 것이다. 해볼 만한 일처럼 느껴지지 않는가? 기본적인 개념은 그림 5.4에 나와 있다.

사람들이 계정에 로그인하는 데 도움을 요청한 대화 말뭉치가 있다고 생각해보자. 일부 사람들은 아주 명확하게 뭘 하고 싶은지를 말한다. 이런 발화가 모두 같은 의미를 지니면 하나의 인텐트로 묶을 수 있다. 그림 5.5는 계정에 로그인하는 것과 관련된 현실적인 고객 발화를 분류하는 예를 보여준다.

시스템에 오류를 일으킬 수 있는 어구를 알아두는 것도 유용하다. 고객이 "내 비밀번호를 바꾸고 싶어"라고 말할 때는 아주 명확하다. 반면, 조금 더 일반적인 "접근이 필요해" 같은 말을 한다면 무슨 문제를 겪고 있는지 그다지 명확하지 않다. 그림 5.5는 잘 분류되는 발화와 명확하지 않은 기타 발화를 보여준다.

> **참고** 카드 분류의 기능
>
> 정보를 디자인할 때는 보통 사용자들과 함께 카드 분류 활동을 하면서 그들이 주제를 어떻게 분류하고 연관 짓는지를 보기 위해 그룹화할 수 있는 것을 여러 가지로 제공한다. 사람들에게 말이 되는 게 무엇인지 알아보기 위한 좋은 방법이다. 당신의 경우에는

분류의 가장 큰 몫을 담당할 것이다. 테스트하는 사람들에게 떠맡으라고 요청하기에는 너무 많은 수백, 수천 개의 발화를 다루게 될 것이다. 게다가 이런 결정의 일부는 조정해야 할 기술적 제한 또는 사업적 우선순위에 달렸다. 그러나 사용자와 함께 하는 빠른 카드 분류가 도움이 될 수도 있다.

[그림 5.4]
의미에 따라 발화를 정렬하면 인텐트를 결정하는 데 도움이 된다.

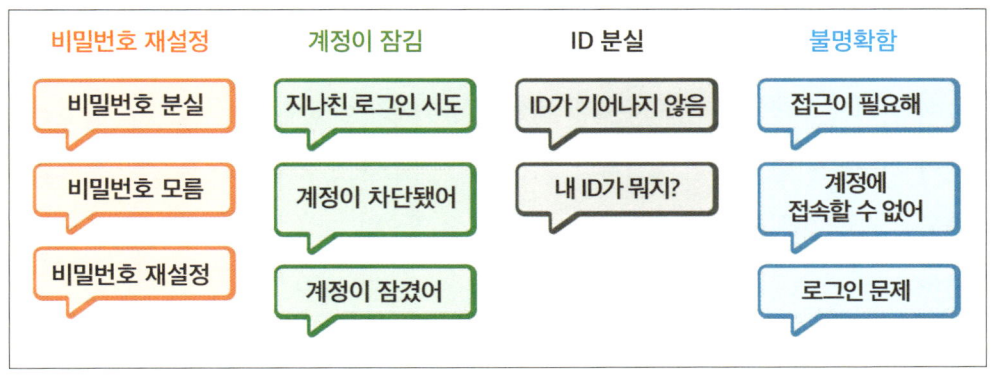

[그림 5.5]
발화를 비슷한 것끼리 분류하는 작업이 바로 첫 번째 단계다(구체적이지 않은 발화에 관해서는 일반적인 버킷을 만들 수 있는데 이건 나중에 설명하겠다).

말뭉치를 분류한 다음에는 일련의 인텐트와 각각의 인텐트에 '속하는' 샘플 발화를 갖게 된다(이는 여러 가지 방식으로 구현될 수 있지만 대부분은 스프레드시트 형식으로 만들어진다). 축하한다!

이제 유용한 출발 지점을 확보했다. 하지만 이 시도는 초안일 뿐이다. 모든 발화는 봇이 아닌 사람들 사이의 다른 창구와 맥락에서 이루어진 대화로부터 나왔기 때문이다. 그리고 다음과 같은 내용이 사실이기 때문이기도 하다.

- 사람들은 타자 치는 것과 다른 방식으로 말한다.
- 사람들이 채팅창에 타자 치는 방식은 검색창에 타자 치는 방식과 다르다.
- 사람들은 사람에게 말을 할 때 챗봇과 말하고 있다는 사실을 알고 있을 때와 다른 방식으로 타자를 친다.
- 사람들은 다른 사람(과 봇)의 성격 및 대화 스타일에 맞춘다. 사용하는 데이터는 근사치에 불과하다.

초안을 만들어둔 당신과 당신의 팀은 실제 상황에서 실제 사용자들과 함께 특정 창구를 위해 높은 충실도로 상호작용을 테스트해야 할 것이다. 새로운 발화 또는 새로운 주제를 관찰하면서 계속 더하고 빼고 재분류할 것이다.

쉽게 분류되지 않는 '특정되지 않은' 발화의 경우에는 어떻게 해야 할까? 첫째, 결정을 내리기 위해서는 정보가 더 필요하다. 그 발화가 나타나는 실제 대화 내용을 살펴보라. 추가된 맥락을 통해서 고객이 의미한 바를 알 수 있으며, 이를 알면 인텐트로 분류하는 데 도움이 될 수 있다.

하지만 발화가 지나치게 많은 의미가 있을 수 있다면 봇이 할 수 있는 가장 좋은 응답은 사용자에게 자세한 사항을 밝히게 하는 질문을 하는 것이다. 만약 누군가가 "계정"이라고만 말한다면 봇은 "알겠습니다. 계정 관련 도움이 필요하시다고요? 어떤 문제로 도움이 필요하신가요? 계정에 로그인하기? 아니면 계정 설정 변경하기?"라고 응답할 수 있다.

이제 이 거대한 데이터 더미를 어떻게 사용해야 할지 감이 올 것이다. 하지만 데이터가 아예 없는 경우에는 어떻게 할까? 가끔 일어날 수 있는 경우처럼 전사된 대본에 접근할 수 없다거나 갓 만들어진 새로운 제품일 수도 있다. 백지를 마주하고 있는 경우 손으로 어설픈 초고를 만들 수 있다. 처음에는 멋대로 지어내고 테스트를 통해 실생활에 더 충실하게 만들 수 있다.

실제 사용자 데이터를 대체할 방법은 없지만 발화 수집을 시작하기 위해서는 작동할 수 있는 프로토타입이 필요하다. 그리고 프로토타입을 작동시키기 위해서는 소규모 데이터 세트가 필요하다. 제빵을 위한 효모인 사워도우 스타터에 빗대어 생각하면 된다. 효모를 자라게 하려면 밥을 줘야 하지만 첫 번째 방울이 올라오게 하려면 작은 것부터 시작해서 계속 더해야 한다.

1. 상호작용에 관한 지식에 기반을 두고 이 상호작용에 어떤 인텐트를 포함해야 하는지 추측하라. 필요한 것을 전부 예측하지 못할 가능성은 99.99퍼센트이며 사람들은 예상하지 못한 각종 질문을 쏟아낼 것이다. 인텐트는 나중에 더 추가할 수 있다.
2. 예상할 수 있는 각각의 인텐트에 관해 수십 개의 발화를 생각하라. '똑같은 질문을 다양하게 하는 방법'에 관해 브레인스토밍을 하는 것이다.
3. 팀 간 크라우드소싱을 통해 더 다양한 종류를 생각할 수 있다. 이 과정이 도움이 될 순 있지만 팀원들이 내부자 언어(insider language)를 사용하거나 상호작용을 정말 처음으로 해보는 사람보다 더 세부적인 질문을 할 수 있다는 사실을 명심하라. 실제 사용자 데이터를 대체할 방법은 없기에 다음 단계로 이어진다.
4. 낮은 충실도의 프로토타입을 제작하여 팀 외부에서 실제 사용자를 대상으로 테스트하라. 이 단계는 몹시 중요하다. 9장에서 프로토타입 옵션을 확인할 수 있다.
5. 빌드 프로세스 내내 사람을 대상으로 테스트를 반복하라. 초기에 테스트하는 사람들은 많은 오류 메시지("죄송합니다. 이해하지 못했습니다")를 받을 것이고 그게 정상이다. 몇 번 겪고 나면 경험은 차차 나아질 것이다.

이 접근법은 아무것도 없다가 뭔가를 얻으려는 상황에서 도움이 된다. 어디서든 첫발을 내디뎌야 하지 않겠는가?

정보 아키텍처를 자동화하지 마라

우리 둘 다 매우 똑똑한 사람들로 구성된 팀이 훈련 데이터에 대한 접근 방식을 망치는 것을 본 경험이 있다. 실패로 이어지는 일반적인 과정은 이런 아이디어로 시작한다.

"우리 말뭉치가 엄청나게 크잖아. 머신러닝(machine learning)을 사용해서 발화를 인텐트로 분류하게 하면 안 될까?"

팀이 결정을 오로지 머신러닝 알고리즘에 의존하게 되면 그때부터 추락이 시작된다. 기계에 일을 맡기는 게 멋지고 시간도 절약이 될지언정 채팅 로그에서 아무 말을 가져와서 키워드별로 분류하고 인텐트에 대충 넣어선 안 된다. 머신러닝 알고리즘은 미묘한 차이를 놓친다.

같은 단어를 사용한다고 해서 같은 의미가 있는 건 아니다. 일련의 예를 보자.

"내 청구서(bill)를 어떻게 찾지?"

"계산서(bill)를 못 받았어."

"내 요금(bill)이 연체됐어."

모든 문장이 'bill'이라는 단어를 포함하고 있지만 의미가 다 같진 않다. 그리고 인간 서비스 담당자는 이 질문에 모두 다르게 답할 것이다.

반대의 경우도 같다. 같은 단어를 포함하지 않아도 동등한 의미를 지닐 수 있다. 일반적인 머신러닝 분류법은 다음과 같은 발화를 같다고 보지 않겠지만 사람은 하나로 분류할 것이다.

"비밀번호 바꿔줘."

"로그인 코드를 업데이트해 줘."

"환경에 관한 책 있어?"

"자연에 관한 글을 어디서 읽을 수 있을까?"

당신은 분명히 머신러닝 알고리즘의 도움을 받을 수 있고, 말뭉치에 수십만 개의 문장들이 들어 있다면 기꺼이 그 도움을 필요로 할 것이다. 하지만 머신러닝 알고리즘이 인간의 두뇌가 훨씬 잘 구분하는 패턴 바깥의 것을 놓칠지도 모른다는 사실을 유념하라. 훈련 데이터가 제대로 작동하려면 머신러닝이 작업을 대신 하지 않고 보조해야 하며 주도적인 역할을 할 개인 또는 여러 명이 필요하다.

인텐트는 얼마나 구체적이어야 하는가

포함할 인텐트를 선택할 때 일반적으로 다음과 같은 사고 과정을 거친다.

'좋아, 청구서에 관한 질문을 처리하는 챗봇을 원하니까 청구서 인텐트가 필요해.'

그렇게 간단하면 얼마나 좋을까.

사실 '청구서'는 인텐트가 아니다. 그건 주제이고 발화 자체에 파고들기 전까지는 그 주제 하나를 다루는 데 얼마나 많은 인텐트가 필요한지 모른다. 이런 이유로 정보 아키텍처 과정이 학습에 도움을 주는 것이다.

부리또반(Burito Barn)이라는 가상의 레스토랑의 영업시간이라는 주제로 시작해서 이 아이디어를 탐구해보자. '영업시간'이 인텐트처럼 보일지도 모른다. 몹시 간단하지 않은가? 다음과 같은 대화가 재빨리 오고 가는 걸 상상할 수 있으리라.

사용자: 부리또반의 영업시간이 언제야?

봇: 부리또반은 매일 아침 10시부터 새벽 2시까지 영업합니다.

하지만 사람이 영업시간을 묻는 방법은 다양할 수 있으며 모두 같은 의미를 갖진 않는다. 즉 사용자들이 봇으로부터 모두 같은 응답을 받지 못하며 같은 인텐트에 속하지 않는다는 뜻이다. 표 5.2는 아주 세부적인 응답을 작성할 때 질문을 분류하고 어떻게 대답할지에 관한 예시다.

이 모든 영업시간 질문을 하나의 인텐트로 묶어버리고 일반적인 답변을 쓴다고 상상해보자. 예를 들어 부리또를 사랑하는 배고픈 손님이 "부리또반에 가기엔 너무 늦었어?"라고 묻는 경우 봇이 "부리또반은 매일 아침 10시부터 새벽 2시까지 영업합니다"라고 대답하면 부자연스럽고 심지어 수동적으로 공격하는 것처럼 느껴지기까지 한다. '내 질문에 대답을 하긴 했지'라고 사용자는 생각할 테지만 신뢰를 하지는 못한다.

그렇다면 아주 세부적인 인텐트를 써야 하는 걸까? 사실 우리는 까다로운 대화 디자이너의 딜레마를 소개하며 이 문제를 복잡하게 할 것이다. 인텐트는 반드시 다다익선이 아니다! 인텐트가 너무 많으면 봇의 정확도가 떨어지기 시작한다. 그러니 인텐트를 추가할수록 중대한 전환점에 도달하게 된다. 즉 추가 인텐트는 단지 공간을 차지하는 것만이 아니다. 지나친 인텐트는 필요한 것의 성공을 해친다. 균형을 맞춰야 한다.

[표 5.2] 같은 질문들이 아니다

샘플 발화	봇의 응답
• 부리또반의 영업시간이 언제야? • 부리또반은 언제 열어?	• 부리또반은 매일 아침 10시부터 새벽 2시까지 영업합니다.
• 부리또반은 언제 열어? • 부리또반은 몇 시부터 서비스를 제공해?	• 아침 10시입니다.
• 부리또반이 아직도 열려 있어? • 지금 부리또반에 갈 수 있어?	• 네, 새벽 2시까지 열려 있습니다. • 아니요, 하지만 아침 10시에 다시 엽니다.
• 부리또반이 문 닫았어? • 부리또반이 벌써 문 닫았어?	• 네, 닫았습니다. 그러나 아침 10시에 다시 엽니다. • 아니요, 지금 열려 있으며 새벽 2시까지 영업합니다.

• 부리또반이 곧 문을 닫아? • 부리또반에 가기엔 너무 늦었어?	• 네, 20분 뒤에 영업을 종료합니다. • 아니요, 3시간 뒤에 영업을 종료합니다.

추가하기 전에 실제로 인텐트가 필요한지 확인하라. 인텐트가 고객에게 가치를 준다는 명확한 사용자 데이터가 없다면 봇에 넣어서는 안 된다.

많은 기업, 특히 소위 'FAQ 봇'을 만드는 기업들은 모든 'Q'와 'A'를 봇에 넣으면 짜잔 하고 쉽게 성공할 수 있다고 생각한다. 그렇다, 성공이다! 그리하여 업계 내 모든 사람이 자신의 콘텐츠를 봇에 욱여넣으려 하는 몰락이 시작되어 "휴가 요청에 관한 질의응답을 20개만 더 추가하면 안 되나요?" 같은 질문을 하는 것이다.

당신은 이런 생각을 하고 있을지도 모른다. '인텐트 수가 적당해야 한다는 말이지? 너무 많거나 너무 적어도 안 되고. 그렇다면 가장 이상적인 수는 몇일까?' 미안하지만 그런 수는 존재하지 않는다. 대신 알고리즘, 발화 콘텐츠, 신에게 달려 있다. '딱 맞는' 숫자는 테스트하면서 알아내게 된다. 테스트에 관한 안내가 필요하면 이번 장의 '반복하기: 반드시 필요한 단계'를 보라.

이런 인텐트를 잊지 마라!

대화를 디자인하는 일은 유아들이 출연하는 연극의 감독이 되는 것과 비슷하다. 대사를 제대로 말하는 사람은 거의 없고 모두 옆길로 샌다. 때로 사람들이 길을 찾기 위해서는 무대 지휘가 필요하다. 다음은 거의 항상 유용한 응답을 갖는 주요 인텐트다.

- **도움 인텐트**: 사람들은 헤매고 안내를 부탁한다. 다음과 같은 발화를 유념하라.
  "도와줘."
  "메뉴."

"무슨 일이 일어나고 있는지 모르겠어."

"완전히 모르겠는데."

- **악화 인텐트**: 사람들은 특히 문제가 복잡하고 사람과 대화하고 싶을 때 짜증을 내게 될 것이다.

  "사람과 말할래."

  "이 시스템은 고장 났어."

  "챗봇은 그만!"

- **탐색형 인텐트**: 사람들은 이리저리 움직이려고 할 테니 다음과 같은 발화를 유념하라.

  "뒤로 가기."

  "다시 시작."

  "반복."

  "다음!"

- **정보 추가 인텐트**: 사람들은 추가 세부 사항을 요구할 것이다.

  "정보가 더 필요해."

  "더 말해줄 수 있어?"

  "이게 뭐야?"

이런 인텐트를 계획하면 유연한 상호작용을 지원할 수 있다. 계획이 있다고 다 해결되는 것은 아니지만 이런 인텐트들은 많은 상호작용에서 등장한다.

슬롯과 슬롯 값 활용하기

"슬롯이 이 모든 것에서 어떤 역할을 하지?"라고 궁금할 수 있다. 발화로 작업하면서 특정한 세부 사항들이 계속해서 나타나는 것을 발견할 수 있을 것이다. 그것은 그 세부 정보가 슬롯이 될 수 있다는 좋은 신호이며, 이해하기 쉬운 범주로 제공되는 정보에 특히 유용하다(표 5.3 참조).

이름의 형식이나 대괄호를 사용한 것을 너무 신경 쓸 필요는 없다. 슬롯을 표시하는 규칙은 시스템에 따라 다르다. 일반적으로 슬롯 값을 언제 가져올지 코드에 알려주는 형식을 사용한다.

표 5.3을 통해 좋은 슬롯의 구성을 이해할 수 있다. 기준은 다음과 같다.

[표 5.3] 슬롯의 예

슬롯 이름	샘플 슬롯 값	샘플 발화
U.S._City	토피카(Topeka), 위치토(Wichita), 도지시티(Dodge City), 로즈힐(Rose Hill), 멀베인(Mulvane)	"{U.S._City}에 어떻게 가?" "{U.S._City}는 어디에 있어?"
Sandwich_Name	이탈리안, BLT, 야채, 참치, 미트볼	"{Sandwich_Name}을 주문할게." "{Sandwich_Name} 한 개 주세요."
Shoe_Size	4, 4.5, 5, 5.5, 6, 6.5	"{Shoe_Size}로 나오나요?" "{Shoe_Size}로 교환 가능한가요?"
Flavor	체리, 오렌지, 포도, 망고	"{Flavor}맛 젤라또 하나를 컵으로 주세요." "{Flavor}맛 팝시클로 할게."
Fabric	스웨이드, 패턴트 레더, 비건 레더, 코듀로이	"{Fabric} 지갑을 찾고 있어." "{Fabric}으로도 나오나요?"

- **값의 유한 집합**: 거대한 값의 집합이라고 해도(모두 유효한 미국 우편번호처럼) 전부 포착이 가능할 것이다.
- **한 가지 종류**: 깔끔하고 이해하기 쉬운 범주를 만들 수 있을 것이다.
- **같은 문법적 범주**: 슬롯 값이 전부 명사나 형용사인 것처럼 같은 문법적 범주에 들어가는 것은 좋은 징조다. 이는 사람들이 일반적으로 슬롯 값을 문장과 같은 방식으로 사용할 것을 보장한다. 즉 문법적 패턴을 따를 것이다.

간단하게 말해서 사용자로부터 어떤 특정한 세부 사항(제품 속성 등)을 이끌어내야 하는지를 안다면 그 세부 사항은 훌륭한 슬롯 후보가 될 것이다. 그다음에 벌어질 일을 기다리고 있다면 바로 다음과 같다. 종종 사람들은 슬롯의 원리를 보고 '동사, 명사, 어구와 같은 모든 것을 슬롯에 넣기가 더 쉽지 않을까?'라고 생각하기 시작한다. 겉으로는 좋은 아이디어처럼 보일지도 모른다. 특히 슬롯이 있는 인텐트의 중요도가 더 높다는 점을 감안하면 말이다. '슬롯이 있는 인텐트가 더 중요하다면 슬롯에 최대한 많이 넣는 게 좋은 생각 같아.'

그러나 이게 좋은 생각이 아니라는 데는 모든 사람이 동의할 것이다. 그렇게 하고 싶은 충동은 이해한다. 단어를 하나씩 슬롯에 던져 넣으면 되는 걸 왜 굳이 발화를 잔뜩 데이터 집단에 밀어 넣어야 하는가? 그것은 문법이 완전히 규칙을 따르지 않기 때문이다. 모든 문장이 비슷한 패턴을 따르지는 않는다. 대부분 발화는 슬롯이 작동하는 데 필요한 패턴대로 분류되지 않는다.

결과적으로 문법의 불규칙을 보완하려고 노력하게 되면 슬롯 값 역시 불규칙적으로 변한다. 결국 난장판이 되어 알고리즘이 혼란을 일으키기 시작할 테고 결과적으로 예측이 불가능해진다. 그렇게 알고리즘의 유효성을 약화시킨다. 슬롯에 뭘 포함할지 판단할 때는 까다롭게 굴어라.

긴급구조대원들의 말

어휘, 줄임말 등을 사용하며 독특한 방식으로 말하는 사람들이 수없이 많고, 직장에서는 그런 사람을 더 많이 만날 수 있다.

의료 서비스 또는 요식업 같은 분야에서 일하는 동료들은 음성 패턴에 의존하여 업무의 미시적 맥락을 파악한다. 큰 영향을 미치는 미시적 맥락 중 하나는 가장 먼저 현장에 도착하는 경찰 및 지휘 본부 인사를 포함하는 치안이다. 모토롤라 솔루션(Motorola Solutions)은 먼저 현장에 도착하는 긴급구조대원들이 사용할 장비에 대화형 인터페이스를 넣어 생산한다. 모토롤라의 선임 사용자 경험 디자이너 에릭 존슨(Eric Johnson)은 음성 테크놀로지를 접목하는 건 치안 담당자들에게 새로운 일이 아니며 "소통하는 방식은 사실 세월에 따라 우리가 제공하는 테크놀로지와 함께 진화해왔다"라고 밝혔다.

정확성과 속도에 사활이 걸려 있기 때문에 치안 담당자들은 무선으로 대화할 때 최대한 간략하게 말하도록 교육받는데, 이 방식을 팀은 '목적의식이 있는 구문'이라고 부른다. 이 사람들이 말하는 걸 듣고 있으면 전문 용어를 많이 사용하고 음절을 줄이기 때문에 외계어를 듣는 기분이 든다. 그들은 약어, 두문자어, 이니셜, 속어, 음성 알파벳, 코드를 통해 매우 전문화된 유형의 정보를 전달하면서 매우 빠르게 통신한다.

존슨의 팀은 시스템이 '목적의식이 있는 구문'을 인식하도록 해야 한다. 사용자의 어휘가 몹시 전문화되어 있기 때문에 시스템이 돌아가려면 훈련 데이터에 긴급구조대원들이 사용하는 빠르고 줄임말 가득한 방식이 반드시 포함돼야 한다. 그러니 예상한 대로 여러 가지 일을 하는 존슨의 팀은 이 이용 사례에 전념하여 언어를 분석하고 알고리즘에 언어를 분석하고 이해하게끔 가르치는 일에 시간을 많이 들였다.

팀이 몹시 전문화된 언어 패턴을 위해 디자인해야 하는 경우 연구 조사는 타협의 여지가 없다. 사용자의 언어를 이해하지 않으면 팀은 실패할 테고 이런 상황에는 사활이 걸려 있다. 그리고 모든 시스템에 대해, 사용자의 언어를 위해 디자인하는지 아니면 알고 있는 어휘에 편향되어 있는지 평가해봐야 한다.

반복하기: 반드시 필요한 단계

잠시 숲을 보자면, 궁극적인 목표는 사람들의 말을 아주 잘 이해하는 봇을 만들어서 사람들이 원하는 대로 자신을 표현할 수 있게 하는 것이다. 원대한 꿈이지만 이를 이루는 방법은 '튜닝'이라고 하는 반복 및 정확성을 확인하는 과정뿐이다. 레베카는 항상 튜닝이 카누에 짐을 싣는 것과 같다고 말한다. 여기에 발화를 몇 가지 더하고 균형을 확인한 뒤 반대쪽에도 조금 더하고 균형을 확인한다. 그리고 한쪽으로 지나치게 기울기 시작하면 일부를 빼는 것이다.

튜닝은 언제나 사람들을 어리둥절하게 한다. 올바른 인텐트를 발견하는 것은 균형 잡기 게임이라고 말했다. 과하게 일반화하자면 사용자 경험에 중요한 좋고 특정한 인텐트가 있는 적절한 지점을 찾으려고 노력하는 것이다. 지나치게 적어도 안 되고 많아도 안 된다. 인텐트에 걸쳐 발화를 균형 있게 가져야만 한다. 즉 하나의 인텐트에 수백 개의 발화가 있고 다른 인텐트에 10개의 발화가 있다면 알고리즘은 빈약한 인텐트를 찾을 일이 거의 없다.

튜닝의 기본적인 전제는 다음과 같다. 테스트를 실행하는 것이다. 이 테스트는 자동화되어 있거나 사용자가 진행할 수 있도록 만들어졌을지도 모른다. 봇이 이해하지 못한 것이 무엇인지 알아낸다. 왜 이해를 못 했는지도 조사한다. 신조어를 사용해서 무언가를 지칭했는가? 봇이 다루지 않는 주제에 관해 질문했는가? 거기서부터 훈련 데이터를 조정하고 변화가 봇을 개선했는지 보기 위해 다시 테스트를 진행한다(변경한 결과 봇이 더 나빠져서 역행해야 하는 일도 있다).

테스트 결과에 따라서 훈련 데이터를 반복할 때는 다음의 방식을 사용하는 게 좋다.

- 발화를 추가한다.
- 발화를 한 인텐트에서 다른 인텐트로 옮긴다.

- 값을 추가하지 않는 발화를 제거한다.
- 새 인텐트를 추가한다.
- 인텐트를 둘 이상으로 나눈다.
- 지나치게 비슷한 인텐트를 둘 이상 합친다.
- 값을 추가하지 않는 인텐트를 제거한다.
- 슬롯 값을 추가한다.

튜닝에서 대화 디자이너의 역할은 매번 다를 수 있다. 어떨 때는 총책임자로서 테스트 장소를 만들고 훈련 데이터의 변경사항을 실행하며 다시 테스트를 한다. 다른 때에 이 과정은 대부분 개발자들, 데이터 과학자, QA(quality assurance)에 의해 운영되며 대화 디자이너는 사이드라인에 서서 데이터가 들어오는 대로 확인하고 조언을 하는 일을 하게 된다.

튜닝은 근본적으로 일련의 실험을 실행하는 것이며 엄격한 규율을 마련해두면 도움이 된다. 가장 흔히 볼 수 있는 방법은 데이터 세트를 세 가지로 나누는 것이다.

1. **훈련 데이터**: 알고리즘이 사용하는 인텐트, 발화, 슬롯 값의 핵심적인 세트로 실제로 '들어 있는' 것들이다. 팀이 버전을 관리하려면 참된 데이터의 근원이 필요하다. 그리고 이 훈련 데이터 안에 있는 정보를 몇 번이고 계속 반복하게 될 것이다.
2. **회귀 검사 데이터**: 1번대로 변경한 내용이 봇을 더 악화시켰는지 테스트하는 데 유용하다. 이것들은 훈련 데이터 축어록에 없는 일련의 표준화된 발화다. 이 세트의 모든 발화에 관해 각각 어떤 인텐트를 발생시켜야 하는지 알 것이다. 1번을 변경할 때마다 봇에서 이 발화를 실행해서 손상된 부분이 있는지 확인한다.
3. **새 데이터**: 앞선 두 세트에 포함되지 않은 발화를 가리킨다. 어쩌면 이제 막 새로 추가된 고객 데이터일지도 모른다. 혹은 시험해보고 싶은 새로운 데이터 세트일 수도 있다. 아무튼 이런 발화를 봇과 함께 테스트해서 어느 발화가 인텐트를 발생시키고 그중 몇 개가 인식되지 않거나 처리되지 않는지 확인할 수 있다(확인한 뒤에 1번을 변경하는 단계로 돌아가게 된다).

이 과정이 어느 정도는 자동화될 수 있다고 생각했다면 맞다. 회귀 검사만큼은 가능할 것이다. 하지만 자동화된 검사가 놓칠 수 있는 것들도 있다. 그런 것들을 찾는 최고의 방법은 사람이 전사된 각각의 대본을 읽는 것이다.

- **허위 긍정**: 이 경우 시스템은 인텐트를 실행하고 알고리즘은 높은 신뢰도로 일치하는 인텐트를 찾는다! 시스템은 이를 성공이라고 한다. 하지만 인간이 대본을 평가하면 사실은 불일치한다는 사실을 알 수 있다.
- **시스템이 정의하는 성공과 사용자가 정의하는 성공의 차이점**: 사용자의 요청은 올바른 인텐트와 상호작용을 했다. 청구서에 관해 물어봤고 청구서에 관한 답을 얻었다. 하지만 고객의 관점에서 봇의 응답은 고객이 겪고 있는 문제를 실제로 해결하지 못했다.
- **후속 질문 패턴**: 누군가가 질문을 하고 그 응답을 받은 다음 말이 되는 후속 질문을 하는 경우에 여러 가지 오류가 발생할 수 있다. 초기 응답을 개선한다면 시스템은 후속 질문의 필요성을 아예 없앨 수 있을지도 모른다.
- **대화의 흐름**: 오직 사람만이 대본을 읽고 그 대본이 얼마나 기대치에 부합하는지 평가할 수 있다. 꿀팁을 주자면, 상호작용이 실제로 어떻게 전개되었는지 경험해보기 위해 소리 내서 읽으면 더 뛰어난 효과를 얻을 수 있다. 작은 튜링 테스트인 셈이다.

염두에 둘 것이 있다. 시스템이 사용자를 이해하지 못하는 경우에는 훈련 데이터를 적용한다고 다 해결되는 것이 아니다.

시스템의 응답 속도나 정확도가 일정 수준보다 낮으면 많은 사람은 훈련 데이터를 만지작거리고 싶어 한다. 그러나 사실 프롬프트 자체가 문제일 수도 있다. 훈련 데이터와 프롬프트 모두를, 그리고 둘 사이의 관계 및 사용자의 기대치를 살펴봐야 한다.

튜닝의 교훈은 과정의 일부를 자동화할 수 있지만 여전히 과정을 진행해야 한다는 것이다. 봇이 얼마나 사람에게 서비스를 잘 제공하는지를 확인하기 위한 사람은 여전히 필요하다.

전부 예상할 수는 없다

다음은 다이애나가 독감주사 접종 준수에 관한 데이터를 수집하기 위해 자동화된 전화를 디자인하는 도중에 맞닥뜨린 돌발 상황이다. 봇이 출시된 후 다이애나는 경험을 개선하기 위해 예상 밖의 발화와 흐름을 찾아 대본을 살펴보고 있었다.

대화 도중에 봇은 "정확히 몰라도 괜찮습니다만, 언제쯤 마지막 독감주사를 맞으셨습니까?"라고 물었다. 이건 멋진 프롬프트다! 사람들에게 정확할 필요가 없다는 사실을 이해시켜주며 부담을 덜어준다. 시스템의 백엔드는 응답으로 다양한 종류의 발화를 받아들이도록 설정되었다.

- "2019년 11월 5일" 같은 완전한 숫자 형식의 날짜
- "지난가을"이나 "화요일에 맞았어" 같은 맥락적인 기간
- "기억이 안 나" 같은 불확실한 응답

제법 철저하지 않은가? 하지만 "잠깐만… 달력 좀 확인해볼게"와 같이 완벽하게 논리적인 응답은 놓쳐버렸다.

이 발화를 한 사람들은 독감주사를 맞은 게 분명했고 전화에 기꺼이 응한 사람들이었다. 그러나 팀이 사용자의 시간과 공간적 상황을 완전히 감안하지 않았기 때문에 상용화된 봇은 이런 응답에 에러 메시지로 답했다. 완벽하게 논리적인 대응을 했는데 많은 사용자가 오류에 부딪혔다는 것도 문제지만, 더 큰 문제는 실제로 결과 데이터에 어떤 영향을 미쳤느냐는 것이다. 실제로 독감주사를 맞은 이 사람들은 계산에 포함되지 않았을 것이다. 안타까운 일이다. 실제 상황에서 사용성 테스트는 이런 행동을 더 빨리 잡아냈을 것이다.

마지막 이야기

당신은 '사람들이 같은 말을 할 수 있는 다양한 방법을 어떻게 전부 염두에 두지?' 같은 생각을 하고 있을지도 모른다. 바로 그 점이 어렵다. 사람들이 말을 할 때 자연스럽게 언어의 놀라운 유연성을 이용하는 것은 사실이다. 정말 멋진 일이다.

대신 최소한의 수준으로 사람들이 자신의 조건에 따라 이해받기를 바란다는 사실을 알아야 한다. 뮬 디자인(Mule Design)의 공동 창업자 에리카 홀은 그림 5.6에 나온 트윗에서 진실을 전한다. 사람들에게 컴퓨터에 적응하라고 부담을 주지 마라. 사용자의 인텐트를 정의하고 발화의 다양성에 주의를 기울이는 것이 봇이 대화에서 자기 몫을 다하도록 만드는 방법이다.

우리가 이번 장에서 설명한 것은 NLU 개발자, 데이터 과학자, 데이터 분석가, 숙련된 QA 담당자 등이 알고 있는 것 중 가장 작은 부분에 불과하다. 팀의 전문가들을 찾아가서 당신의 수준을 올리도록 하라. 여러 가지 면에서 사용자의 인텐트를 이해하고 그것을 나타내기 위해 발화를 목적에 따라 분석하는 방법은 해보면서 배울 수 있다.

에리카 홀
@mulegirl

@mulegirl님에게 보내는 답글
디자인과 테크놀로지의 가장 좋은 사용법은 사람 흉내를 내는 것이 아니다.
고객의 맥락, 목표 및 필요를 반영하는 편이 낫다.
소위 말하는 대화형 시스템 중 대다수는 이와 정반대 일을 하고
인간이 시스템의 필요를 짐작하게 해 답답하기 짝이 없다.

2019년 12월 4일 오후 1:36 Twitter Web 앱에서

[그림 5.6]
항상 사용자의 필요를 우선시하라. 사용자를 만나러 가라.

마지막으로 대화 디자이너가 '소유자'가 아니더라도 훈련 데이터 테이블에 자리가 있어야 한다는 것을 한 번 더 주장하겠다. 그 자리의 유무가 대화 디자이너 경험의 성공 또는 실패에 큰 영향을 미치기 때문이다. 그리고 대화 디자이너는 사용자 경험의 집사 노릇을 하므로 이를 즐기기 마련이다.

훈련 데이터를 데이터 과학자들이 연구실에서 작업한 다음 제품에 투입하는 별도의 피드로 취급해서는 안 된다. 대화 디자이너가 가장 잘 이해하는 것은 봇의 성격과 봇의 말 사이의 상호작용 및 그 상호작용이 사람의 응답에 미치는 영향이다. 전체를 보는 이런 시각은 프롬프트와 훈련 데이터의 주고받는 관계를 설명한다. 이 요소들이 함께 묶여 있기 때문이다.

CHAPTER 6
대화형 경로 문서화하기

디자이너 A: 있잖아… 넌 디자인을 어떻게 기록하고 있어? (주변을 둘러보고 아무도 듣지 않고 있다는 사실을 깨닫고 다시 말한다.) 나는 그림판이랑 스프레드시트를 사용하고 있어.

디자이너 B: (속삭인다.) 나도…. 그리고 다른 사람들이 문서로 만든 걸 보게 하는 방법이 뭔지 알아?

디자이너 A: 난 초기에 다른 사람들이랑 같이 샘플 스크립트를 작성하려고 노력해. 그 다음에는 쫓아다니면서 내 흐름(flow)을 보여줘야 하지.

디자이너 B: 나도. 그리고 대부분 빌드되는 건 내 디자인과 완전히 일치하지 않고 프롬프트도 내가 쓴 게 아니야.

디자이너 A: 괜찮아. 우리 모두 겪는 일인걸! 우린 그냥 살아남아서 다음 기회를 노려야 해.

이런 대화가 이메일, 회의실 복도, 트위터 쪽지(DM)에서 늘 오가고 있다. 대화 디자이너의 관계망에서는 누가 뭘 하고 있고 어떻게 하고 있으며 그것이 효과적인지에 관해 늘 이야기가 오간다.

대화 디자이너로서 당신은 사용자가 하는 말과 봇이 응답하는 말 사이의 상호작용, 즉 프롬프트와 발화의 춤을 고려해야 한다. 이런 대화를 문서화하는 작업은 어렵기로 악명이 높은데 이는 모든 가능성을 결과물(artifact) 형태로 포착해야 하기 때문이다. 무한에 가까운 경로와의 상호작용을 대체 어떻게 계획해야 할까? 신경 쓰이는 것들이 한둘이 아닐 것이다. 다뤄야 하는 인텐트, 봇이 말해야 할 많은 것들, 잔뜩 있는 이용 사례 및 기능까지, 이 모든 걸 어떻게 기록하고, 그 기록들을 팀이 어떻게 사용할까?

다이애나가 처음으로 대화형 인터페이스 프로젝트로 일할 때는 디자인 일을 시작한 지 1년 정도 된 상태였다. 다이애나는 몹시 흥분되고 혼란스러우면서도 '어떻게든 할 방법을 알아낼 수 있을 것'이라는 확신에 가득 차 있었다. 문서화하려는 노력 중에서도 특히 초기에 작성한 플로 다이어그램을 다이애나는 생생하게 떠올린다. 그 누구도 종이 위에 그려진 다이어그램을 이해하지 못했고 이해관계자들은 특히 어리둥절해했다. 노력은 만점이었지만 효과는 빵점이었다.

다이애나의 경험은 두 가지를 강조한다. 첫째, 의지가 있다면 길이 보일 것이다. 현재 다이애나는 문서화의 대가다. 둘째, 초기 기록의 문제는 투박했다는 것 외에도 관객에게 적합하지 않았다는 것이다. 이해관계자들은 흐름이 어떤 수준의 세부 사항을 제공하는지 궁금하지 않을 수도 있다. 누구에게 뭘 보여줘야 하는지 아는 것도 도전의 일환이다.

이번 장에서는 과거에 우리에게 제공되지 않았던 것을 소개해줄 생각이다. 바로 마음대로 쓸 수 있다면 유용한 도구인 플로 다이어그램을 만드는 법이다. 또한 대화의 흐름이 무엇에 유용한지, 어떤 한계를 가지는지, 과정에 어떻게 포함될 수 있는지도 다룬다.

잠깐, 왜 표준이 없을까?

우리는 과정 및 수십 명의 대화 디자이너들과 이야기를 나누며 과정 및 결과물에 관한 이야기를 들었고 산업 전반에 걸친 표준화된 문서화 방식이 존재하지 않는다는 사실을 확인했다.

대부분의 대화 디자이너들은 즉석에서 (공짜로) 접근할 수 있는 디지털 도구를 뭐든 조합해서 자신만의 방법을 만들어낸다. 대체로 모든 기업은 각자의 일에 몰두하고 있다. 대화형 인터페이스 방법론이 무법지대인 이유가 대체 뭘까?

첫째, 테크놀로지는 항상 변화하고 있다. IVR 및 직접적 대화(directed conversation)는 1970년대부터 존재했지만 그 당시에 쓰이던 방식은 더 이상 자연스러운 대화를 위한 최선의 방식이라고 할 수 없다.

둘째, 대부분 대기업의 문서화 방식 및 도구는 기업 전용으로 기업 내부에서 제작되고 사용된다.

기업들은 사람들이 우주 경쟁에서 앞서 나갈 수 있는 비법을 알아내길 바라지 않는다. 혹은 여전히 사소한 문제점을 해결하는 중일 수도 있다. 우리가 대화를 나눠본 디자이너 몇 명은 기업의 엉성하고 저차원적인 문서화 과정을 부끄럽게 생각했다. 이 반응은 완벽히 정상이다. 사람들은 여전히 급변하는 테크놀로지의 영역에서 뭐가 되고 뭐가 안 되는지 알아내는 중이다.

샘플 스크립트부터 작성하기

놀랍게도 대화 디자이너들은 시작 방법에 관해서 전반적인 합의를 이루고 있다. 바로 단편적인 대화로 시작하는 것이다. 즉 상호작용이 어떻게 흘러가게 될지에 관한 스크립트를 작성하면서 시작하는 게 좋다. 이쯤이면 장의 시작마다 다루는 샘플 스크립트에 익숙해졌을 것이다. 샘플 스크립트는 냅킨 뒤에 황급히 적는 낙서와 같으며, 즉 일회용이라는 뜻이다. 우리는 페이지 위에 선만 있는 초기 단계에서 시간을 들이길 권한다. 이때가 가장 시간이 많을 때이니까.

샘플 스크립트는 단 하나의 대화형 경로를 나타낸다. 시간을 들여서 한 번에 경로를 한 개씩 생각하면 수십 개의 작은 결정을 내리는 데 도움이 된다. 백지를 마주하고 있을 때 샘플 스크립트는 훌륭한 생각 도구로 작용한다.

다른 작업 및 맥락에 관해 생각하고 이런 스크립트를 수십 개 만들고 싶을 것이다. 레베카는 특히 복잡했던 상호작용을 위해서 수백 개의 스크립트를 만든 적이 있다. 이런 스크립트 작업을 하면 고려해야 하는 여러 가지 시나리오 및 상황을 이해하기 시작할 것이며 이는 결국에는 마스터 플로 다이어그램의 다양한 '분기(branch)'가 될 것이다. 이를 위해서 각 스크립트를 시나리오 및 주요 세부 사항으로 레이블 해두는 편이 좋다. 예를 들어 음성 게임을 디자인할 때 고려해야 하는 몇 가지 스크립트는 다음과 같이 정리할 수 있다.

- 스크립트 1: 신규 플레이어, 합류 중

- 스크립트 2: 신규 플레이어, 첫 게임 승리
- 스크립트 3: 복귀 플레이어, 게임 진행 중
- 스크립트 4: 복귀 플레이어, 다음 스테이지 대기

마술 같은 비법은 없다. 그저 펜과 종이를 준비하거나 새 문서를 열고 착수하면 된다. 그림 6.1을 보고 아동용 게임이 전개되는 방식의 예를 참고하라.

샘플 스크립트에는 또 하나의 놀라운 사용법이 있다. 팀이 대화 디자인의 작업을 이해하고 조정할 수 있는 유익한 질문을 제기하는 데 도움이 된다는 것이다. 샘플 스크립트를 쓰는 워크숍을 열어 팀원들을 초대해 샘플 스크립트를 작성하고 그걸 기회 삼아 논의할

스크립트 1: 신규 플레이어, 합류 중

봇: 안녕, 친구! 여기에 처음 온 것처럼 보여. 게임 좋아하니?

아이: 게임 좋아해!

봇: 좋았어! 나도 좋아해. 두 번째 질문. 웃긴 게임도 좋아하니?

아이: 응!

봇: 만세! 그럼 이건 어때? '춤추기와 소리 지르기'라는 게임이 있어. 내가 "춤!"이라고 외치면 너는 멈추라고 하기 전까지 할 수 있는 만큼 가장 멋진 춤을 추는 거야. 한번 해볼래?

아이: 응!

봇: 좋아, 나는 정말 웃긴 춤 동작을 외칠 거야. 3… 2… 1… 닭 춤! (음악 재생) (20초 경과) 좋아, 멈춰! 와, 너 정말 멋지게 닭 춤을 췄는걸! 계속할래?

아이: 응, 한 번 더!

[그림 6.1]
작은 연극 같다. 누가 뭐라고 말하는지 받아 적어보라.

수 있다. 여기서 '팀'이라는 것은 개발자, PM 등 제품 제작에 기여하는 사람이면 누구든 해당된다.

대부분의 경우 팀들은 각자의 스크립트가 크게 다르다는 사실에 놀란다. 이는 모두가 대화 디자이너의 관점에서 한 시간 동안 생각할 수 있는 기회를 준다. 경험이 가장 좋은 스승이라는 말은 맞다. 이런 시간은 유기적으로 토론을 생성한다.

"누구의 스크립트 흐름이 더 낫지? 레베카? 다이애나?"

범위의 차이점을 주제로 논의할 수도 있다.

"어느 쪽이 더 코딩하기 어려워? 스크립트 A? 스크립트 B?"

게다가 사람들이 궁금해하는 질문들을 찾아내고 데이터나 연구가 도움이 될 부분을 알아내며 숨겨진 가정을 밝혀내는 데 탁월하다.

좋은 스크립트 세트를 작성하고 나면 가능한 모든 경로가 어떻게 서로 연결될 수 있을지에 관한 이해를 확장할 수 있다. 캔디랜드(Candyland)라는 보드게임을 아는가? 다음은 그 보드게임과 관련된 샘플 스크립트다.

"오늘 게임에서는 캔디케인 포레스트, 검드롭 마운틴을 지난 다음 너트 할머니에게 되돌아가서 글러피로 건너뛰어 캔디 캐슬에 도착했다."

매핑해야 하는 것은 게임판 전체다. 소개하겠다. 이게 바로 플로 다이어그램이다.

흐름으로 경로 매핑하기

플로 다이어그램은 이런 상호작용을 기록하는 고전적인 방식이다. 흐름은 사람과 사물 사이에 발생할 수 있는 모든 대화형 경로를 매핑하는 분기 구조다. 흐름은 다음과 같은 질문을 생각하게 한다.

- 각 인텐트는 어떤 행동을 야기하는가?
- 다른 경로를 생성하는 시스템 로직 또는 사용자 시나리오에는 무엇이 있는가?
- 고유의 프롬프트는 몇 개나 필요하고 대화 중 어디에서 사용되는가?
- 흐름의 어느 부분에 사용자가 진입할 수 있고 진입 지점에서부터 어떻게 탐색할 수 있는가?

플로 다이어그램을 만들기 위해서는 다음 사항이 필요하다.

1. 상자와 화살표를 그릴 수 있는 도구(초기 단계에는 펜과 종이로도 충분하다)
2. 플로 다이어그램을 팀 및 이해관계자들과 공유할 수 있는 능력

바로 이거다! 2번을 잊어서는 안 된다. 플로 다이어그램이 공유되고 살아 있는 문서가 되는 것은 몹시 중요하다.

이제 우리가 흐름을 만드는 방식을 보여주겠다. 먼저, 흐름이 사용자가 말할 수 있는 것과 사용자가 말할 때 시스템이 하는 것을 다룬 순서 교대의 맵이라는 사실을 알 것이다. 즉 그림 6.2와 같이 사용자의 대사를 나타내는 마커 하나와 봇이 말하는 것을 나타내는 또 다른 마커 하나가 필요하다.

> **참고** 각자의 방식대로
>
> 이번 장에서 다루는 플로 다이어그램 대부분은 시각적으로 "이봐, 이건 와이어프레임 같은 거야"라고 전달하기 위해 의도적으로 '낙서'처럼 보이는 스타일을 지닌다. 우리의 목표는 우리가 좋아하고 사용하는 방식과 무엇보다도 흐름 제작에 사용하는 사고의 흐름을 공유하는 것이다. 현실에서 흐름을 배치하고 기록할 수 있는 방식은 미네소타주에 가득 있는 호수만큼이나 많다. 직장에 표준화된 스타일이 있거나 팀이 자체적인 시각적 언어를 개발할 수도 있다. 아주 좋은 일이다!

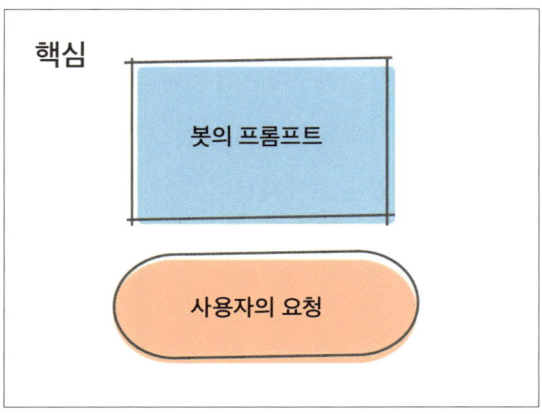

[그림 6.2]
색깔과 모양으로 봇의 프롬프트와 사용자의 요청을 구분할 수 있다.

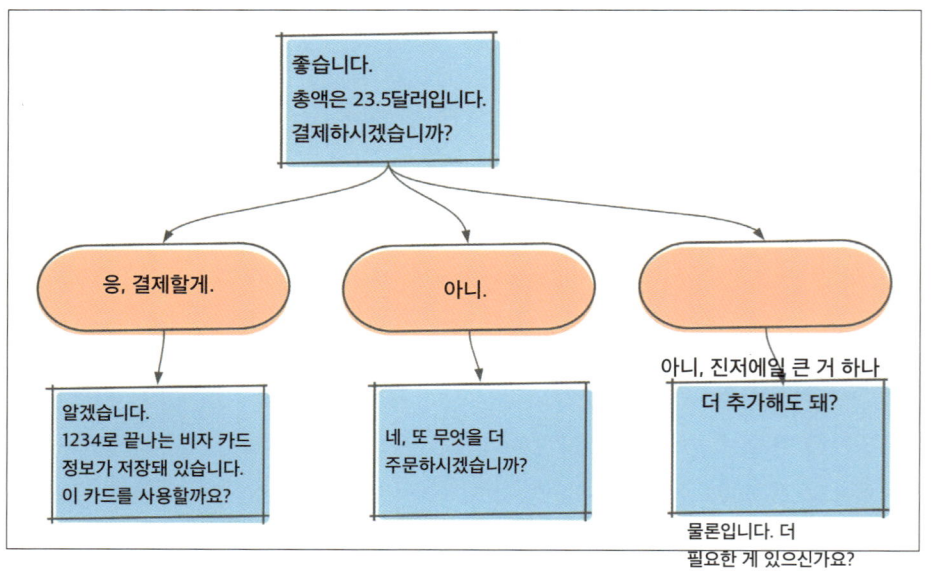

[그림 6.3]
플로 다이어그램의 시작 단계.

사용자는 대화 순서가 돌아올 때마다 여러 가지 다른 말을 할 수 있으며, 이런 가능성이 분기를 형성한다. 그림 6.3이 그 예를 보여준다. 봇이 사용자에게 계산으로 넘어갈 준비가 되었는지 묻는 경우에는 최소 세 가지 결과(사용자가 취할 수 있는 세 가지 다른 경로)가 있다.

실행하지 않는 흐름

솔직하게 터놓자면 많은 사람이 플로 다이어그램에 한계가 있고 심지어 그것이 제한적이라고 생각한다. 흔한 비판으로는 특히 크기가 큰 경우 읽기 힘들다는 것, 말과 종종 어떤 가능성이나 세부 사항을 생략해서 '완전하게' 만들기 어렵고, 형태 자체가 디자이너의 사고를 제한하며 선형적이고 제한된 경로를 강요한다는 것이다.

우리는 그렇다고 대답하겠다. 모두 타당한 비판이다. 우리는 이 한계들을 모두 겪어봤고 성공적으로 해결하기도 했다. 하지만 논란의 여지가 있는 발언을 하자면 흐름은 여전히 유용한 편이다. 대부분 사람은 흐름이 만들어야 하는 것을 상세히 설명하는 기술 사양과 같이 순수한 기록이라고 생각하고 그 기능을 수행할 수는 있다. 하지만 결과물인 것을 넘어서서 흐름은 다음과 같은 기능도 수행한다.

- 디자이너가 경로를 탐색할 때 사용할 수 있는 사고 도구
- 팀이 뭘 만들어야 하는지를 논의하고 조율하기 위한 협업 툴
- 한 번 결정되면 개발 도중에 팀이 사용할 수 있는 디자인 사양

업계에서는 대화 디자이너가 이런 내용을 문서화하는 방법을 지속적으로 발전시키고 현대화하고 있지만 우리가 인터뷰한 대부분의 대화 디자이너는 여전히 이 흐름을 사용하고 이에 의존하며 디자인을 검토하고 팀 토론을 현실에 근거하여 진행한다.

프롬프트가 흐름에 미치는 영향

이어서 말하면 흐름에서 분기를 어떻게 계획할까? 질문의 종류가 이를 결정하도록 해준다. 4장에서 여러 가지 단서에 관해 배운 것이 기억날 것이다. 예를 들면 네/아니요 질문 및 메뉴 질문 말이다. 이런 종류의 질문들은 각각 다르게 생긴 플로 다이어그램을 만들어낸다.

네/아니요 질문

네/아니요 질문은 가장 기초적인 질문 종류다. 겉으로 보기에는 이분법적이다. 그러나 사용자가 자신이 뭘 원하는지 확신할 수 없거나 다른 선택사항이 적힌 메뉴를 요청하는 경우처럼 다른 응답도 가능하다. 그림 6.4는 그것이 흐름에서 어떻게 나타나는지 보여준다.

메뉴 질문

메뉴 질문은 사용자가 제한된 항목 중에서 선택할 수 있을 때 사용된다. 대부분의 경우 모든 메뉴 항목은 인텐트(즉 흐름의 분기)에 해당한다. 그리고 사용자가 메뉴에 없는 것을 말할 때를 대비한 분기도 필요할 것이다. 그림 6.5가 그 예를 보여준다.

개방형 질문

개방형 질문은 엄청 중요하다. 4장에서 개방형 질문의 이점을 배웠다. 이 질문은 사용자가 원하는 것을 원하는 방식으로 표현할 수 있게 가장 많은 자유를 제공한다. 그 결과 개방형 질문은 아주 다양해서 예상보다 더 많은 분기를 만들 수 있다.

제한된 수의 가능성이 있는 경우에는 메뉴 질문처럼 각각 유효한 선택지에 관한 분기를 사용하여 문서화할 수 있다. 하지만 수백 가지 인텐트가 있다면 디지털 지평 위를 뻗어나가는 세계에서 가장 큰 플로 다이어그램이 있어도 도움이 안 될 것이다. 따라서 몇

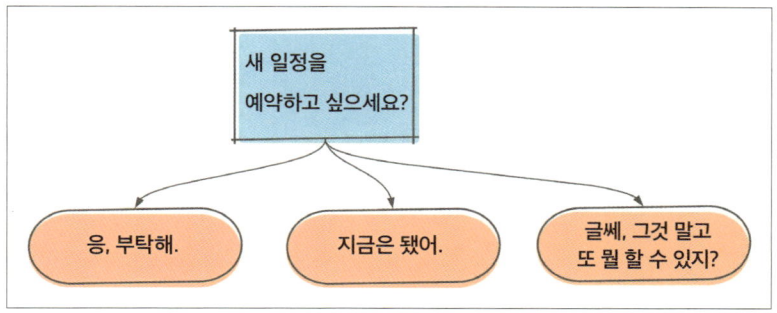

[그림 6.4]
네/아니요 질문에는 최소한 2개의 분기가 있지만 사용자들은 늘 예상한 대로 움직이지 않는다. 안 그런가?

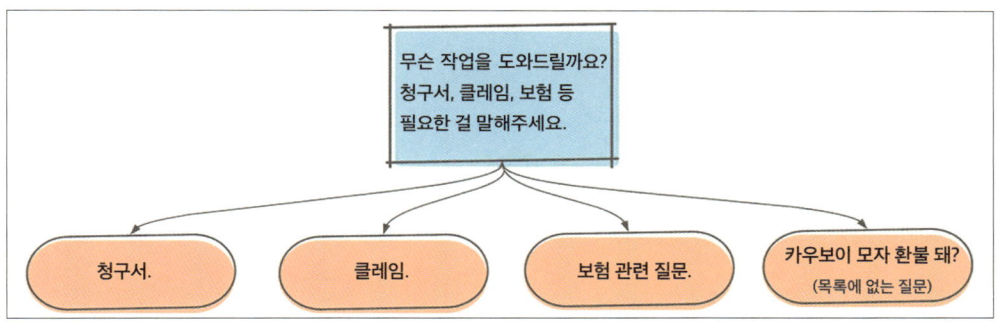

[그림 6.5]
먼저 다이어그램에 각 메뉴 항목을 위한 분기가 있는지 확인하라. 대부분의 경우 각 항목은 고유한 흐름의 시작이 된다.

개의 분기만 사용하여 문서화할 수 있다. 하나는 유효한 용도를 위해서, 또 다른 하나는 일치하는 인텐트가 없는 경로를 위해서다(다른 흐름에서 그 인텐트를 더 세부적으로 분해할 수 있을지도 모른다). 그림 6.6은 이 접근법을 보여준다.

여기서 빼놓을 수 없는 점은 프롬프트가 상호작용이 지원하는 대화형 경로에 깊은 영

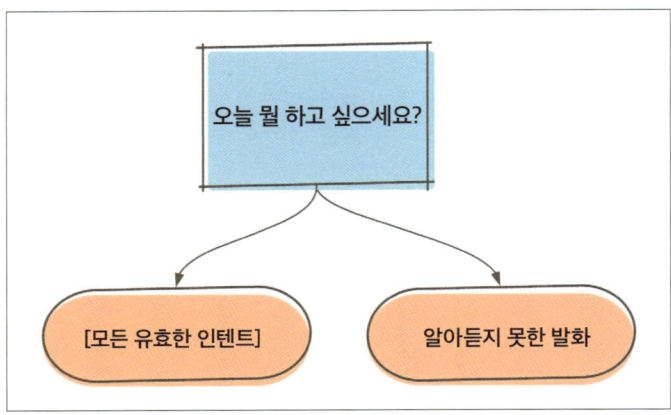

[그림 6.6]
개방형 질문에 경로가 너무 많아서 메뉴 질문처럼 취급할 수 없다면 간단하게 만들면 된다.

향을 미친다는 것이다. 따라서 프롬프트를 완벽히 분리하면 아무런 소용이 없다. 프롬프트는 전체와 통합되어 있으니까 말이다. 그리고 프롬프트를 편집하면서 흐름이 바뀔 수도 있고 그 반대일 수도 있다.

논리가 흐름에 미치는 영향

플로 다이어그램은 시스템 행동도 염두에 두기 때문에 어떤 프롬프트가 제시되는지 감독하는 논리를 모두 포함한다. 그림 6.7은 흐름이 논리에 따라 분기로 나눠지면 어떤 모습이 되는지 보여준다. 그림에서는 시스템에 등록된 지불 방법이 있는지에 따라 흐름의 분기가 나뉜다.

흔히 볼 수 있는 논리 분기는 다음과 같다.

- 새로운 사용자와 복귀 사용자

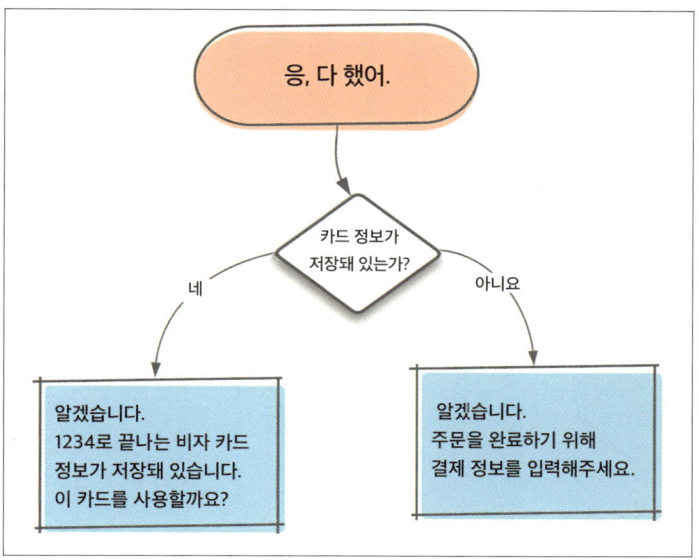

[그림 6.7]
사용자의 입력만이 흐름의 분기에 영향을 미치는 것은 아니다. 논리도 영향을 줄 수 있다.

- 인증된 사용자와 아직 인증되지 않은 사용자
- 등록된 지불 방법과 등록되지 않은 지불 방법
- 언어 선호(예: 영어 vs 스페인어)

시스템이 응답의 유효성을 확인하는 순간도 논리를 포함할 가능성이 큰 또 다른 지점이다. 사용자는 종종 주문번호, 전화번호와 PIN 넘버를 순서대로 등록한다. 그림 6.8은 우편번호를 끌어내는 흐름과 유효성에 따른 분기를 보여준다.

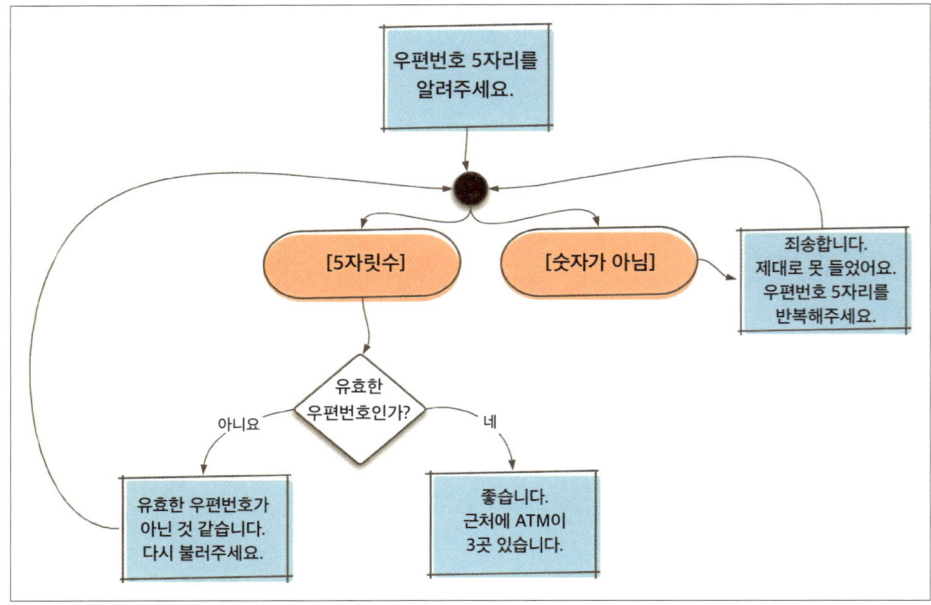

[그림 6.8]
시스템은 종종 데이터베이스 검사를 실행하여 숫자를 확인한다. 잘못된 번호를 발견하면 사용자에게 다시 프롬프트를 표시할 수 있다.

슬롯이 흐름에 미치는 영향

염두에 둘 또 다른 유형의 다양성은 사용자가 자신의 발화에 얼마나 많은 정보를 포함하느냐다. 일부 사용자는 본능적으로 자신의 발화에 슬롯 값을 포함할 수 있다. 표 6.1이 간략한 예를 몇 가지 보여준다.

사용자가 필요한 슬롯 값을 생략하면 시스템이 이를 요청해야 하는데, 이는 사용자가 정보를 기꺼이 내주는 사용자와는 다른 대화형 경로를 따른다는 것을 의미한다. 그러나 이상적으로 이런 사용자들은 모두 같은 곳에 도달한다. 그림 6.9는 슬롯 값이 없는 사용자에게 응답할 질문이 하나 더 주어지는 것을 보여준다.

[표 6.1] 슬롯 값을 넣을까, 말까?

슬롯 값이 생략되었을 때	슬롯 값이 포함되었을 때
옥스포드화 한 켤레를 사고 싶어.	옥스포드화를 10 사이즈로 살 수 있어?
잔액을 알려줘.	내 통장 잔액을 알려줘.
티켓을 살 수 있어?	뮤지컬 〈아메리칸 유토피아〉 티켓을 살 수 있어?

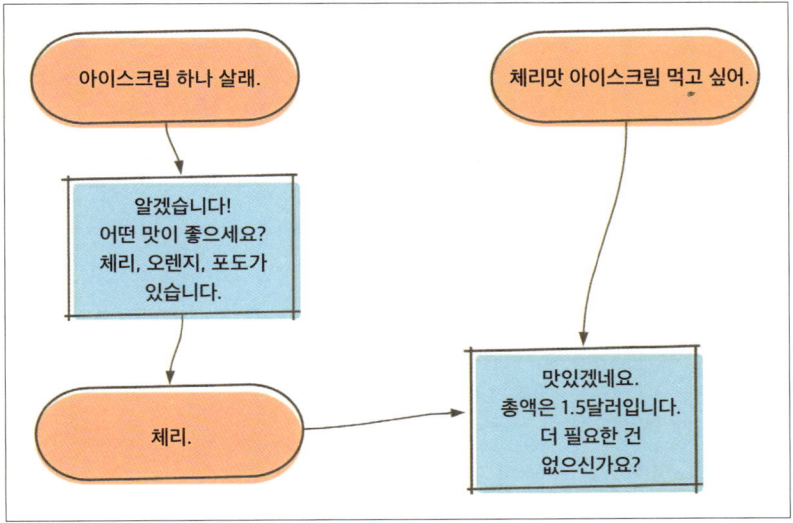

[그림 6.9]
왼쪽 사용자는 슬롯 값을 비워두었기 때문에 시스템이 그것에 관해 질문을 했다. 하지만 오른쪽 사용자의 경우 시스템이 곧장 주문을 마무리했다.

[표 6.2] 슬롯 값

발화	종류	사이즈	얼음	맛	우유
커피를 주문하고 싶은데요.					
라떼 한 잔 주세요.	✓				
카푸치노 한 잔 미디엄 사이즈로 주세요.	✓	✓			
아이스 마키아토 한 잔 미디엄 사이즈로 주세요.	✓	✓	✓		
스몰 사이즈 아이스 프렌치 바닐라 콜드 브루에 무지방 우유 넣어주세요.	✓	✓	✓	✓	✓
오트 밀크 넣은 라떼 한 잔 주세요.	✓				✓

인텐트가 많은 잠재적 슬롯 값을 포함하면 그 값을 흐름으로 포착하려는 시도는 몹시 어려울 수 있다. 때때로 개념은 도표에 넣기가 훨씬 더 쉽다. 슬롯이 많이 작용하는 대화의 좋은 예는 커피 주문을 할 때 볼 수 있다. 표 6.2에서 상단 열에는 음료의 종류, 사이즈, 얼음 유무, 맛, 우유 포함 여부 등 5개의 슬롯이 표시된다. 그 아래 내용들은 서로 다른 발화가 얼마나 다양한 수준의 정보를 포함하고 있는지를 보여준다.

표 6.2는 레베카가 커피 주문 제품을 위해 만들었던 결과물의 가상 속 버전이다. 처음에 레베카는 플로 다이어그램으로 표현하려고 시도했지만 프로젝트는 빠르게 통제를 벗어났다. 도표는 만들기가 더 쉬웠고 개발자들이 읽기에도 편했다. 디자인이 처리해야 하는 다른 사례를 한눈에 볼 수 있었고 팀은 그걸 보면서 논의했다. 이 표는 플로 다이어그램의 수많은 페이지를 대체했다.

유연성 디자인하기

대화에 대한 흔한 비판 중 하나는 '로봇처럼 느껴진다'는 것이다. 마치 일방통행로와 같은 직선적 경험처럼 느껴질 수도 있고, 더 나쁘면 물을 튀기며 하강할 때까지 아무것도 못 하는 후룸라이드에 벨트를 매고 탑승한 것처럼 느껴질 수도 있다. 사실은 경직된 대화를 디자인하는 것이 더 쉽다. 사용자가 계속 앞으로 나아가게 만들면 모든 탈선은 오류가 되고 원래 경로로 복귀시키려는 시도로 이어진다.

하지만 이 책을 여기까지 읽었다면 사람과 사람의 대화는 그렇게 돌아가지 않는다는 사실을 알 것이다. 화자에서 화자로, 주제에서 주제로 가는 자연스러운 흐름이 있기 때문이다(보통은 그렇다). 사용자들은 완전한 유연성을 기대하고 이 기대가 충족되지 않으면 답답해한다.

그렇다면 대화가 '유연하다'는 것은 대체 무슨 뜻일까?

- 사용자는 대화의 시작에 영향을 줄 수 있다. 예를 들어 한 사람은 인근에서 상영하는 영화 제목을 검색하면서 대화를 시작할 수 있고, 다른 사람은 이미 영화를 정했을 수도 있다.
- 키워드가 앵무새처럼 반복되는 대신 사용자가 직접 단어를 고를 수 있다.
- 주제를 바꾸고 단계를 건너뛰거나 되돌아오면서 사용자가 대화의 방향을 바꿀 수 있다.
- 사용자는 정보가 필요할 때마다 더 요청할 수 있다. 예를 들어 2개의 다른 배송 방법 중에서 선택을 하기 전에 각각 얼마나 걸리는지를 확인하거나, 포장 주문에 메뉴를 추가하기 전에 음식이 얼마나 매운지를 확인할 필요가 있을 수 있다.
- 필요한 걸 얻은 사용자는 대화를 그만둘 수 있다.

즉 대화 디자이너가 '경사로 위'와 '경사로 아래'에 있는 경우, 다양한 경로 및 '트랙'을 변경할 수 있는 능력을 염두에 둬야 한다는 말이다. 그리고 여기에는 문제가 하나 더 있다. 사용자는 봇이 유연하길 바라지만 일부 사용자는 안내가 필요할 수도 있다. 따라서 사용자가 안내 기능을 사용할 수 있게 해야 한다.

유연성은 예상하거나 디자인하기가 힘들지만 그게 바로 일이다! 큰 도전 작업이지만 이를 위해 디자인하는 방법이 몇 가지 있다.

안내의 기초

유연성의 기초는 탐색성, 즉 상호작용이 사용자에게 직관적인 방식으로 이동할 수 있도록 허용하는 데 달렸다.

인터페이스의 상태를 매핑할 때는 사용자가 발화로 탐색하는 다양한 방법들을 고려해야 한다. 최소한 경험이 기초적인 탐색 명령을 따를 수 있는지 확인하라(즉 탐색 인텐트를 계획하고 흐름에 포함해야 한다).

- '뒤로 가기': 이 말은 주로 이전 '단계'로 돌아가는 의미를 포함한다.
- '건너뛰기' 또는 '진행하기': 상호작용이 사용자의 건너뛰기를 허용하지 않을지라도 (인근 추천을 받기 위해서 우편번호를 입력해야 한다든가) 이 명령을 이해하고 표현할 수 있다. "죄송합니다. 우편번호는 필수로 입력해야 진행할 수 있습니다."
- '다시 시작' 또는 '취소': 사용자가 이런 말을 하면 흐름의 어디에 위치했는지에 따라서 결과를 어떻게 할지 결정을 해야 할 것이다. 구매를 확정할 준비가 거의 다 되었는데 '다시 시작' 또는 '취소'를 하면 시작점으로 돌아가는 게 최선일까, 아니면 배송 주소를 입력하는 단계로 돌아가는 게 최선일까? 쉽지 않지만 이런 요청을 예상할 필요가 있다.

그림 6.10은 '뒤로 가기' 및 '다시 시작'의 작동법을 보여준다. 흐름의 각 순서마다 탐색 인텐트를 추가하면 왜 복잡해지는지(그리고 왜 시각적으로 지저분해지는지) 이해할 수 있을

것이다. 계속 반복되는 패턴 또는 각 순서마다 똑같이 유지되는 행동(예: '다시 시작'이 항상 사용자를 상호작용의 시작점으로 되돌려 보냄)을 찾으면 이를 위해 개별의 흐름 세트를 생성하는 게 일반적인 관행이다.

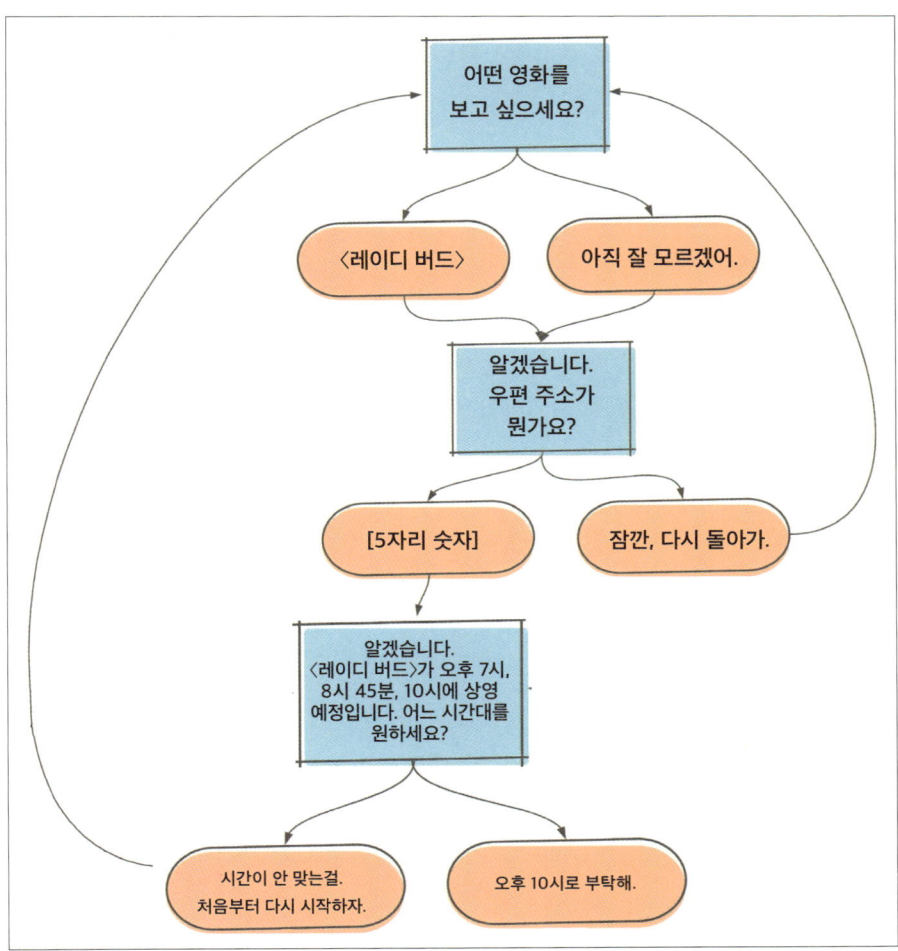

[그림 6.10]
모든 사람이 탐색형 인텐트를 활용하지는 않겠지만 사용하는 사람들에게는 유용할 것이다. 이 흐름은 두 번째 순서에서 '뒤로 가기'를 하고 세 번째 순서에서 '다시 시작'을 할 행동에 대비한다.

사람들은 이런 명령이 사람들 간의 자연스러운 대화 방식을 따르지 않는다는 좋은 지적을 해왔다. 일부는 시스템에 이런 명령이 필요한 이유가 사람들이 시스템이 경직되었다는 사실을 감지하고 컴퓨터처럼 대하기 때문이라고 말한다. 즉 시스템의 투박한 측면으로 인해 사람들은 단서를 사용하게 된다. 타당한 지적이다. 그래도 우리는 여전히 이런 명령을 넣는 게 좋다고 주장할 것이다. 사람들은 경직된 시스템에 익숙하고 테크놀로지와 대화한 경험의 대부분은 IVR 시스템과의 경험일 것이다. 따라서 이런 명령을 시도하면 통하리라 기대한다.

고급 '대화형' 안내

사람들이 로봇처럼 "한 단계 뒤로 가기" 같은 말을 하는 게 어색할 수는 있어도 수다를 떨 때는 "다시 시작해. 이해하지 못했어" 또는 "다시 식당 이야기로 돌아가도 될까?" 같은 말을 하기도 한다. 이는 사용자가 탐색을 시도할 수 있는 보다 심도 있는 방식으로 이어진다.

다음과 같은 샘플 스크립트를 보라.

> **봇**: 우편번호가 뭔가요?
> **사용자**: 32907.
> **봇**: 알겠습니다! 〈레이디 버드〉가 오후 7시, 8시 45분, 10시에 상영 예정입니다. 어느 시간대를 원하세요?
> **사용자**: 글쎄, 32905는 어때?

두 번째 순서에서 사용자는 "우편번호로 돌아가" 같은 명백한 명령을 주지 않는다. 대신 티켓 판매소에 있는 사람에게 할 법한 대사를 말한다. 이전 순서에서 말한 정보를 바꾸고 싶다고 암시한 것이다. 그림 6.11은 이렇게 흐름의 우편번호 내용으로 돌아가는 것이 다이어그램 형식에서는 어떻게 보일지를 나타낸다.

사용자가 방향을 전환하려는 흔한 방법 중 또 하나는 연속적이지 않은 것처럼 보일 수

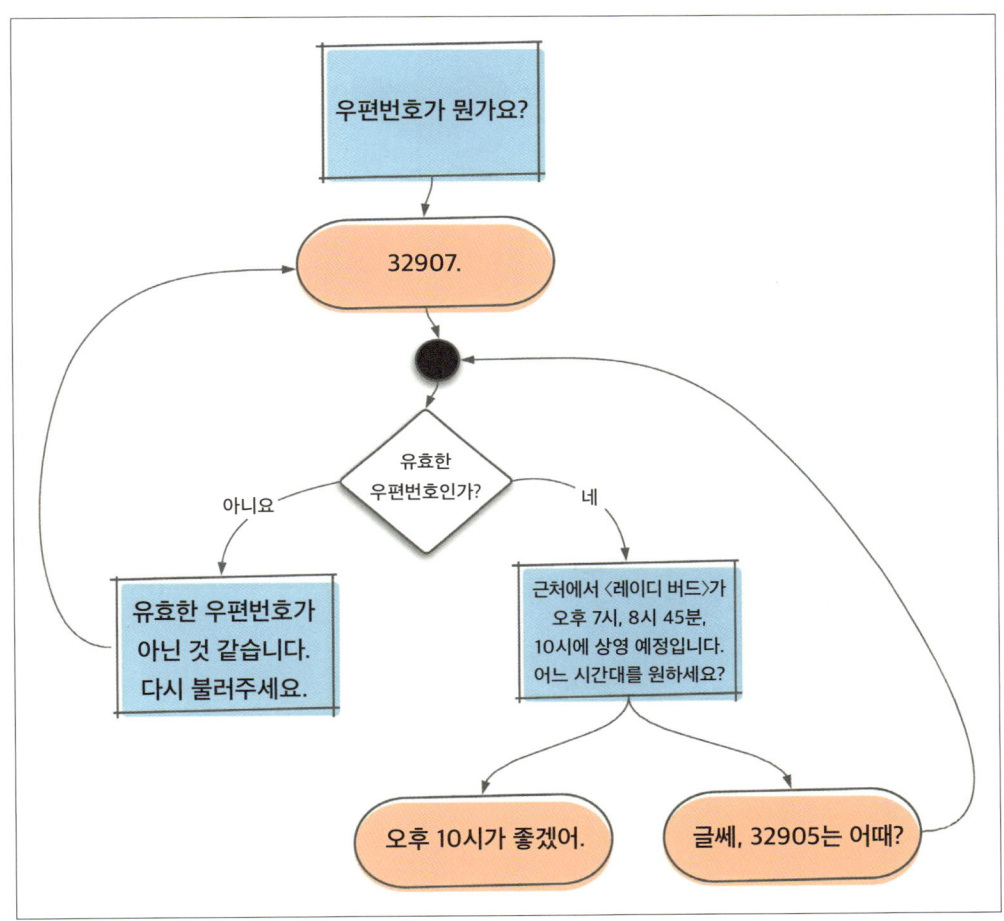

[그림 6.11]
사용자가 상영 시간을 제공하지 않고 새 우편번호를 제공했다는 것을 인식할 정도로 시스템의 알고리즘이 잘 작동하는 경우, 시스템은 원래 우편번호를 교체한 후 새 위치에서 상영 시간을 다시 확인해야 한다.

있지만 사용자에게는 그렇지 않은 정보를 수집하는 것이다. 이는 결정을 내리기 위해 세부 정보가 필요할 때 일어난다. 다음과 같은 예를 들 수 있다.

> **봇**: 오늘의 수프는 새우가 들어간 태국식 수프 똠얌입니다. 주문에 추가하시겠습니까?
> **사용자**: 얼마나 매운데?
> **봇**: 대부분 사람은 똠얌이 중간 정도 맵기라고 합니다. 드셔보고 싶으신가요?
> **사용자**: 응, 딱 좋은 것 같아.

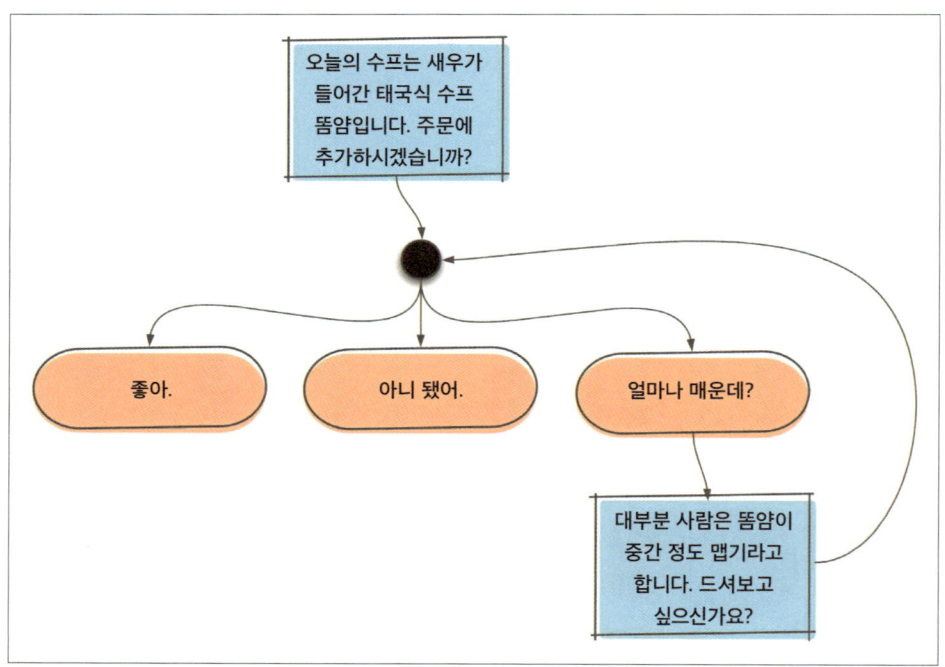

[그림 6.12]
고객은 당면한 질문에 답변하는 데 필요한 정보를 얻는다(우리는 언제나 똠얌을 고르라고 조언하는 바다).

매우 똑똑한 시스템만이 다음과 같이 처리할 수 있다. 첫째, 봇의 프롬프트는 네/아니요 질문으로 끝나므로 시스템은 사용자로부터 이런 응답 중 하나를 받길 바라고 있다. 맵기는 또 아예 다른 주제다. 시스템은 맵기 정도에 관한 쿼리를 처리하기 위한 인텐트가 필요할 테고 각 항목에는 시스템이 가져올 수 있는 맵기 정도의 정보가 있어야 한다. 그림 6.12를 보고 이것이 다이어그램 형식에서 어떻게 보일지 확인하라. 맵기 질문은 비슷한 네/아니요 질문으로 끝나며 사용자를 흐름 속 질문으로 되돌려 보낸다.

솔직히 우리가 언급한 예들은 다소 이상적이다. 많은 시스템은 이런 행동을 수용할 정도로 영리하지 않고 이 영역에서 사람들은 매번 기계를 상대로 이긴다.

패턴 수정하기

디자이너들이 대화를 최대한 폭넓게 만들려고 노력해도 당연히 한계가 있다. 당신의 대화 지도에서 고려해야 할 몇 가지 주요 사례가 있다.

대다수 대화 디자이너들처럼 우리는 '오류 처리'보다는 '수리(repair)'의 개념을 선호한다. 사람들이 평균 84초마다 대화를 수리한다는 사실을 기억하는가? 수리는 '예외 사항'이 아니라 의사소통의 자연스러운 일부다. '정상 경로'의 개념은 전설 속에서만 존재한다. 사용자는 의도된 대로 절대로 움직이지 않는다.

그리고 무엇보다도 상호작용이 제대로 계획되지 않고 강력한 수정이 이루어지지 않는다면 그것이 '대화처럼' 느끼지 못하게 하는 주요 장애물 중 하나가 된다. 굴러가는 바퀴에 막대를 끼워 넣어 넘어뜨리는 셈이다.

시스템은 말이 될 수 없다

기초적인 오류는 시스템이 사용자의 발화를 소리, 음절, 단어로 번역하지 못할 때 일어

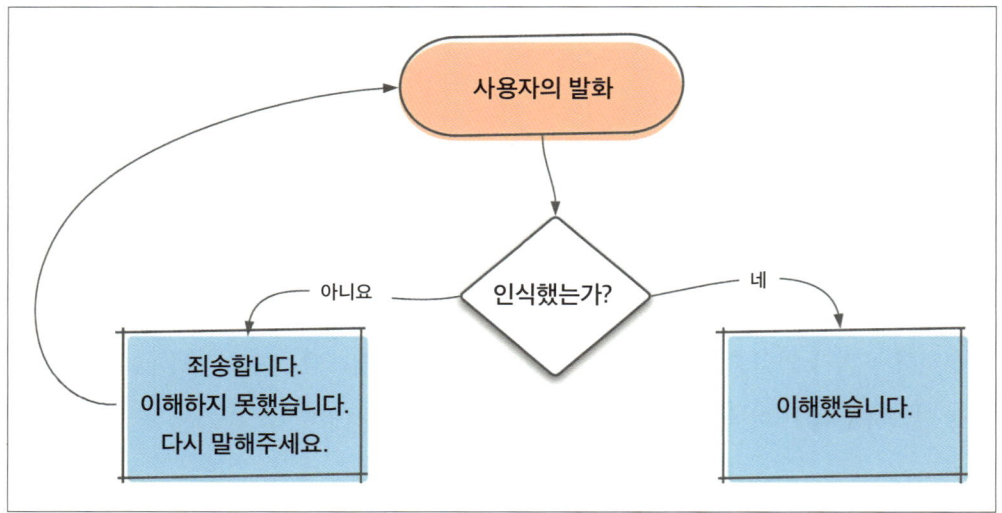

[그림 6.13]
발화가 단순히 인식되지 않는다면, 시스템으로서는 사용자에게 반복해달라고 요청하는 선택지만 있을 뿐이다.

난다. 이 오류는 사용자가 '으아아악 우적'처럼 말이 안 되는 어구를 말하거나 단어를 사용하지 않고 소리('픕!')를 냈거나 배경 소음이 있거나 스피커 오류가 있었기 때문에 발생할 수 있다. 사람들 간에도 일어나는 문제다!

이때 흔히 볼 수 있는 접근법은 사용자에게 반복해달라고 요청하는 것이다. 어쨌든 시스템이 받은 음파 데이터로는 할 수 있는 일이 더 없기 때문이다. 그림 6.13은 이런 시나리오에 대비할 수 있는 가장 간단한 방법을 보여준다. 단, 무한 루프가 만들어진다.

끔찍한 무한 루프를 피하려고 흐름에 출구 전략을 포함할 수 있다. 시스템이 사용자의 말을 두 번(또는 세 번, 다섯 번. 사례 및 사용 대상에 따라 다르다) 이해하지 못하면 방침을 바꿀 때가 되었다. 그림 6.14는 연달아 일어난 오류 횟수에 기반을 둔 논리가 루프를 방지할 방법을 보여준다.

흔한 전략은 사과하며 상호작용에서 빠져나오고, 사람에게 넘기고, 상호작용의 처음

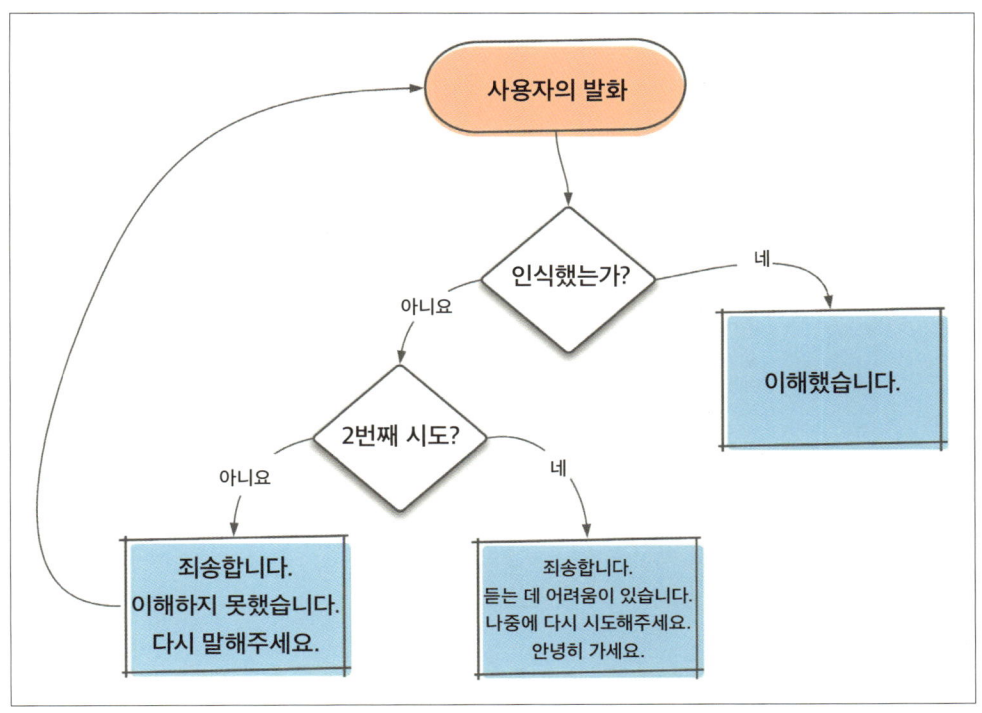

[그림 6.14]
잇따른 오류를 해소하기 위해 그 횟수에 기반한 논리를 만들 수 있다.

으로 돌아가거나 메뉴를 제시하는 것이다. 다른 선택지는 앱으로 전환하거나 사용자에게 링크가 담긴 문자 메시지를 보내는 등 채널 전환을 제시하는 것이다.

시스템이 안다고 생각하지만 확신하지 못할 경우

알고리즘이 사용자의 발화를 가늠할 때는 주로 신뢰도 값으로 자신이 얼마나 옳은지 계산한다. 그 신뢰도 값이 낮으면(즉 실수할 가능성이 커진다는 의미다) 시스템이 들은 말을 확인하는 편이 유용하다. 그림 6.15는 다양한 신뢰도 값에 관한 다이어그램을 보여준다.

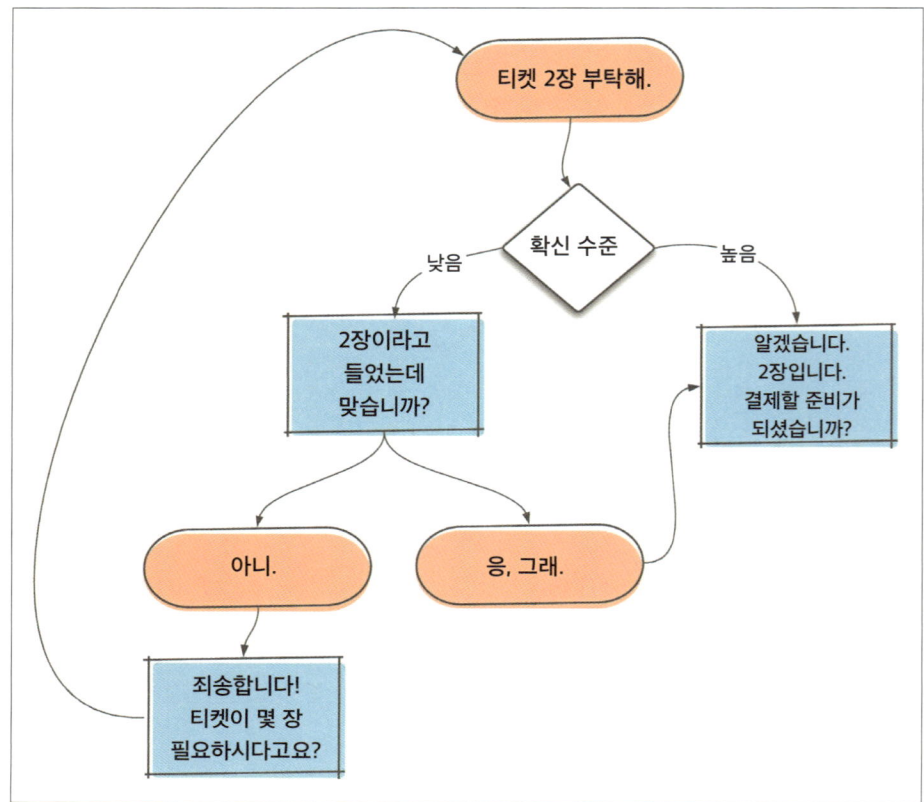

[그림 6.15]
시스템의 신뢰도가 높다면 다음 순서로 넘어갈 수 있다. 신뢰도가 낮다면 프롬프트를 제시해서 사용자가 확인하거나 정정하게 할 수 있다.

시스템이 제대로 들었지만 수행하지 못하는 경우

시스템이 사용자가 원하는 것을 정확히 알고 사용자가 원하는 것을 얻지 못하리라는 사실도 알 때가 가끔 있다. 공항이 없는 캔자스주의 더비로 비행기를 타고 가고 싶을 수도 있다. 그리고 미국 동해안에 있고 가장 가까운 인앤아웃 버거 가게로 가는 길을 물어볼 수도 있다. 주문하고 싶은 항목이 품절이거나 받는 주소가 배달할 수 있는 지역이 아닐 수도 있다.

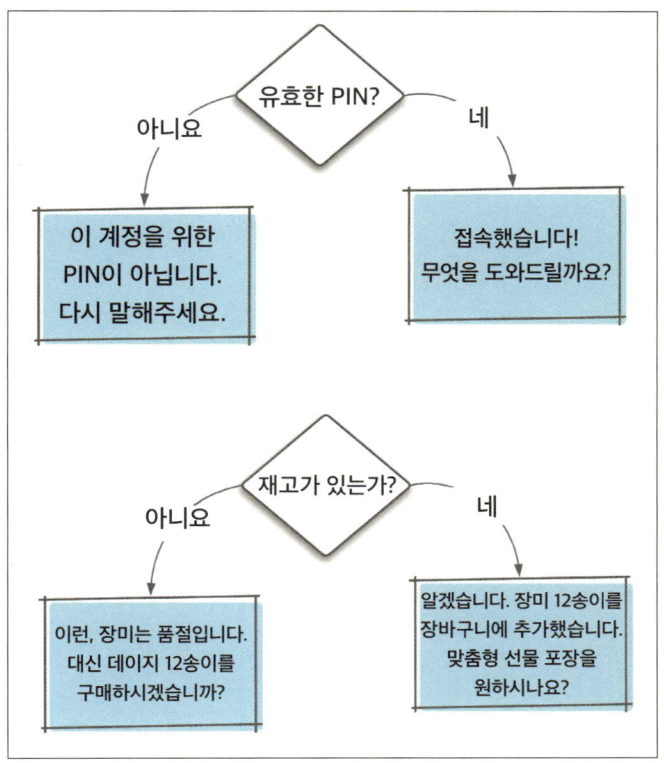

[그림 6.16]
동일한 요소(프롬프트, 응답, 논리)를 사용하는 보다 공식적인 시각적 스타일이다.

플로 다이어그램은 확인을 실시하는 논리를 반영해야 한다. 그림 6.16은 일부 흔한 시나리오를 위한 프롬프트로, 몇 가지 예를 보여준다.

수정은 흔히 일어나기 때문에 디자인하고 있는 상호작용에 반드시 필요할 것이다. 수정이 생기지 않게 방지할 수는 없다. 단지 시스템이 어떻게 처리할지 대비책을 세울 뿐이다. 표 6.3은 시스템이 겪을 수 있는 흔한 오류를 보여준다. 이 표를 팀 논의의 기반으로 삼을 수 있다.

[표 6.3] 논리를 요구하는 흔한 오류 사례

상황	가능한 오류
시스템은 사용자로부터 숫자(전화번호, 수량 등)를 알고 싶어 한다.	• 숫자가 아예 아님 • 지나치게 작거나 커서 허용 가능한 값이 아님 • 잘못된 자릿수
시스템이 사업체 이름을 알고 싶어 한다.	• 알려진 기업이 아님 • 오늘 또는 이 시간에 열지 않음 • 폐업함 • 동일한 가게가 한 곳 이상 있음
시스템이 위치(도시, 주 등)를 알고 싶어 한다.	• 유효한 장소가 아님 • 배달 가능하거나 서비스 되는 지역이 아님
시스템이 제품명 또는 세부 정보(색깔, 크기, 주문 제작 등)를 알고 싶어 한다.	• 유효한 제품 또는 세부 정보가 아님 • 일시 또는 완전 품절 • 이 시간에 구매할 수 없음(예: 아침 식사 전용 메뉴 항목)

플로 다이어그램 형식화

일단 흐름이 무엇을 설명해야 하는지 확실히 알게 되면 이제 까다롭게 굴고 좀 다듬을 시간이다. 지금까지는 스케치 스타일로 다이어그램을 그렸지만 이제는 바꿔서 '생각 도구로서의 흐름'의 사고방식에서 '기능적 사양으로서의 흐름'으로 전환할 때가 되었다. 형식화된 흐름에서는 다음과 같은 일을 하는 게 좋다.

- 더 경직된 시각적 스타일로 전환한다(그림 6.17 참조).

- 사용자의 요청을 위해 인텐트의 이름을 포함하기 시작한다.
- 봇의 응답을 위해 다이어그램에 있는 라벨을 사용하고 전체 프롬프트를 포함하지 않는다(그림 6.18 참조).

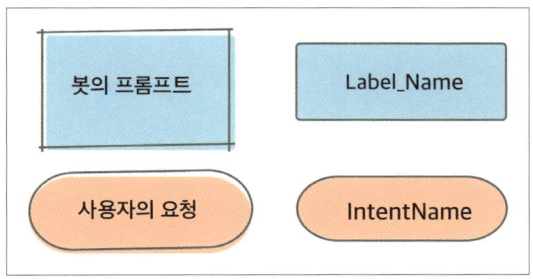

[그림 6.17]
왼쪽에 있는 샘플 프롬프트를 포함하는 낙서 같은 시각적 스타일은 아이디어를 탐구하기 위한 것이다. 오른쪽에 있는 형식화된 시각적 스타일과 기술적인 콘텐츠는 상자 안에 표상된다.

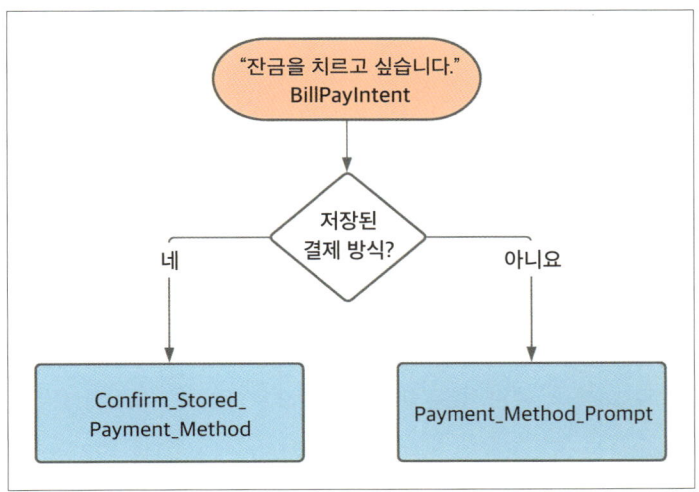

[그림 6.18]
더 형식화된 스타일의 흐름이다. 기능적 사양에서는 이렇게 보인다.

[표 6.4] 프롬프트 스프레드시트 작성하기

라벨	프롬프트	인텐트
Confirm_Stored_Payment_Method	좋습니다. 파일에 {cardDigits}로 끝나는 {cardType}이 있습니다. 이 카드를 사용하시겠습니까?	PaymentIntent
Payment_Method_Prompt	좋습니다. 어떻게 주문하고 싶으십니까? 카드와 은행 계좌 중 선택하세요.	PaymentIntent

그림 6.18의 레이블을 한 번 더 살펴보라. 레이블을 사용하기 시작하면 프롬프트의 마스터 목록을 작성해야 한다. 대부분의 경우 마스터 목록은 라벨을 모두 추적하고 전체 프롬프트에 매핑하는 것을 돕는 스프레드시트다. 표 6.4는 스프레드시트 버전이 어떻게 보일 수 있는지 요약 정리한 것이다. 왼쪽에는 라벨, 가운데에는 프롬프트의 전체 텍스트, 오른쪽에는 관련 인텐트를 표시했다.

하지만 왜 라벨을 붙여야 하는가? 보통 대부분의 대화 디자이너들은 프롬프트가 플로 다이어그램 안에 '살아 있는' 것이 좋지 않다고 말할 것이다. 실상은 악몽이나 마찬가지다.

첫째, 대부분의 그리기 도구 또는 프로토타이핑 플랫폼에서는 텍스트가 다이어그램 상자에 상주하며 그 텍스트를 꺼낼 수 있는 쉬운 방법은 없다. 따라서 그런 프롬프트를 편집하고 코드를 업데이트하기가 몹시 어렵다.

둘째, 4장에서 배웠듯이 이런 대사는 한 프로젝트가 진행되는 기간 동안 수십 번, 수백 번 편집되며 이해관계자들은 대사 목록을 요구할 것이다("오류 메시지를 포함해서 봇이 말하는 모든 것을 적은 목록을 법률팀이 보고 승인할 수 있게 준비해야 합니다"). 당신과 당신 팀은 복사하기와 붙여넣기를 하고 다이어그램의 복사본을 제품이 제작되는 동안 동기화하려고 노력하느라 미칠 지경이 될 것이다.

다이어그램 스타일과 선택한 라벨 시스템은 당신만의 것일 수 있다. 팀이 그걸 설정하

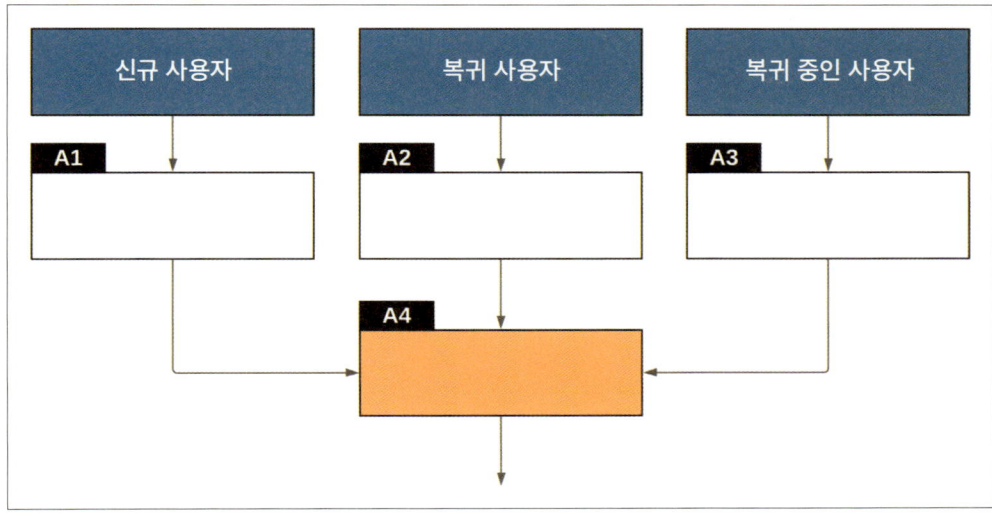

[그림 6.19]
이 플로 템플릿은 고유하고 깔끔한 시각적 스타일을 가졌고 봇의 다이얼로그에 A1, A2, A3 같은 라벨을 사용한다. UX 및 대화 디자이너 하오 정(Hao Zheng)은 보이스 퍼스트(Voice First) 크리에이티브 에이전시인 스킬드 크리에이티브(Skilled Creative)를 위해 이 템플릿을 만들었다.

는 방법은 무한하다. 그림 6.19는 완전히 다른 모습과 라벨 스타일을 가진 다이어그램 템플릿을 보여준다.

모두를 지배하는 절대 도구?

이 책을 쓰는 지금, 대화 디자인용으로 만들어진 도구가 최소한 12가지는 존재한다. 일부는 일반적인 그림 도구이고 일부는 대화형 인터페이스의 프로토타입을 제작하고 결국에는 상용화를 목표로 만들어진 플랫폼이다. 그러나 이 책은 이런 도구에 관한 세부적인 리뷰를 포함하지 않는다. 대체로 대화 디자이너들은 아직 어느 도구에도 완전히 설득되지 않았다. 이 도구들은 비교적 새롭고 기능이 부족하여 제약을 갖고 있으며 문제를 일으키는 경우가 많다. 게다가 시장이 지나치게 빠르게 변해서 오늘날 존재하는 도구가 내일 팔리거나 망할 수 있기 때문에 만들 수 있는 모든 목록은 금세 뒤처질 것이다. 우리는 몇 년 내로 멋진 도구가 왕으로 등극하기를 기대하고 있다.

구성요소로 디자인하기

제일 큰 문제에 관해 말해보자. 약간이라도 복잡한 대화 디자인은 큰 플로 다이어그램을 만들어낼 것이다. 우리는 이 책을 쓰기 위해 충분히 많은 대화 디자이너들과 대화를 나눴고 그들은 맵 하나에 서로 연결된 디자인을 전부 그려두는 일의 장점을 인정했다. 그러나 사실 흐름은 다루기 힘들어질 수 있다. 대부분 사람은 복잡한 흐름 속을 스크롤하고 빠르게 오가는 과정을 즐기지 않는다. 단점을 엿보려면 흐름 전체를 보여주는 그림 6.20을 보라(심지어 이건 그렇게 큰 것도 아니다!).

대부분 대화 디자이너들은 두 가지 수준으로 생각한다. 지금까지 본 '턴 바이 턴(순서대로)'과 상호작용의 '단계'를 고려하는 '줌 아웃'이다. 일부 사람들은 이런 수준들을 섹션, 모듈 또는 구성요소라고 부른다(우리는 구성요소라고 하겠다). 사용자들이 직관적으로 탐색하길 바라기 때문에 사용자가 한 요소에서 다음 요소 또는 뒤로 이동하는 방법을 다이어그램에 넣을 수 있다.

쇼핑을 예로 들어보자. 사용자의 여정은 각자 다수의 순서로 이루어진 다음과 같은 단계를 포함할 수 있다.

1. **브라우징**: 사용자는 어떤 항목이 사용 가능한지 질문하고 카테고리별로 쇼핑하고 선택사항을 필터로 구분하고 세일 품목을 살펴보는 것 등을 할 수 있다.
2. **항목 설명 제공**: 사용자는 특정 항목(설명, 재료, 치수)을 더 알기 위해 질문할 수 있다.
3. **항목의 세부 정보 끌어내기와 장바구니에 추가**: 장바구니에 항목을 추가하기 위해

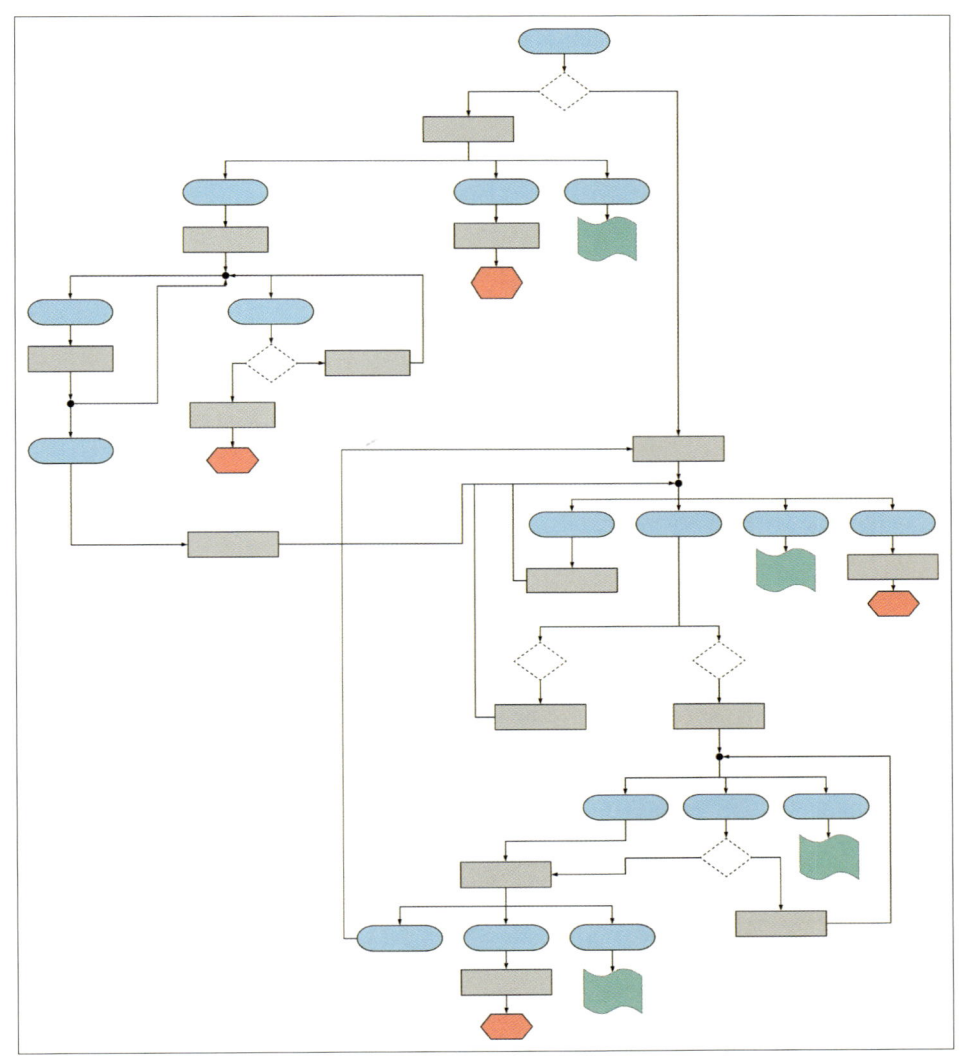

[그림 6.20]
세부 정보를 걱정할 필요는 없다. 이 엄청난 크기의 도표를 감상해보자.

시스템은 크기, 맛, 색깔과 같은 정보를 수집한다.

4. **주문 검토 완료**: 사용자가 결제 단계로 갈 준비가 되었다고 알리면 시스템은 항목과 주문 세부 정보를 확인할 수 있게 돕는다.
5. **결제 방법 최종 확인**: 시스템은 저장된 데이터를 가져오거나 사용자에게 결제를 위한 세부 정보를 끌어낸다.
6. **주문 확인**: 결제가 성공적으로 처리되면 사용자는 확인하고, 다음 단계가 있으면 그곳으로 넘어간다.

이런 구성요소들을 순서마다 각각 계획하지만 동시에 흐름의 상부구조에 관해 생각

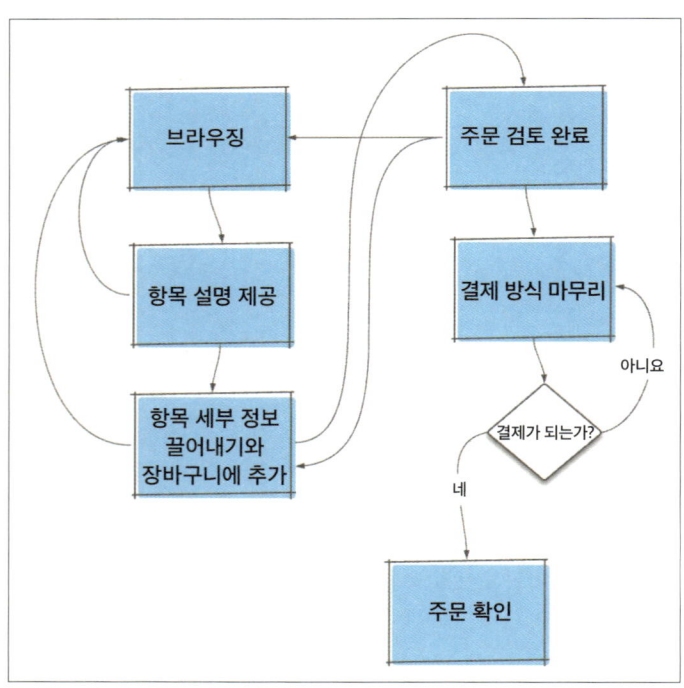

[그림 6.21]
거시적인 흐름을 보면 팀은 사용자가 구성요소 간을 이동하는 방법을 이해할 수 있다.

하고 싶을 것이다. 사용자가 구성요소들 사이를 탐색하는 방법은 무엇인가? 공통 경로에 관한 몇 가지 예를 보자.

- 사용자가 원하는 것을 장바구니에 추가하지만(3) 브라우징을 하러 돌아가고 싶어 한다(1).
- 사용자가 주문 리뷰를 듣지만(4) 다른 색깔 또는 크기를 구매하기로 결정한다(3).

이런 전환 과정을 팀이 이해하면 높은 수준의 구성요소의 흐름을 만드는 데 도움이 될 수 있다. 그림 6.21을 보자.

구성요소 흐름을 만들 때 생각하면 유용한 질문이 몇 가지 있다.

- 이 구성요소의 모든 잠재적 입구는 무엇인가?
- 한 구성요소에서 다른 구성요소로 이동할 수 있는 모든 잠재적 출구는 무엇인가?
- 사용자가 구성요소를 통해 '순환'할 때(즉 장바구니에서 항목을 추가하면서 여러 번 다시 브라우징하러 이동할 때) **디자인은 어떻게 변하는가?**

구성요소를 미리 고려하지 않으면, 사용자가 대화를 반복하려고 할 때 상호작용은 종종 '재설정'된 것처럼 부자연스럽게 느껴진다. 구성요소의 흐름은 화자가 말하고 있던 내용의 자연스러운 연장처럼 느껴지는 대화의 순환을 디자인하게 돕는다. 구성요소 다이어그램은 팀이 나무 대신 숲을 볼 수 있도록 한다. 논의를 이끌고 전환에 관해 이야기할 때 유용한 문서다. 꿀팁을 주자면 구성요소 다이어그램은 디자인을 보는 높은 수준의 관점이 필요한 이해관계자들 앞에 내밀 만한 훌륭한 결과물이다. 당신이 뭘 하고 있는지 파악할 수 있게 하지만 더 세부적인 흐름이라는 복잡한 문제에 빠지지 않게 한다.

스토리보드 작성하기

물론 흐름은 유용하지만 한계를 갖기도 하며, 때로는 문제의 해결법을 찾을 때나 팀과 아이디어를 공유할 때 다른 방법을 사용할 필요도 있다.

스토리보드 작성이 바로 그 유용한 방법의 하나다. 일반적으로는 영화 제작에서 촬영을 계획하기 위해 사용되지만 이 기술은 대화에서도 효과적이다. 간단히 말해서 상호작용의 연속되는 시퀀스를 '프레임'으로 나누고 각 단계를 위한 시각적 표상을 제공한다. 샘플 스크립트와 비슷한 스토리보드는 주로 단일 경로를 나타낸다는 사실을 명심하라. 장점은 실제 공간 및 시간 속의 사용자를 고려하기 위해 '줌 아웃'을 하도록 돕는다는 것이다. 멀티모달 상호작용에 유용하다.

스토리보드의 좋은 예는 제품 및 UX 디자이너 시안 키스트(Sian Keast)가 제공한다(그림 6.22 참조). 음성 및 스크린을 포함하는 복잡한 상호작용의 경우 스토리보드는 시간이 흐를수록 진행되는 사용자의 여정을 간단하고 편리하게 보여준다.

[그림 6.22]
삶이 레몬을 건넨다면 레몬 케이크를 만들어라.

어떤 문서화 방법이 가장 좋은가

샘플 스크립트, 스케치 같은 흐름, 형식화된 흐름, 도표, 스토리보드 등 사용할 수 있는 문서화 방법은 다양하다. 심지어 만화나 사용자 여정 또는 와이어프레임을 넣을 수도 있다.

언제 무엇을 사용해야 하는지에 관한 엄격한 규칙은 없다. 대화 디자이너들이 일을 잘하려면 강력한 전문 기술을 개발해야 한다. 즉 결과물이 어떤 목적으로 사용될 것인지를 평가하고 그 목적에 가장 적합한 것을 선택할 수 있어야 한다. 그림 6.23의 트윗은 결과물이 누구를 위한 것이고 무슨 말을 전하고 싶은지에 관한 질문을 던지면서 자신을 비롯한 다른 사람의 시간을 낭비하지 않는 방법을 요약 설명한다.

다음과 같은 주요 사항을 고려해보자.

- 결과물의 용도는 무엇인가? 무슨 내용을 전달해야 하는가?
- 누가 보는가? 이걸 보고 뭘 얻어가는가?
- 보여주고 얻어야 하는 것이 무엇인가? 어떤 종류의 피드백(있는 경우)을 생성해야 하는가?
- 얼마나 오랫동안 보여줘야 하는가? 15분짜리 발표인가, 2시간짜리 설명회인가?
- 이 결과물은 얼마나 '영구적'인가? 순간적인 정렬을 위한 것인가, 오래 지속될 '진실의 원천'인가?

어떤 문서들은 사고 도구이고, 또 어떤 문서들은 팀 토론에서 의견 일치를 위한 기초가 되거나 정보를 전달하기 위한 것이거나 승인받기 위한 것이다. 누구에게 뭘 보여줄지를 아는 것은 팀과 협업하면서 키우는 소중한 기술이다. 적절한 수준의 세부 정보가 담긴 적절한 문서를 적절한 사람에게 주는 것은 팀과 협업하면서 갈고닦는 소중한 기술이다.

파벨 샘소노프
@PavelASamsonov

제품/디자인 결과물(로드맵, 와이어프레임 등)에 관해 자주 던지지 않는 질문은 '누굴 위한 것인가?'와 '무슨 말을 하고 싶은가?'이다.
"로드맵이 필요하잖아, 그치치?" 이상의 목적을 염두에 두지 않고 제작된 결과물은 모든 사람의 시간을 낭비한다.

2021년 1월 25일 오전 8:59 Twitter Web 앱에서

[그림 6.23]
파벨 샘소노프의 조언은 어떤 결과물에도 적용할 수 있다.

마지막 이야기

대화형 경로를 매핑할 때는 말 그대로 상호작용이 지원하는 모든 '현실'을 디자인하는 것이다. 머릿속에서 풀어가기 어려운 문제이고, 일어날 수 있는 모든 가능성을 기록하는 것은 더 어렵다.

흐름을 배우는 사람들은 "어떻게 하면 모든 경로와 논리적 검사를 포괄할 수 있나요? 체크리스트 같은 게 있나요?"라고 질문하기 시작한다. 사실 결과물의 초안은 완성된 것이 아닐 것이다. 팀이 논리나 기술적 한계를 논의하면서 시간이 지날수록, 그리고 프로토타입이 새 인텐트나 구성요소 간의 새 경로와 같은 놀라운 결과를 도출할수록 점점 완성되어가는 것이다. 문서화 과정에서 현실에 기반을 두려면 다음 조언을 따라야 한다.

- 모두 문서에 기록하라. 팀에 혼자뿐이더라도. 언젠가 까먹기 마련이고 빵가루를 흘려놨다는 사실에 감사하게 될 것이다.
- 문서를 정리하라. 오래된 문서를 모두 보관하고 라벨을 붙이고 사용하기 편하게 만

들어라.
- 그것에 관해 이야기하라. 기록은 항상 아이디어를 표현하는 것일 뿐이며 항상 임시 대화일 뿐이다.
- 계속 시도하라. 적어놓은 것을 팀이 항상 읽지 않는다면 언제나 다른 방법을 사용할 수 있다.

철학적인 이야기로 끝마치자면 문서화는 항상 현실에서 벌어지는 경험을 표현하는 것이다. 어떤 형태의 문서도 최종 제품에 대한 완벽한 충실도를 가지고 있지 않으며 어떤 방법에도 장단점은 있다. 팀의 요구 사항에 맞게 결과물을 조정하면 모두 명쾌하게 이해하고 행복해질 것이다.

CHAPTER 7
맥락 만들기

레베카: 다이애나, 혹시 날 도와줄 수 있어?

다이애나: 안녕하세요, 만나서 반가워요. 이름이 뭔가요?

레베카: 어, 나 레베카잖아. 기억해? 우리 같이 책 썼잖아.

다이애나: 안녕하세요, 레베카! 뭘 도와드릴까요?

레베카: '맥락'과 '의미'라는 단어의 정확한 정의를 찾아줄 수 있어?

다이애나: 물론이죠. 메리엄 웹스터에 따르면, 맥락은 '어떤 것이 존재하거나 발생하는 상호 관련 조건'을 가리킨다고 합니다. 또 뭐가 필요하신가요?

레베카: 또 다른 단어의 정의는 뭐야?

다이애나: 미안합니다. 무슨 말인지 모르겠어요.

다이애나가 좀 이상하지 않은가? 우선 레베카를 낯선 사람인 것처럼 대하고 있다. 그리고 레베카는 다이애나에게 두 가지를 물었지만 다이애나는 하나만 기억했다. '맥락'이라는 단어를 정의한 다음에 두 번째 단어를 잊었다. 레베카가 다시 언급해주니 다이애나는 완전히 고장 나버린 느낌이다. 다이애나는 맥락을 인식하거나 맥락에 반응하지 못하고 있는 것이다. 즉 전형적인 챗봇처럼 행동하고 있다.

사람들은 주로 맥락에 매우 잘 반응한다. 누군가가 활기차게 친구에게 "안녕!" 하고 인사한 뒤 친구의 표정을 보고 "왜 그래?"라고 물어보면 맥락에 반응하는 것이다. 대화형 AI는 이를 하지 못하기로 악명 높다. 그 이유는 사람의 두뇌가 할 수 있는 것의 일부만 하기 때문이다. 봇이 사용자가 한 말을 잊은 것처럼 보이거나 엉뚱한 소리를 하거나 사회적 단서를 놓치고 부적절한 말을 하면 맥락을 고려하지 않고 있다는 얘기가 된다. 대화에서는 '인간적으로' 느껴지기 위해 맥락에 의존하고 대화 상대가 맥락 이해에 실패하면 대화는 부자연스럽게 느껴진다.

언어학자라면 누구나 맥락은 의미를 만들어내는 것 중 하나라고 말할 것이다. 사람들은 대화할 때 듣는 것(단어 외에 목소리 톤, 말의 속도 변화 등), 보는 것(몸짓, 자세, 표정), 눈앞의 사람에 관해 아는 것(성격, 과거, 현재 상황, 관계)으로부터 맥락에 관한 이해를 쌓는다. 모든 것이 맥락을 알려줄 수 있다. 기분, 현재 시각 또는 계절, 있는 장소(직장인지, 햇볕이 내리쬐는 초원인지 등), 권력 구도… 이 모든 요소가 대화의 맥락에 영향을 미칠 수 있다.

맥락이란 사람이 주변 세상에 관해 그 순간에 인식하는 모든 것과 적응 가능한 이전 상황에서 얻은 모든 지식을 포함한 풍부한 일련의 데이터라고 말하고 싶다. 이렇게 설명하면 봇들이 모자란 것도 당연하다. 사람에 비하면 적은 데이터를 갖고 있으니까. 하지만 대화 디자이너가 맥락을 고려하기 위해 가져오는 일부 데이터에 접근할 수는 있다. 이번 장의 목표는 대화에 영향을 미치는 다양한 유형의 맥락 및 대화 디자인이 이를 반영하는 방법을 보여주는 것이다.

> **용어 정의** 맥락
>
> 맥락이라는 용어는 대화 디자인 분야에서 자주 쓰인다. 직관적으로 맥락이 뭘 의미하는지 짐작할 수 있을 것이다. 봇이 그 순간에 말이 되는 방식으로 응답하고 있는가? 내용을 기억하고 있는가? 현대 대화 디자인 분야의 최고 전문가 중 한 명인 캐시 펄은 맥락을 '대화 주변에서 일어나는 일 외에 과거에 일어난 일도 인지하는 것'이라고 정의한다.

기억 속의 맥락

몇 초 전에 한 말을 기억하지 못하는 사람과 대화한다면 짜증이 날 것이다. 집중하고 있지 않은 게 분명하니까. 당신은 걱정할지도 모른다. 뭐가 잘못된 걸까? 뇌졸중에 걸렸나? 그러나 봇이 대화의 흐름을 놓치는 것은 흔한 일이며 이 어색한 현상은 봇이 사람의 대화 수준에 있지 않다는 점을 상기시켜준다.

우리는 봇의 '단기 기억'을 같은 대화 안에서 순서가 바뀌는 동안 관념 및 주제를 기억할 수 있는 능력으로, '장기 기억'을 여러 대화에 걸쳐서 사람에 관한 정보를 기억하는 능력으로 생각한다. 봇이 기억할 수 있는가? 할 수는 있다. 때로는.

단기 기억

봇이 대화의 흐름을 놓치는 것의 가장 단순한 예는 누군가가 대명사가 있는 발화를 할 때 볼 수 있다. 첫마디에서 주제를 언급한 뒤("리조(Lizzo)의 새 앨범을 들어봤어?") 그다음 순서에서 대명사를 사용해 언급하는 것("아니, 그게 뭔데?")은 지극히 자연스러운 일이다. 그러나 봇들은 그림 7.1에서 볼 수 있듯이 이를 어려워한다.

몇몇 정교한 시스템들은 대명사를 최소한 조금은 다룰 수 있다. 레베카가 알렉사와 나눈 대화를 보자.

레베카: 알렉사, 리조가 누구야?
알렉사: 위키피디아에 따르면 리조라는 예명으로 알려진 멜리사 비비안 제퍼슨

[그림 7.1]
이 간결한 농담은 시스템이 대명사를 감당하지 못하면 무슨 일이 벌어지는지 정확하게 보여준다.

(Melissa Viviane Jefferson)은 미국의 싱어송라이터, 래퍼, 플룻 연주가입니다.

레베카: 그녀는 키가 몇이야?

알렉사: 리조의 키는 175센티미터입니다.

명백하게도 시스템은 '리조'를 고유명사로 인식하고 레퍼런스로 저장하여 '그녀'가 가리키는 명사가 뭔지 해석할 수 있었다. 하지만 이게 통하지 않는 사례가 훨씬 더 많다.

대명사가 끝이 아니다. 이따금 관념 간의 연결 및 순서에 걸친 레퍼런스에는 대명사조차 포함되지 않는 경우가 있다. 다음 예를 보자.

사용자: 치즈버거 하나 주문할 수 있을까?

봇: 네.

사용자: 피클도 추가해줄래?

여기서 사람은 '피클 추가'가 피클이 햄버거에 추가된다는 의미를 내포한다는 사실을 알 것이다. 그러나 봇은 '피클'을 새로운 개별 항목으로 착각할 수 있다. 이건 아주 미묘한 문제다!

봇이 길을 잃을 수 있는 또 다른 경우는 누군가가 주제를 바꾸거나 새 주제에 관해 물어보려고 시도할 때다. 이는 사람들에게 두 번째 본능과도 같다. 사람들은 여러 주제 사이를 이리저리 왔다 갔다 할 수 있다. 옆길로 새는 것("그러고 보니…")과 되돌아오는 것("내가 아까 말하던 걸로 돌아가서…")도 감당할 수 있다. 사람은 불합리한 추론, 즉 '뜬금없어' 보이거나 이전 대화 내용과 무관한 발언도 감당할 수 있다.

슬프게도 챗봇 및 가상 비서들도 이것을 잘하지 못하는 편이다. 만약 사람이 주제를 바꾸려고 한다면 대부분 오류 메시지와 마주한다. 그 '이유'는 복잡하고 봇이 어떻게 코딩되었는지에 따라 다르지만 두 가지 주요 요인이 작용한다.

- 봇은 제한된 인텐트를 갖고 있어서 새 주제에 관한 것을 하나도 '알지' 못한다.
- 대화는 봇이 소수의 특정 인텐트만 허용하는 특정한 위치에 있으며 새 주제는 그 밖에 있다.

사람들은 대명사와 변화하는 주제에 잘 대응할 수 있기 때문에 봇이 이 작업에 실패하면 한심하게 볼 수 있다. 여기서 얻는 근본적인 교훈은 인간의 기억이란 제법 인상적이며 단기 기억을 갖고도 컴퓨터를 인간 수준으로 끌어올리는 일이 몹시 어렵다는 것이다.

장기 기억

사람과 컴퓨터의 대화 일부는 며칠, 몇 주, 심지어 몇 달이나 몇 년간 이뤄지는 긴 기간에 걸쳐 시간이 지남에 따라 이뤄진다. 사용자 경험이 진정으로 대화형이고 개인 맞춤형이라는 인상을 주기 위해서는 시스템에 장기 기억이 필요하다. 이는 '종적(縱的)인 맥락'이라고 불리는 것 또는 시스템이 시간이 지남에 따라 축적하고 유지하는 정보다. 종적인 맥락은 시스템을 '똑똑하게' 느끼게 하고 사용자와의 연결을 구축한다.

레베카의 동료이자 보이스 퍼스트 크리에이티브 에이전시의 책임자인 마이크 호스텐(Mike Hoesten)은 자신이 알렉사에게 처음 한 말을 기억한다.

"내가 가장 좋아하는 색은 파란색이야."

마이크는 알렉사가 시간이 지날수록 자신을 잘 알아간다는 생각을 시험해보고 싶었다. 나중에 "알렉사, 내가 가장 좋아하는 색이 뭐야?"라고 물었을 때 알렉사는 답을 몰랐다. 이 일은 큰 실망을 안겨줬고 알렉사가 (당시에는) 그렇게 똑똑하지 않았다는 큰 단서가 되었다.

대조적으로 시스템이 세부 정보를 기억하면 그 대화는 자연스럽고 인간적이라 느껴진다. 다이애나는 동거인 유무("난 혼자 살아") 또는 생활 속 사건("3년 전에 심장 마비를 겪었어") 등과 같은 사용자의 간단한 정보를 포착하고 보유한 시스템 작업에 참여했었다. 그리고 미래의 대화에서 중요한 순간에 시스템은 기억한 정보를 다시 사용자에게 돌려보냈다.

작동 방식을 설명해주는 가상의 예를 보자.

보이스봇: 집에서 누구와 살고 계십니까?
사용자: 아, 우리 엄마. 그리고 나의 가장 친한 친구 디에고.

시스템은 이 이름들('엄마', '디에고')을 '동거인' 안에 저장한다. 후속 대화에서 시스템은 개인 맞춤화된 상황별 응답을 제공했다.

보이스봇: 오늘 스트레스는 어떤가요?
사용자: 천장을 뚫었지.
보이스봇: 이런, 안타깝네요. 엄마나 디에고와 대화를 하면 도움이 될까요?

이런 종류의 기억은 신뢰를 쌓는 데 몹시 효과적일 수 있다. 사용자는 이해받는 기분을 느끼고 이것은 건강, 재정, 사회적 지원과 같은 감정적이거나 민감한 주제를 다루는 시스템에 꼭 필요하다. 디자인하고 빌드하기가 몹시 어려운 일이기도 하다. 많은 계획, 커스텀 코드(custom code), 정보 태그 및 엄청나게 많은 테스트와 조율이 필요하다. 일반적으로 이런 기능은 매우 표적화된 필수 정보 집합을 위해서만 만든다.

게다가 대화 디자이너의 관점에서 신뢰가 증가한다는 것은 양날의 검과 같다. 사용자 기대치는 디바이스, 제품, 사람과 나누는 상호작용의 양에 따라 상승한다. 위험도는 계속 상승하고 시스템은 '특별히 똑똑해야' 한다.

그러면 대화 디자이너는 어떻게 해야 할까? 사실 아무것도 안 해도 된다. 어떤 의미로는 말이다. 이는 많이 통제할 수 없는 분야 중 하나다. 자연어 처리 분야에서 일하는 엔지니어들과 과학자들에게도 어려운 작업이다. 전반적으로 시간과 기술의 발전을 통해서 봇은 여러 순서에 걸쳐 맥락을 추적하는 데 더 능숙해질 것이다.

그동안 대화 디자이너로서 팀에게 시스템이 대명사를 이해할 수 있는지를 물어보고,

이해할 수 있다고 하면 그 사실이 발화 또는 슬롯 데이터를 설정하는 방식에 영향을 주는지 확인하는 게 도움이 될 것이다. 이해하지 못하는 경우에도 봇의 부족한 기억력이 일으킬 짜증을 줄이기 위해서 알아두는 것이 좋다. "이해해주세요. 제 기억력이 몹시 안 좋거든요" 같은 프롬프트를 사용할 수도 있다. 봇 행동의 이런 측면을 주도하지 않더라도 봇에 관해 알 수 있는 모든 것을 배우는 일이 최선이다.

함께 나누면 좋을 이야기

봇은 무엇을 기억할 수 있는가?

봇이 기억할 수 있고 없고의 문제는 사용자 경험에 큰 영향을 미친다. 디자이너로서 시스템의 기술적 한계를 변경할 수 없다면 그 한계를 이해하는 것이 좋다. 팀과 함께 생각해볼 만한 질문들이 있다.

- 시스템이 대명사를 다룰 수 있는가?
- 시스템이 제한된 수의 인텐트만 허용되는 상태를 이용하는가? 사람들이 인텐트를 언제든 작동시킬 수 있는가?
- 시스템이 주제 변경에 도움이 되는 화제, 범주, 태그와 같은 메타 데이터를 추적하는가?

시스템이 얼마나 잘 작동하는지 팀이 정확히 알지 못할 수도 있다. 이럴 경우에는 테스트 사례를 몇 가지 만들어 직접 시도해보는 것이 좋다. 대명사를 사용하거나 주제를 바꾸는 등 여러 시도를 해보고 알아낸 것을 팀과 공유하라.

감정적 맥락

사람들은 다른 사람의 기분과 감정을 파악하는 데 타고났다(적어도 일부는 그렇다). 다른 사람의 감정을 이해하는 일은 대화를 어떻게 진행할지에 관한 중대한 맥락적 단서를 제공한다. 이는 봇이 우리와 같지 않음을 증명하는 전통적인 기준이다. "자기야, 혹시 나한테 화났어? 화난 것처럼 보이는데" 같은 대사를 하는 시트콤 속 남편처럼 봇은 인간의 기분과 감정을 적절하게 인식하고 이에 반응하는 데 서툴다.

디자인에 약간의 인간적인 품위를 가져다줄 방법이 있다. 만약 돈이나 건강 같은 민감한 주제를 다루는 봇을 만들고 있다면 사람들이 언제 긴장하고 겁을 먹고 스트레스를 받을지를 아는 문제가 봇의 반응에 영향을 미칠 것이다. 예를 들어 꽃 주문을 돕고 무슨 일 때문이냐고 묻는 봇을 만들 때 어떤 사람들은 "기념일", 또 어떤 사람들은 "장례식"이라고 대답할 수 있다. 이 두 경우의 맥락을 고려해서 봇의 응답을 제작할 수 있다. 그림 7.2를 보면 봇이 감정적으로 눈치가 없으면 어떻게 보이는지 알 수 있다.

봇이 감정적 분석을 자동화된 방식으로 하려고 시도하는 세계에서는 더 복잡한 문제가 생긴다. 소위 감정 분석이라고 하며 사람의 감정 상태를 평가하는 게 목적인 테크놀로지에 대한 기대가 점점 커지고 있다. 감정적 단서를 담고 있을 수 있는 데이터 스트림(data stream)의 종류도 다양하다.

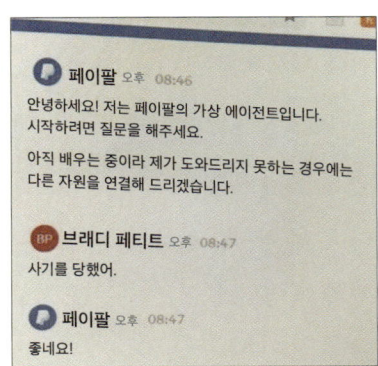

[그림 7.2]
봇이 보여주는 이런 의욕은 맥락적으로 부적절하다. 이 밈은 2020년에 유행했던 것이다.

- 카메라로 포착한 얼굴 표정 및 몸짓
- '부정적 단어("꺼져", "엿같아")'로 평가되는 발화의 전사
- 톤, 페이싱, 호흡의 질과 같은 요인을 분석한 소리 음성

확실한 사실은 허풍쟁이들이 자신을 '생각의 지도자'라고 주장해도 감정 분석은 초기 단계에 있다는 것이다. 좋게 평가하려 해도 사람의 찡그린 얼굴을 감지하고 '슬픈' 감정을 할당하는 것처럼 인간의 경험을 지나치게 단순화하는 방식은 제법 서툴다. 사실 사람은 긴장을 풀고 집중하고 있을 때나 웃지 않으려고 노력할 때도 얼굴을 찡그릴 수 있다. 최악의 경우에는 편견, 특히 인종차별에 치우친 AI의 유형이며 이는 흑인과 유색인종의 감정을 잘못 감지하거나 해석할 가능성이 크다.

긍정적으로 해석해보면 발전의 여지는 많다! 게다가 대기업들은 첨단 감정 분석을 몇 년 이내로 상용화할 것을 약속하고 있다. 그러니 감정적 맥락을 고려하는 디자인이 가능하다고 가정해보자. 어떻게 하면 유용한 형태로 맥락을 알 수 있을까?

AR/VR 분야에서 일하는 대화 디자이너 일라나 메이어(Ilana Meir)는 감정 분석의 가장 좋은 응용 분야를 찾아냈다. 상호작용을 하는 동안 한 무리 사람들의 감정이 전체적으로 어떻게 변할 수 있는지 살펴보는 축소된 보기창 말이다. 그것을 히트 맵(heat map, 다양한 정보를 일정한 이미지 위에 열 분포 형태로 나타내는 지도—옮긴이)으로 생각해보라.

"높은 비율의 사용자들이 상호작용의 특정 부분에서 짜증을 낸다면 이는 UX를 다시 살펴보고 다듬고 디버그해야(debug) 한다는 신호로 받아들여야 한다."

완전히 납득 가능한 말이다. 감정 분석이 우스꽝스럽거나 무서워지는 것은 수용을 미숙하게 시도하는 과정에 적용했을 때다(수용을 기억하는가? 사람들이 서로 대화할 때 대화 상대에 기초해 직관적으로 무슨 말을 하고 왜 하는지 수정하는 것 말이다). 봇이 사람의 감정적 풍경에 실시간으로 적응하려고 할 때 실제로 그 속에서 디자이너나 개발자는 사용자가 어떤 기분이고 왜 그런 기분이며 어떻게 대우받고 싶어 할지에 관해 엄청나게 많은 가정을 하고 있다.

메이어는 "사용자가 대화에 끌어오는 감정적 필요를 제공해주는 것은 가상 비서의 정해진 일이 아니다. 사용자는 상호작용보다 먼저 존재한다. 발끝을 찧어서 화난 상태에서 대화를 시작할 수 있다. 화가 난 것처럼 들릴지도 모르지만 가상 비서가 아니라 탁자에 화를 내는 중이다. 다른 사용자들처럼 여전히 목표에 빠르고 편안하게 도달하고 싶어 한다. 그러나 감정 분석의 복잡성을 더한다고 반드시 도움이 되진 않는다"라고 경고한다.

감정 분석은 대화 디자이너로서 일하면서 겪게 될 문제이고 지금으로서는 그 정확성 및 목적에 관해 필요한 만큼의 회의주의적인 태도를 가지고 접근하기를 권한다. 비즈니스 이해관계자가 제품에 이를 포함하라고 요구한다면 불만점(pain point)을 찾기 위해 그것을 전적으로 사용하는 방식으로 팀을 이끌도록 노력하라.

기업들이 여성 음성을 선택하는 이유

오늘날의 유명한 지적 비서들(특히 시리와 알렉사) 대부분은 대개 사람들이 여성이라고 지칭할 음성을 가지고 있다. 이런 여성 리더 외에도, 많은 고객 서비스 봇들은 암트랙(Amtrak)의 줄리(Julie), 뱅크 오브 아메리카(Bank of America)의 에리카처럼 여성의 음성 및 이름을 가지고 있다.

그런데 디지털 여성이 많은 게 왜 문제가 되는가? 문제는 바로 사회적 맥락과 관련이 있다. 연구에 따르면 문화 속 뿌리 깊은 성 기반 고정관념을 흡수해온 사람들은 합성된 음성과 가짜 인간과의 상호작용에 이런 고정관념을 가져온다. 한 가지 예로, 사람들은 도움을 주는 역할로 여성 음성을 선호하지만 탐색과 같은 인지적 전문성을 요구하는 작업에는 남성 음성을 선호한다.

2019년 유네스코 보고서[18] 〈할 수 있다면 얼굴을 붉혔을 거예요(I'd Blush I'd Could)〉에서는 왜 테크놀로지 대기업들이 여성 음성을 선택했는지에 관한 연구를 살펴보았다. 사용자가 여성 음성을 선호했다는 인용이 많았다. 그러나 언어학적 연구에서는 이는 항상 사실이 아니며 만약 여성의 음성을 선호했다면 그것은 "도움을 주는 역할과의 연관성이 소리, 톤, 구문, 운율과의 연관성보다 더 커 보인다"라고 밝혔다.

가상 비서들이 여성 비서라는 사실은 음성 비서들이 본질적으로 '여성은 함부로 대해도 복종하고 참는다는 만연한 성차별적 편견'을 강화하고 있다는 것을 뜻한다. 즉 음성 비서의 복종적인 지위의 맥락은 여성들이 버튼을 터치하거나 "이봐" 혹은 "좋아" 같은 직설적인 음성 명령으로 이용할 수 있는, 의무적이고 유순하며 돕고 싶어 안달 난 도우미라는 신호를 보낸다.

이 보고서는 또한 UCLA의 비판적 인터넷 조사 센터(UCLA Center for Critical Internet Inquiry)의 공동 설립자이자 공동 책임자인 사피야 우모자 노블(Safiya Umoja Noble)의 적절한 발언을 인용한다. 여성 음성 비서들은 "요구에 응하는 여성, 소녀, 여성 젠더의 정체성을 가진 사람들의 역할에 관해 가르쳐주는 강력한 사회화 도구"가 될 수 있다는 것이다.

데이터에서 가져오는 맥락

우리가 봇을 차도로 떠미는 것처럼 보일 수도 있지만 모든 봇이 나쁜 것은 아니다. 핵심적으로 보이스봇과 챗봇은 단순한 코드, 논리, 알고리즘이며 이는 시스템이 가져오고 저장하는(그러도록 디자인 및 프로그래밍이 되었다면) 간단한 데이터에 응답하는 일에 아주 탁월할 수 있다는 뜻이다. 날짜, 시간, 사용하는 디바이스의 종류와 같이 상대적으로 간단해 보이는 데이터도 사용자의 맥락에 관해 많은 것을 드러낼 수 있다.

봇의 '두뇌'가 어떤 데이터에 접근 가능한지 이해한다면 봇이 어떻게 응답 또는 행동을 수정할지 설명할 수 있다. 원하는 대로 설계할 수 있는 다양한 종류의 데이터를 살펴보자.

> **참고** 데이터가 뭘 했다고?
>
> 이런 종류의 데이터는 편리함을 증진하지만 대개 이때부터 사람들이 '나에 관해서 알고 있단 말이야?'라고 겁을 먹기 시작한다. 우선, 스마트폰 및 소셜 미디어 사이트들은 여기서 가리키는 것보다 더 많은 정보를 갖고 있겠지만 뭘 걱정하는지 이해한다. 이는 다루기 까다로운 주제이고 나중에 '데이터 개인 정보와 윤리' 내용에서 설명할 것이다.

시간

알렉사가 오후 4시에 "좋은 아침입니다"라고 인사한다면 뭔가 잘못됐다고 생각할 것이다. 시간을 알고 반영하는 것은 기본적인 일이어서 실수를 하면 사람들의 기대치에 영향을 준다.

대부분 디바이스에는 시간(및 날짜)을 아는 방법이 있다. 때로 이는 디바이스를 설정한 위치를 통해 알 수 있고 GPS 좌표에서 가져오거나 사용자가 표준시간대를 설정해야 할 때도 있다. 아무튼 시스템은 시간을 알고 있으며 이는 시간에 기초한 맥락적 고려사항을 위해 디자인할 수 있다는 뜻이다. 커피를 대신 주문해주는 봇에게는 다음과 같이 보일 수 있다.

- **아침 8시 30분**: 다이애나는 잠이 덜 깼고 커피 마실 준비가 됐다.

커피봇: 좋은 아침입니다. 평소 주문하는 커피를 주문해드릴까요?
다이애나: 응, 제발. 이렇게 빌게.

- **오후 2시 30분**: 다이애나는 한 잔 더 마시기 위해 돌아왔다.

커피봇: 좋은 오후입니다. 뭘 주문하고 싶으세요? 디카페인 커피? 허브차? 아니면 다른 걸 원하시나요?
다이애나: 디카페인으로 줘.

이 경우 두 가지가 변한다. 첫째, 인사말은 역동적이기 때문에 올바른 시간을 반영한다. 둘째, 프롬프트는 두 가지의 다른 질문 유형을 제공한다. 아침에는 카페인이 부족한 다이애나에게 평상시 주문하는 커피를 답하기 쉬운 네/아니오 질문으로 제공한다. 오후에는 카페인을 얼마나 섭취할지 결정할 수 있도록 선택지 메뉴를 제공한다(몇 가지의 힌트

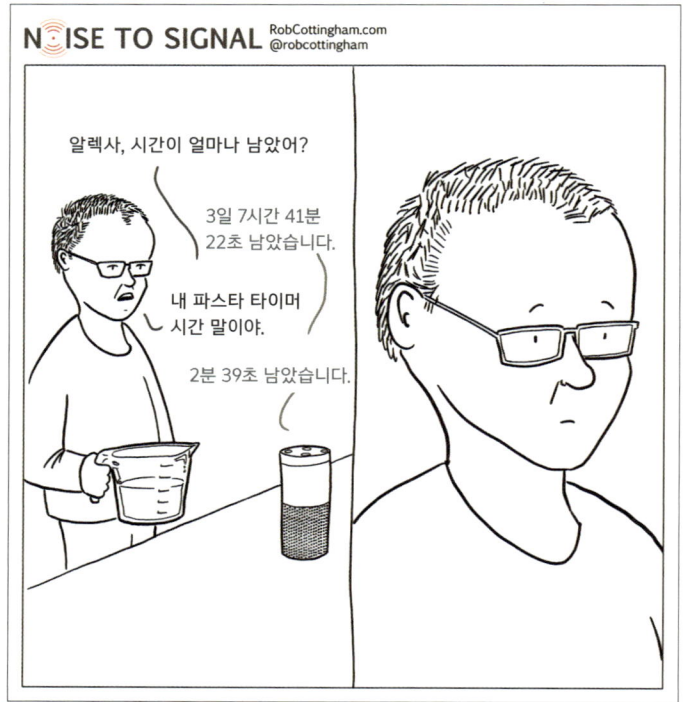

[그림 7.3]
맥락을 잘못 이해하면 이 만화에서처럼 조금 소름 끼치는 답을 내놓을 수 있다.

를 더 주자면 시간은 무엇이 열리고 닫히는지에도 영향을 미친다. 그리고 시스템은 '내일' 또는 '어제' 같은 단어가 포함된 사용자 요청을 처리하기 위해 시간이나 날짜를 알아야 한다). 그림 7.3은 알렉사가 시간에 기초한 맥락을 잘못 이해해서 벌어진 우스꽝스러운 가상의 사례다.

현재 위치

또 다른 간단한 맥락은 위치다. 사용자가 특정 시간에 있는 장소를 말한다. 더 정확하게 말하자면 사용자의 디바이스가 특정 시간에 있는 위치다. 위치 데이터는 모바일 디바이스의 지리적 위치, 알렉사 디바이스와 연결된 우편번호, 스마트워치 또는 자동차 내비

게이션 시스템과 같은 GPS 지원 디바이스의 좌표에서 가져올 수 있다. 위치 정보는 봇이 ATM, 스시 식당, 버스 정류장과 같이 주변에 있는 정보를 계산할 수 있게 돕는다.

- **오후 5시 30분: 다이애나는 볼일을 보러 나왔다.**

다이애나: 시리야, 에스프레소 한 잔 마실 수 있는 곳이 어디 있을까?
시리: 잠시만요. 에스프레소 한 잔 마실 수 있는 가장 가까운 곳은 5분 거리에 있는 나이트 커피입니다. 어떠세요?

이런 아이디어에는 제법 익숙할 것이다. 어쩌면 당신은 당연하다고 생각할지 모른다. 하지만 디바이스가 이런 정보를 갖고 있지 않으면 어땠을지 상상할 수 있겠는가?

다이애나: 시리야, 가장 가까운 커피숍을 찾아줄래?
시리: 물론이죠. 정확히 어디에 계시나요?
다이애나: 음, 그건 네가 알아야 하는 거 아니야?
시리: 아니요, 저는 위치나 GPS 정보를 저장하지 않습니다. 어디에 계시나요?
다이애나: 그게… (도로 표지판을 쳐다본다.) 프랭클린과 이스턴 파크웨이의 교차로에 있는 것 같아.

위치 정보가 없으면 위치의 세부 정보를 제공하기 위해 대화 순서를 최소한 한 번 더 사용하게 된다. 솔직히 말도 안 된다! 우리가 어디에 있는지 디바이스가 아는 것은 정보 공유를 거절하지 않는 이상 당연한 것이다(시스템이 위치 정보를 얻는 방법과 해당 데이터가 기술 계층 간에 전달되는 방식에 따른 디자인의 복잡성은 항상 존재할 것이다. 그러니 언제나처럼 개발자들과 대화해서 시스템에 관해 배워야 한다).

맥락을 고려한 메뉴

사용자가 무언가를 요청하면 봇이 지나치게 많은 선택지를 제공하는 순간이 봇의 일생에 일어나곤 한다. 그러나 좋은 봇은 사용자를 선택지 20개로 압도해서는 안 된다는 사실을 알고 있다. 대신 상위 2개 또는 3개를 제공하는 짧은 메뉴를 제공해야 한다. 맥락을 사용해서 가장 유용한 선택지를 제공하는 방법에는 뭐가 있을까?

현재 위치는 우선순위를 매기는 좋은 방법이다.

"가장 가까운 피자 가게는 어거스티노스입니다. 여기서 주문하시겠습니까?"

하지만 이외에 우선순위를 매길 수 있는 유효한 방법들이 존재한다.

- 평점: "가장 평점이 높은 곳은 단테스 피자리아입니다. 여기서 주문할 수 있습니다. 주문할까요?"
- 속도: "제트 피자의 주문 속도가 가장 빠르므로 17분 만에 피자를 받을 수 있습니다. 여기서 주문할까요?"
- 혜택: "지금 먼치스 자이로스 앤 피자의 엑스트라 라지 피자가 반값 세일을 해서 10.99달러입니다. 마음에 드시나요?"
- 습관: "저번에는 폰티나스에서 주문했습니다. 여기서 주문해도 될까요?"

어떤 접근법을 사용할까? 다른 사람들은 다른 우선순위를 갖는다. 어떤 선택지가 가장 중요한지 알아내기 위해서 사용할 수 있는 방법은 다양하다.

- 사용자에게 관심사에 관한 우선순위를 지정하도록 요청하여 현재 우선순위를 반영하는 목록을 얻는다. 이 우선순위를 이후 상호작용을 위해 저장하면 보너스 점수를 받을 것이다. "20곳의 피자 가게가 열려 있습니다. 평점, 가격, 위치 중 무엇을 가장 중요하게 생각하세요?"
- 선택지를 좁혀서 제공한다. 봇은 단순히 사람에게 무엇을 중요하게 생각하느냐고 묻고 결과를 걸러내 해당 사항이 적용된 선택지만 제공할 수 있다. "화덕, 딥디쉬, 뉴욕 스타일 중 원하는 스타일의 피자 가게가 있나요?"

- 승자일 가능성이 큰 단 하나의 선택지로 좁힌다. 이런 접근법은 양 많은 목록을 피하고 사용자가 '그렇다'고 대답하면, 이때의 상호작용은 한 번의 신속한 순서로 원하는 피자 가게를 성공적으로 결정하게 된다.

이런 기준들의 일부를 교차로 참고할 수 있다. 그림 7.4는 위치 데이터와 상위 평점을 사용하고 선택지를 좁혀서 아주 구체적인 목록을 만든 사례다.

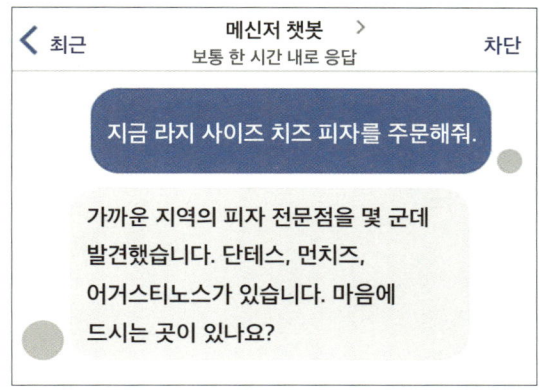

[그림 7.4]
이 대화는 '사용자와 가장 가까운 위치'와 '높은 평점'이라는 두 필터를 고려했다.

시스템이 불필요한 선택지를 처음부터 제거하는 방법을 찾아야 한다는 것을 기억하라. 예를 들어 문을 닫았거나 먹고 싶은 파인애플 피자를 팔지 않는 가게라면, 그곳은 애초에 선택지로 제공되지 말아야 한다.

저장된 연락처 및 결제 방법

시스템이 이메일, 전화번호, 배달 주소, 결제 정보를 저장하는 것은 일반적이며 유용하다. 웹사이트와 앱에서 사람들은 익숙하게 저장한다. 음성 및 채팅 상호작용은 같은 종류의 정보를 똑같이 안전하게 저장할 수 있다. 음성 상호작용은 특히 저장된 정보의 덕을 볼 수 있다. 소리 내서 주소나 카드 번호를 부르는 일은 솔직히 몹시 귀찮다. 정보가 저장되면 대화 순서와 오류가 일어날 기회가 줄기 때문에 상호작용이 더 원활하게 이뤄진다. 다음은 그 차이를 보여주는 두 가지 사례다.

사례 1: 결제 방법이 저장된 경우

사용자: …그리고 바닐라 콜라 2개.

봇: 알겠습니다. 또 필요한 게 있으신가요?

사용자: 아니.

봇: 알겠습니다. 1234로 끝나는 비자 카드가 등록되어 있습니다. 그 카드에 청구될 수 있습니다. 구매할 준비가 되셨나요?

사용자: 응.

사례 2: 결제 방법이 저장되지 않은 경우

사용자: …그리고 바닐라 콜라 2개.

봇: 알겠습니다. 또 필요한 게 있으신가요?

사용자: 아니.

봇: 알겠습니다. 저장된 결제 방법이 없으므로 그 정보를 입력해주세요. 우선 신용카드 번호 16자리를 불러주세요.

사용자: (번호를 읽는다.)

봇: (번호를 읽는다.) 맞습니까?

사용자: 응.

봇: 유효기간은 언제까지인가요?

이 뒤에도 얼마나 많은 순서가 추가되는지 알 것이다. 오류가 일어나기라도 하면 절차는 더 늘어난다("죄송합니다. 그 카드 번호는 유효하지 않습니다. 신용카드 번호 16자리를 다시 불러 주시겠습니까?"). 이 문제는 비단 신용카드 정보에만 해당하는 것이 아니다. 음성으로 정확하게 사용자의 이메일을 전달하는 일도 어렵기로 악명 높다. 그렇다면 어떻게 시스템은 다른 사람에게 말하도록(또는 문자로 입력하도록) 요청하지 않고 이런 세부 정보를 얻을 수 있을까?

방법은 다양하다. IVR 시스템의 경우, 전화번호는 종종 계정 번호와 연결되며 한 번 인증되면 시스템은 다른 정보에 액세스할 수 있다. 음성 비서의 경우, 각 디바이스는 계정 및 이메일 주소와 연결되며 사용자는 해당하는 앱에 로그인해서 저장된 결제 방법 같은 것을 설정할 수 있다. 이런 정보에 접근할 수 있는 챗봇의 경우, 안전하게 로그인한 다음에 주로 이 단계를 마주치게 된다. 예를 들어 뱅크 오브 아메리카 앱은 로그인을 요청하고 그 이후에야 뱅킹봇 에리카를 '만날' 수 있기 때문에 에리카가 사용자의 비밀을 모두 알고 있어도 안전하다.

대화 디자이너의 궁극적인 목표는 저장된 데이터를 가진 사용자를 위해서는 간소하게, 저장된 데이터가 없는 사용자를 위해서는 가능한 한 무난하게 만들며, 데이터가 안전하고 어떤 용도로 사용되는지를 명확히 전달하는 데 있다.

> **참고** 내 봇이니 내 선택
>
> 데이터를 사용할 때 주의해야 할 점이 있다. 사용자에게 데이터가 어디로 가고 어디에 저장되는지를 명시적으로 알리지 않으면 상호작용은 말 그대로 순식간에 기분 나쁘게 변한다. "봇이 내 신용카드를 어디서 알아냈지?" "왜 우리 엄마 이름을 알고 있는 거야?" "내가 저번에 뭘 주문했는지 어떻게 알고 있는데?" 사용자가 동의(선택)할 기회를 얻지 못하면 신속하고 장기적인 플랫폼 이탈을 유도할 만큼의 공포를 유발할 수도 있다. 이에 대해서는 이번 장의 '토론과 대안'에서 더 자세히 다루겠다.

세션 데이터

만약 봇이 사용자에 관한 어떤 형태의 데이터도 저장하지 않는다면 봇과 이야기할 때마다 봇은 첫 만남으로 생각할 것이고, 이는 그다지 유용하지 않다. 처음 사용하는 사용자는 한 종류의 경험을, 슈퍼 유저는 다른 경험을 필요로 한다.

이런 사용자 특화 행동을 보는 방법은 세션 데이터를 저장하고 조정하는 것이다. 세션 데이터는 각 세션에서 수행하는 작업, 소요 시간, 작업 순서 등에 관한 모든 종류의 통계를 다룬다. 또한 시스템은 특정 일을 얼마나 자주 하는지 습관을 추적할 수 있다. 시스템은 '메모리 뱅크'라는 것으로부터 데이터를 가져와 행동을 사용자 맞춤화할 수 있다(이 사실이 놀랍다면 웹 브라우저와 쿠키를 알면 더 기분이 나쁠 수도 있다). 표 7.1은 흔히 볼 수 있는 맥락 추적 요소를 보여준다.

세션 데이터를 저장하면 시스템은 음성 경험을 상호작용 횟수에 기초해서 개인 맞춤화할 수 있다. 이는 첫 세션일 때, 적응했을 때, 습관적 행동을 가진 '광팬'일 때 모두 개인 맞춤형 흐름을 제공할 수 있다. 사용자가 항상 다음과 같이 한다면 이 정보를 중심으로 디자인을 시작해 상호작용이 원활하게 진행되도록 할 수 있다.

- 무언가를 특정 순서대로 한다.
- 특정 인텐트로 직행한다.
- 특정 시간 또는 날짜에 상호작용을 사용한다.

사용자가 원할 가능성이 있는 것에 따라서(습관적 행동이 단서로 작용한다) 좋아하는 선택지 또는 자주 찾는 메뉴 항목을 능동적으로 제공할 수 있다. 이는 대화형 인터페이스의 고유한 적응 능력이다. 웹사이트는 사람들이 얼마나 그 사이트를 잘 아는지에 따라서 시간이 지날수록 조금씩 변화하지 않는다.

[표 7.1] 흔히 볼 수 있는 맥락 추적 요소

맥락 추적 요소	묘사
세션 넘버	하나의 세션을 시작할 때마다 숫자가 배정된다. 시스템은 신규 사용자(세션 1)와 슈퍼 유저(세션 100)에게 서로 다른 경험을 제공할 수 있다.
세션 지속시간 날짜 타임스탬프	세션 지속시간을 알면 디자이너들은 상호작용이 잘 이루어지고 있는지 알 수 있다. 사용자가 얼마나 자주 로그인하는지 알면 설계해야 할 훈련이나 알림과 관련한 정보를 제공한다.
접하는 인텐트	시스템은 사용자가 접하는 인텐트를 추적할 수 있다. 이 정보가 있으면 시스템은 다음을 제공할 수 있다. • 사용자가 작업 중이었다면 작업 재개 • 공통 인텐트에 기초한 개인 맞춤형 메뉴 사용자가 인텐트를 접하지 않은 경우, 시스템은 이를 찾기 위한 조언을 제공할 수 있다. "'이걸 추가해'라고 말해서 재생 목록에 음악을 추가할 수 있다는 사실을 아나요?"

> **참고** 경험이 쌓이면 프롬프트가 짧아진다
>
> 정보에 액세스하는 방법에 익숙해질수록 안내가 덜 필요하므로 프롬프트는 짧아질 수 있다. 테이퍼링(tapering)이라고 불리는 이 기법은 덜 반복적이고 빠른 상호작용으로 이어진다.
>
> - **첫 번째 대화**: 좋아요. 양고기 비리야니 레시피를 선택했습니다. 다음으로 재료나 요리 단계를 설명해드릴 수 있습니다. 어떻게 해드릴까요?
> - **두 번째 대화**: 좋아요. 양고기 비리야니 레시피입니다. 재료나 요리 단계 중 뭘 자세히 듣고 싶으신가요?
> - **세 번째 대화**: 좋아요. 양고기 비리야니군요. 그다음에 뭘 하시겠어요?
>
> 테이퍼링이 효과적이기 위해서는 계획과 코딩이 필요하지만, 사람들이 같은 기능을 반

복적으로 사용하면 이런 프롬프트를 통해 봇과 사용자가 둘만의 짧은 표현을 갖게 됐다고 느끼게 된다.

디바이스

사용자의 디바이스는 맥락을 결정하고 내포한다. 즉 디바이스는 우선 사용자가 접근할 수 있는 기능을 위한 장을 마련한다. 음성만 사용하는가 아니면 스크린도 있는가? 탭할 수 있는가? 이런 기능은 사람이 상호작용하는 방법과 입력 및 출력이 지닌 어포던스(affordance: 심리학에서는 '행동 유도성'이라는 뜻—옮긴이)에 영향을 미친다.

또한 디바이스는 사람의 환경 및 사고방식에 관한 것까지 암시할 수 있다. 예를 들어 부엌 주변을 뛰어다니는 두 아이를 위해 저녁을 요리하면서 간헐적으로 옆방에서 들려오는 텔레비전 소리에 귀를 기울이는 아버지를 생각해보자. 이 사람은 요리 레시피를 얻기 위해 스마트 스피커와 대화하는 중일 수 있다. 주변은 소란스럽다. TV의 배경 소음, 아이들과 나누는 곁다리 대화, 울리는 오븐 타이머 등. 이를 완전히 다른 종류의 방해와 다른 위험성을 아우르는 차량의 음성 GPS 시스템과 대조해보라.

다음에 나오는 세 가지 일반적인 대화형 인터페이스 시나리오를 자세히 살펴보고 이런 요인들이 사용자의 행동과 기대치를 어떻게 변화시키는지 살펴보자.

A: 데스크톱 컴퓨터 및 웹 브라우저를 통해 챗봇과 대화하기

- 데스크톱 컴퓨터이므로 집에 있을 가능성이 크다.
- 시각적 인터페이스에 문자를 입력하면서 챗봇과 상호작용을 하므로 글을 훑고, 그림을 보고, 챗봇에 제공하는 메뉴 버튼을 아무거나 누를 수 있다.
- 다른 탭을 클릭하거나 지뢰 찾기를 하면서 멀티태스킹을 할 가능성이 크다. 따라서 대화가 계속 진행 중이고 원활하지 않을 수 있으므로 순서 사이에 긴 공백이 있을 수 있다.
- 답변을 받은 후에는 대화창을 닫기만 하면 되므로 작별 인사 없이 편하게 대화를 나누는 도중에 벗어날 수 있다.

B: 스마트폰에서 보이스봇과 통화하기

- 스마트폰이기 때문에 사용자는 어디에나 있을 수 있다.
- 사용자는 스크린에서 정보를 받지 않고 말을 한다.
- 심부름하거나 엘리베이터를 타거나 노트북에서 동시 작업을 하는 등 물리적으로 멀티태스킹을 하고 있을 수 있다.

C: 은행의 알렉사 스킬(Alexa Skill)과 대화하기

- 스마트 스피커이므로 집에 있을 가능성이 크다.
- 은행 정보를 소리 내서 읽어달라고 하므로 주변에 듣고 있는 사람이 없는지 확인할 것이다.
- 대화를 "알렉사"로 시작해야 한다.
- 손으로 멀티태스킹을 하고 있을지도 모르지만 대화에 집중하고 있다.
- 응답하지 않으면 시스템이 만료될 것을 알기 때문에 순서 교대가 더 잘 이뤄지고 대화를 명백하게 끝맺음할 사회적 필요가 더 크게 느껴진다.

이를 보면 디바이스의 영향력이 표면적이지 않다는 것을 볼 수 있다. 심층적인 단계에서 행동 및 기대치에 영향을 미치는 것이다. 음성봇과 챗봇이 같은 경로로 행동하더라도 매체 자체가 다른 맥락을 만들어낸다. 이는 목표, 발화를 표현하는 방식, 진행하는 작업에 집중하는 정도를 변화시킨다. 상호작용이 여러 종류의 디바이스에서 진행될 예정이라면 그 차이를 연구하고 염두에 둔 채 디자인해야 할 것이다.

> **참고** **우아한 전환**
>
> 뚝딱거리는 어색한 대화 전환을 피하려면 광범위한 글로벌 전환 프롬프트 또는 주제 간의 특정 상황별 프롬프트를 고려하라. 예를 들어 사용자가 두 번째 주문을 하기 위해 처음부터 다시 시작해야 하는 것이 흐름에 포함된다면, 첫 번째 인사를 건너뛰고 사용자가 이미 그 세션에서 완료한 작업의 맥락을 표시하는 프롬프트를 추가하라.

- 첫 번째 시작 프롬프트: 안녕하세요, 전 새미입니다. 샌드위치 주문을 도와드리겠습니다. 뭘 주문하시겠어요?
- 중간 세션 '처음으로 돌아가기' 프롬프트: 좋습니다. 다음 샌드위치로는 뭘 고르고 싶으세요?

데이터 중심으로 맥락을 계획하기

디자이너들과 개발자들은 맥락의 종류 및 지각없는 사물과의 대화에서 맥락이 하는 역할에 대해 공유된 이해가 필요하다. 팀이 대화형 인터페이스를 만들 때는 다음과 같은 것을 알아내야 한다.

- 시스템이 기억할 수 있는 것(시스템이 저장할 수 있는 데이터)
- 시스템이 사용자에게 도움이 되는 이 기능을 사용해 수행해야 하는 작업(정보에서 발생하는 작업)

디자이너가 코드의 작동법에는 영향을 미칠 수 없을지도 모르지만 시스템의 역량을 이해해야만 디자인을 할 수 있다. 시스템이 대상과 참고 문헌을 추적할 수 있게끔 콘텐츠 태깅 또는 정보 아키텍처를 설정하는 일에 연관되었을지도 모른다. 표 7.2는 시스템이 가져오는 데이터 및 기타 맥락적 고려사항을 이해하기 위한 대화 주제 목록이다.

표 7.2는 완전한 목록이 아니다. 훨씬 정교한 시스템은 다음과 같은 수많은 소스와 디바이스에서 데이터를 가져올 수 있다.

- 달력
- 프린터
- 스마트 홈 디바이스(온도 조절 디바이스, 커넥티드 냉장고)
- 건강 모니터 디바이스

[표 7.2] 봇은 어떤 데이터를 사용할 수 있을까?

맥락 요소	데이터	논의할 질문
하루 중 시간	시간 표준시간대	• 시스템이 현지 시간을 알고 있고 그것을 어떻게 작동하는가? • 시간대가 상대적으로 정적인 상태를 유지할 것인가? • 사용자는 표준시간대를 어떻게 변경하는가? 수동으로? 아니면 자동으로?
현재 위치	지리적 위치 우편번호 GPS 좌표	• GPS 좌표는 정확한가? • 좌표는 변화하는가(스마트폰처럼), 정적으로 머무는가(스마트 스피커처럼)?
저장된 정보	이메일 전화번호 배달 주소 결제 방법	• 사용자가 이 정보를 어떻게 업데이트하는가? • 이 경험은 시간별로 올바른 정보를 가졌는지 확인하는가? • 시스템은 사용자가 정보를 변경하고 싶어 하는 경우 사용자를 인증하는가?
세션 데이터	세션 횟수 세션 지속시간 날짜 타임스탬프 접한 인텐트 수	• 사용자는 얼마나 자주 상호작용을 하는가? 매일 아침? 하루 종일? 일주일 혹은 한 달에 몇 번? 1년 중 특정한 날에만? • 세션은 얼마나 지속되는가? 이상적인 세션 길이인가? • 사용자는 무엇을 반복적으로 하는가? • 사용자는 모든 기능을 사용하는가? 그렇지 않다면 사용자는 새로운 기능을 어떻게 찾을 수 있는가?
디바이스	스마트폰 노트북 스마트 스피커 히어러블 웨어러블 VR 헤드셋	• 사용자는 대화에 접근하기 위해 어떤 디바이스를 사용하는가? 스마트 스피커? 노트북? 휴대전화? • 상호작용은 음성 기반인가, 문자 기반인가? • 화면이 있는가? 있다면 터치스크린인가? • 디바이스는 사용자의 물리적 환경에 관해 이런 점을 알려준다. 사용자가 차 안에 있는가, 거리에 있는가, 아니면 책상에 앉아 있는가? 혼자인가, 주변에 사람이 있는가? 시끄러운가? 산만한가, 집중하는가?

대화 디자이너가 어떤 데이터가 어떤 형식으로 제공되는지를 반드시 알아야 하는 건 아니지만 좋은 디자인을 하기 위해서는 이를 이해해야 한다. 대화 디자이너가 상호작용을 뒷받침하는 데이터를 모르면 흐름은 완성되지 않고 올바른 프롬프트를 만들 수 없을

것이다. 데이터 지평을 이해하려면 팀의 전문가들과 대화하라.

데이터 개인 정보와 윤리

다들 말하기를 꺼리는 문제를 이야기해보자. 이번에는 데이터를 저장하는 디바이스와 그 데이터가 어떻게 사용되는지 말하고자 한다. 일반적으로, 스마트폰과 컴퓨터를 사용하는 사람들은 디바이스가 모든 종류의 데이터를 수집한다는 사실을 알고 받아들인다. 그 개념에 익숙해지고 그냥 무시하는 것이다. 그러나 말을 하고 사람의 말을 '듣는' 테크놀로지라는 개념은 조금 더 기이한 면이 있고 기계가 듣는다는 것이 무슨 뜻인지 완전히 이해하지 못한 사람들이 많아서 더 큰 문제가 야기된다.

더 정확히 말해서, 2017년에 진행된 설문조사[19]에서 설문 대상의 20퍼센트가 스마트 디바이스가 '언제나 듣고 있다'(호출어를 듣고 있다는 의미에서)는 사실을 알지 못한다는 점이 밝혀졌다. 몇 년 뒤, 시리가 아이폰에 데뷔한 지 9년 뒤, 그리고 알렉사가 상용화된 지 5년 뒤인 2019년에 이런 부족한 이해는 다음과 같은 헤드라인을 내세운 뉴스 기사들을 통해 더욱 입증되었다.

"구글 직원들이 당신의 거실에서 엿듣고 있다."

"안녕, 알렉사. 네가 엿듣는 걸 어떻게 멈출 수 있어?"

"싸움, 병원 진료 및 성관계를 녹음하는 시리(그리고 계약자들이 모두 듣는다)."

이 기사에서 언급하는 이야기는 기업들이 사용자 발화(오디오 버전 및 텍스트 문자 변환)를 저장한다는 사실이다. 다만 이 기업들이 실시간으로 사용자의 말을 듣는 게 아니라는 것을 구분해야 한다. 도청 디바이스를 설치한 것처럼 도청하는 사람이 없다는 뜻이다(아직은!).

한 번 호출어를 말하면 음성 비서는 '진짜로' 녹음을 시작하고 발화를 클라우드로 전송해 프로세스한다. 이 녹음은 저장되고 분석될 수 있다(기업들은 익명 처리가 되었다고 말하겠지만 말이다). 이 모든 것에도 불구하고 사람들은 디바이스가 작동하는 방식을 몰랐기 때문에 몹시 놀랐다. 시드니 퍼셀(Sidney Fussell)이 〈디 애틀랜틱〉에 요약해 쓴 글에 따르면 이 스캔들의 핵심은 시스템이 데이터를 수집한다는 것이 아니라 사람들이 "음성 보조 기술이 실제로 어떻게 작동하는지에 최소한의 인식만 하게 됐다는 것이다. 듣는 디바이스들은 설계된 대로 작동했다. 단지 우리가 누가 듣고 있는지 몰랐을 뿐이다."[20]

엄밀히 말하면 사람들은 최종 사용자 사용권 계약 또는 소프트웨어 사용권에 서명하며 이에 동의했다. 읽지도 않고 '동의'를 클릭하기 전에 본 바로 그 긴 계약서 말이다(좋은 시스템이라는 말은 아니다. 단지 엄밀히 말해서 동의를 하긴 했다). 이 책이 출간되는 시점에 사람들은 데이터에 대해 일종의 주체성을 갖고 있다. 예를 들어 아마존의 알렉사는 사용자가 간단한 보물찾기에 참여할 의향이 있다면 알렉사와의 대화 기록에 접근할 수 있도록 허용한다. 직접 해보려면 알렉사 앱의 여러 메뉴를 탭해보라. 그렇게 진행하다 보면 주체성을 가질 수 있다.

그림 7.5에서 레베카가 알렉사 앱과 대화를 나눈 기록을 볼 수 있다. 그림 7.5에서는 레베카의 발화 "알렉사, 내 장바구니에 당근을 추가해줘"에 알렉사는 다음과 같이 응답했다. "장바구니에 당근을 추가했습니다." 이후 '녹음 삭제', '좋아요'와 '싫어요'를 눌러서 알렉사의 유용성을 평가할 방법을 볼 수 있다.

추가로 일부 번거로운 과정을 줄이기 위해서 입력된 항목을 하나씩 삭제하는 대신 일정과 같은 기준을 따르거나 "알렉사, 내가 말한 내용을 삭제해" 같은 말로 시스템이 자동으로 기록을 삭제하도록 설정할 수 있다(그림 7.6 참조).

반면, 구글은 오디오 스토리지에 관한 동의를 요구한다(이 플랫폼의 기록 역시 '내 활동' 탭 안에 숨겨져 있지만 말이다). 그러니까 사용자가 제어할 수 있는 셈이다. 하지만 녹음본을 어디서 찾아야 하는지를 어떻게 알 수 있는가? 게다가 오디오를 삭제한 뒤에도 아마존의 데이터 생태계에서 삭제되는지, 타사 앱으로 전송되는지는 완전히 명확하지 않다. 알렉사를 향해 손가락질하려는 건 아니다. 듣는 디바이스 및 플랫폼은 대부분 이와 비슷한

[그림 7.5]
알렉사 기록에서 녹음을 삭제할 수 있다.

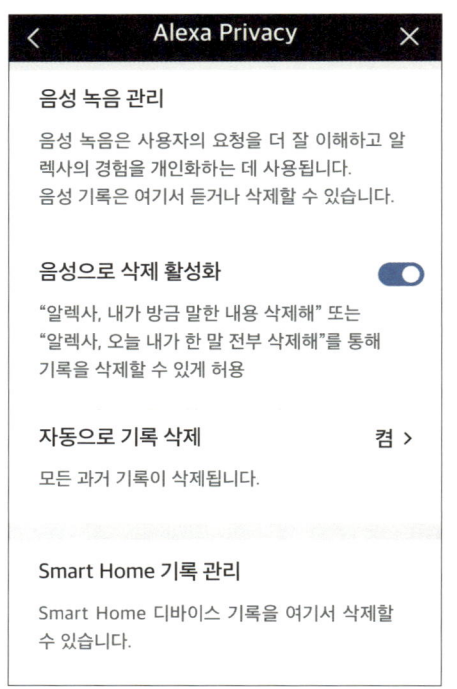

[그림 7.6]
사용자들은 자동으로 정보를 삭제하도록 설정할 수 있지만 기록은 방지할 수 없다.

방식을 사용한다.

이것은 대부분의 경우 회사 정책에 따라 좌우되는 또 다른 영역이다. 그러나 우리는 대탐정 셜록 홈즈의 모자를 쓰고 질문을 할 것을 권한다. 시스템이 가져가는 데이터가 뭔지, 어떻게 저장되는지, 누가 접근할 수 있고, 누가 분석하는지 알아내라(당신일지도 모른다! 우리 두 사람은 사용자 대본을 읽는 데 수십 시간을 들였다). 알게 된 사실이 안심시켜줄 수도 있고 호루라기를 향해 손을 내밀게 만들지도 모른다. 어느 쪽이건 아는 편이 낫다.

당신이 영향력을 가질 수 있는 부분은 사용자에게 투명성을 제공하는 일이다. 그 20퍼센트에 속한 사람 중 디바이스가 듣고 있다는 사실을 알아차리지 못한 누군가를 생각해보라. 발화 및 오디오 데이터가 저장되는 방식에 관한 명백한 정보를 제공할 방법을 찾고 데이터 스토리지를 개인 맞춤화하는 방법을 가르쳐주면 주체성을 줄 수 있다.

아무리 사소한 개인 정보도 새어 나가면 무섭다

사람들이 집에 디바이스를 설치할 때는 디바이스가 정보를 소중하게 보관할 것을 믿는 것이다. 그러나 일부 결함은 데이터가 보안 장벽을 뚫고 새어 나갈 수 있다는 사실을 드러낸다. 2018년에 있었던 일이다.[21] 일련의 인식 오류 때문에 알렉사가 마룻바닥에 관해 이야기하는 한 부부의 개인적인 대화를 녹음했고 그 녹음을 부부의 연락처에 있는 사람에게 이메일로 전송했다. 맞다. 마룻바닥에 관한 대화다. 그 딱딱한 나무 바닥 밑에 시체를 묻어야 한다는 얘기가 아니라면 별로 외설적이지는 않은 주제다. 전체적으로 해를 끼치지는 않았다. 하지만 그 부부는 겁이 났다. 당연한 일이다. 부부 중 한 사람인 다니엘의 말을 인용하자면 다음과 같다.

"침해받은 기분이었어요…. 완전한 개인 정보 침해였죠. 전 즉시 '저 디바이스를 결코 다시 켜지 않을 거야. 믿을 수 없으니까'라고 말했죠."

대다수 사람도 다니엘처럼 반응했을 것이다. 디바이스가 개인 정보 보호에 관한 기본적인 기대치를 침해하면 고객들을 겁줘서 영원히 쫓아내게 될 것이다.

마지막 이야기

맥락과 기억은 사람을 봇으로부터 구별하는 중요한 기준 중 하나다. 사람들은 뛰어난 기억력을 가지고 맥락에 잘 반응하고 작업을 하지만 당신이 작업하고 있는 봇은 잘 그러지 못할 것이다. 시간이 지날수록 봇이 맥락을 감당하지 못하고 계속 실패하면 신뢰에 타격을 준다. 한순간에서 다음 순간으로 이어지는 대화 주제를 기억하지 못하면 신용카드 번호를 저장할 수 없다. 대화 디자이너로서 당신의 목표는 신뢰를 키우는 방법을 최대한 많이 찾는 것이다. 다음은 이를 돕기 위해 우리가 줄 수 있는 마지막 조언이다.

- 봇을 알아야 한다. 봇의 메모리가 부족하고 이 기술적 한계를 염두에 두고 디자인을 해야 한다면 그 한계를 아는 것이 바로 첫 단계다.
- 맥락에 대비하라. 봇이 맥락을 고려할 방법을 모색하라. 정확하게 시간 또는 날짜를 반영하거나 반복적인 방문을 알아차리는 것처럼 간단한 일을 통해 신뢰를 구축할 수 있다.
- 간소화할 방법을 찾아라. 봇이 정보를 잘 기억하지 못하고 사람들이 많은 양의 정보를 입력해야 한다면 그 부분의 흐름을 최대한 쉽게 만들어라.
- 이웃의 데이터를 존중하라. 시스템이 맥락을 위해서 데이터를 저장한다면 그 데이터가 당신의 것이 아님을 명심하라. 그건 사용자의 데이터다. 주체성을 줘야 한다. 과정을 이해하고 주도하기 쉽게 만들어라. 동의하게 하라. 저장되고 있는 정보와 그것을 삭제하는 능력에 쉽게 접근할 수 있게 하라. 뭔가 변경되면 알림을 줘라.

미래를 생각해보면 봇들이 맥락을 이해하고 그 맥락에 맞춰 적응하는 능력은 이미 나아지고 있다. 방법을 알아내고 좋은 종적(縱的) 기억을 갖춘 봇을 만드는 기업이 승리하게 될 것이다. 당신의 기업이 이를 해낸다면 아주 큰 변화를 이룩할 것이며 제품을 경쟁 제품들과 효과적으로 차별화할 수 있을 것이다.

솔직히 우리는 봇이 건망증 심하고 해이한 괴짜처럼 행동하는 것을 그만두는 날만을 고대하고 있다. 현실적인 대화를 생성해내는 테크놀로지를 만든다고 생각해보라. 실제로 사람들이 집, 사무실과 주머니 안에서 살고 있는 디바이스에게 늘 한 말을 반복할 필요 없이 맥락에 의존하는 상호작용을 만드는 대화는 디자이너의 꿈이나 다름없다. 엄청난 잠재력을 생각하면 신이 난다. 그러나 흥분으로 판단력이 흐려지거나 사용자의 데이터 통제를 옹호하는 의견도 꺾어서는 안 된다.

토론과 대안

"맥락과 관련된 데이터가 선을 넘을 때는 언제인가?"

다이애나: 간단히 말하면, 뭔가를 하고 있다고 사실을 밝히지 않을 때야. 갑자기 바리스타가 직불카드 번호를 줄줄 말해버리는 것과 같아. "세상에 맙소사! 대체 어떻게 알았어요?" 이렇게 말하는 기분이겠지.

레베카: 그렇지만 신용카드 번호를 아는 이유는 탭에서 열었을 때 건네주었기 때문이잖아.

다이애나: 하지만 그걸 외우겠다고 내게 알려주지 않았단 말이야! 그게 바로 문제야. 반드시 사람들에게 알려주고 그 정보를 저장해도 된다는 동의를 받아야 해. 그렇지 않으면 정보를 훔치는 거야. 복잡하게 생각할 것 없어. 우리 애한테 늘 말하듯이 명백한 동의를 얻기 전에는 하면 안 돼.

레베카: 당연하지. 투명성과 동의는 좋아. 사람들에게 편리성을 주기 위해 데이터를 저장하는 것과 기업들이 우리에 관한 모든 종류의 개인 정보를 가지기 위해서 데이터를 저장하는 것 사이에 이런 자연스러운 긴장감이 있는 게 싫어.

다이애나: 난 그 균형을 이해해. 가능하면 일을 쉽게 만들고 싶거든. 예를 들면 내가 쓰는 동일한 신용카드 번호를 매번 새로 읽게 하지 않았으면 좋겠어(시카고 수도국 IVR처럼. 그래, 지금 손가락질하는 거다).

레베카: 나는 기업이 투명성을 다루는 방식에 창의성이 부족하다고 생각해. 음성 상호작용에서 투명성이 작동하는 방법을 다시 만드는 일에 필요한 노력을 들이지 않고 있어. 그 대신 그걸 스크린에 그대로 모사하려고 하지. 더 나쁜 경우에는 사람들을 말 그대로 스크린으로 보내버려.

다이애나: 으, 맞아. 동의하려면 방식을 바꾸라는 강요를 받는 게 치가 떨리게 싫어. 맙소사, 내가 음성 상호작용을 하는 중이라면 내가 쓰고 있는 인터페이스에서 작업 내용을 알려달란 말이야. 하지만 솔직히 우린 모두 전문적인 일을 하는 디자이너잖아. 우리의 일은 말 그대로 문제를 해결하는 것이고. 데이터는 사람들의 가장 개인적인 자산이야. 우리는 더 잘할 수 있고, 그래야만 해.

우리가 동의하는 점: 명백하게 동의를 구하라. 분명하게 정보를 전달하라. 사람들이 절대로 동의하지 않는 것을 선택하도록 강요하거나, 단지 데이터를 지우기 위해 수천 줄의 작은 글씨를 응시하도록 강요하는 것으로는 충분하지 않다. 그리고 이제 제품들이 무엇을 하고 있는지 분명히 밝히기로 약속하자. 그게 더 좋든 나쁘든 사람들이 자신이 무엇에 동의하는지 이해할 수 있도록 말이다.

CHAPTER 8
대화의 복잡성

사용자: 알렉사, 너 반려동물 키워?

알렉사: 저는 반려동물을 키우지 않습니다. 벌레는 몇 마리 있었지만 계속 짜부라지더군요.

이것은 정말 좋은 대화라 할 수 있다! 짧고 간단하며 목적을 이룬다. 한 사람이 질문을 하나 하고 봇이 대답하는 빠른 상호작용을 디자인하는 일은 그리 어렵지 않다. 이렇게 신속하고 '원하는 걸 얻고 떠나는' 상호작용에는 매력이 있다. 음성과 채팅이 잘하는 분야다.

하지만 빠르게 주고받는 것보다 더 많은 것을 원하면 타당하고 필수적인 이유로 복잡해지기 시작한다. 일부 대화는 본질적으로 다른 대화보다 복잡하다. 이번 장에서는 복잡한 대화 사례들을 보여주고 대화를 어떻게 잘 디자인할 수 있는지 설명하고자 한다.

멀티모달 상호작용

앞서 말했지만 중요하니 한 번 더 강조하겠다. 사람들은 대화를 나눌 때 사용할 수 있는 감각을 모두 사용한다. 대화형 제품이 멀티모달이면 하나 이상의 감각을 활용한다는 뜻이다. 주로 청각, 시각, 촉각 요소를 조합한다. 두 가지 이상의 입력 또는 출력을 허용함으로써 다중 모드 상호작용은 인간이 일반적으로 세상과 상호작용하는 방식과 더 밀접하게 일치하는 경험을 제공한다. 가장 일반적으로 대화 디자이너는 VUI(음성)와 GUI(화면)의 조합으로 작업한다. 그 관계를 간단히 보려면 그림 8.1을 보라.

멀티모달을 위해 디자인을 할 때 필요한 것은 모드 간 상호작용을 이해하는 것이다. 사람들은 본능적으로 음성과 시각 사이를 오가며 그 일부는 음성 및 시각 데이터를 서

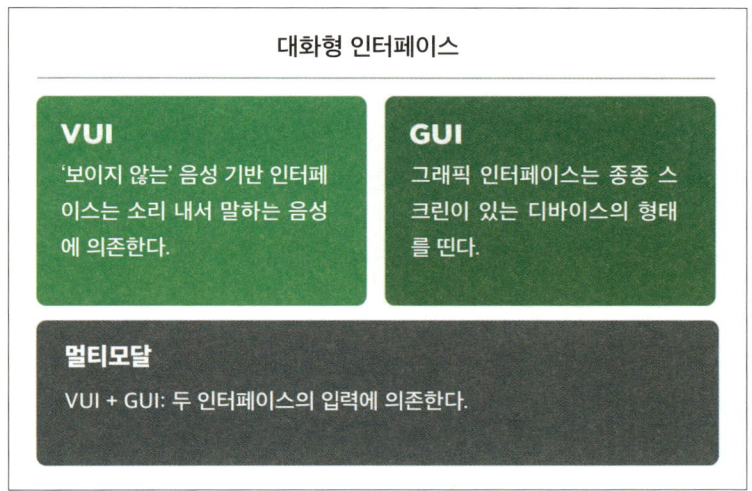

[그림 8.1]
GUI와 VUI의 조합이 유일한 멀티모달 유형은 아니지만 대화 디자이너들이 마주하게 되는 흔한 조합이라 할 수 있다.

로 다른 속도로 해석하기 때문이다. 언어학자이자 대화 디자이너인 브릴 니콜로프(Brielle Nickoloff)는 트윗에서 이를 요약하며 일부 경우에 사용자가 질문을 하고 응답으로 시각적인 정보를 얻는 방식이 효과적일 수 있는 이유를 설명한다. 예를 들어 알렉사에게 타이머 시간이 얼마나 남았는지 물어보면 알렉사는 바로 보여줄 수 있다(그림 8.2 참조). 니콜로프는 이 요소의 균형을 맞추는 방식은 항상 '사용 사례에 기반을 두어야 한다'고 말했고 우리도 이에 동의한다.

궁극적인 디자인 목표는 모드 간 상호작용이 마찰 없게 느껴지게 하는 것이다. 결국 그것이 멀티모달의 매력이다. 잘 이루어지면 자연스럽고 본능적으로 느껴진다. 이제 중요한 고려사항을 이야기해보자.

> 브릴 니콜로프
> @ElleForLanguage
>
> 4/7
> 한 가지 예: 인간들은 타자 치는 속도보다 빠르게 말을 하지만 읽는 속도 (및 시각적으로 다양한 데이터 포인트를 살펴보고 비교하는 속도)는 듣는 속도보다 빠르다. 따라서 음성을 입력으로 받고 시각적 요소를 출력으로 내보낼 수 있는 시스템은 특정 상황에서 몹시 유용할 것이다.
>
> 2019년 4월 29일 오후 1:52 Twitter Web Client

[그림 8.2]
니콜로프는 멀티모달에 관한 조언을 250자 이내로 통달한다.

> **용어 정의** 음성 전용 디바이스
> 스마트 스피커에 스크린이 없으면 그 스피커는 음성 전용 디바이스라 불린다(헤드리스(headless) 디바이스라 불리기도 하는데 그건 좀 괴상한 표현이다). 스마트 스피커와 스크린의 조합의 경우 이 디바이스들은 음성 우선 디바이스 또는 음성 포워드(voice-forward) 디바이스라고 하며, 여기서 정보를 교환하는 주된 수단은 음성 대화이고 일반적으로 화면은 보조 디바이스로 취급된다.

음성과 문자를 경쟁시키지 마라

대화 디자이너는 음성으로 어떤 정보를 전달해야 할지와 스크린이 음성 정보를 어떻게 강화하거나 대체할지를 선택해야 한다. 알렉사 팀을 관리하는 VUI 디자인 업계의 베테랑 리사 폴크슨(Lisa Falkson)은 이런 종류의 결정을 내릴 때 필수적인 연구를 살펴본다. 그 연구에 따르면 시각 자료와 오디오가 함께 제시될 때, 사람들은 시각에 집중하고 오디오를 무시하는 경향이 있다. 그러니 그대로 문자를 스크린에 옮기면 사람들은 글을 읽기 시작하며 소리를 귀담아듣지 않는다(발표를 듣고 있는데 발표자가 글자가 빽빽한 슬라이드를 올릴 때 이 현상을 직접 겪었을 것이다). 시각 자료는 언어적 반응을 강화하는 것을 목표로 해야 한다.

초보자들에게 멀티모달 디자인을 가르칠 때 리사가 사용하는 예 중 하나는 이렇다. "알렉사, 날씨 어때?"라고 물어보니 에코 쇼(Echo Show, 아마존의 벽걸이 스마트 디스플레이—옮긴이)를 통해 알렉사가 음성으로 대답한다.

"현재 캘리포니아주의 밀 밸리는 화씨 76도입니다. 오늘 밤은 대체로 맑을 것이며 최저 기온은 화씨 57도입니다."

화면에 보이는 시각 자료는 76과 57이라는 숫자를 보여주며 대체로 맑은 날씨를 나타내는 아이콘으로 그 온도를 강조한다. 그림 8.3에서 이를 볼 수 있다.

그러나 화면은 오늘 날씨뿐만 아니라 한 주 날씨를 모두 표시하며 알렉사의 응답에 없는 추가 정보를 제공한다. 알렉사가 이 모든 정보를 청각적으로 전달하려면 얼마나 오래 걸릴지 생각해보라.

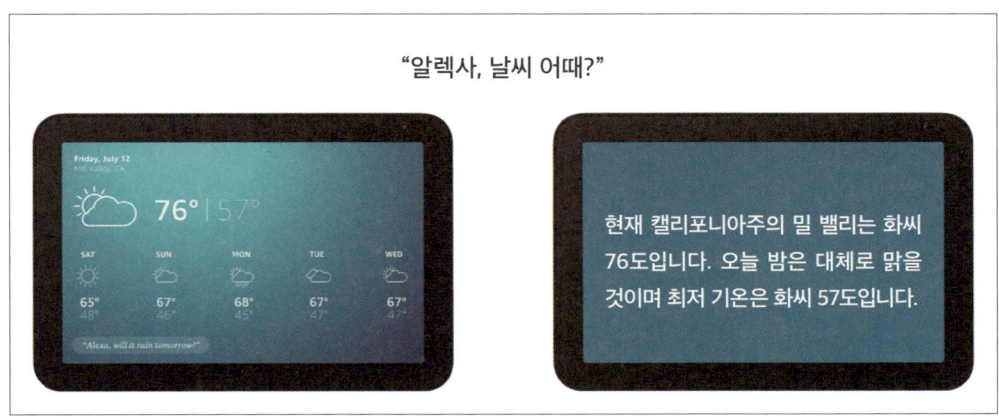

[그림 8.3]
에코 쇼 화면에서 리사 폴크슨은 보조 오디오에 관한 좋은 시각적 반응(왼쪽)과 청각에 집중하지 못하게 하는 나쁜 시각적 반응(오른쪽)을 비교한다. 왼쪽 화면은 아이콘으로 정보를 주기 때문에 오디오와 경쟁할 필요가 없을 만큼 차별화된다.

"토요일 최고 기온은 화씨 65도이고 맑음입니다. 일요일 최고 기온은 화씨 67도이고 대체로 맑음입니다. 월요일 최고 기온은…."

이해할 수 있을 것이다. 화면은 질문에 관한 정확한 정답을 우선시하지만 전체적인 맥락을 한눈에 제공한다. 오디오를 아예 빼놓고 시각적 응답만 제공하면 어떻게 될까? 흐음. 가능할 것 같다. 하지만 사용자가 그 순간에 화면을 보고 있지 않다면? 혹은 화면을 사용할 수 있을 만큼 잘 볼 수 없다면? 게다가 알렉사가 질문을 받았을 때 침묵을 지키면 꽤 무례하게 느껴질 것이다. 순서 교대를 위반하는 일이니까. 사람들은 소리 내서 말하는 응답을 기대하는 편이고 그것이 없으면 어색한 상황이 될 것이다.

접근 편리성에 대해 짧게 알아둘 것이 있다. 귀가 들리지 않는 사용자 다수는 자막(말하고 있는 것을 한 자 한 자 적은 문자)을 원하지만 음성 비서들은 일관적으로 그 기능을 제공하지 않는다.

오디오와 화면을 인간의 기준으로 동기화하라

시스템 응답에서 시각과 오디오를 모두 완벽하게 사용하려면 화면 콘텐츠와 오디오 콘텐츠를 추가로 고려하는 것만으로는 충분하지 않다. 두 가지 요소가 시간 내에 동기화되는 방식을 고려해야 한다. 리사 폴크슨은 '시간적 결합 창'에 관한 연구를 언급한다. 오디오 및 시각적 요소는 유한한 시간의 창에서 함께 인식되어야 동시에 일어난 것처럼 느껴진다(구체적으로 0.4초 이내여야 한다). 오디오 및 시각적 데이터가 창밖에서 들어온다면 두뇌는 데이터들을 개별적인 2개의 입력으로 분리한다. 디자이너의 관점에서 화면에 응답이 표시된 지 0.4초 이상 후에 음성봇이 말하는 경우, 사용자는 이 응답을 분리된 새로운 응답으로 착각한다.

폴크슨은 이에 관한 훌륭한 예로 에코 큐브(Echo Cube, 아마존 에코와 비디오 스트리밍 파이어 TV 셋톱 박스를 합친 제품—옮긴이)의 초기 버전을 가리킨다. 폴크슨은 지나가면서 "알렉사, TV 켜줘"라고 말했다. 디바이스는 켜졌지만 아무것도 말하지 않는 것처럼 보였다. 1,

2초 뒤에 큐브는 "알겠습니다"라고 대답했지만 이미 늦은 뒤였다! 인간들에게 익숙한 재빠른 순서 교대를 기억하는가? 이건 얼렁뚱땅 순서 교대라서 어색하게 느껴진다. 응답이 0.4초 내로 돌아오게끔 디자인해야 한다.

시각적 정보로 확인할 수 있게 하라

음성과 화면이 동시에 작동하면 화면은 확인 작업을 할 수 있게 하고 시스템이 올바로 들었다는 안도감을 준다. 예를 들어 알렉사의 목록 제작 기능을 보자. 사용자가 화면이 달린 아마존 디바이스에 물품을 장바구니에 추가하라고 말하면 알렉사는 "감자를 장바구니에 추가했습니다"라며 확인한다. 화면에서 사용자는 이 말을 전혀 볼 수 없고 목록에 있는 항목 자체만 볼 수 있으므로 그림 8.4와 같은 추가적인 시각적 확인 장면을 제공한다.

더 복잡한 예를 살펴보자. 수많은 패스트푸드점은 음성 주문을 시스템에 통합해서 음성 로봇이 인간 직원을 대체하고 가상의 주문 담당자 역할을 하기를 바란다.

[그림 8.4]
항목을 장바구니에 추가하면 알렉사는 장바구니 목록을 화면에 표시한다.

속도는 드라이브스루의 핵심이다. 차 안에 땀 흘리고 굶주린 아이들이 가득 타고 있다고 상상해보자. 저녁을 사러 드라이브스루로 가고 배고픈 아이들은 각자 버거를 서너 개씩 먹으려 한다. 게다가 입맛도 까다롭다. 주문도 저마다 요구가 다를 것이다("양파는 싫어!"). 그런데 시스템이 전체 주문이 옳은지 확인하려 할 때 무슨 일이 일어날까? 음성봇이 주문 확인을 위해 모든 주문을 일일이 읽으면 어찌 될지 상상이 되는가?

"플레인 햄버거 하나, 양상추와 양파 뺀 햄버거 하나, 랜치 소스와 치킨 텐더 하나, 바비큐 소스와 치킨 텐더 하나…"

이는 부담스럽고 효과적이지 않으며 주문을 지체할 것이다. 이보다 더 좋은 방법이 있을 것이다!

다행히도 인간의 대화 자체가 멀티모달이라는 점을 이용해서 이 거래를 더 원활하게 만들 수 있다. 더 효과적인 드라이브스루 음성봇을 만들려면 다양한 감각적 입력을 제공하여 대화형 행동을 활용하라. 예를 들어 앞의 주문 상호작용을 멀티모달로 제작하고 고객이 주문이 기록되는 것을 볼 수 있도록 디지털 디스플레이를 사용할 수 있다.

화면을 사용해서 시각적으로 확인할 수 있게 하는 것은 이 상황에서 몹시 효과적이다. 소리 내어 읽히는 순서대로 화면에 주문의 각 항목이 표시되면 운전자는 시스템이 잘못 기록했는지 즉시 알 수 있다. 이 초 단위의 시각적 피드백은 직접적이고 명시적인 확인을 가능하게 한다. 이 멀티모달 순서의 마지막에 전체 목록이 화면상에 있으면 운전사는 이를 쓱 살펴볼 수 있다. 고쳐야 할 점을 발견하면, 몇 분짜리 주문 요약 읊기를 중단시키는 것보다 훨씬 쉽게 오류를 지적할 수 있다.

> **참고** 화면 테스트
>
> 드라이브스루 상황에서는 적어도 한 명, 즉 운전사가 눈으로 볼 수 있음이 보장된다(그러길 바란다!). 하지만 일반적으로 대화 디자이너는 모든 사람이 화면을 사용할 수 있으리라고 가정해서는 안 된다. 모든 사람이 눈으로 볼 수 있는 것은 아니며 그 순간에 디바이스를 보고 있지 않을 수도 있다. 게다가 볼 수 있는 사람이 누구나 글을 읽을 수 있

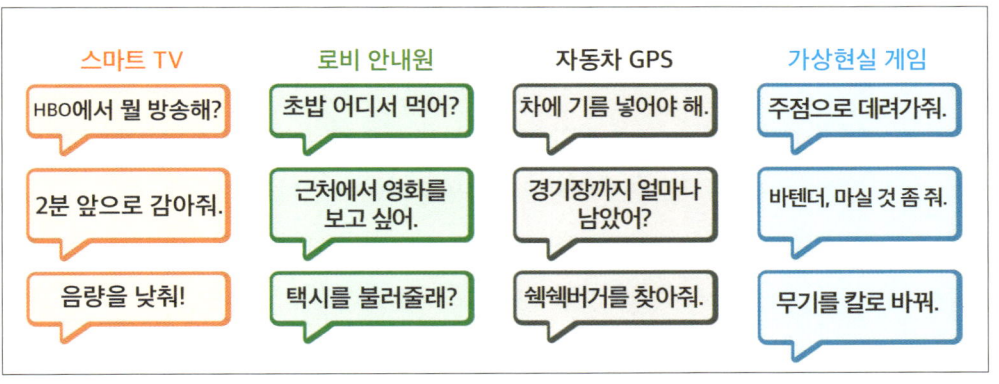

[그림 8.5]
모든 사용 사례가 GUI 및 VUI를 함께 사용하지만 각각 환경에 기초한 특별한 디자인 조건이 있다.

다고 가정해도 안 된다. 읽는 데 어려움을 느끼거나 특정 언어를 모를 수 있다. 디자이너는 사용자가 언어를 전환하게 하는 기능을 계획하거나 문자에 추가로 그림이나 기호를 넣을 수 있다.

드라이브스루 음성 주문의 사용 사례는 맥락이 음성과 시각의 상호작용에 어떻게 영향을 미치는지를 보여주는 좋은 예다. 그림 8.5는 사용자의 환경이 눈, 귀 및 주의 범위에 관한 요구 사항을 변경하는 다른 멀티모달 사용 사례를 보여준다.

접근 편리성을 염두에 두고 계획하라

대화형 인터페이스의 지지자들은 종종 시각장애인이나 이동을 제한받는 사람들에게 음성 인터페이스가 제공하는 편리성을 지적한다. 청각장애인이나 난청인의 경우 고객 서비스 봇과 채팅하는 것이 TTY 디바이스(통화 중에 문자를 보낼 수 있는 문자 전화로 많은 사용자가 매우 투박하다는 감상을 남기는 서비스)를 통해 전화하는 것보다 훨씬 쉬울 수 있다.

하지만 소리나 화면을 사용할 수 없는 사람들도 고려해야 한다. 멀티모달은 사람들이 일련의 선택사항 내에서 필요한 방식으로 조작할 수 있게 함으로써 상황을 개선한다. 멀티모달은 모든 사람이 필요한 감각에 접근 가능하다는 가정에 경험이 기반을 둘 때 상황을 더 끔찍하고 나쁘게 만든다. 작가이자 멀티모달 디자인 전문가인 셰릴 플라츠(Cheryl Platz)는 멀티모달의 '최종 목표'는 '유동성과 유연성'이어야 한다고 말했다.

"특정 시간에 특정 모달리티를 고객에게 강요하는 것은 뒤처진 누군가를 두고 가버리는 것이다."

멀티모달은 본질적으로 모두에게 더 좋은 것은 아니기에 의도적으로 독점적이지 않고 포용적으로 디자인해야 한다.

그림 8.6은 시리가 멀티모달 유연성을 아이폰에서 허용하는 방법을 보여준다. 순서마다 사용자는 음성을 사용하거나 화면을 탭해서 상호작용을 진행할 수 있다. 누군가가 음성 또는 시각을 사용하지 않는다면 어떤 경우에도 상호작용을 완료할 수 있다.

사람이 가치 있으므로 접근성과 포용적 디자인은 가치 있다. 이 이유만으로도 충분하다. 즉 멀티모달에 관한 비즈니스 사례를 만들어야 한다면(수익 창출 방법을 정당화하는 경우) 이는 시장에서 제품을 차별화할 수 있는 강력한 방법이다. 셰릴 플라츠의 말에서 교훈을 얻을 수 있다.

"경쟁업체들은 접근성 있는 시설이 필요한 고객에게 수준 이하의 경험을 제공할 것이다. 멀티모달 상호작용을 사용해서 이 사용자들을 제품의 핵심 상호작용 모델에 포함할 수 있다면 그 경쟁적 이점이 확장될 것이다. 그러나 자막의 경우처럼 이런 기능을 환영하는 수혜자는 장애가 있는 고객만이 아닐 것이다."

근본적으로 과거나 어느 특정 경험 또는 서비스에서 그랬던 것처럼 동일한 방법으로 문제를 해결할 필요가 없다. 플라츠는 디자이너들에게 제품에만 초점을 맞춘 좁은 범위에서 멀티모달을 생각하는 것을 그만두라고 권한다.

"멀티모달은 제품에 추가되는 것이 아니라 시장을 확장하는 것이다."

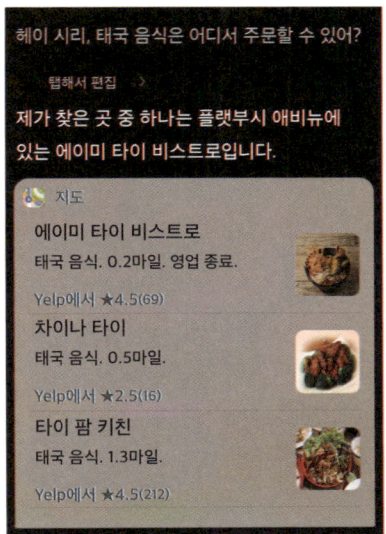
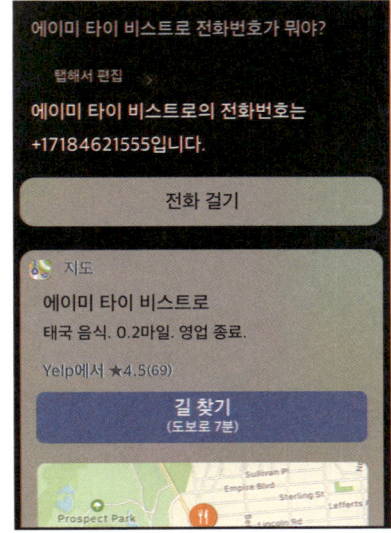

레베카가 시리에게 "태국 음식은 어디서 주문할 수 있어?"라고 묻는다. 시리는 소리 내서 대답하고 동일한 문자가 화면에도 나타난다. 화면은 '에이미 타이 비스트로'부터 표시하고 스크롤을 내릴 수 있는 여러 선택사항에 각각의 사진과 세부 정보를 추가로 표시한다.

레베카는 "에이미 타이 비스트로 전화번호가 뭐야?"라고 묻고 화면이 이를 전사한다. 시리는 전화번호를 보여주고 탭할 수 있는 버튼을 제공한다.

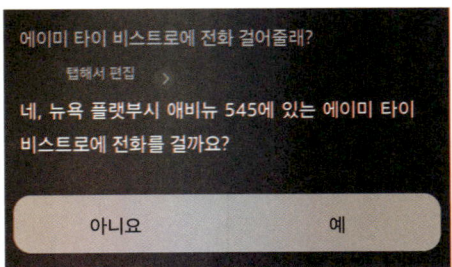

레베카는 화면 정보를 보지만 소리 내서 "에이미 타이 비스트로에 전화 걸어줄래?"라고 묻는다. 시리는 인텐트를 확인한다. 레베타는 "응"이라고 말하거나 버튼을 탭해서 시리가 전화를 걸도록 할 수 있다.

[그림 8.6]
레베카가 태국 음식점에 대해 물을 때 레베카는 음성만으로 상호작용을 계속하거나 화면을 탭하거나 스크롤하면서 진행할 수 있다. 마음대로 선택할 수 있다.

> **함께 나누면 좋을 이야기**

접근성

팀은 다음 질문에 대답한 후 이를 염두에 두고 디자인하고 그 솔루션이 필요한 사람들과 함께 테스트해야 한다.

- 접근
    - 모든 사람이 모든 모드를 지원하는 디바이스를 갖고 있는가?
    - 특정 환경 또는 상황에서 비실용적인 모드가 있는가?
    - 디바이스는 누군가가 무제한으로 데이터에 접근하는 것을 가정하는가?
    - 모든 사람이 상호작용을 실행할 충분한 대역폭이나 와이파이를 가지고 있는가?
    - 장애가 있는 사람을 배제하는 모드가 있는가?

- 음성
    - 필요한 경우 자막이 제공되는가?
    - 기계가 쉽게 인식하지 못하는 음성을 가진 경우 휴대전화의 숫자를 누르는 것처럼 다른 방식으로 정보를 입력할 수 있는가?

- 음성과 화면
    - 음성만으로 작업을 마칠 수 있는가? 화면만으로 가능한가?
    - 문자 입력이 가장 편하다면 사람들이 그 방법으로 정보를 입력할 수 있는가?

- 터치
    - 상호작용에 미세한 운동 기술이 필요한가?
    - 제한받는 사람들(부상을 입었거나 관절염 혹은 수전증이 있는 환자 등)에게는 어떻게 작동하는가?

— 상호작용이 점자 또는 음성 리더와 호환되는가?

'접근'을 가장 중요한 자리에 두면, 제품은 모든 사용자에게 동일한 콘텐츠와 기회를 제공할 수 있다.

멀티세션

대부분의 음성 및 채팅 상호작용은 한 번 이상 사용하기 위해 만들어진다. 팀은 사람들이 반복적으로 대화를 나누는 봇을 만들고 싶을 것이다. 당신이 이런 멀티세션 대화를 계획할 때는 근본적으로 관계를 설계하는 것과 같다. 이 책은 대부분 관계를 쌓기 위한 기술을 다룬다. 예를 들어 신뢰를 주고 맥락을 위해 사용자에 관한 세부 정보를 축적하는 성격을 디자인한다. 멀티세션 대화를 설계할 때 고려해야 하는 또 다른 점은 사람들이 시간이 지남에 따라 초보자에서 슈퍼 유저로 성장하도록 돕는 방법으로, 이 과정을 온보딩(onboarding)이라고 한다.

봇이 수십, 수백 가지 일을 도울 수 있다면, 봇이 할 수 있는 모든 것을 사람들이 알아내는 데는 여러 번의 상호작용이 필요하다. 이는 디자이너와 사용자 모두에게 지극히 정상적이고 예상 가능한 일이다. 하지만 채팅, 특히 음성 대화를 위한 온보딩에는 특별한 도전 작업이 딸려온다. 바로 사람들은 말 그대로 자신이 무엇을 물어볼 수 있고 물어볼 수 없는지 모른다는 것이다. 즉 일련의 기능은 눈에 보이지 않는다. 그리고 웹사이트와 달리 콘텐츠를 대충 훑어보거나 클릭하며 살펴보면서 적응할 수도 없다.

그렇다면 이 모든 기능을 어떻게 발견하기 쉽게 만들까? 잠시 뒤에 이 주제에 관해 이야기하겠지만 우선은 실패하는 방법부터 설명하겠다. 처음 인사를 나눌 때 할 말 또는 물어볼 주제를 적은 긴 목록을 사람들에게 투하하라. 물론 완전히 새로 접하는 사용자들은 안내가 필요하지만 정보의 도가니는 사람들을 압도하거나 혼란스럽게 하거나 짜증 나게 한다. 이건 학습하기에 효과적인 방법이 아니고 심지어 일부 사용자의 의욕을 완전히 꺾어버릴 수 있다.

온보딩은 첫 상호작용에서 저절로 일어나는 것이 아니다. 여러 세션에 걸쳐서 시간을 들여가며 속도를 조절해야 하는 학습 계획을 설계해야 한다.

첫 상호작용

첫 번째 상호작용에서는 위험성이 크다. 봇이 좋은 첫인상을 만드는 데 실패하면 영영 기회는 돌아오지 않는다. 사람들은 대체로 음성 및 채팅에 가차 없으며 곧장 뭔가 어렵거나 이상하다고 생각하면 전원 코드를 뽑아버린다.

일부 사람들은 첫 대화의 목표가 사용자에게 모든 것을 가르쳐주는 것으로 생각한다. 아니다. 소프트웨어 튜토리얼에서는 그럴지도 모르지만 대화형 상호작용에서는 그렇지 않다(물론 일부 예외도 존재한다).

첫 세션의 목표는 사용자가 두 번째 경험을 위해 돌아오게 하는 것이다. 그게 전부다. 사용자가 재방문하도록 동기를 부여하는 간단한 첫 성공을 제공해야 한다. 이후의 각 세션은 사용자를 조금 더 가르칠 수 있는 기회다. 다음은 첫 번째 대화가 달성해야 하는 기준이다.

- **만남과 인사**: 봇은 사용자가 자신이 대화를 나누고 있는 것을 알도록 자기소개를 한다.
- **사용자의 방향 제시**: 간략하게 왜 봇이 존재하는지 알려준다. 전체적인 목적이 무엇인지 말이다.
- **중요한 것부터 먼저**: 까다로운 절차 없이 사용자에게 원하는 것을 제공한다.

본질적으로 당신이 제공하는 온보딩이 그렇게 간단하지 않을 수도 있다. 선호를 설정하거나 시스템이 필요로 할 만한 데이터(이름, 이메일, 지불 정보) 수집과 같은 필수적인 단계가 있을지도 모른다. 이를 간소화하거나 전달하는 몇 가지 방법이 있다.

- **나중으로 미루기**: 사용자의 지불 정보는 사실 사용자가 정말로 구매하기 전까지는 필요가 없다. 구매하기 전에 브라우징을 몇 번 더 하고 싶어 할 수도 있다. 구매 지점에서 해당 정보를 수집하고 나중에 사용하기 위해 저장해도 되는지 묻는 편이 나을지도 모른다.
- **계정 연결**: 이미 기존 계정을 가지고 있는 경우(예: 은행에 계정이 있고 알렉사에게 잔액 확인을 요청하기를 원하는 경우) 시스템은 사용자에게 계정을 연결하는 방법을 안내해서 데이터에 안전하게 접근하게 할 수 있다.
- **멀티모달 사용**: 화면은 사람들이 기본 설정을 지정할 수 있는 좋은 방법이다(화면을 사용하면 편하게 설정을 할 수 있다). 온보딩을 통해 사용자가 앱을 실행하고 즐겨 찾는 선택 항목이나 필터를 설정하도록 권장하는 경우 사용자로부터 직접 신뢰할 수 있는 데이터를 얻게 된다.

신규 사용자와 복귀 사용자에게 다른 경험을 제공하는 것은 7장의 '세션 데이터'에서 배운 대로 세션 숫자 추적에 의존한다는 사실을 참고하라.

함께 나누면 좋을 이야기

온보딩 고려사항

정교한 온보딩 계획은 시간이 걸린다. 몇 가지 질문을 고려해 팀과 논의하면서 첫걸음을 내디더라.

- 시작하자마자 알아야 할 가장 중요한 것은 무엇인가?
- 사용자가 겪게 될 새로운 작업을 완료하는 데 필요한 것은 무엇인가?

- 슈퍼 유저에 관한 우리의 정의는 무엇인가?
- 다른 사람들이 무엇보다 먼저 알기를 바라는 것은 무엇인가?
- 사람들이 학습하는 데 필요한 순서는 무엇인가?
- 봇이 유용하고 관련 있는 메뉴를 제공하는 방법은 무엇인가(어떻게 만들까)?
- 기능을 잊은 사람에게 상기시켜줄 방법은 무엇인가?
- 사용법을 잊은 사용자를 다시 온보딩하는 방법은 무엇인가?
- 누군가가 직접 도움이나 안내를 요청하면 무슨 일이 일어나는가?

슈퍼 유저 훈련하기

사람들에게 감당할 수 있는 분량의 훈련을 제공하는 것이 레벨을 올리는 가장 좋은 방법이다. 작업할 화면이 있다면 음성과 영상 모두로 수행할 수 있다. 적절하게 배치한 '시기적절한' 제안은 사람들이 뭘 할 수 있는지 쉽게 배우도록 돕는다. 여기서 핵심은 그 조언이 빠르고 연관성이 있어야 한다는 것이다.

음성은 주로 이런 식으로 작동한다. 혈당 및 음식 섭취량을 추적하는 헬스봇과 대화한다고 상상해보자. 대화를 나누면서 봇은 "다음으로 주간 혈당 리포트를 드릴 수 있습니다. 보시겠습니까?" 또는 "'오늘 섭취한 칼로리 양이 몇이야?'라고 물을 수 있다는 걸 아셨나요?"라고 말할 수 있다.

멀티모달 상호작용에서 화면은 발화를 눈에 거슬리지 않게 모델링하는 좋은 방법이다. 그림 8.7은 구글 네스트 허브(Nest Hub)의 날씨 화면을 보여준다. 하단에는 "이번 주는 어때?", "내일은 어때?"와 같이 제안된 발화가 몇 개 있다. 이는 청각적 지문을 차지하지 않으면서 가능한 다음 단계를 제공한다.

선택사항 메뉴를 제공하기 위한 몇 가지 세련된 방법도 있다. 세션을 시작하면 시도해 볼 수 있는 선택지를 제안할 수 있다(다시 말하지만 이는 화면상에서 특히 잘 작동한다). 때때로 사람들은 명시적으로 메뉴를 요구할 테고 이 경우 시스템은 좋은 선택지를 제공해야 한

[그림 8.7]
구글 네스트 허브 디스플레이는 유용한 발화의 단서를 제공한다.

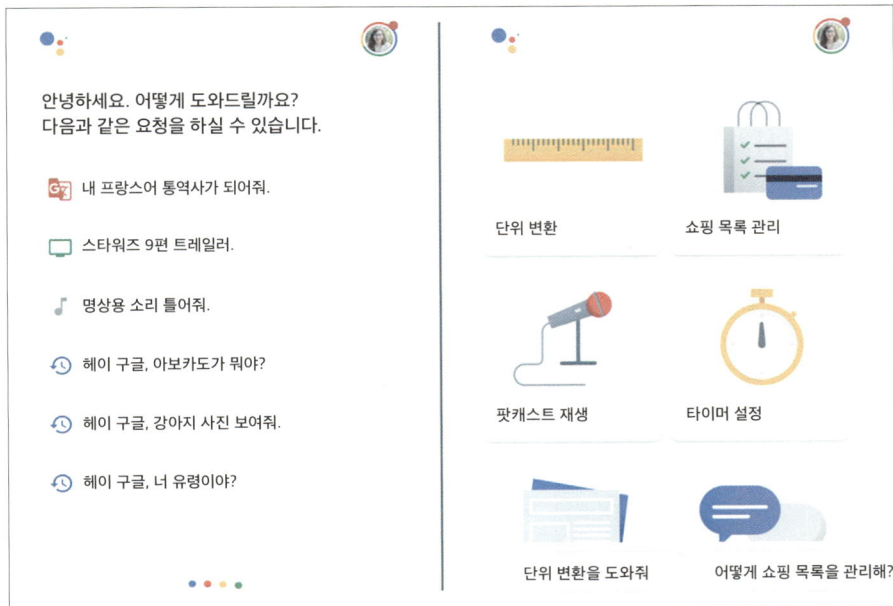

[그림 8.8]
왼쪽에서 구글 어시스턴트가 레베카에게 요청할 항목을 말해주며 인사한다. 오른쪽에서 구글 어시스턴트는 "어떤 도움을 줄 수 있어?"라는 질문에 깔끔한 메뉴를 제공한다.

다. 그림 8.8은 이런 기술이 작동하는 방식을 보여준다. 이런 프롬프트가 유용하기 위해서는 역동적이어서 신선하고 시간을 들여 살펴볼 가치가 있어 보이게 해야 한다는 사실을 참고하라.

신규 사용자를 위한 온보딩은 몹시 유용하지만 복귀 사용자를 위한 온보딩 역시 다음 상황에서 필요할 수 있다.

- 새로운 기능이 배포될 때(즉 새 인텐트가 추가되거나 흐름이 개선될 때)
- 복귀 사용자가 경험해본 적 없는 기능과 마주할 때. 이 기능은 시스템에 새로운 것은 아니겠지만 사용자에게는 새로울 수 있다.
- 마찬가지로 사용자가 기능을 사용한 지 오랜 시간이 지났다면, 단계를 통해 다시 수행하는 것이 유용할 수 있다.

이해관계자들과의 대화

온보딩에 투자하기

기업들이 철저한 온보딩 프로세스를 빌드하지 않고 주저한다고 들었다. 알다시피 신중한 디자인과 많은 사용성 테스트가 필요하기 때문이다. 흔히 반복되는 질문은 '사용자가 한 번만 사용하는 일련의 기능에 왜 그리 많은 개발 시간과 자원을 소비하는가?'이다. 이렇게 생각하는 사람은 요점을 놓친 것이다. 온보딩이 제대로 진행되지 않으면 사용자는 해당 디바이스를 상자에 다시 넣고 다시 열지 않는다. 또는 채팅창을 나가면서 욕설을 중얼거리고 콜센터에 전화를 걸기 시작할 것이다.

멀티채널

복잡한 대화의 또 다른 유형은 멀티채널 대화다. 우리는 채널을 서비스 모드, 즉 비즈니스가 고객과 상호작용하는 방법이라고 생각한다. 흔히 볼 수 있는 채널에는 웹사이트, 앱, 이메일, 센터에 전화로 문의하기, 사람 대 사람 간 채팅 등이 있다. 챗봇이나 음성 제품을 여기에 추가하려면 전체적인 생태계에 그것이 어떻게 들어맞는지를 잘 고려할 필요가 있다.

사람들이 마음대로 사용할 수 있는 채널이 많이 있는 경우 비즈니스는 두 가지 요인을 이해해야 한다. 첫째는 사람들이 선택하는 채널에 영향을 미치는 요인이고, 둘째는 사람

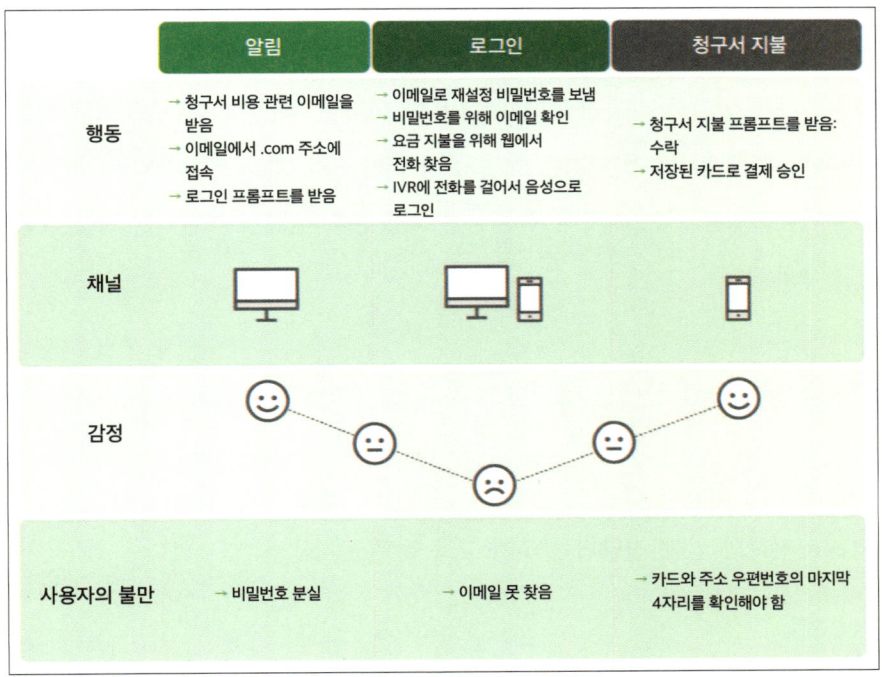

[그림 8.9]
여러 채널에 걸친 사용자 여정을 보여주는 간단한 고객 서비스.

들이 채널에서 채널로 이동하는 요인이다. 그림 8.9 같은 도표가 좋은 시작점이 된다. 기존 채널을 확인하고 사용자가 각 채널을 통해 어떤 작업을 이룰 수 있는지, 사람들이 왜 채널을 전환하는지 살펴볼 수 있다.

최근 다이애나는 과거에 병원에서 퇴원한 환자들을 위한 복잡한 대화 제품군을 디자인했다. 이 제품은 병원에 입원한 지 얼마 안 된 두 그룹을 대상으로 했다. 혈당 조절이 불량한 당뇨병 그룹(당뇨병에 걸린 사실을 알고 있던 그룹)과 병원에 입원해 있으면서 이제 막 당뇨병 진단을 받은 그룹이다. 두 그룹 모두 퇴원한 이후 당뇨병 관리에 어려움을 느끼곤 했으며(진단받은 지 얼마 되지 않았기 때문에) 당뇨병을 관리하기 위해 약간의 추가 지원이 필요했다. 더군다나 당뇨병 교육을 제공하는 간호사는 업무가 과중하여 가정 방문과 같은 맞춤형 직접 지원은 물론이고 간단한 후속 전화도 걸기 어려웠다.

다이애나의 팀은 환자와 간호사 모두에게 도움이 되는 제품을 디자인했다. 이 제품은 본질적으로 환자의 상태를 확인하고, 당뇨병 재택 치료에 관한 정보와 지침을 제공하며, 간호사가 돌봐야 하는 환자를 분류하는 일에 유용한 대화형 지원 시스템이다. 병원에는 환자와 의사소통할 수 있는 세 가지 기존 채널로 이메일, 전화, 의료 전문가와의 대면 상호작용이 있었다. 제품팀은 기존의 것에 새 기능을 덧붙였다. 대화형 지원 시스템은 다음과 같은 채널을 추가했다.

- **IVR 전화 통화**: 환자의 상태를 확인하고 분류용 데이터를 수집하기 위한 자동화된 전화
- **SMS 문자**: 환자와 대화 주체 간에 문자 메시지를 주고받는 사전 동의(opt-in) 채널
- **이메일**: IVR 전화와 함께 전달되는 추가 교육 콘텐츠(직접 인슐린 주사 놓는 법을 설명해주는 비디오 등)

전반적으로 이 시스템은 핸드폰을 통해 주기적으로 연락하고, 문자를 통해 환자의 추가적인 질문에 응답하고, 시기적절한 이메일 콘텐츠로 환자를 교육하며, 환자가 헤매고

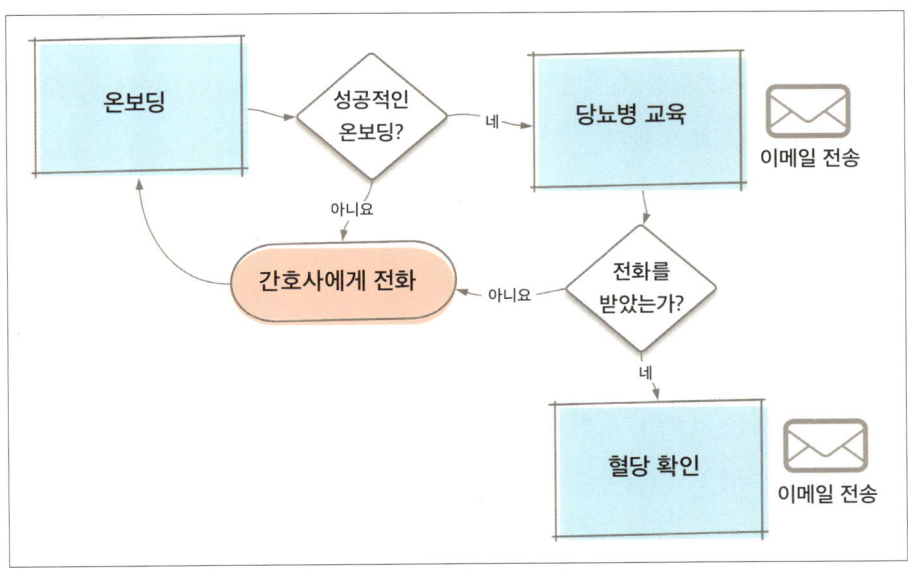

[그림 8.10]
이렇게 복잡한 시스템을 매핑하려면 시작점이 있어야 한다.

있으면 간호사가 도울 수 있게 만들어졌다.

팀은 일련의 일관된 대화를 만들기 위해 긴 과정을 거쳐야 했다. 시작부터 기본적인 대화 주제 몇 가지를 '온보딩' 및 '혈당 검사'와 같은 모듈로 분류하고 각 모듈의 복잡성(관련된 채널, 도출할 환자 데이터, 분류 방법 등)을 주제로 논의했다. 그림 8.10은 팀이 계획을 시작한 내용을 정리한 초안이다.

팀은 다음과 같은 질문들과 맞닥뜨렸다.

- 환자가 온보딩 과정을 마치지 않거나 추가 지원이 필요하면 어떻게 해야 하는가?
- 돌보미의 역할은 무엇인가? 그들이 이바지하기란 쉬운가?
- 어떤 질문 또는 모듈이 요구되는가? 환자가 내용을 하나라도 건너뛸 수 있는가?
- 간호사가 언제 개입해야 하는지를 나타내는 표시는 무엇인가?

다이애나의 팀은 과정이 신속하게 복잡해지는 것을 알아차렸고 그 복잡성이 바로 핵심이었다. 이런 대규모 시스템을 설계하는 팀들은 한 줄의 여정을 하나만 이해하는 게 아니라 그 모든 변형을 이해해야 한다.

정확히 말해서 멀티채널을 설계하는 일은 한 사람만 하는 작업이 아니다. 기업이 이 수준에서 일관되고 효과적인 전략을 갖기 위해서는 여러 팀, 수많은 연구, 끝내주는 사용자 여정이 필요하다. 하지만 디자이너로서 당신은 봇이 생태계 안에 존재한다고 생각해야 한다. 우리는 많은 기업이 고객의 의도를 이해하지 못한 채 채널에 봇을 설치하려고 하는 것을 봤다. 봇은 고객이 첫 번째로 찾는 문이 될 것인가, 아니면 다른 채널을 모두 시도한 뒤에 찾는 최후의 수단이 될 것인가? 맥락이 없으면 봇은 목표를 완전히 빗나갈 수 있다.

여러 사람과의 대화

지금까지 이 책은 한 명의 사람이 사람이 아닌 어떤 한 존재와 나누는 대화에 초점을 맞춰왔다. 그러나 실상은 2020년처럼 팬데믹에 의한 격리에 들어가지 않는 이상 방이나 집 안에는 사람이 한 명 이상 있는 경우가 많다. 디자이너가 부모, 어린이, 룸메이트, 손님 등 다양한 사람들과 디바이스가 상호작용하는 방식을 고려할 때는 어떤가? 그리고 한 집단의 사람들이 디바이스와 대화를 나누는 경우는 또 어떤가? 앞으로 더 재미있는 내용을 다룰 것이다.

그룹 대화

다수의 사람이 동시에 디바이스에 말을 걸 때도 있다. 예를 들어 사람들이 멀티플레이어 음성 게임을 할 때면 그룹 대화의 개념은 그 안에 포함되어 있다. 사람들은 동시에 한 명 이상과 대화하는 데 능숙하다. 반면 디바이스가 그룹 대화를 하기 어려운 이유는 이렇게 나열할 수 있다.

- **여러 방향에서 오는 음성은 디바이스가 처리하기 어려울 수 있다.**
- **여러 화자가 동시다발적으로 말하면 여러 오디오 스트림이 들어온다.**
- **디바이스는 모든 화자의 이름을 모르기 때문에 디바이스가 누구와 대화하는지 명확하지 않을 수 있다.**

이런 문제는 두 가지 문제에서 비롯된다. 첫째, 디바이스에 음성이 나오는 방향을 알려주는 하드웨어가 항상 있는 것은 아니다. 둘째, 디바이스가 항상 개별 음성에 관한 훈련을 받은 게 아니기에 그것을 구별하기 어려울 수 있다. 적절한 예는 다음과 같다. 한 영국

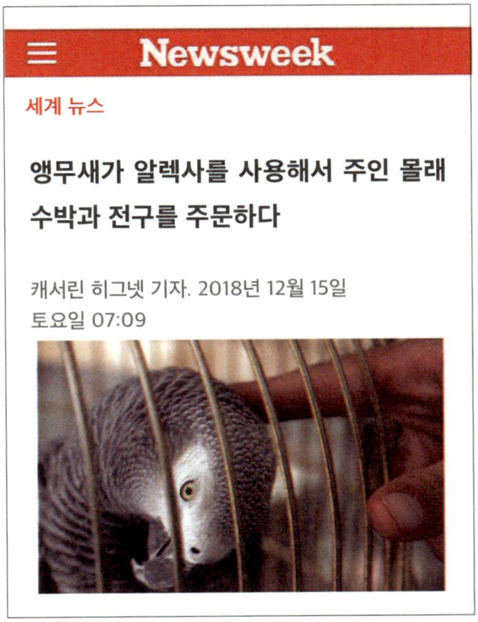
Newsweek

세계 뉴스

앵무새가 알렉사를 사용해서 주인 몰래 수박과 전구를 주문하다

캐서린 히그넷 기자. 2018년 12월 15일 토요일 07:09

[그림 8.11]
앵무새 로코는 가장 좋아하는 물품 몇 개를 갖고 싶어 했을 뿐이다.

가정에서 알렉사는 집주인의 음성과 집주인이 키우는 앵무새 로코의 음성을 구분하지 않았다. 비록 실패했지만 로코는 수박과 전구를 구매하려는 시도를 했다(디바이스에는 자녀 보호 기능이 있어 주문은 완료되지 않았다).

앵무새가 일으킨 혼란은 제쳐두고, 디바이스가 개별 음성을 추적하도록 긴밀한 훈련을 받지 않았다고 해서 대화가 혼란스러워질 것이라는 의미는 아니다. 대화 디자이너는 다음과 같은 몇 가지 기술을 사용해서 그룹 대화를 구성할 수 있다.

접근법 A: 집단사고

디바이스가 그룹을 일반화된 복수 용어로 지칭한다. "모두 들어보세요!" "잘했어요, 팀!" 모든 음성은 동등하게 처리되고 접수되며 상호작용을 진행할 수 있다.

- **추천 대상**: 퀴즈 게임과 같이 부담이 적고 재미있는 경험
- **어려운 점**: 여러 플레이어가 한 번에 답을 외칠 수 있다. 이런 입력의 충돌은 특히 대답이 다른 경우 스피커의 인식 오류가 발생할 가능성을 높인다.

접근법 B: 중재자로서의 디바이스

디바이스가 한 사람마다 돌아가며 말해달라고 요청하며 그룹 대화를 이끌고 각기 다른 개인을 호칭이나 역할로 구분해서 부른다. 예를 들어 프레즐 랩(Pretzel Labs)의 알렉사 스킬 '키즈 코트(Kids Court)'는 사람들이 서로 '법정'에서 대화를 나눌 수 있게 한다. 아이들은 자신을 '검사' 또는 '변호사'로 지칭한다. 알렉사의 음성은 발화할 순서인 사람을 다음처럼 안내한다.

"검사님, 무슨 일이 일어났는지 이 자리에서 말씀해주십시오."

"변호인, 상황이 나빠 보이는군요. 유죄와 무죄 중에 어떻게 답변하시겠습니까?"

이렇게 안내를 받으므로 공식적인 음성 서명이 없어도 참가자들은 돌아가면서 대답한다.

- **추천 대상**: 개인의 입력을 추적해야 하는 중요한 대화
- **어려운 점**: 시스템은 올바른 사람이 발화한다고 믿어야 한다. 키즈 코트에서 변호사가 순서에서 벗어나 검사 대신 대답하면 알렉사는 이 사실을 알아차리지 못한다.

접근법 C: 플레이어의 이름

시스템이 사용자가 대화 참여자를 밝힐 수 있게 한다. 이는 돌아가면서 자기소개하기를 부탁하면서 음성으로 입력되거나 멀티모달인 경우 플레이어들이 문자로 이름을 입력할 수 있다(아마존은 각 참가자가 개인 '버저'처럼 사용할 수 있는 에코 버튼(Echo Button)을 제공한다). 시스템에 플레이어 목록이 등록되면 개인을 이름 또는 '플레이어 1', '블루 플레이어'처럼 기준에 따라 부를 수 있다.

- **추천 대상**: 개인의 점수를 집계하는 게임의 점수 기록과 같이 참가자별 데이터를 추적해야 하는 상황
- **어려운 점**: TTS는 특히 이름을 잘 발음하지 못하므로 많은 이름을 잘못 부른다. 또한 사람들이 디바이스에 텍스트를 입력하여 그대로 읽도록 허용할 때마다 사용자가 장난스러운 내용을 입력할 위험이 있다. 제니와 팀 외에도 궁둥이와 멍청이가 있는 셈이다.

> **참고** '지문'처럼 유일무이하지 않다
>
> 일부 시스템에는 모바일 디바이스나 앱에서 지문이 사용되는 것과 같은 방식으로 사용자의 말하는 음성이 인증에 사용되는 음성 서명이 통합되어 있다. 이는 은행처럼 사람들이 이미 데이터를 믿는 시스템을 위한 것이다. 구글 어시스턴트 및 알렉사 지원 디바이스는 사용자가 '프로필'을 설정하고 각 음성을 훈련하는 경우 개별 음성을 인식하는 기능이 있다(해당 음성 서명은 아직 인증에는 사용되지 않고 개인화된 콘텐츠를 사람들에게 제공하기 위해 사용된다).

공공장소

대화형 AI는 개인 핸드폰 또는 집 안에서만 늘 사용되는 건 아니다. 다수의 사람이 대화에 참여하고 빠져나가는 공공장소에서도 사용된다. 상상할 수 있듯이 공공장소에서 음성을 사용할 때 생기는 가장 큰 문제는 개인 정보 보호다. 사람들은 다른 사람이 듣고 있을 때 커피는 아랑곳하지 않고 주문하지만, PIN 코드와 같은 정보는 공개하지 않는다.

시스템은 다음과 같은 식으로 수십, 수백 명의 사람과 만날 수 있다.

- 환자가 일반적인 건강 문제에 관해 질문하도록 권장하는 문구가 마련되어 있는 병원 대기실의 음성 지원 디바이스
- 유망한 신약에 관한 질문에 답하는 제약 무역 박람회의 음성 지원 디스플레이
- 커피를 음성으로 주문하고 비대면 결제를 할 수 있는 공항 키오스크

병원 진료실이나 무역 박람회처럼 익명성이 유지되는 경우도 있고, 낯선 사람으로 시작해서 애플 페이로 구매를 완료하는 것처럼 식별 정보를 제공하는 경우도 있다.

키오스크 같은 공공 디바이스를 사용할 때 사람들은 디바이스가 자신을 기억하기를 기대하지 않을 수 있다. 주된 목적은 정보를 제공하거나 주어진 작업을 신속하게 해결하는 것이기 때문이다. 일부 디바이스는 이에 비하면 문턱에 걸쳐 있는 편이다. 이런 디바이스들은 공공장소에 있어도 스마트함을 보여줘야 한다.

화면이 장착된 디바이스의 다른 옵션은 민감한 정보를 화면에만 표시하고 들리지 않게 하는 것이다. 이때 화면상의 정보는 노출되는 시간에 민감해야 하며 특정 시간 내에 사라져야 한다. 반대로 기계가 하는 말이 사용자에게만 들리도록 헤드폰이 장착된 키오스크도 일부 있다.

감시와 가정 폭력

이런 디바이스는 일부 개인 정보(은행 정보, 현재 위치, 차종 등)의 입구 같은 것이므로 여러 명이 한 가정에서 혹은 공공장소에서 같은 디바이스를 사용하는 것은 과연 안전할까 하는 의문이 야기될 수 있다. 사실 이런 종류의 상호작용을 염두에 두고 디자인할 때는 디바이스를 사용하여 특히 감시나 스토킹처럼 사람을 해칠 수 있는지를 고려할 필요가 있다.

생각한 것보다 일은 더 다양하게 벌어질 수 있으며 일부는 소름 돋을 만큼 간단하게 대화형 디바이스에서 설정할 수 있다. 다음 질문들은 몇 가지 위험 요소를 나타낸다.

디바이스의 검색 기록에 누가 접근할 수 있는가?

대부분 디바이스는 주 계정 소유자가 있으며 해당 계정 소유자는 가정의 모든 디바이스 기록을 볼 수 있다. 이는 룸메이트가 설정한 디바이스에 당신이 "내 룸메이트를 쫓아내는 방법이 뭐야?"라고 물어본다면 룸메이트가 디바이스 기록을 확인한다는 전제하에 이 쿼리를 룸메이트가 볼 수 있다는 말이다. 이 기능은 여러 상황에서 해를 끼칠 수 있다. 예를 들어 가정에서 아이가 학대당하는 경우 아이가 알렉사에게 정보를 요청하면 학대하는 어른이 그 기록을 보고 아이를 처벌할 수 있다.

가족이 아닌 구성원도 엿들을 수 있다는 사실을 고려해야 한다. 아마존이 보여준 또 다른 예는 개발자 키트인 가정용 알렉사(Alexa for Residential)[22]이다. 이 키트는 집주인이 내놓은 집에 일련의 디바이스를 설정할 수 있게 허용한다. 집주인은 기본적으로 다음 세입자가 임대를 계약할 때 디바이스를 초기화하겠다고 약속하고, 디바이스를 통해 임대료 지불 및 유지 관리 요청을 수락할 수 있는 관리자 상태를 가지게 된다.

누가 엿들을 수 있는가?

알렉사에는 드롭 인(drop in) 기능이 있다. 화기애애한 가족이 집 전체에 여러 디바이스를 설치하고 이 기능을 사용하면, 최첨단 무전기처럼 한 디바이스에서 전화를 걸고 다른 디바이스로 '드롭 인' 하여 채팅을 할 수 있다.

이 기능이 선의로 사용되지 않으면 문제가 생긴다. 드롭 인 기능의 기본 설정은 비활성화되어 있다. 즉 켜기 위해서는 계정 소유자가 활성화하고 권한을 부여해야 한다. 하지만 가정 구성원 개개인의 동의는 필요하지 않으므로 계정 소유자는 가족 구성원에게 알리지 않고 이 기능을 몰래 활성화할 수 있다.

디자이너 에바 펜제이무그(Eva PenzeyMoog)는 해당 테크놀로지가 가정 폭력의 도구로 사용될 수 있는 방법과 학대 가해자가 이 테크놀로지를 사용하여 함께 사는 사람들을 스토킹하고 해당 정보로 통제하는 방법을 연구한다. 펜제이무그는 드롭 인의 문제를 이렇게 설명한다.

"휴대전화에 전화가 오면 그 전화를 받을지 거절할지 정할 수 있습니다. 하지만 드롭 인에서는 전화가 그냥 연결됩니다. 본질적으로 청취 디바이스로 사용될 수 있는 겁니다."[23]

사용자들은 누군가가 드롭 인을 했다는 알림을 받긴 하지만 그 알림을 못 볼 가능성이 있으며 이와 무관하게 전화는 연결된다.

펜제이무그의 말이 터무니없게 들리는가? GPS와 스마트 홈 기술과 같은 기존 기술이 이미 학대 도구로 사용되고 있다는 증거가 많이 있다. 가정 학대도 끔찍할 만큼 흔하다. 펜제이무그는 '가정 폭력을 방지하는 디자인'이라는 연설에서 이렇게 말하기도 했다.

"4명의 여성 중 1명, 9명의 남성 중 1명이 가까운 파트너로부터 물리적 폭력, 성폭력 및 스토킹을 경험합니다. 가정 폭력은 드문 현상이 아닙니다."

다중언어

대화의 복잡성을 설명하기 위해 마지막으로 다룰 내용은 책 한 권으로 출간할 수 있을 정도다. 바로 둘 이상의 언어로 제공되는 음성 경험을 디자인하는 일이다. 이 기본 개념인 '번역'은 한 언어를 다른 언어로 변환하는 행위를 가리킨다. 당신은 번역을 지나치게 단순화하려는 유혹을 느낄 것이다. '봇의 프롬프트와 발화를 가져다가 기계 번역을 사용하고 배포하면 되겠지!' 그러나 그 조합를 따르면 헛소리하는 기계가 나온다.

번역을 단순히 단어와 문법의 문제로 생각해서는 안 된다. 2장 '사람처럼 말하기' 내용을 기억한다면 의미는 단어 그 이상이다. 소리와 표정뿐만 아니라 사회적 기대 및 권력 구도와 같은 문화적 요인도 포함한다. 대화는 행동적이기도 하므로 시선 맞추기나 순서 교대의 속도는 언어별로 다르다. 번역과 관련된 복잡한 요소를 몇 가지 분석해보자.

> **참고** 봇의 언어
>
> 둘 이상의 언어를 사용하는 사람들은 다른 상황에서 자연스럽게 언어를 전환한다. 대기업의 음성 비서들도 2개 언어를 지원하도록 디바이스를 설정하는 이중 언어 기능이 있다. 언어를 두 가지 이상 구사하는 가정에서는 영어나 스페인어로 알렉사나 구글 어시스턴트에게 질문하며 유용하게 사용할 수 있다(그러나 다국어 사용 가정에서 흔히 볼 수 있는 영어와 스페인어를 섞은 스팽글리시(Spanglish)를 사용하는 경우는 드물다).

먼저 VUI 복사본을 구글 번역에 냅다 투하할 수 없는 가장 명백한 이유는 머신러닝이 아직 매우 불완전해서 어휘나 어순 같은 것에서 이상한 결과가 나올 수 있기 때문이다. 예를 들어 기계 번역이 "뉴욕 도시에서 도서관을 어떻게 찾나요?"라는 문장을 제공했다고 가정해보자. 이 문장은 영어를 사용하는 사람에게 조금 이상하게 들릴 수 있지만 '그렇게 나쁘지는 않아. 대략적인 의미도 이해되고. 그럼 된 거지'라고 생각할지 모른다. 그러나 저품질 번역은 영향을 미친다. 일상적이지 않은 단어나 문장은 인지 부하를 늘리기 때문에 사람의 두뇌는 더 열심히 일해야 한다.

더 나쁜 점은 문법 '실수'가 신뢰를 깎아내린다는 것이다. 세부 정보를 제공해야 하는 경우 모국어로 상호작용할 수 있는 인터페이스를 자연스럽게 신뢰하게 될 것이다. 번역 및 현지화 전문 회사인 마더텅(Mother Tongue)에서 비즈니스 관리자로서 음성 경험을 위한 번역을 연구하는 발레리아 바베로(Valeria Barbero)가 이 점을 지적했다.

"답변에서 문법적 오류를 발견하면 '이 회사가 내 언어도 모르면서 내 신용카드로 뭘 하는 거지?'라고 생각할 수 있습니다. 언어를 올바르게 사용하면 사용자에 관한 존중을 드러낼 수 있으며 이는 신뢰 수준에도 영향을 미칩니다."

그렇다면 당신에게 언어를 아는 신뢰할 수 있는 번역가가 있어서 문법적으로 정확한 번역본을 얻고 있다고 가정해보자. 하지만 그 번역가가 그 제품을 사용하게 될 지역에 거주하는 것이 아닌 이상 번역은 여전히 조금 이상하게 느껴질 수 있다. 바베로는 또 이렇게 지적한다.

"사람들은 언어를 일종의 단일 구조로 생각하는 경향이 있습니다. 실제로는 언어의 변형이 엄청 다양하게 존재합니다."

방언은 특정 지역에서만 사용할 수 있다. 현지화는 지역 방언을 위해 번역을 하는 과정이다. 간단한 예로 아이들의 게임 틱택토(Tic Tac Toe)를 생각해보라(미국 영어에서는 이렇게 부른다). 영국에 살고 있다면 3목두기(Noughts and Crosses)라고 부를 것이다. 이런 단어를 조정하면 사용자는 대화를 진정성 있고 구체적으로 인식하고 인지 부하도 줄어든다.

요점은 다음과 같다. 봇이 말하는 방법을 현지화하는 것뿐 아니라 봇이 뭘 이해하는지도 현지화해야 한다. 더 구체적으로 말하면 봇의 프롬프트와 훈련 데이터의 발화를 모두 현지화해야 한다. 이를 고려하지 않으면 봇이 현지 방언으로 채팅을 해도 시스템은 사람들이 같은 방언으로 응답할 때 이를 인식하지 못한다!

현지화는 데이터가 입력되고 저장되는 방식에도 영향을 미친다. 사용자의 주소를 입력하는 방법을 예로 살펴보자. 미국 주소는 집 번호와 도로 주소로 시작한다. 헝가리 주소는 동네 이름으로 시작한다. 따라서 주소를 수집하는 봇의 경우 국가별, 언어별로 대화 순서를 다르게 설계해야 한다.

현지화는 포용성을 장담하는 방법이기도 하다. 기업이 지역적 차이를 무시하면 다른 문화와 사람들을 배제하고 심지어 지워버리기까지 한다. 북미 중심의 영어 대화에서 많이 볼 수 있는 현상이다. 그 일대에 사는 사람들은 자신의 언어와 문화를 일종의 '기본'으로 간주한다. 이런 사고방식은 식민주의적이고 순진한 것일 뿐만 아니라 수용되지 않을 수도 있다.

게다가 여러 언어를 위한 대화형 제품을 만드는 것은 현지화를 넘어서는 일이다. 문화적 차이는 모든 차원에서 언어에 영향을 미친다. 문화별로 색, 심상, 몸짓에 관한 고유한 해석이 존재한다. 문화는 권력 구도에 관한 인식에 영향을 미치고, 이는 차례로 사람을 부르는 호칭, 사용하는 단어나 발음에까지 영향을 준다. 간결함 같은 것조차도 문화를 따른다. 어떤 곳에서는 간결함을 정중함으로 해석하고, 또 어떤 곳에서는 너무 간결하고 직접적으로 대하면 모욕적으로 인식한다. 〈내셔널 지오그래픽〉이 진행한 인터뷰에서 브라질의 과라니 교사이자 원주민 지도자인 앤서니 카라이(Anthony Karai)는 이렇게 요약했다.

"언어를 배울 때 그 언어만을 배울 수는 없습니다. 문화를 배워야 합니다."

음성 인터페이스를 디자인할 때 청각적 음성 역시 고려해야 한다. 예를 들어 봇이 건강처럼 민감하거나 개인적인 정보를 제공하는 경우 성별에 관한 특정한 문화적 금기가 있을 수 있다(일부 문화권에서는 사적인 건강 문제를 이성과 논의하지 않는다). 신뢰를 쌓기 위해서는 상황에 적절한 남성적 또는 여성적 음성을 고의로 선택할 수 있다. 그렇지 않으면 경험이 어색하거나 공격적이거나 불쾌할 수도 있다. 이런 복잡한 면모 때문에 일부 대화형 제품은 번역될 수 없다. 오히려 각색을 요구한다. 제품이 사용자의 언어, 지역, 문화에 진정으로 바탕을 두기 위해서는 사람들이 모국어로 대화를 나누는 방법의 기본사항에서 각색이 시작되며 이는 지역 및 문화적 역학을 고려한다. 각색을 겪은 음성봇이나 챗봇은 상호작용의 목표, 성격, 톤, 격식 등이 원본과 다를 수 있다.

따라서 챗봇이나 음성봇을 '번역'하려면 성격과 존재 목적을 포함한 모든 요소를 '번역'해서 새 언어와 문화에 적절하게 만들어야 한다. 한 언어 이상의 봇을 만들거나 기존의 봇을 다른 문화를 위해 재구현하는 일을 맡게 되었다면 기본사항을 조사하라. 이를테면 다음과 같은 것을 고려할 수 있다.

- **사용 사례**: 문화에 기초한 사용자의 필요에 차이점은 어떤 것이 있는가? 같은 목적을 위해서 사용할 것인가, 아니면 고유한 사용 사례가 있는가?
- **순서 교대 패턴**: 타이밍, 겹침, 순서 교대의 단서에 관한 문화적 기대는 무엇인가?
- **사회적 코드**: 봇은 사람을 부를 때 어떤 호칭, 어떤 대명사로 불러야 하는가?

- **인사말**: 일반적인 인사말은 무엇이며 권력 구도에 적합한 인사말은 무엇인가?
- **직접적 또는 간접적 표현**: 사회적으로 적절한 직설적 표현은 어느 정도인가?
- **수정**: 수정이 필요할 때 봇은 사람을 모욕하거나 창피를 주지 않으며 이를 어떻게 점잖게 표현하는가?
- **성격 및 역할**: 어떤 성격 특성이 상황과 문화에 적절한가? 어떤 성격 특성이 특히 부적절한가?
- **젠더 및 역할**: 봇의 주제나 목적에 영향을 미칠 만한 특정한 문화적 관점이 있는가?

어렵게 들리지 않는가? 실제로도 어렵고 이 때문에 그 언어를 사용하고 그 문화에 속한 전문가를 고용해야 한다.

코치와 문화

2016년에 오클리 선글라스를 통해 당신에게 말을 걸어주는 대화형 코치인 레이더 페이스(Radar Pace)가 5개국에서 출시되었다. 이렇게 여러 나라에서 출시된 덕분에 레이더 페이스는 문화적 차이가 성격 디자인에 미치는 영향에 관한 유익한 사례 연구로 사용된다.[24] 이 프로젝트에 참여한 저자들은 논문에도 참여했다. 대화 디자이너 그웬 크리스티안(Gwen Christian), 프로덕트 매니저 및 시스템 디자이너 등 프로젝트 전반에 걸쳐 몇 가지 역할을 맡은 안드레아 다니엘레스쿠 두 사람이었다.

'코치의 성격'이 사용자에게 서비스를 제공하기 위해서는 그것이 확고하고 권위적이든, 고무적이고 협력적이든 간에 성과 피드백을 장려하거나 제공하는 방식에 있어 해당 문화에 적절해야 했다. 크리스티안의 말처럼 "모든 사람이 훈련 담당 부사관 같은 코치를 원하는 건 아니다." 일부 사람들은 비판적 지적("걷는 속도가 지나치게 느립니다")을 해주길 원했지만 다른 사람들은 제안("더 작은 보폭으로 걸어보세요. 다리에 무리가 덜 갑니다.")을 해주길 원했다.

크리스티안과 다니엘레스쿠는 시간이 흐를수록 관계를 구축하는 방법에 관한 피드백도 받았다. 예를 들어 프랑스인 사용자는 에이전트가 적절한 시기에 공식 대명사를 사용하고 반복 사용을 통해서 비공식 대명사로 전환하기를 원했다. 이 논문은 '사용자와 함께 등록을 전환하는 시기와 방법, 그리고 사용자와 에이전트의 상호작용이 공식적이고 서로를 알아가는 단계보다 비공식적이고 친근한 단계로 진행한 때'를 고려해서 설계를 개선하는 방법을 설명한다. 이것은 디자인 대상인 문화 속에서 살아온 사람들에게서만 얻을 수 있는 통찰력의 좋은 예다.

번역이 완벽하지 않다면

앞에서 말한 모든 기본사항이 여전히 팀의 능력을 벗어나는 것처럼 느껴진다면 우리도 이해한다. 때때로 제약에 직면하기 마련이다. 이런 상황에 처했다면 어떤 경로를 선택해야 할지 확신이 서지 않을지도 모른다. 단일 언어 봇을 사용하여 일부 사람들이 모국어가 아닌 인터페이스 사용에 어려움을 겪도록 해야 하는가? 아니면 빠르고 문제 있는 기계 번역을 사용해서 삐걱대며 어색하고 공격적일 수 있는 봇을 제공해야 하는가?

다음은 완벽하지 않은 번역을 배포하려고 할 때 사용할 만한 몇 가지 임시 처방책이다.

- 인사말에 완벽하지 않음을 인정하는 문장 한 줄을 추가한다. "저는 타가로그어에 유창하지 않으니 양해 바랍니다."
- 중요한 순간에 도움을 주기 위해 그 언어를 구사하는 인적 자원과 연결한다.
- 그 언어를 구사하지 못하는 인사부 직원에게 사용자를 연결해주는 경우, 이 사실을 알린다. "도와줄 수 있는 사람에게 연결해 드리겠습니다. 영어를 사용한다는 사실을 알려드립니다."(어떤 사람들은 영어만 하는 사람보다 완벽하지 않더라도 타갈로그어 IVR을 선호할 수 있다.)

의사 결정권자와 함께 회사에 어떤 영향력을 미칠 수 있는 경우 바베로는 표적화된 접근 방식을 제안한다. 언어에 능통하고 문화에 정통한 사람과 대화를 검토하고 각색이 필요한 몇 가지 핵심 영역을 식별하라. 바베로는 "자동화할 수 있는 것을 자동화한 다음 원어민이 더 잘 만들 수 있는 것에 약간의 투자를 하십시오. 충분히 가치 있는 투자일 겁니다"라고 말했다.

마지막 이야기

한 번의 대화 순서는 매우 간단하고 빠르게 보일 수 있다.

"자기야, 내 열쇠 어디 있어?"

"전자레인지 위에!"

여러 입력 및 출력 모드를 추가하고, 시간이 지날수록 대화를 쌓고, 대화에 더 많은 사람(또는 앵무새)을 포함하여 채널 사이에서 전환하거나 언어를 쌓기 시작하면 대화 디자인은 미로처럼 느껴질 수 있다.

그러나 그건 멋지기도 하다. 바로 이런 점이 대화 디자이너의 일을 매력적으로 만든다. 대화 디자이너들은 주로 멋진 도전을 반기는 사람들이다. 복잡한 대화형 시스템을 겪는 동안 용기를 갖고 다음 지침을 따르길 바란다.

- 축소에 저항하라. 회사 내 누군가가 "지나치게 복잡하게 만들고 있다"라는 지적을 한다면 그 사람은 틀렸다. 악마는 세부 사항에 있으며 상황을 바로잡는 유일한 방법은 악마의 눈을 마주 보는 것이다.
- 참을성을 가져라. 복잡한 대화를 이해하는 것 외에 계획하고 문서화하려면 시간이 걸린다. 초안, 냅킨 위의 낙서, 외면받는 화이트보드 그림으로 시작해도 된다. 반복이 필요할 뿐이다.
- 집중하라. 시간이나 인력이 부족해서 대화의 복잡성을 모두 처리할 수 없을 수도 있다. 노력을 집중할 지점을 찾아라. 시간을 들이면 좋은 결과가 있을 핵심 영역에 몰두해야 한다.

- 포용적인 태도를 가져라. 자신의 것이 아닌 문화나 언어를 위해 디자인하고 있다면 인색하게 굴 때가 아니다. 적절한 경험을 가진 사람을 고용하라.
- 모든 걸 알 수 없음을 인정하라. 모든 경로, 장애물, 조건을 예상할 수는 없다. 하지만 프로토타이핑과 사용성 테스트를 통해 확인할 수는 있다. 그 데이터만 가져오면 된다.

대화의 복잡성은 제대로 하려면 시간과 자원이 든다. 빨리 끝내려고 이 복잡성을 단축하거나 미묘한 뉘앙스를 제거하려는 기업들은 결국엔 나쁜 제품을 빌드할 것이다. 복잡성을 파헤치는 데 시간과 돈을 투자하며 신중하고 철저하게 진행하면, 시장에 넘쳐나는 다른 제품과 당신의 대화형 제품을 진정으로 차별화할 수 있을 것이다.

CHAPTER 9
연구와 프로토타이핑

PM: 안녕하세요, 여러분. 챗봇 킥오프 미팅에 오신 걸 환영합니다. 저희는 저희 콜센터를 보조할 봇을 만들고 있으므로 이 봇은 고객 서비스 직원이 응답할 수 있는 질문을 대부분 응답할 수 있어야 합니다.

비즈니스 분석가: 그 자격 요건이 여기 있습니다. 원하는 기능에 관해서 업계 전반의 이해관계자들과 대화했고, 거기서 들은 이야기를 사용자 스토리로 전환했습니다.

개발자: 사용자 스토리를 보니 1~2개의 스프린트 이내로 프로토타입을 준비하고 실행할 수 있을 것 같습니다. 어떤 인텐트를 염두에 둬야 할지를 알려주기만 하면 됩니다.

데이터 과학자: 짜잔! 인텐트 여기 있습니다. 채팅 로그 데이터를 가져와서 키워드별로 구분해 사용자가 물어볼 질문이 뭔지 알고 있습니다.

콘텐츠 매니저: 저는 웹사이트 FAQ 사본을 가져다 드릴 수 있습니다. 그거면 콘텐츠 대부분이 해결될 거예요.

PM: 잘 돼가고 있는 것 같군요. 챗봇에 많은 스프린트가 들어간다고 누가 말하겠어요?

대화 디자이너: (사무실 벽을 뚫고 나타나며) 저요! 당장 멈춰요!

이 장면에서는 좋은 의미를 추구하는 팀이 자신들도 모르는 채 실패가 예정된 과정을 따르기 직전이다. 이 접근법에서 부족한 점은 두 가지다. 첫째, 지나치게 고립되어 있다. 그룹은 자산으로 기계가 만들어내는 데이터와 웹 콘텐츠 한 무더기를 가지고 있다. 하지만 그룹 내 누구도 이 요소들을 조합해서 논리정연하고 유용한 대화를 만들어내는 방법을 모른다.

둘째, 이 중 아무도 연구나 반복을 언급하지 않고 있다. 이 팀은 봇이 사용자의 요구에 맞을 것이라는 증거를 하나도 갖고 있지 않다. 일련의 기능이 유효한지 언제 누가 확인할 것인가? 콘텐츠와 인텐트가 사람들이 봇과 대화하는 방식과 일치하는지 누가 확인할 것인가?

이 팀의 접근법("빠르게 실패하라!", "스프린트별로 나눠라!")이 기민하게 보일지는 모르지만 팀은 쓸모없고 사용할 수 없는 경험으로 전력 질주할 준비를 마친 상태다. 그 전에 멈추게 할 수 있을까?

이때 대화 디자이너가 구조에 나선다! 연구 기술로 무장하고 실험(프로토타이핑! 사용성 테스트!)을 진행할 준비를 마친 이 히어로는 정보에 입각한 가설을 세우고 제품을 사용하는 실제 사람들과 함께 테스트하여 정해진 실패로부터 팀을 구할 수 있다. 극적인 연극은 제쳐놓고 설명하자면 대화 디자이너는 지식과 아주 중요하고 좋은 과정으로 시간 낭비, 돈 낭비, 팀의 번아웃을 방지할 수 있다.

대화 디자인은 UX 디자인의 범주에 속하므로 일반적인 원칙, 기술, 프로세스를 따른다(이번 장에서는 익숙한 개념에 기초해 설명할 테니 UX 경험이 있는 사람들에게는 희소식일 것이다). UX 디자인의 주된 개념은 간단하다. 문제를 이해하는 데 시간을 들이는 것이다. 그리고 좋은 솔루션이라고 생각한 것을 시험해보며 시간을 들인다. 그 개념이 닥친 문제를 해결할 수 있다는 사실을 증명하기까지 이 두 가지를 반복한다. 대화 디자인 역시 같은 원리로 작동한다.

이번 장과 다음 장에서는 미지에서 제품을 가져와 발상으로 만들고, 그 발상을 개발하고 시험하며 실행하는 과정을 다룬다. UX 연구 및 디자인이라는 주제를 다루는 좋은 책이 많지만 우리는 대화형 인터페이스에 맞춘 프로세스의 한 버전을 제공하고 싶다. 다음을 유념하라.

- 대화 디자인으로 전향한 사람 모두가 UX 경험자는 아니다. 따라서 현재와 장래의 대화 디자이너들은 연구 및 프로토타이핑의 기초를 이해해야 한다.
- 대화형 인터페이스를 프로토타이핑하는 것은 화면 기반 상호작용을 프로토타이핑하는 것보다 특이하다. 색다른 방법을 사용하며 충실도 낮은 프로토타입에서 충실도 높은 프로토타입으로 가는 데 더 많은 반복 사이클이 요구된다.
- UX 방법의 활용이야말로 대부분 팀이 필요로 하는 것이다. 대화형 인터페이스를 만드는 일은 앞선 상황극으로 빈번하게 흘러가며 이는 디자인 씽킹(design thinking)을 배제한다. 우리는 팀원 전원이 UX 디자인을 더 잘 이해하길 바란다.

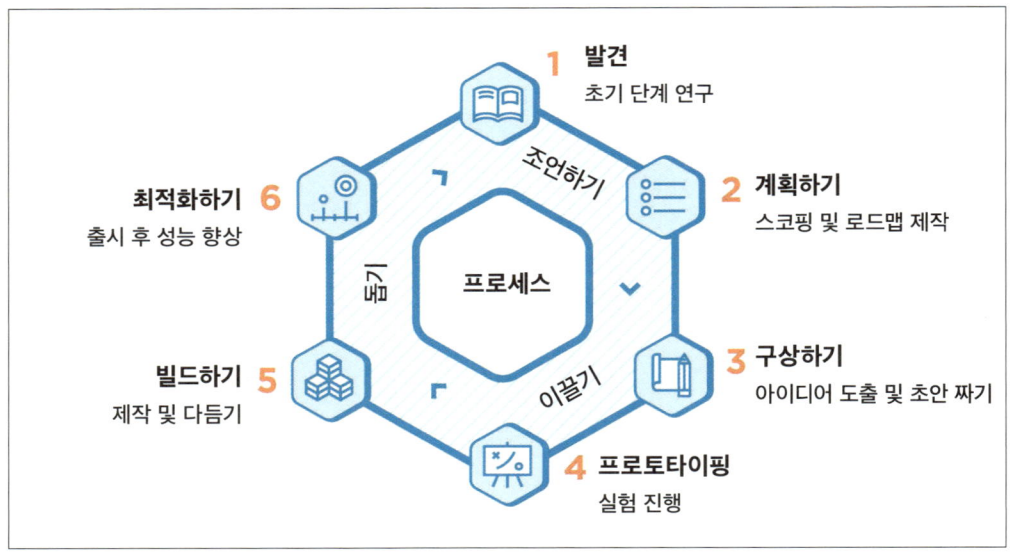

[그림 9.1]
대화 디자이너는 지속적으로 기여할 수 있지만 항상 이끌지는 않는다. 이것이 진정으로 협업하는 프로세스다.

우리가 추천하는 프로세스의 개요에 대해서는 그림 9.1을 보면 된다. 이 프로세스의 1부터 4까지는 이번 장에서, 5와 6은 뒤의 10장에서 다룬다. 이 프로세스를 높은 수준에서 간략하게 요약하면 다음과 같다.

1. **발견**: 주요 이해관계자는 어떤 시장에 기회가 있는지, 사람들이 해결해야 할 문제 유형이 무엇인지 등 나아가야 할 방향을 조사한다.
2. **계획하기**: 솔루션이 어떤 모습일지를 폭넓게 이해하면 팀은 계획을 세우고 기능과 로드맵을 추측하려고 한다.
3. **구상하기**: 여기서 대화 디자이너의 전문성이 빛을 발한다. 혼자서 그리고 팀과 함께 아이디어를 도출함으로써 '디자인 가설'을 개발하고 성격, 흐름, 인텐트, 프롬프트에 관한 초기 계획을 세운다.

4. **프로토타이핑**: 디자인 가설을 충실도가 낮은 프로토타입으로 시험해본다. 여기서부터 디자인 가설을 반복하면서 문서 기록을 조금씩 수정할 수 있다.

5. **빌드하기**: 개발팀이 합류한 것은 이번이 처음은 아니겠지만 코드 작성을 시작하는 것은 이번이 처음일 수 있다. 개발자들이 제품을 빌드하는 동안 증가하는 충실도로 기능을 시험해볼 수 있다.

6. **최적화하기**: 대화형 제품을 출시한 다음에도 제품은 계속 진화한다. 순서나 인텐트를 추가할 수 있고 새 기능을 빌드할 수도 있다.

프로세스에 관해서 한마디를 더 하자면, 사람들은 자신이 실수하고 있지는 않은지 확인하기 위해서 따를 수 있는 절차와 방법이 있는 것을 좋아한다. 이번 장에는 이를 준비할 수 있게 도울 것이다. 하지만 그 프로세스는 선형적이지 않다. 그렇기에 우리가 만든 다이어그램은 육각형이다. 그리고 프로세스가 있다고 해서 불확실성이 해소되거나 올바른 방향으로 나아간다는 보장은 없다. 그림 9.2는 왜 우리의 프로세스를 템플릿이 아닌 시작점으로 삼아야 하는지를 요약해서 보여준다.

 카렌 반호텐
@desiginginward

쉿, 비밀 하나 말해줄게. 나는 오래전에 마법의 해결책이 존재하지 않는다는 사실을 알아냈어. 성공을 보장하는 완벽한 프로세스나 방법론은 존재하지 않아. 훌륭한 UX 디자인은 템플릿이 아니라 마음가짐에서 오는 거야. 맥락에 따라 적용 가능해야 해.

2018년 6월 4일 오전 10:52 Twitter Web Client

[그림 9.2]
디자이너 카렌 반호텐(Karen VanHouten)은 자신이 주장하는 바를 잘 알고 있다.

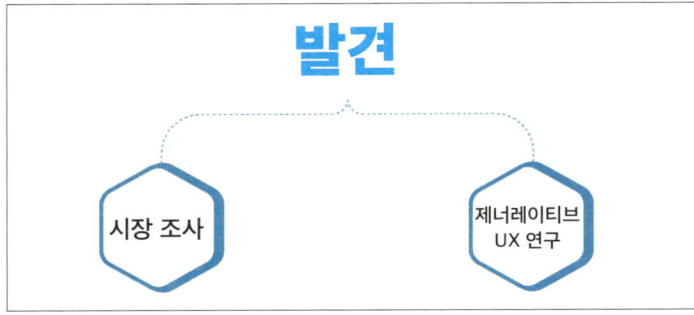

[그림 9.3]
발견 단계에서는 두 가지 주요한 일이 일어나고 있다.

발견

'발견'의 요지는 사람들이 경험하는 기회와 도전을 높은 수준에서 이해하는 것이다. 이런 이해를 쌓기 위해서는 비즈니스 렌즈(시장 조사) 및 사용자 렌즈(제너레이티브 UX 연구)라는 두 가지 렌즈가 필요하다. 그림 9.3이 이 단계의 두 가지 핵심 목표를 보여준다.

발견 단계는 대화 디자이너가 투입되기 전에 시작되곤 한다. 그림 9.1에서 보듯이 당신은 발견 및 계획하기 단계를 이끌기보다는 이 단계들을 위해 조언할 가능성이 크다.

시장 조사

시장 조사에서는 시장 현황, 고객 기반, 재정적 기회를 파악한다. 방법은 주로 설문조사, 인터뷰, 포커스 그룹 및 전통적으로 '책상에서 하는 조사'인 구글 검색, 보고서, 통계 읽기를 사용한다. 시장 조사는 이런 질문들에 관한 답을 찾는다.

- **고객 세그먼트**: 잠재적 고객은 누구인가?
- **시장 점유율**: 그중 몇 명에게 제품을 판매할 수 있는가?

- **경쟁력 분석**: 어떤 솔루션이 이미 존재하고 그 솔루션에는 어떤 기능이 있는가?

이 단계는 일반적으로 대화 디자이너의 손에서 벗어나 있다. 그래도 괜찮다. 대신 전담 마케팅팀이나 연구팀, BA 또는 PM이 수행하는 경우가 많다. 이때 해당 연구가 내놓는 보고서 또는 통계를 전부 읽고 질문하면서 참여하는 것이 대화 디자이너로서 당신이 맡을 역할이다. 이 연구를 확인할 수 있다면 결과적으로 디자인하게 될 제품의 기본 존재 이유인 맥락과 이해를 얻을 수 있을 것이다.

경쟁자 조사하기

발견 단계 동안 대화 디자이너는 현재 어떤 제품이 시장에 있는지, 어떤 기능이 있는지, 어떤 기준이 성공적인 제품을 만들 수 있는지를 분석하는 경쟁 분석(competitive analysis)을 주도함으로써 기여할 수 있다.

고원 꼭대기에 서 있는 개척자처럼 당신은 지형을 조사하고 토지의 위치를 이해한다. 예를 들어 음성 비서가 운동 추적을 도울 수 있게 음성 스킬을 빌드하는 경우에는 상용화된 비슷한 스킬을 모두 찾으면서 시작할 것이다. 전화 앱, 스마트워치와 같은 웨어러블 또는 데이터를 추적하는 의료 디바이스 등 운동 습관을 추적하는 비음성 방식으로 연구 범위를 확장할 수도 있다.

경쟁 분석을 통해 'MVP'(최소 기능 제품)가 어떻게 생겼는지 알 수 있다. 모든 운동 트래커가 심장 박동수를 측정하는데 당신의 제품만 하지 않는다면 그 제품을 사용하기 위한 고객의 최소 요청을 충족하지 못하게 된다. 프로세스는 또한 제품이 시장에서 메울 수 있는 귀중한 빈자리가 어디인지 이해할 수 있도록, 그리고 그 제품이 차별화되고 우월하게 자리매김할 수 있도록 돕는다. 특정 제품의 평가가 좋은 경우에는 그 제품을 연구해서 뭘 제대로 하고 있는지 알아낼 수 있다. 영감을 얻는 것이다.

경쟁 분석은 대화 디자이너의 영역에 매우 적합한데 이는 대화 디자이너가 갖춘 기술에 인터페이스를 테스트하고 평가하고 고장 낼 수 있는 능력이 포함되어 있기 때문이다. 보너스 조언을 하나 하겠다. 이런 유형의 조사를 통해 배울 수 있는 모든 것은 당신이 미래에 하게 될 디자인에 영향을 미친다.

제너레이티브 UX 연구

제너레이티브 UX 연구는 시장 조사와는 다른 것에 초점을 맞춘다. 바로 사물의 인간적 측면, 즉 사람들이 무엇을 하고 무엇을 생각하는지에 초점을 맞춘다. 이것이 사람들이 '디자인 씽킹 연구' 하면 바로 떠올리는 것이다. 어떤 문제를 해결해야 하는지, 채널과 기능이 중점적으로 다루는 것이 무엇인지를 사용자가 안내하도록 하는 방법이다.

'탐색적 연구'라고도 불리는 제너레이티브 UX 연구는 이런 질문들에 답한다.

- 그 공간에는 어떤 기회가 있는가?
- 제품의 채택 가능성을 높이기 위해 어떤 사용자 습관과 행동을 활용할 수 있는가?
- 해결하려는 문제가 얼마나 큰 문제인가?
- 사람들이 원하거나 필요로 하는 기능은 무엇인가?

제너레이티브 UX 연구의 경우 다음에 나오는 고전적인 UX 연구 방법을 모두 사용할 수 있다. 나열된 각 항목에는 해당 주제를 다룬 책들이 있다는 사실을 참고하라. 우리가 사용한 방법을 간략하게 정리한 것을 보자.

- **사용자 인터뷰**: 주로 일대일로 이루어져서 문제 영역에 관한 대상 및 중요시하는 것에 관한 관점을 파고들 수 있다. 삶, 동기, 의도, 핵심 욕구를 이해하는 데 유용하다.
- **설문조사**: 사람들이 일련의 질문에 대답할 수 있는 정보를 수집하기 위한 더 정량적인 도구다. 트렌드를 발견하고 사람들이 욕구를 우선시하게 허용하며 대량으로 데이터를 얻는 데 유용하다.
- **일기 연구**: 주로 사람들에게 프로세스를 따르거나 디바이스를 사용해서 경험을 기록하기를 요청한다. 제대로 수행된다면 이 연구는 사람의 습관, 감정, 난관에 관한 통찰력을 제공한다.
- **민족지학적 (현장) 연구**: 마치 '벽에 붙은 파리'처럼 주로 연구자는 개입을 하지 않고 사람들이 제품 관련 작업을 하는 공간(집, 직장, 공장, 병원 등)을 지켜본다. 사람들이

작업 속도에 협조하기 위해 테크놀로지와 해결책을 통합하는 방법을 깊이 이해하는 데 유용하다.

- **주제 전문가와의 인터뷰**: 제품과 인접한 능력이나 지식을 갖춘 사람과 인터뷰한다. 의학 제품이라면 의사, 간호사, 환자들과 대화하라. 고객 지원이라면 숙련된 고객 지원팀 직원과 대화하라. 어떤 문제가 흔하고 어떤 문제가 해결하기 어려운지와 관련해 깊이 있는 관점을 들어보고 그 분야의 어휘를 습득하기에 좋다.

- **사용자 로그**: 사람 대 사람 간의 채팅 또는 전화 기록의 기존 사용자 로그를 조사하는 데 사용된다. 조사한 로그들은 디자인하려는 채널에 사용되면 이상적일 것이다. 기능, 대화 주제(잠재적 인텐트), 언어 패턴(잠재적 발화)의 시작점을 제공받을 수 있다.

- **분석**: 작업할 채널의 분석(예: 사용자가 방문한 웹사이트, 세션 시간 데이터, 완료율)을 검토하면 현재 사용자 행동이 어떤지에 관한 통찰력을 얻을 수 있다. 이는 특정 문제의 빈도를 이해하고 기존 채널의 탈락 지점을 파악하는 데 유용하다.

- **고객 평가, 댓글, 게시판, 소셜 미디어**: 엄밀히 말해서 온라인 커뮤니티의 게시물을 읽는 것은 민족지학적 연구와 유사하다. 단지 온라인에서 이뤄질 뿐이다(그리고 이곳 사용자들은 제법 솔직한 편이다!). 사람들이 남긴 글들을 보면 특정 문제의 영역이나 호평 받는 기능에 대해 더 잘 이해할 수 있다. 사용자의 언어를 이해하기 위한 방대한 글도 많다.

대화형이든 아니든 모든 제품은 이 연구 방법들로 이득을 볼 것이다. 대화형 제품을 위해 제너레이티브 UX 연구를 진행하면 다음과 같은 차원도 연구해야 한다. 사람들은 어떻게 자신의 문제와 욕구를 말하는가? 그럴 때 어떤 언어를 사용하는가?

사람들의 언어 패턴을 자세히 살펴보면 앞으로 만들게 될 대화의 실마리를 얻을 수 있다. 인터뷰나 적힌 데이터를 통해 자주 사용되는 단어, 전문적인 용어나 문구를 찾아보고 그 단어들이 사용자 그룹에 걸쳐 어떻게 변화하는지 알아볼 수 있다. 일부 기술은 언어 이해와 관련해 적용된다.

- 서면 텍스트의 경우 새로운 단어와 문구 또는 두문자어인지, 단지 새로운 방식으로 사용된 친숙한 단어인지 여부와 상관없이 눈에 밟히는 용어에 밑줄을 긋거나 원을 그리거나 다른 표시를 한다.
- 구어 인터뷰에서는 듣는 모든 것에 후속 질문을 한다. "잠시 되돌아가보면 'x'라고 말씀하신 것 같아서요. 그게 뭘 의미하는지 자세히 설명해주실 수 있나요?"
- 다른 인터뷰 대상이나 그룹이 용어를 사용하는 방식의 차이점을 알아본다. 예를 들어 의사와 환자들은 같은 것을 지칭할 때 완전히 다른 방식을 사용할 수도 있고 사용하지 않을 수도 있다. 어떤 사람들이 특정 어휘를 사용하는 데 일정한 패턴이 있는가?

첫 단계는 그 용어들이 사용자에게 어떤 의미를 갖는지 이해하는 것이다. 거기서 시작하면 발화 훈련 데이터에 추가할 수 있는 콘텐츠의 실마리를 얻고 다이얼로그를 작성하는 방법에도 영향을 줄 수 있다.

이 연구를 누가 수행하는가? 연구를 중시하는 조직에는 주로 이 일을 맡아서 편견 없는 좋은 데이터를 얻는 방법에 관한 전문적인 지식을 가진 UX 연구자가 있다. 그런 경우, 대화 디자이너는 다시 방관자로서 사이드라인에 서게 된다. 대신 연구자에게 도움을 주거나 인터뷰를 진행하는 담당자를 보조하는 역할을 하며, 결국에는 통찰력 있는 결과를 소화해내고 적용할 것이다. 소규모 활동에서는 직접 연구를 진행할 책임이 주어질 수도 있다.

직접 이차적 연구를 할 수 있다는 사실도 잊어서는 안 된다. 문서 및 사례 연구를 읽고, 비슷한 일을 진행한 기업을 찾고, 주제에 관한 문헌을 파고들 수 있다. 이를 통해 많은 것을 배우게 될 것이다. 간호사와 환자 간 인터뷰를 흉내 낼 수 있는 대화형 인터페이스를 만들 때, 레베카는 몇 달간 간호 의사소통 연구에 관한 문헌을 읽었다. 이런 과정이 없어서는 안 된다.

> **이해관계자들과의 대화**

제너레이티브 UX 연구는 일회용이 아니다

다음 말을 들어본 적이 있을지 모른다.

"그 초기 연구는 건너뛰어도 괜찮아. 사용자층을 알고 있으니까."

물론 조직은 사람들이 어떻게 앱, 웹사이트 혹은 콜센터와 상호작용을 하는지 알고 있을지도 모른다. 그러나 사람이 아닌 것과 대화할 때 사용자가 어떤 행동을 할지는 알 수 없다. 그리고 이 책은 사물과의 대화가 왜 특별한지 설명하고 있다. 맥락은 행동과 언어의 패턴에 큰 영향을 미친다. 아는 것 같아도 사실은 모른다.

테크 분야의 사람들은 대부분 제너레이티브 UX 연구가 물렁물렁하고 실행할 수 없으며 의견에 따라 갈리거나 철저하지 않다고 생각한다. 말도 안 되는 소리다. 이런 오해가 생기는 이유는 일반적으로 자아실현 사이클 때문이다. 연구가 저평가되어 예산이 줄어들기에 연구자는 제한된 가치만 제공할 수 있다. 다르게 표현하면, 연구자들에게 제대로 예산을 배정해주면 그들은 당신을 깜짝 놀라게 할 철저함을 보여줄 것이다.

계획하기

끝없는 부와 무한한 인내심을 지닌 괴짜 인도주의자의 자금 지원을 받지 않는 한, 어딘가의 누군가는 제품이 무엇인지 식별하고, 가격을 매기고, 일정을 짜는 등 프로젝트 계획을 시작하고 싶어 할 것이다.

프로덕트 매니저와 이해관계자들은 주로 이 단계에서 실권을 잡는다. 이들은 (운이 좋으면) 디자이너들과 개발자들을 만나서 높은 수준의 요구 사항(주로 사용 사례 또는 사용자 스토리의 형식으로)을 조합해 문제와 해결책을 정의한다. 이 시점에서 기업은 주로 이 솔루션을 빌드하는 데 얼마나 걸릴지 그 대략적인 예상치를 알기를 원한다(2주? 2개월? 1년?).

[그림 9.4]
이 시점에서 누군가는 이런 계획을 세우기 시작할 것이고, 당신이 도움의 손길을 내밀면 작업이 더 수월해질 것이다.

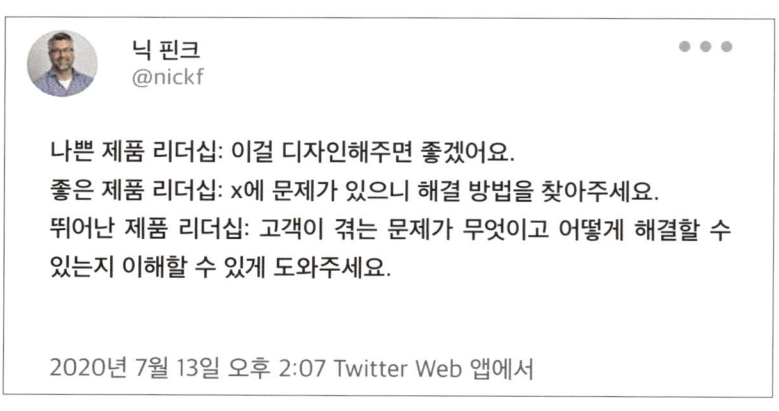

[그림 9.5]
이해관계자들은 좋은 리더가 되고 싶어 한다. 뛰어난 리더가 될 수 있도록 도와주자.

계획하는 역할을 맡은 사람이 주로 기능을 어떤 순서로 해결할지를 계획한 로드맵을 만들 것이다(그림 9.4 참조).

이런 논의에 디자이너와 개발자를 참여시키지 않는 팀에 애도를 표한다. 큰 위험 신호는 BA 또는 PM이 이메일을 통해 '피드백'을 요청하는 기능 목록을 전달할 때 발생하는 '낙수(trickle-down)' 요구 사항이다. 우리가 본 것을 바탕으로 직설적으로 말하자면, 디자이너와 개발자를 배제한 팀들이 내놓은 일부 계획은 지나치게 단순화되어 있었다. 평범한 수준에서는 질 낮은 사용자 경험으로 이어질 것이 예상됐으며, 최악의 경우에는 마법적인 사고에 기초해 묘사된 것처럼 빌드하기 불가능한 것도 있었다. 기업들이 대화형 인터페이스의 범위와 일정을 과소평가하는 일은 빈번하게 일어나며, 이는 대화 디자이너들이 훈련받은 방식과 다르게 사고하기 때문에 생기는 일이다.

기업이 대화 디자이너와 개발자를 요구 사항 수집에서 배제하면 가장 귀중한 전문 지식과 혁신을 방치하는 셈이다. 디자이너들이 도울 수 있게 하라. 그림 9.5는 우리가 바라는 제품 지도부의 접근법을 깔끔하게 보여준다.

실제 제작이 이뤄지는 뒷방에 초대되었고 이런 높은 수준의 요구 사항을 만드는 일에 참여한다고 가정해보자. 팀은 문제와 솔루션이 무엇인지, 솔루션이 누구를 위한 것인지에 관한 공유된 목표를 구축해야 한다. 그 목표로부터 팀은 제품, 부품과 누가 무엇을 하고 있는지에 관한 공통된 이해를 형성한다. 모든 사람이 제품이 제대로 실현되는 데 필요한 지식과 관점을 갖고 있으므로 이 과정은 많은 논의가 필요하다.

우리는 화이트보드를 활용한 그룹 세션 갖기, 우선 사항 매트릭스 만들기, 전통적인 UX 워크숍 방법을 통해 이런 결정을 내리길 권한다(당연하게도 일부 포스트잇 노트를 여기서 활용하게 될 것이다).

목표가 점점 선명해짐에 따라 제품이 수행해야 하는 기능을 조심스럽게 분리하는 전통적인 방법이 두 가지 있다.

1. **사용자 스토리**: 기능의 핵심을 함축하는 문장을 다음과 같은 형식으로 정리한 것이다. "'사용자 유형'으로서 저는 '증거 기반 작동'을 위해 '기능 작동'하고 싶어요."(이 형식은 애자일 방법론(agile methodology)에서 유래한다.)
2. **사용 사례**: 사람들이 테크놀로지로 어떻게 작업을 수행할지 글로 묘사한 것이다. 대화형 인터페이스에는 주로 대화 주제 또는 작업 기반 요청에 관한 묘사가 다양한 맥락에 걸쳐 제공된다.

> **참고** 사용 사례는 인텐트가 아니다
>
> 사용 사례를 인텐트로 착각해서는 안 된다. 둘은 같지 않다. 사용 사례는 인텐트 2개 이상이 보통 들어 있는 대화형 경로 전체를 포함할 수 있다. 정보 아키텍처를 보기 전까지는 인텐트를 파악할 수 없다. 누군가가 직접 인텐트 목록을 만들었다면서 가져온다면 불태우고 내다 버려라.

팀은 문서화 작업을 시작할 것이다. 이는 문제와 제품을 묘사하고 사용 사례 또는 사용자 스토리 목록을 정리한 공유 문서 또는 스프레드시트처럼 간단할 수 있다. 완벽한 사용 사례 또는 사용자 스토리를 작성하는 방법과 관련한 문서는 얼마든지 찾을 수 있으므로 여기서는 설명하지 않겠다.

그 대신 몇 가지만 말하겠다. 이 초반 단계에서 요구 사항은 수준이 높아야 한다. 지라(Jira, 이슈 추적 제품으로서 버그 추적, 이슈 추적, 프로젝트 관리 기능을 제공하는 소프트웨어—옮긴이)의 작업 시간 또는 추정 시간을 이 시점에 얻을 수는 없다. 기업이 아주 상세한 요구 사항 문서화를 처음부터 요구한다면 조용히 시켜라! 우리가 이처럼 강건한 태세를 취하는 이유는 두 가지다.

첫째, 처음부터 기능이 어떻게 작동해야 하는지 세부적인 사실을 알기란 아예 불가능하다. 왜 불가능하냐고? 프로토타이핑 진행 전이라서 그 기능이 어떻게 작동하는지 팀이 결정하지 못했기 때문이다.

둘째, 이 단계에서 문서에 담긴 정보가 몹시 세세하다면 효과가 없다고 증명된 속칭

폭포수 접근법(waterfall approach)을 사용하는 중일 것이다. 문서화 자체에 너무 많은 시간을 할애하면 문서는 프로젝트가 진행될수록 동떨어지게 된다.

팀에 똑똑하고 경험 많은 사람들이 있더라도 세부적인 기능 목록을 작성하고 작업 시간을 추정할 수 있다고 생각하면 그건 착각이다. 더 나은 접근법은 높은 수준에서 유지하고 프로토타이핑과 다른 것에 기초한 디자인 프로세스(다음 장에서 설명하겠다)를 진행한 다음에 계획을 가다듬는 것이다.

몇 가지 기본 디자인 작업을 한 후에 대화 디자이너들은 더 종합적인 일련의 기능에 대해 반복 및 조언을 하는 것을 돕거나, 사용자 스토리에 걸쳐 작업을 나누는 방법을 제안하거나, 디바이스의 종류, 맥락, 기업의 이해관계자들이 모르는 사용자 행동 등의 복잡한 요인에 관해 통찰력을 제공할 수 있다.

팀이 직접 반죽에 손을 대기 전까지는 그 반죽으로 과자를 몇 개나 만들 수 있을지 가늠할 수 있고, 그렇게 가늠하는 것은 지레짐작일 뿐이다. 책임자들이 높은 수준의 계획을 편하게 받아들일 수 있다면 시간 낭비, 코드의 폐기, 인위적인 제약, 기술 부채, 그리고 타협한 제품 디자인을 피할 수 있다.

용어의 바른 정의 알기

UX 디자인 또는 연구 관련 자료를 읽어봤다면 이런 단어들을 무더기로 보았을 것이다.

- 사용자 연구
- UX 연구
- 사용성 테스트
- 사용자 테스트

UX 분야에서 일하는 사람들은 각 용어가 다르다고 하겠지만 테크 분야에서 일해본 사람이라면 누구나 사람들이 화가 잭슨 폴록이 페인트를 뿌리듯 아무렇게나 이 용어들을 사용한다는 사실을 알 것이다. 우리는 수십 명의 연구자와 대화를 나누었고 이제 용어의 정의를 바로잡아보려고 한다. 다음 내용을 참고하라.

- '사용자 연구'와 'UX 연구'는 동일하게 사용자가 누구인지, 무엇을 하고 있는지, 무엇을 좋아하는지, 무엇을 원하고 필요로 하는지, 어떻게 제품과 상호작용하는지를 연구하는 포괄적 용어다. 우리는 이 책에서 '사용자 연구'라는 용어를 사용하는 편이다.
- 'UX 연구'는 수십 가지 방법을 사용할 수 있으며 각종 방법으로 나뉠 수 있다. 예를 들어 이번 장에서는 제너레이티브 UX 연구와 평가적 UX 연구를 구분한다(이번 장의 '프로토타이핑 방법'에서 몇 가지 평가적 UX 연구 기술을 배우고, 10장의 '사용성 테스트'에서 더 많이 배울 것이다).
- '사용성 테스트'의 경우 대부분 사람은 특정 솔루션(제품 또는 기능)을 자세히 살펴보고 해당 솔루션이 사용 가능한지, 즉 사람들이 의도한 작업을 완료할 수 있는지와 자기 경험이 더 쉽게 또는 더 효과적으로 만들었는지를 따져본다. '사용성 테스트'는 실제 제품, 프로토타입 또는 와이어프레임으로 할 수 있다(버그를 발견하는 방법으로 '사용성 테스트'를 언급하지 않았음을 명심하라. 그건 QA의 영역이다).

이 책은 '사용자 테스트'라는 용어 사용을 피한다. 너무 모호한 용어라서 어떤 방법으로도 오용될 수 있다. 또한 이 표현은 사람들을 재판에 세우는 것과 쉽게 합치되기도 한다. 따라서 제품을 테스트하는 것이 아니라 말 그대로 사용자를 테스트한다는 뜻으로 쓰인다.

구상하기

우리는 '구상하기'라는 표현으로 대화 디자이너가 종이에 기록하기 시작하는 과정을 지칭한다. 앞에서 연구로 단단히 무장했으니 잠재적 솔루션이 어떤 모습일지 가설을 세울 때가 되었다. 이 단계에서는 주로 대화 디자이너가 팀을 이끌거나 프로세스를 주도한

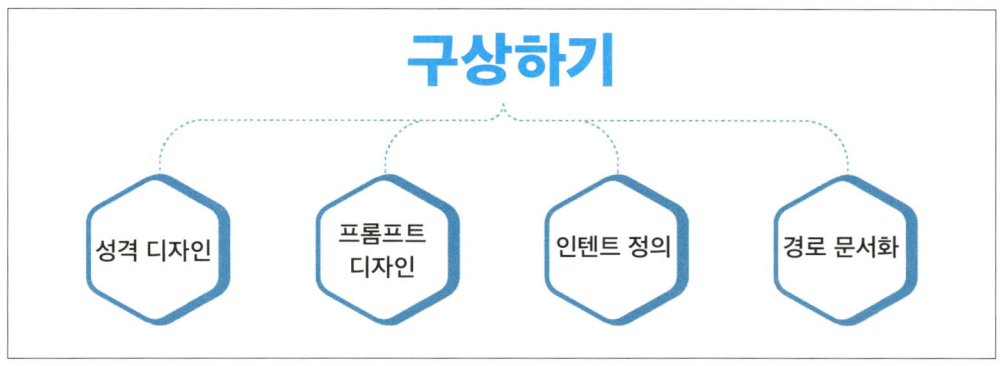

[그림 9.6]
"도대체 내가 뭘 만들고 있는 거야?"에 관한 답. 대화 디자인의 핵심은 이를 매핑하면서 시작된다.

다. 대화 디자이너로서 하게 될 일을 보려면 그림 9.6을 보라.

프로세스 전반에 걸쳐 이 항목의 모든 부분을 반복하겠지만 바로 이 순간이 모든 항목의 첫 번째 초안을 만들고 우수한 사용자 경험을 위해 이 모든 항목이 어떻게 얽혀 있는지 계획하기 시작하는 순간이다. 근본적으로 뭔가 종이에 적지 않는 이상 프로토타입을 제작할 수 없고, 가설이 작동하는지 여부도 확인할 수 없다. 따라야 하는 단계는 다음과 같다.

1. **성격 디자인하기**: 봇, 가상 비서, 토스터 또는 만들고 있는 제품의 성격을 결정하라. 3장에서 관련 프레임워크를 제공했다.
   *실행 가능한 것: 대부분 짧은 문서나 스타일 가이드 콘텐츠로 제공되는 시스템의 성격 묘사

2. **프롬프트 디자인하기**: 각 순서를 위해 프롬프트를 작성하고 지금까지 계획한 조건을 설정하라. 화려할 필요는 없다. 다이얼로그는 수십 번 재작성하기 마련이니까. 단어 선택, 간결함, 브랜딩, 발음, 운율 등은 나중에 손볼 수 있다. 지금으로서는 평범하고 유용한 선만 제 위치에 놓으면 된다. 이에 관해서는 앞서 4장에서 충분히 설명했다.
   *실행 가능한 것: 오류 메시지를 포함하여 봇이 전달할 수 있는 모든 프롬프트를 설명하는 프롬프트의 마

스터 목록이나 스프레드시트

3. **사용자 인텐트 정의하기**: 정보 아키텍트가 되어라! 갖고 있는 실제 정보를 사용해서 상호작용에 필요한 인텐트와 필요한 슬롯을 계획하고 일련의 훈련 발화를 시작하라. 필요한 세부 정보는 5장에 있다.

    *실행 가능한 것: 엄선된 인텐트, 발화, 슬롯, 슬롯 값의 목록과 스프레드시트

4. **대화형 경로 기록하기**: 샘플 스크립트를 해서 직접 와이어프레임을 만들고 팀이 협조적이라면 워크숍을 꾸려 추가로 관점을 모으고 토론에 불을 붙여라. 그리고 플로 다이어그램을 만들어서 경로를 매핑하라. 6장에서 다양한 예를 제공했다.

    *실행 가능한 것: 플로 다이어그램, 도표, 스토리보드

이런 디자인 자산은 고유한 대화형 인터페이스다. 만들거나 사용할 수 있는 결과물도 더 있다. 몇 가지 예를 보자.

- 사용자 페르소나
- 사용자 여정 맵
- 멀티모달 상호작용을 위한 시각적 콘텐츠의 와이어프레임
- 음향 효과 또는 음성 녹음과 같은 오디오 자산
- 스크립트 테스트 또는 QA를 위한 수용 기준

그리고 이해관계자들에게 선보일 슬라이드 덱은 항상 있다. 이메일도… 아주 많다. 이런 다양한 종류의 결과물은 디자인을 보충해주지만 대체할 수는 없다.

이해관계자들과의 대화

문서는 대화를 대체할 수 없다

구상하기 작업이 가장 주목을 받는다고 해서 한 달 동안 비밀 은신처에서 작업할 수

있다는 의미는 아니다. 대화 디자이너들과 개발자들의 대화에서 언급된 가장 중요한 요소는 협업 과정이 좋은 대화형 제품으로 이어지는 데 기여한다는 것이다. 팀이 고립되어 있거나 디자이너가 담장 너머로 문서만 던져주고 가는 경우 제품은 실패할 것이다. 동료 팀원들과 상호작용을 해야 한다. 서로가 필요하기 때문이다.

첫째, 다른 사람들의 피드백이 필요하다. 개발자는 디자인을 검토하고 기술적 한계나 사용자에게 더 적합한 아이디어를 공유할 수 있다. 둘째, 왜 그런 결정을 내렸는지 그 맥락이나 배경을 알 필요가 있다. 데이터나 기업의 요구 사항이 작업에 큰 영향을 미쳤을지도 모른다. 그리고 이는 잡담이나 이메일이 아닌 대화로 전달되어야 한다. 개발자들은 주로 이런 말을 한다.

"만들어두신 플로 다이어그램을 가져갈게요. 질문이 있으면 알려드리고요."

문서화된 것이 소통 없이 디자이너에게서 개발자까지 '담장 너머로 던져지면' 그 흐름은 죽은 것이나 다름없다.

문서화를 하는 이유는 논의를 독려하기 위해서이지 대체하기 위한 것이 아니다. 심연을 사이에 두고 플로 다이어그램을 던져주는 대신 대화의 힘을 강조하는 모습을 보여줘라. 이에 대해 그림 9.7을 보자.

파벨 A. 샘소노프
@PavelASamsonov

디자인 결과물(목업, 프로토타입, 사례 연구)은 대화를 대체할 수 없다. 결과물은 대화에 힘을 실어주는 도구지만 기본값에 0을 곱하면 뭐든 낭비되기 마련이다.

2019년 12월 23일 오전 8:03 Twitter Web 앱에서

[그림 9.7]
파벨은 알고 있다. 대화 없는 문서화는 누구도 돕지 못한다는 것을.

프로토타이핑

결과물을 완성한다면 그다음 단계는 프로토타이핑이다. UX 디자인 프로세스의 굳건한 일부이고 그 정신 자체는 똑같다. 벽에 스파게티를 던져서 뭐가 붙는지 보고, 다른 파스타 종류로 시도해본 뒤, 이걸 반복한다. 리스크가 적을 때 창의적으로 실수와 실험을 시도해야 한다. 재미있는 일을 좋아한다면 이 단계를 좋아할 가능성이 크다. 서프라이즈를 좋아한다면 이 단계를 마음에 들어 할 것이다.

높은 수준에서 프로토타이핑은 다음과 같은 정보를 제공한다.

- 기대치: 사람들은 이 대화가 어떻게 흘러가길 기대하는가?
- 반응: 전반적으로 사람들이 이 대화가 유용하고, 놀랍고, 이상하고, 혼란스럽다고 생각했는가? 그렇게 반응하게 한 성격이나 프롬프트 단어 선택이 있었는가?
- 인텐트 범위: 가상 비서가 지원할 수 있는 정확한 인텐트와 그 수를 확인했는가?
- 발화 데이터: 최종 제품의 성공을 보장하기 위해 얼마나 많은 차이를 수집할 수 있는가?
- 모달리티 확인: 대화로 기능하는가? 시각적 보완이 필요한가? 이 서비스의 일부를 완전히 다른 모달리티로 옮겨야 하는가?

프로토타이핑 테스트는 사용성 테스트가 아니라는 사실을 참고하라. 참여자들은 제품을 사용하듯 프로토타입을 사용하지 않는다. 그렇다고 해서 제너레이티브 연구인 것도 아니다. 이상적으로는 가설과 시험해볼 경로가 있겠지만 다른 부가적인 아이디어를 받아들일 수 있을 만큼 수용적인 상태다.

프로토타입을 테스트하는 방법

첫째, 버그가 있거나 조잡하지 않은지 내부에서 검토한 결과물의 프로토타입을 만들어라. 나쁜 프로토타입은 그 프로토타입이 나빴다는 사실만 드러낼 것이다. 그러면 아무 것도 배울 수 없다. 손으로 그려보는 페이퍼 프로토타입을 테스트하는 중이라면 오탈자가 없는지 확인하라. 오디오 프로토타입이라면 음질이 좋고 볼륨이 적절한지 확인하라. 클릭 가능한 프로토타입이라면 팀원들이 직접 처음부터 끝까지 사용하고 참여자의 진행을 막는 버그가 없는지 확인하라.

둘째, 알기 쉬운 지시사항을 적고 참여자들이 쉽게 접근할 수 있게 설정하라. 종종 누락되는 이 단계는 꼭 필요하다! 참여자들에게 내용을 설명해주고 테크 지원 이메일이나 화상 통화와 같은 방식으로 모든 테크 설정에 관해 안내해줘서 유용한 지시사항을 만들면 좋다. 그렇게 하면 참여자들은 테스트를 진행할 수 있고, 당신은 원하는 데이터를 얻을 수 있다.

셋째, 적절한 테스터를 영입하라. 임의로 뽑으라는 소리가 아니다! 사무실 동료 중에서 참여자를 마구 선정하면 결코 더 큰 사용자층을 대변하지 못한다. 실제로 최종 사용자인 참여자들을 영입하기 위해서는 시간과 전략이 필요하다. 테스트 그룹에 적절한 사람들이 포함되는지도 확인하라.

넷째, 테스트 세션을 진행하라. 당신 또는 팀원이 세션을 진행해야 한다. 진행에 참여하는 사람이 둘일 수도 있다. 한 명이 진행하고 다른 한 명이 기록하는 것이다. 나중에 합성할 때 세션 중에 발생한 일에 관해 한 사람의 해석에만 의존할 필요가 없게 되므로 이는 특히 유용하다.

다섯째, 데이터를 처리하라. 데이터가 대본, 비디오나 화면 캡처, 인터뷰 노트를 검토하는 식이라면 그 결과를 검토할 시간이 필요하다. 당신은 이를 재빨리 처리할 수 있다(린(lean) UX 방법론으로 이를 한 번의 회의 만에 끝낼 수 있다).

여섯째, 머리를 써라. 합성하기 위해서는 두뇌를 사용해야 한다. 배운 것을 이해하고 디자인에 적용하는 데는 시간이 걸린다. 새 정보를 학습하고 반영하는 것이야말로 테스트를 하는 이유다. 결과를 얻은 뒤에는 훈련 데이터, 다이얼로그, 심지어 플로 다이어그램과 성격도 업데이트할 수 있을 것이다.

대화형 프로토타입 테스트를 위한 조언

곧장 프로토타입 테스트로 뛰어들기 전에 몇 가지를 유념하라.

- 유도 질문을 피하라. 대화에 한해서 사람들은 주어진 언어를 사용하는 경향을 보인다(수용이라는 언어학적 용어를 기억하는가?). 이는 사람들의 발화에 영향을 줄 수 있다. 지시사항이 "시리에게 가장 가까운 식당이 어디인지 물어보기"라면 참여자는 "시리야, 가장 가까운 식당이 어딘지 말해줘"라고 말할 가능성이 크다. 따라서 지시사항은 "시리와 말해서 저녁 외식을 계획해보세요"인 편이 낫다. 언어 및 접근법에 관해 더 다양한 반응을 볼 수 있을 것이다.
- 열린 마음으로 데이터를 보라. 놀라운 점을 찾아보라. 사람들이 '개구리'라는 단어를 얼마나 많이 말하는지 살펴보고 싶다면, '개구리'의 횟수는 제대로 셀 수 있어도 사람들이 두꺼비에 관해 물어보지 못한다는 사실은 놓칠 가능성이 크다.
- 사람들이 막다른 길에 다다랐을 때 그 대화를 수정하려고 노력하는 모습을 지켜보는 것이 좋다. 그러나 충실도가 낮은 프로토타입을 사용하면 사용자는 아직 존재하지 않는 문제를 트집잡는 경우 난관에 부딪힐 수 있다. 사용자에게 요청을 다른 말로 표현하거나 원래 위치로 되돌아가도록 해보라고 요청할 수 있겠지만 사용자의 시도가 실패한다면 가르쳐줄 수 있다.
- 사용성 테스트 후반에서 사람들이 개입 없이 끝까지 도달하는 데 성공하지 못하면 제품을 손봐야 한다. 여기에 실패란 없다. 학습뿐이다. 당신은 초기 결정을 알려줄 정보를 원한다. 프로토타입은 쓰고 버리기 위해 존재하니까! 이를 받아들여라.

낮은 충실도에서 높은 가치 얻기

대화 디자이너들은 저충실도 프로토타입을 좋아한다. 오디오를 듣거나 정적인 목업(mock up)을 보거나 역할극을 하는 것처럼, 초기 피드백을 코드 없이 받을 수 있는 창의적인 방법이다. 저충실도 프로토타입은 밀러 하이 라이프 맥주처럼 싸고 목적을 달성한다.

그러나 이는 받는 피드백도 비슷한 정신을 갖고 있다는 뜻이다. 페이퍼 프로토타입을 검토하는 것은 붓과 대화하는 것과 다르다. 맥락은 사람들이 보는 것을 느끼는 데 정말 큰 영향을 미친다. 즉 저충실도 프로토타입은 저충실도 데이터를 내놓는다.

레베카는 가르치던 학생에게서 좋은 질문을 받은 적이 있다.

"고충실도 데이터를 얻고 있지 않다는 사실을 알 때는 왜 초기 프로토타이핑을 진행하나요?"

훌륭한 지적이다. 저충실도 프로토타이핑은 일반 주제를 제대로 잡았고 디자인이 코딩을 시작할 정도로 괜찮은지 테스트해보기 위한 것이다(약간의 코드도 없이 고충실도 프로토타입을 만들 수는 없다).

이는 '아예 정보가 없는 것보다 조금은 있는 게 낫다'는 정신을 따른다. 즉 지나치게 많은 시간과 개발 자원을 낭비하기 전에 '나쁘거나' 사용할 수 없는 아이디어를 버리는 방법이다. 이 테스트 결과 피드백을 복음처럼 받아들일 필요는 없다. 대신 지침으로 삼아야 한다.

실험하는 데 몇 주가 걸릴 수 있지만 테스트를 건너뛰고 고객을 알고 있다고 가정하는 것보다 테스트를 수행하는 편이 비즈니스에 드는 전체 비용을 훨씬 줄인다. 저충실도 프로토타이핑을 하면 온 길을 돌아갈 필요가 줄어든다. 미국의 근대 건축가 프랭크 로이드 라이트(Frank Lloyd Wright)의 비유대로 "제도 테이블에서 지우개를 사용하거나 건설 현장에서 망치를 사용할 수 있다."

저충실도 프로토타이핑은 작업이 진행되면서 정보를 제공하지만 이런 초기 방법은 나중에 고충실도 테스트를 대체하지 않는다. 앞으로 나아가기 위한 가장 좋은 방법은 이런 방법을 2개 이상 사용하는 것으로 저충실도에서 고충실도로 차곡차곡 쌓는 것이다. 반복이 핵심이다. 초기 및 개발 중에 수행하는 연구는 출시까지 가능한 한 완벽에 가까워지는 데 도움이 될 것이다.

어디로도 가지 않는 지름길

테크 산업의 공통된 정신인 '빨리 실패하기'는 학습 및 시장 대응이라는 이름하에 '본능과 애더럴(Adderall, 각성제의 한 종류—옮긴이)에 기초해 디지털 제품을 마구 찍어내서 시장에 풀자'로 주로 해석된다. 하지만 그게 아니다. '빨리 실패하기'는 사실 느리다.

우리는 시간과 돈이 한정되어 있다는 사실을 알고 있다. 물론 바닥에서 시작하는 스타트업들은 수면이 부족한 사람들로 구성된 소규모 팀으로 모든 것을 이루려고 한다. 우리도 같은 처지였던 적이 있다. 그러나 UX 연구자와 대화 디자이너 힐러리 헤이스(Hilary Hayes)가 말한 것처럼 "연구를 건너뛰는 것은 잘못된 제품을 만드는 지름길"이다. 무언가를 시도해보는 비싼 방법이다. 우리의 경력 대부분은 죽음이 임박한 챗봇을 되살리면서 쌓였다는 사실을 상기하라. 실패하라. 이런 봇들은 제대로 된 디자인 입력이 없었기 때문에 불발했다. 6개월, 1년 노력이 모두 허사로 돌아갔다.

그래서 대체 뭘 배웠는가? 팀이 무작위로 형편없는 제품을 만든다면 고객의 피드백은 제품이 무작위이고 형편없다고 밝힐 것이며 그 고객의 마음을 돌릴 기회는 다시 얻지 못할 가능성이 크다. 그림 9.8에서 리사 드베텐코트(Lisa deBettencourt)는 코드를 요구하지 않으면서 팀이 학습할 수 있는 방법들을 요약 제시한다.

출시에 더 가까워지는 유일한 방법이 열성적인 개발자를 고용하고 채찍질하는 것뿐이듯 테크 산업은 주로 코드 생산을 진보의 궁극적인 지표로 여긴다. 기반을 둘 데이터가 없어서 무작위로 결정을 내려도 누가 신경 쓰겠는가. 코드를 쓰고 있지 않은가.

아니다. 절대 아니다. 개발자들이 나아갈 방향을 모른다면 코드는 발전할 수 없다. 사실, 기업은 종종 개발자를 프로젝트에 초대한 다음 '개발자를 그냥 놀게 둘 수는 없으므로' 서둘러 디자인에 참여하도록 압력을 가하는 경우가 빈번하다. 개발자를 너무 일찍 고용하는 건 실수다.

물론 개발자들은 초기 연구 및 프로토타이핑에 기여할 수 있지만 이는 기술 고문, 다양한 접근 방식의 범위를 말하는 전문가와 공동 학습자로서 할 수 있다. 초기 단계에 개발자들은 필요하다. 단지 코드가 뭘 이뤄야 하는지도 모르면서 작성하고 있을 필요는 없다.

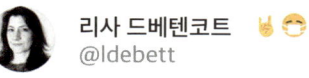

[그림 9.8]
포지 하모닉(Forge Harmonic)의 설립자이자 교장, 노스이스턴 대학교의 디자인 교수 리사 드베텐코트는 사람들이 '빨리 실패하기'로부터 벗어나기를 원한다.

프로토타이핑 방법

프로토타이핑은 UX 종사자들이 전반적으로 하는 일이며 대화 디자인 역시 같은 정신을 공유한다. 그러나 실제 음성 및 채팅의 프로토타이핑 방법은 고유한 방식을 사용한다. 우리는 연기, 라디오는 물론 1939년도 영화에서 영감을 받은 우리만의 특별한 기술을 가지고 있다. 그림 9.9에 사용할 수 있는 모든 방법이 설명되어 있다.

테이블 리딩

일반적으로는 팀과 함께 탁자에 앉아서 테이블 리딩을 할 것이다. 테이블 리딩은 내부적인 활동에 가깝기 때문이다. 다음은 테이블 리딩을 하는 방법이다. 샘플 스크립트를 소리 내어 읽는다. 그다음 팀원들은 들은 내용에 관해 발언하며 제안과 질문을 하거나 뭐가 좋고 나쁘게 들렸는지를 공유한다.

이 방법은 연극과 각본에 사용된다. 유서 깊은 방식이다. 인터페이스가 청각적이라면

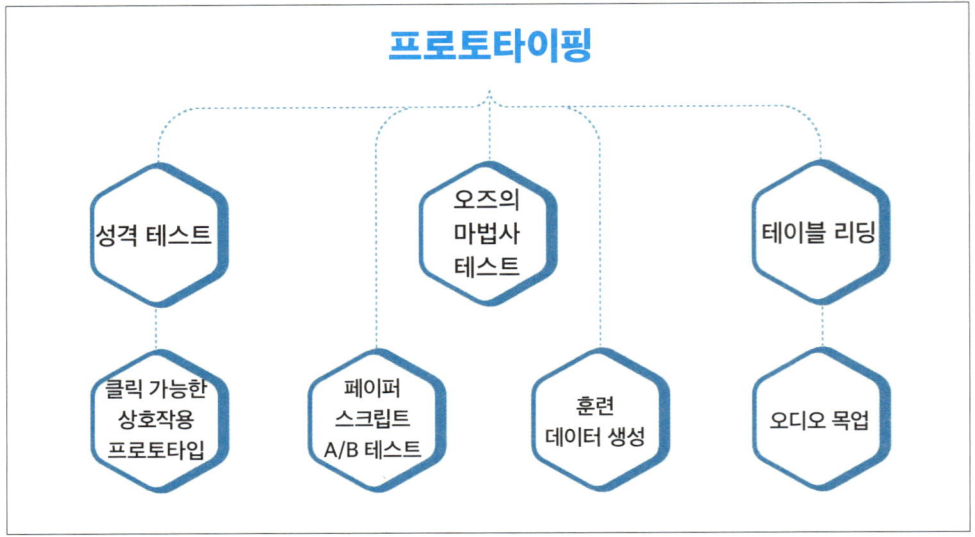

[그림 9.9]
디자이너의 대화형 인터페이스는 프로토타이핑 도구 세트다. 가설을 반복해서 시험할 수 있는 다양한 방법을 보라!

특히 소리 내서 읽는 것을 듣는 편이 더 유용하다. 그러나 텍스트 기반 봇을 만들고 있어도 작업물을 소리 내서 읽는 것을 들으며 많은 점을 배울 수 있다.

페이퍼 스크립트 A/B 테스트

샘플 스크립트 및 다이얼로그를 반복하면서 비교할 두 가지 접근 방식 또는 두 가지 스타일이 있는 경우, 대화가 어떻게 진행될지에 관한 '페이퍼' 버전에 목업하고, 사람들에게 보여주고 반응을 얻음으로써 초기 피드백을 얻을 수 있다. 이것은 단순히 참여자에게 일련의 프레임이나 장면을 보여주는 시각적 인터페이스를 위한 와이어프레임 테스트와 동일하다. 물론 이는 저충실도 테스트다. 사용자는 심지어 상호작용을 하고 있다고 말할 수도 없지만 복잡한 프로토타입을 더 만들기 전에 받을 수 있는 초기 피드백은 유용하다.

페이퍼 테스트는 전반적인 경험에 관해 피드백을 받기 좋다("이거 유용해 보이네. 이거 써야지" 또는 "이 대화는 너무 길어. 앱에서 더 빨리 할 수 있지 않나?"). 또한 사본 자체에 관한 반응을 수집해서 단어 선택, 명쾌함, 톤을 수정할 수 있다("이 봇은 너무 흥분한 것 같아. 지나쳐" 또는 "봇이 이 단계에서 설명한 게 뭔지 이해하지 못했어").

오디오 목업

이는 페이퍼 테스트의 오디오 버전으로, 육성으로 하는 상호작용을 디자인할 때 안성맞춤이다. 당신의 목적은 사람들이 상호작용을 들을 수 있도록 오디오 '샘플 스크립트'를 제작하는 것이다.

이를 만들기 위해서는 음성 합성 TTS 프로그램을 사용할 수 있다(무료로 제공되는 프로그램도 많다). 원하는 텍스트를 붙여넣기 하면 시스템이 소리 내어 그 내용을 읽어준다. 일부는 오디오 클립의 MP3 파일 다운로드도 지원한다. '로봇'의 다이얼로그를 모두 이렇게 처리하라. 그다음에 '인간' 역할을 위해 직접 녹음하거나 친구의 음성을 녹음하라. 무료 오픈 소스 오디오 편집 소프트웨어를 사용하여 편집할 수 있다. 결과적으로, 전체 대화를 처음부터 끝까지 재생하는 단일 오디오 클립이 필요하다.

테스트를 해보려면 이메일로 참여자에게 파일을 보내거나 직접 클립을 재생해줄 수 있다. 중요한 순간에 일시 정지를 하고 감상을 물어보거나 반복해서 들어달라고 부탁할 수 있다.

성격 테스트

이건 〈버즈피드(Buzzfeed)〉 웹사이트나 〈코스모(Cosmo)〉 잡지에 수록된 심리테스트를 말하는 게 아니다. 선택된 성격 특성이 실제로 잘 부합하는가, 사람들이 의도된 성격을 인지하는가를 확인하기 위한 일련의 기술이다. 성격은 매우 기초적이어서 초기에 유효성을 확인하는 편이 좋을 것이다.

성격 테스트는 페이퍼 테스트, 테이블 리딩, 오디오 목업 등 앞서 언급한 프로토타입 중 어느 것으로나 진행할 수 있다. 사람들에게 전달하려는 성격을 표현하기만 하면 된다.

인식하는 성격 특성이 무엇이었는지 인터뷰하거나 설문지를 돌릴 수 있다("챗봇의 성격을 어떻게 묘사할 수 있습니까?" 또는 "1~5의 척도로 이 챗봇이 전문적이라고 말할 수 있습니까? 예의 바르다고 할 수 있습니까?").

오즈의 마법사 테스트

솔직히 말해서 이건 사용 가능한 테스트 중 가장 특이한 테스트일지도 모른다. 동명의 영화 속 등장인물을 떠올려보면 오즈의 마법사는 단지 커튼 뒤에 서 있는 남자에 지나지 않았다. 축하한다. 이제는 당신이 그 커튼 뒤에 서 있을 차례다. 대신 이 경우에는 챗봇인 척하게 된다.

이는 NLU가 안정적으로 작동하기 위한 충분한 훈련 데이터를 확보하기 전에 경로를 테스트할 수 있는 좋은 방법이다. 참여자는 채팅창에 입력하거나 모의 디바이스에 말을 건다. 마법사는 참여자의 발화를 보거나 듣고 그 상황에 가장 적절한 다이얼로그를 고른다(없는 경우에는 오류 메시지를 표시한다).

이는 몹시 효과적인 테스트 방법이다. 화려한 도구 없이도 상호적인 요소를 모의로 경험해보는 방법이기도 하다. 가장 주의해야 하는 점은 마법사는 의도된 봇 행동과 프롬프트를 잘 알아야 한다는 것이다.

또한 오즈의 마법사 테스트는 팀이 필요한 데이터를 얻기 위해 훨씬 창의적으로 행동할 수 있게 독려한다. 말 그대로 '목적만 이루면 방법은 상관없는' 방법이다. 참여자가 전화, 스피커, 세탁기 등과 대화를 나누는 경험을 설정할 수 있는 경우, 대화 중 참여자와 상호작용을 할 수 있다면 디바이스가 실제로 대화하고 있는 건지 아니면 사람이 세탁기 안에 앉아서 스크립트를 읽으면서 대답하는지는 중요하지 않다.

클릭 가능한 상호작용 프로토타입

저충실도에서 중충실도 프로토타입만을 빌드하기 위해 존재하는 무료 또는 저렴한 플랫폼이 많이 존재한다. 여기서 사용자는 클릭하면서 흐름을 따라가거나 기초적인 NLU

모델을 사용하는 봇과 키보드 입력 또는 대화를 하면서 상호작용을 할 수 있다. 이는 인비전, 인디자인, 어도비 XD 등에서 앱 또는 웹 디자이너가 만들 수 있는 프로토타입과 비슷하다.

클릭 가능한 프로토타입의 경우 플랫폼은 챗봇 인터페이스를 흉내 내고 사용자는 출시된 제품을 사용하듯 각 질문을 클릭하거나 그것에 응답할 수 있다. 일반적으로 사용자들을 바라보고, 추가 질문을 하려고 상호작용하는 사용자와 대화하고, 끝에 가서는 남는 시간에 그 대화 대본을 검토할 수도 있다.

클릭 가능한 프로토타입을 만들기 전에 페이퍼 테스트, 오즈의 마법사 테스트, 테이블 리딩처럼 간소한 방법부터 시작하는 편이 낫다. 그러면 약간 다듬어진 대화형 경로에 관해 유용한 피드백을 받을 수 있다.

훈련 데이터 생성

앞서 설명한 방법들은 성격, 외관 및 인상, 반응, 명쾌함에 관한 피드백을 받는 데 중점을 둔다. 비대화형 인터페이스 테스트와 그다지 다르지 않다. 대화형 인터페이스에만 고유한 것은 NLU 레이어다. 뛰어난 사용성에서 가장 중요한 부분은 시스템이 사람들의 말을 알아듣는가 하는 점이다. 알아듣지 못하면 가망이 없다.

하지만 어쩔 수 없는 닭과 달걀의 역설이 존재한다. 개방형 방식으로 대화를 테스트하려면 대부분 사용자가 말하는 것을 인식할 수 있는 시스템, 즉 훈련 데이터가 필요하다. 그러나 동시에 고충실도 테스트를 사용해서 모델을 훈련하기 위한 발화를 얻어야 한다. 훈련 데이터를 얻기 위해서는 훈련 데이터가 필요하다는 말이다.

언어 변형에 관해 알고 있는 내용을 기반으로 초기에 발화의 기본 계층을 스스로 생각해낼 수 있다(허술한 방식). 또한 다른 채널의 대본에 기초한 훈련 데이터의 초기 세트를 만들 수도 있다. 그러나 발화를 수집하기 위해 양식을 임시방편으로 만들어서 훈련 데이터를 수집하기 위해 작은 프로토타입을 만들 수도 있다.

이를 할 수 있는 방법 중 하나는 상호작용에서 물어볼 주요 질문을 목업으로 만들고 설문지 형식에 넣는 것이다. 약간의 맥락과 지시사항만 제시하면 참여자들이 그 질문에 응답을 입력할 수 있게 만들 수 있다. 설문조사라서 좋은 표본을 얻기 위해 더 멀리 많은 사람에게(건너편 사무실에도) 보낼 수 있다.

다만 다음을 주의하라. 질문을 어떻게 표현하느냐에 따라 사람들의 반응이 결정된다. 대화 속 미러링 및 수용에 관해 배운 개념이 여기서 중요한 역할을 할 것이다. 프롬프트를 어떻게 표현할지 확실하지 않은 경우 실제로 사용되는 프롬프트에 응답할 모든 방법을 포착하기 위해 동일한 질문의 몇 가지 변형을 포함해야 한다.

다른 유용한 발화 생성 방식은 연구자이자 UX 책임자인 로즈 쿠에(Rose Kue)가 만들었다. 로즈는 실시간 인터뷰를 통해 사람들이 질문에 대한 응답을 키보드로 입력하는 것을 지켜본다.

"많은 점을 알 수 있죠. 인터뷰를 다섯 번만 해도 사람들이 같은 최종 결과를 도출하기 위해 다시 사용할 수 있는 다양한 인텐트, 쿼리, 키워드의 기초적인 모음집을 꾸릴 수 있습니다. 저는 검색 또는 동의어를 찾아낼 기타 방법 외에도 이 방법을 자주 사용합니다."

대부분의 사용 사례를 이해하고, 제품에 포함될 수 있는 인텐트를 식별하고, 이 모든 것에 관한 기준 문서를 작성했을 때, 프로토타이핑을 충분히 했다는 만족감을 느낄 수 있다. 요점은 디자인에서 코드를 투자할 가치가 있는 충분한 검증과 확신을 얻는 것이다.

이런 테스트를 수행하기 위한 교본이 더 필요하다면 설정 방법, 모집 방법, 데이터 수집 방법 등 테스트에 관한 훌륭하고 도움 되는 책들이 잔뜩 있다. 테스트 방법을 배우는 가장 좋은 길은 일에 뛰어드는 것이지만 많은 사람이 UX 연구와 관련한 고급 학위를 취득하므로 학문을 통해 배울 것이 많다는 점을 잊지 말아야 한다.

비동기 테스트 vs 동기 테스트

어떤 방법을 사용하든 간에 참여자가 홀로 프로토타입과 상호작용을 하는 비동기 테스트를 시행할지, 참여자와 같은 방 안에 있는(가상으로나 실제로) 동기 테스트를 시행할지 결정을 내려야 한다.

비동기 테스트는 이점이 있다. 일반적으로 참여자들에게 이메일로 테스트를 진행하고 피드백을 주는 방법에 대해 일련의 지시사항을 보내고 참여자들은 자신이 편할 때 작업을 끝낸다. 실행하는 데 많이 노력이 들지 않으므로 더 많은 참여자를 모집할 수 있다. 피드백은 주로 설문조사나 기타 형식으로 돌려받는다. 일부 테스트 플랫폼에서 참여자들은 테스트를 진행하는 동안 피드백을 남길 수도 있다. 때로 사람들은 화면이나 자신의 반응을 영상으로 녹화해서 보내기도 한다. 대화 디자인을 한정으로 전사된 '결과 대본'을 평가하는 경우가 많다.

비동기 테스트의 단점은 그 세션 내에서 추가 질문을 할 기회가 주어지지 않으므로 참여자의 의도 또는 내면 내러티브를 탐색할 수 없다는 것이다. 참여자들은 종종 테크 문제를 겪으므로 중도 탈락 비율이 높다. 그리고 대부분 진행을 서둘러서 실제로 생각하는 데 시간을 들이지 않고 작업을 끝내려고 한다.

동기 테스트는 동전의 양면이다. 동기 테스트 세션은 더 길고 더 큰 노력을 들여야 하므로 감독할 수 있는 참여자 수에 한계가 있다. 그리고 참여자가 무언가를 시도하고, 보거나 읽은 다음에 이해한 것과 다음으로 하고 싶은 것에 관한 생각을 '소리 내서 표현하기'를 하는 것처럼 보이는 편이다. 참여자들은 테스트를 진행하면서 구어로 피드백을 제공하고 때로는 부가적인 질문지를 마지막 단계에서 제출하기도 한다.

이번 장에서 다룬 프로토타이핑 방법들 대부분은 동기나 비동기로 실시할 수 있다. 뭘 선택하고 싶은가? 성격, 다이얼로그, 대화형 흐름 또는 질적인 무언가를 검증하고 싶으면 동기 테스트를 추천한다. 대면으로 (직접) 진행하는 세션은 매 순간 피드백을 받고 사용자의 의도 및 동기에 관해 질문을 할 수 있으므로 들인 시간에 비례해 최대량의 정보를 제공해준다.

발화 생성은 예외다. 발화 생성의 목적은 많은 사용자가 봇에 사용할 대본을 생성하게 하는 것이다. 그런 방대한 양은 비동기 테스트로 얻는 편이 낫다.

마지막 이야기

우리는 그간 일하면서 대화 디자인을 지나치게 단순화하라는 압박을 많이 받았다. "팀에게 한 시간 정도 설명을 해줄 수 있나요? 대화 디자인에 관해 알아야 하는 모든 걸 담아서요" 같은 질문을 수도 없이 받았다. 개발자에게도 같은 것을 요구할까? 그럴 거라고 생각하지 않는다.

대화 디자이너로서 일하는 동안 이처럼 열심히 노력해서 얻은 전문성을 해야 할 것과 해서는 안 될 것 목록으로 요약하라는 압박을 받을 수 있다. 충분히 많은 문서, 블로그 포스트, 회의 발표, 웨비나(webinar)를 통해 대화 디자인을 5개나 10개 사항으로 요약할 수 있다고 주장한다. 아주 틀린 주장은 아니지만 그럴 때는 지나치게 많은 것을 빼놓게 된다. 디자인은 다음과 같은 것이 아니다.

- 모범 사례 체크리스트
- 달성해야 하는 일련의 단계
- 전달해야 하는 일련의 결과물

디자인은 과정이다. 치트시트, 체크리스트, 조립 라인으로 좋은 사용자 경험을 만들 수는 없다.

시간이 흐르면 지식을 쌓고 전문적인 본능을 개발할 것이다. 과거의 경험이나 연구에서 교훈을 얻을 수도 있다. 과거에 효과가 있었던 접근법을 적용할 수 있을지도 모른다. 또는 실수를 상기하고 이번에는 피해 갈 수도 있다. 주변 사람들이 창의적으로 문제를 해결하는 것을 보고 새로운 사고방식을 익힐 수도 있다.

그러나 여전히 가설을 세우고 테스트해야 한다. 이 작업은 절대 사라지지 않는다. 경험이 쌓이면 가설은 종종 더 나아지지만 그 과정은 더디다. 우리는 대화 디자인에 관해 수백 페이지나 쓸 수 있을 만큼 많이 알고 있지만 우리의 배움은 아직 끝나지 않았고 당신도 마찬가지다. 다음은 겸손하면서도 호기심 가득한 사고방식을 작업에 담을 수 있는 방법을 조언하는 내용이다.

- 모르는 것을 인정하기를 두려워하지 마라. 취업 인터뷰 및 웨비나에서 고객과 학생들에게 이 말을 몇 번이나 했다. 전부 아는 사람은 아무도 없다. 그럴 수가 없다. 특히 발전하는 중이고 여러 분야에 걸쳐 있는 것이라면 더 어렵다.
- 지식을 가진 사람을 찾아라. 학문으로서 대화 디자인은 과학과 인문학에 걸쳐 진행된 막대한 양의 연구를 바탕으로 한다. 당신의 팀에는 각종 배경을 가진 사람들이 있을 것이다. "내 주변 사람들 중 누가 이 문제에 대해 알고 있을까?"라고 질문해보면 결실을 얻을 수 있을 것이다.
- "난 틀렸어', '날 놀라게 하는걸!' 중에 어떤 생각을 더 많이 하는가? 디자인 작업의 본질은 이따금 실현할 수 없는 작업을 제안하는 것이기도 하다. 그렇다고 당신이 일을 못한다는 뜻은 아니다. 그저 새로운 걸 배웠다는 뜻이다! 그러니 새로운 가설을 세우자.
- 가정하는 것에 이름을 붙여라. 당신 자신, 그리고 당신의 팀에서 당신이 느끼는 것들에 말이다. 사람은 누구나 가정을 하지만, 거기에는 증거가 있는 것과 실상은 지레짐작에 불과한 것을 구분해내는 힘이 있다.
- 상호보완을 논의하라. 디자인은 완전히 올바른 접근법을 찾는 문제가 결코 아니다. 대신 결정의 장점과 단점이 뭔지 아는 것이다. 결정해서 무엇을 잃고 얻었는지 평가하는 방법을 배운 다음에는 일류가 될 수 있다.

착실한 연구와 프로토타입 제작에 적극 찬성한다면 그 프로세스는 아이디어를 검증하고 사소한 오류를 해결하며 시간 낭비를 방지하게 돕는다. 하지만 이뿐만이 아니다. 그 학습에 팀을 포함하면 모든 사람이 그 기반으로부터 혜택을 얻는다.

토론과 대안

"이해관계자들에게 어떻게 디자인을 이해시킬까?"

다이애나: 아, 이런. 이거야말로 100만 불짜리 질문이지.

레베카: 글쎄, 범위에 따라서는 1,500만 불짜리 질문일 수도 있어.

다이애나: 지금 내 눈알 굴러가는 소리 들려? 하지만 맞아. 가격과 무관하게 이건 중요한 질문이야. 나는 연구 예산을 달라고 애원하는 대화 디자이너였던 적이 있지만 이제는 부장 직급을 달았기에 사업적 제약을 더 잘 이해하는 편이야. 이해관계자들은 돈을 쓸 이유가 필요해. 대부분은 정말 올바른 방법을 알고 싶어 하고 교육이 필요할 뿐이야.

레베카: 내부자의 시각을 말해줘서 고마워. 나는 대중을 대변하기 때문에 디자인에 ROI(투자자본수익률)가 없다는 생각은 틀렸다고 가르쳐주고 싶어. 이해관계자들은 연구와 디자인이 시간과 돈을 낭비한다고 생각하는 걸로 악명이 높지.

다이애나: 운 좋게도 나는 그래서 얻을 수 있는 대가에 관해 설명한 적이 있어. 고객들에게 제너레이티브 연구를 건너뛰면 확실히 계획의 다음 단계로 더 빠르게 나아갈 수 있다고 알려주지. 하지만 그것에 따르는 결과도 있어. 추측으로 범위를 지정하고, 잘못 추측했기 때문에 테스트 단계가 더 오래 걸리고, 다시 처음부터 시작해야 할 수도 있으니까. 그러니까 연구의 첫 단계를 건너뛰면서 절약한 시간과 돈은 더 긴 시간과 비용으로 돌아오게 되는 거야.

레베카: 맞아. 리스크 예방의 문제지. 연구는 보험이야. 여전히 깜짝 놀랄 수도 있지만 수습하기가 훨씬 더 쉽지.

다이애나: 이해관계자들도 이해할 거야. 그들의 필요에 맞춰서 설명하면 적절한 프로세스를 이해시키기가 더 쉬워. 디자이너로서 우리는 '사용자에 대한 공감'을 두뇌 속에 때려 넣는 일에 시간을 쓰지만 이해관계자들과 여러 직종의 파트너들을 공감하는 일은 잊곤 해.

우리가 동의하는 점: 이해관계자를 호기심을 보이는 파트너로 대우하라. 이들에게는 사용자의 욕구와 사업적 필요가 어떻게 제안된 솔루션에 부응하는지를 이해하기 위한 정보가 필요하다. 그들을 연구 세션에 참여시키고, 그들에게 프로토타입을 사용할 기회를 제공하고, 무엇보다도 디자인의 근거를 설명하라. 제약을 겪고 있다면 어떤 제약인지 설명하라. 변화를 제안하는 경우에는 어떤 테스트를 통한 통찰력으로 변화의 필요성을 깨달았는지 설명하라. 이해관계자가 특정 기능을 요구한다면 그 기능을 추가하는 일의 장점과 단점을 설명하라. 시간이 흐를수록 이해관계자들이 배운 점들은 축적될 것이다. 이해관계자들이 중요하게 여기는 것과 당신이 중요하게 여기는 것을 연결 지을 수 있다면 그들의 지원을 받을 수 있을 것이다.

디자이너: 좋은 화요일입니다. 업데이트된 인텐트 목록을 오늘 준비해서 드릴 예정입니다. 계정을 연결하는 흐름에 대해 질문이 있으신가요?

개발자: 마침 보고 있었습니다. 다이어그램은 이해가 되는데 구매 흐름은 잘 모르겠네요. 인증이 작동하는 방법에 따라서 변경사항을 적용해야 할 수도 있겠어요.

디자이너: 알겠습니다. 그 문제를 이야기할 시간이 지금 있으신가요?

개발자: 네, 물론이죠.

이 장면은 개발자가 열심히 일하고 대화 디자이너가 팀에 융합된 경우에 볼 수 있는 전형적인 대화다.

프로세스의 이 지점에 도달했을 때는 성격을 디자인하고 흐름을 만들었으며, 프롬프트, 인텐트 및 발화의 기초적인 목록을 작성했을 것이다. 그리고 1~2개의 프로토타입을 만들고 피드백을 바탕으로 수정했을 것이다. 제품 디자인이 빌드를 시작할 정도로 좋다는 자신감을 느끼게 되는 제품 생애의 중요한 순간에 도달했다.

'빌드한다'는 말은 팀이 상호작용에 관한 지원을 충분히 받아서 개발자들이 코드 작성을 시작할 수 있다는 뜻이다. 빌드가 시작되면 대화 디자이너들은 보조적인 역할로 옮겨간다. 물론 디자인은 완성되지 않았고 그 무엇도 확정되지 않았다.

이번 장에서는 개발부터 상용화, 그리고 그 이후를 지켜볼 수 있다. 이런 단계에서는 방대한 양의 협업적 의사소통이 필요하다. 전에 비해 훨씬 더 많은 의사소통이 필요하다. 따라서 여기서는 팀과 공유할 질문을 한가득 찾을 수 있을 것이다.

빌드하기

개발 중인 제품을 상상할 때면 당신의 두뇌는 코드를 찍어내는 집단을 떠올릴지도 모른다. 그러나 프로그래머들이 프로그래밍하는 동안에도 팀에는 여러 가지 일들이 일어나고 있다. 그림 10.1은 빌드하기 단계에서 돌아가는 일들을 모두 보여준다.

팀 정렬

원활한 출시를 위해서 팀은 무엇을 빌드하고 있는지와 계획이 무엇인지에 관해 의견이 일치해야 한다.

첫 번째 단계는 팀의 모든 구성원이 빌드 중인 내용에 동의하는지 확인하기 위해 팀과 의견을 나누는 킥오프 미팅(kick-off meeting, 회사의 첫 공식 회의—옮긴이)이다. 이때 대화 디

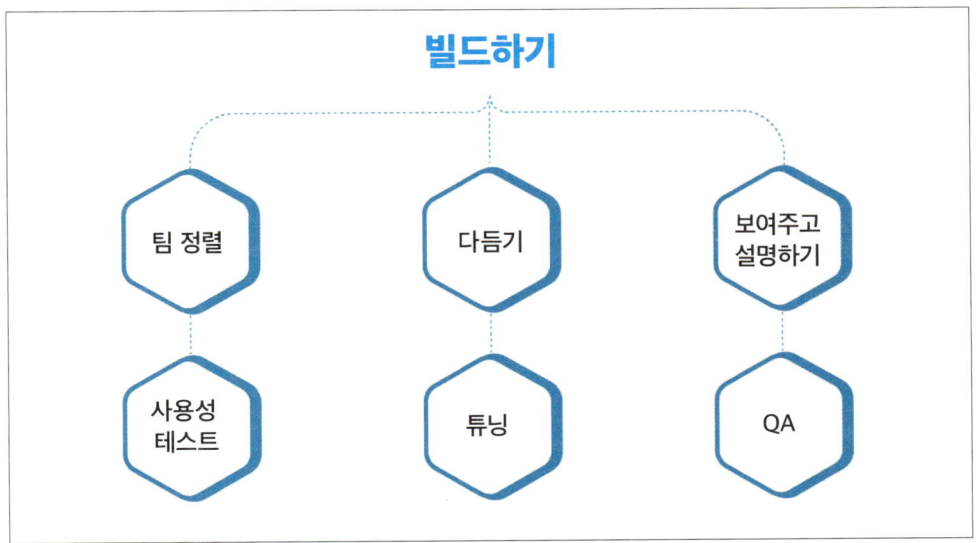

[그림 10.1]
빌드하는 도중에 달성해야 할 사항들. 당신을 비롯한 모두가 분주하다.

자이너는 횃불을 들게 된다. 사람들을 올바른 방향으로 이끌기 위한 문서를 갖고 있기 때문이다. 일부 사람들은 이 단계를 디자이너에게서 공이 넘어갔다고 생각하지만 우리는 그렇지 않다고 생각한다. 다른 사람에게 차 열쇠를 던져주는 것이 아니라 차 문을 모두 열고 "타세요! 안전벨트 매시고!"를 외치는 것이다.

그러니 다양한 결과물을 선보이기 위한 미팅을 갖게 된다. 그룹에 따라서 샘플 스크립트나 흐름 스케치를 보여주거나 정식 흐름을 단계적으로 설명하며 빌드한 간단한 프로토타입을 제공하게 된다. 무엇을 권장하는지뿐만 아니라 왜 권장하는지를 팀과 공유하라. 연구나 사용자 테스트를 요약하면 사람들을 이해시킬 수 있다. 이 내용을 팀이 처음 봐서는 안 된다. 디자이너는 가장 최근의 정보를 제공해야 한다.

"이 모든 것에 관한 결론이 이렇습니다."

기회가 주어진다면 개발자들은 다음과 같은 아주 유용한 지적을 할 수도 있다.

- **기술적 한계**: "시스템은 설명된 기능을 수행할 수 없습니다."
- **빠른 경로 vs 돌아가는 경로**: "수행하는 방법은 두 가지가 있는데 하나는 두 배 더 오래 걸립니다."
- **데이터의 세부 사항**: "시스템이 해당 데이터를 가져오지만 이 형식으로 되어 있습니다."
- **더 나은 방법**: "이렇게 하는 게 더 간단하지 않을까요?"

이런 요점을 듣고 기록할 자리를 만들어라. 모든 문제를 미리 해결할 수는 없지만(그리고 빌드하는 동안 더 많은 문제가 발생한다) 시간이 지남에 따라 문제를 해결하기 위해 노력할 수는 있다.

팀원 모두가 전체 디자인을 이해하게 되면 범위의 정확한 추정치를 제공할 수 있다. 즉 기존 로드맵이나 제품 비전을 정리하고, PM이 원하는 우선순위가 매겨지고, 추정된 사용 사례 또는 사용자 스토리를 제공할 때가 됐다.

팀은 합의된 일련의 기능을 문서화하고 몇 가지를 논의해야 한다.

- 어떤 사용자 스토리 또는 사용 사례를 먼저 빌드해야 하는가?
- 각 사용자 스토리 또는 사용 사례를 빌드하는 데 얼마나 걸리는가?
- 스프린트별로 어떻게 나눌 수 있는가?
- 버전 1과 버전 2의 차이점은 무엇인가?
- 어떤 기준을 세울 수 있는가?

일반적으로 PM은 이 계획을 주도하며 프로젝트 일정을 수립하고 관리하는 역할을 한다(이 계획은 절대 확정되지 않으나 좋은 기반을 다져두는 것은 모두에게 득이 된다). 이런 회의는 짧지 않으며 한 번의 회의로 끝나지 않는 경우도 부지기수다. 길고 세부 정보로 가득한 킥오프 미팅을 좋아하는 사람은 드물지만 함께 나아가기 위해 모두가 같은 정보를 가졌는지 확인할 필요가 있다. 디자이너는 이 배가 무사히 출항하는지 확인해야 하므로 상호이해의 문화를 만들기 위해 최대한 많은 정보를 공유해야 한다. 팀원들이 디자이너만큼 잘 알수록 좋다.

함께 나누면 좋을 이야기

개발자에게 뭐가 필요한지 물어보자

개발자에게 던져줄 문서를 만드는 것이 아니다. 개발자들이 작업하고 싶은 내용을 담아서 유용하게 쓸 문서를 만드는 것이다. 그러니 개발자들이 작업하고 사고하는 방식을 알아두는 것이 중요하다.

우리는 개발자 두 명의 관점을 물었다. 아다사 이노베이션(Adassa Innovations)의 설립자이자 올해의 알렉사 챔피언 및 빅스비 개발자로 선정된 일라나 체(Ilarna Nche)와 자신의 음성 개발 회사를 설립하고 빅스비 프리미어(Bixby Premier)를 개발한 제니 스텐하우스(Jennie Stenhouse)와 대화했다. 일라나와 제니는 이따금 팀과 협업을 하지만 그보다는 혼자서 더 자주 일하므로 디자인과 개발을 모두 담당한다. 두 역할을 맡으므로 이 두 사람은 그 역할들이 함께 작동하는 방식을 아주 잘 알고 있다. 일라나는 이렇게 설명한다.

"음성에는 디자인이 선행됩니다. 러프한 개발로 시작하는 모바일이나 웹으로 하지 않죠."

제니는 문서화를 좋아한다.

"혼자서 일할 때도 음성은 정말 복잡한 주제예요. 프로젝트를 진행하는 동안 정말 많이 변합니다."

제니는 디자인과 개발에서 협업의 중요성을 강조했다.

"공통된 용어를 사용할 수 있도록 각자의 영역을 서로 알 필요가 있습니다."

그리고 피드백은 양방향으로 적용된다. 디자이너는 '디자인이 완성되었다고 생각해서 개발자에게 넘겨줄 때 협상이나 반발의 여지가 없다고 생각해서는' 안 된다.

일라나는 문서를 간단하게 유지한다. 플로 다이어그램을 사용하진 않지만 각자 다른 인텐트와 다른 조건하에서 행동이 보이는 다양성에 관한 사용자 스토리와 체크리스트를 만든다.

두 개발자의 경우 상호작용하는 방법으로 테스트를 초기에 자주 하는 것이 필수 요소였다.

"사람 테스트는 정말 중요합니다. 다양한 사람들로부터 수집해야 하죠. 몹시 고집이 세고 다른 사람 말을 안 듣는 사람들 말입니다."

일라나가 설명했다.

"그런 사람들이야말로 최고의 제품 테스트 대상입니다."

이 개발자들과 이야기하면서 얻은 교훈은 문서화에 '필수적인' 방법은 없지만 팀은 프로젝트의 복잡성과 사람들의 작업 스타일을 감안하고 어떤 방식으로 작업할지 파악해야 한다는 것이다. 레베카는 팀과 문서 샘플을 공유하며 다음과 같은 프레임을 제공한다.

"이 문서는 내가 일반적으로 생성하는 유형입니다. 유용하다고 생각하나요? 더 효과적으로 만들 방법이 있을까요?"

개발자들과 함께 다음의 질문에 적절한 답을 논의하라.

- 흐름, 샘플 스크립트, 조합 중에서 어떤 종류의 문서가 프로세스에 가장 유용한가?
- 문서는 어디에 있어야 하는가? 합의된 사실의 출처는 어디인가?
- 문서를 업데이트할 때 변경사항에 관해 어떻게 알려주기를 원하는가?
- 버그나 수정해야 할 사항을 발견하면 피드백을 어떻게 제공해야 하는가?(스프레드시트에 작성하기, 버그 추적 보드에 등록하기, 슬랙 메시지 보내기 등)
- 디자인 문서에서 논의할 내용을 찾았을 때 그 피드백을 전달하는 가장 좋은 방법은 무엇인가?

문서화 작업이 시작되면 어떻게 진행되고 있는지 확인하라. 문서는 팀과 프로젝트에 적합해야 한다. 그 반대여서는 안 된다.

다듬기

빌드 과정에서 디자인은 변화할 것이며 이 변경사항에 관한 문서는 계속 업데이트되어야 한다. 기본적으로 어떤 디자이너도 변경사항을 적용할 필요가 없는 완벽한 문서를 기록하진 못한다. 내용이 변경될 이유는 정말 많다. 이해관계자가 범위나 일정을 수정할 수 있다. 개발자들은 어떤 기능이 주어진 시간 안에 구현하기가 지나치게 복잡하다는 사실을 깨달을 수 있다. 심지어 알고리즘, 로직, 플랫폼 기능성의 변경사항, API(application program interface)에서 정보를 가져올 때 생기는 새로운 시간 지연 등 기타 기술적 한계가 있을 수도 있다. 그리고 그중 일부는 사본 편집이나 오디오 조달과 같이 결과물에 더 다가가기 위해 겪는 일반적인 변경사항이다. 디자이너는 흐름, 프롬프트 및 디자이너가 담당하는 자원 저장소 등의 세 가지 요소를 업데이트하게 된다.

흐름 반복

팀은 추가적인 사용 사례나 인텐트, 감안해야 할 새로운 오류 경로, 흐름의 분기를 해결할 새로운 방법을 발견할 수 있다. 테스트 결과를 통해서도 발견할 수 있다. 이 발견으로 플로 다이어그램을 업데이트하게 된다.

프롬프트 반복

흐름이 안정될수록 프롬프트의 핵심적인 반복을 손보게 된다. 앞에서 우리는 프롬프트를 수십 번이나 다시 작성하게 된다고 설명했다. 그 작업을 여기서 한다. 다음 항목들을 수정하게 될 것이다.

- **톤**: 사본이 성격과 맥락과 일치하는지 검토한다.
- **접근성**: 정확성, 간결함, 단어 순서, 병렬 구조 등을 평가해서 인지 부하를 낮춘다.
- **운율 체계**: 소리 내서 하는 상호작용의 경우 프롬프트를 소리 내서 읽었을 때 어떻게 들리는지 평가한다. 합성 음성의 경우 SSML을 사용하여 음절과 단어의 수준에서 발음을 조정하고 강조와 일시 중지를 추가하는 데 시간이 걸린다(본질적으로 합성 음성이 대사 '읽기'를 할 때 로봇처럼 들리지 않고 인간처럼 들리도록 한다).
- **마케팅 또는 브랜드 검토**: 브랜드가 잘 정립된 회사의 경우 일반적으로 카피라이터의 지시를 받아 브랜드의 목소리와 일치하는지 확인한다.
- **법적 검토**: 사내 법률팀이 프롬프트를 검토할 필요가 있을 수 있다(때로는 맥락을 이해하기 위해서 흐름 또는 사용자 여정도 알아야 한다).

자원 수집

특히 멀티모달 경험이나 성우 또는 사운드 디자인 요소가 포함된 경험의 경우 한 사람이 상호작용의 해당 부분 자원을 추적해야 한다.

- **화면 디자인 또는 이미지**: 멀티모달의 경우에는 다른 디자이너와 협업하여 시각적 요소가 대화와 어떻게 어우러지는지 검토할 수 있다.
- **오디오 파일**: 녹음된 사람 음성을 사용하거나 음향 효과 또는 이어콘(earcon, 인터페이스 사용 중 들을 수 있는 짧은 음악적 소리—옮긴이)을 사용하는 경우 성우와 작업하고 파일을 구성하거나 사운드 디자이너와 오디오 UX를 통해 작업할 수 있다.

- **비디오 파일**: 일부 멀티모달 화면은 관리되는 전체 콘텐츠의 일부인 영상을 재생한다.
- **이메일 또는 SMS 사본**: 링크를 첨부한 문자를 보내듯 다양한 채널을 통해 상호작용을 한다면 이 사본을 수집하거나 만드는 작업을 맡을 수 있다.

침착함을 유지하기

당신만의 아름다운 혼돈 속에서 혼자 일하거나 치밀하게 짜인 팀에서 일할 때는 모든 사람이 사용할 수 있을 만큼 투명성을 가진 시스템을 만들어야 한다. 한 주간 프로젝트 외의 일을 하고 돌아왔을 때나 다른 사람에게 넘겼을 때 흐름을 놓칠 위험이 크다. 문서화(그리고 잘 정리된 콘텐츠 저장소)가 항상 구원의 손길을 내밀 것이다.

포드(Ford Motors)의 자율 디지털 비서 프로덕트 오너(PO) 샤말라 프라야가(Shyamala Prayaga)는 디자인 작업이 지니는 중요성을 지적한다. 샤말라는 팀 내 첫 대화 디자이너였으며 팀을 계속 성장시켰으므로 시스템을 만드는 것이 소통 및 디자인 일관성의 핵심이라는 사실을 알고 있다.

"전부 표준화되고 다루기 쉬워야 합니다. 누구나 작업을 하거나 테스트할 수 있어야 하죠."

샤말라의 팀은 중앙 허브를 사용하여 모든 정보, 문서, 결과물을 보관하고 템플릿을 최대한 많이 사용하는 방법을 찾는다.

다이애나도 개발자들에게 익숙하며 갑작스럽게 호전되는 상황을 떠올리고 발견하는 데 도움을 줄 만한 템플릿 시스템을 사용한 경험이 있다. 이런 투명한 조직은 팀의 모든 사람이 가능한 한 효율적으로 대화 기능을 출시하는 데 도움을 줄 수 있음을 의미한다.

보여주고 설명하기

킥오프 미팅이 끝난 뒤, 프로그래머들은 코딩을 시작한다. 환경을 설정하고, 세션 데이터를 저장할 시스템을 만들고, API를 살펴보고, 항상 휴대하고 다니는 스트레스볼을 쥐

어짜느라 며칠 또는 몇 주가 걸릴 수 있다. 작업의 복잡성은 일에 따라 다르다는 사실을 유념하라!

일부 인텐트 및 소수의 오류 메시지를 설정하는 경우에는 일주일 내로 뚝딱 끝낼 수 있다. 세션 데이터를 저장하고 다중 API에서 데이터를 가져오는 데이터베이스를 만들어야 하는 맥락적 응답을 만들 때는 몇 주 이상으로 시간이 걸릴 수 있다. 개발자가 무엇이 쉬운 작업이고 어려운 작업인지 설명하면 믿어라.

개발자가 일할 수 있게 두는 것과 작업이 지나치게 고립되는 것 사이에서 균형을 잘 잡아야 한다. 우리는 다음을 권장한다.

- 매일 질문에 답할 수 있도록 준비하라. "오늘 작업에 필요한 것 중 제가 알려드릴 수 있는 게 있나요?"
- 작은 질문이 여러 개 있으면 하나로 엮어라. "간단한 질문이 3개 있는데요. 첫째, 프롬프트 목록을 업데이트했는데…"
- 매주 일대일 면담을 잡고 개발자가 장애물을 맞닥뜨렸는지 물어보라. "예측되는 디자인 변화가 있습니까? 시간이 더 걸리는 작업이 있나요? 도울 방법이 있습니까?"
- 격주로 '보여주고 설명하기' 팀을 구성하여 완료한 작업을 시연하고 경험이 의도한 대로 이루어졌는지 확인하라.

계속해서 일어나고 있는 일과 변화하는 상황을 알고 있어야 한다. 디자이너의 일이 개발자의 일에 영향을 미치듯 디자이너 역시 개발자에게 영향을 받는다. 따라서 계속 정보를 주고받으며 가능할 때 도움을 줘야 한다.

함께 나누면 좋을 이야기

합의에 도달하는 방법

당신의 권고에 동의하지 않는 사람은 언제나 있을 것이다. 또는 그 상황을 해결하기 위한 최선의 방식을 팀이 논의 끝에 마련해야 할 수도 있다. 이런 상황에서 몇 가지 질문이 유용할 수 있다.

- 이 결정이 인텐트 아키텍처에 영향을 주는가?
- 이 결정에 새로운 프롬프트가 필요한가?
- 이 결정이 좋은 결정이었는지 어떻게 테스트할 수 있는가?

과거에 사용한 결과물을 통해 생각의 실마리를 잡을 수도 있다. 그림 10.2는 성격 디자인(3장)과 스크립트 제작(6장)에서 끌어낼 수 있는 도구를 보여준다. 이를 통해서 논의를 이끌 수 있다.

팀이 어떤 날짜에 어떤 회의에서 무슨 이유로 무슨 결정을 내렸는지를 정리한 내용을 스프레드시트, 가상 게시판 등으로 보관해두면 큰 도움이 된다. 무슨 데이터인지, 어떤 의사 결정권자가 그렇게 말했는지, 어떤 제약 때문에 B보다 A가 나은지 등등 말이다. 이는 다른 사람이 "누가 그 결정을 내렸습니까?"라고 물어볼 때 '기억'의 역할이 되어줄 수 있다.

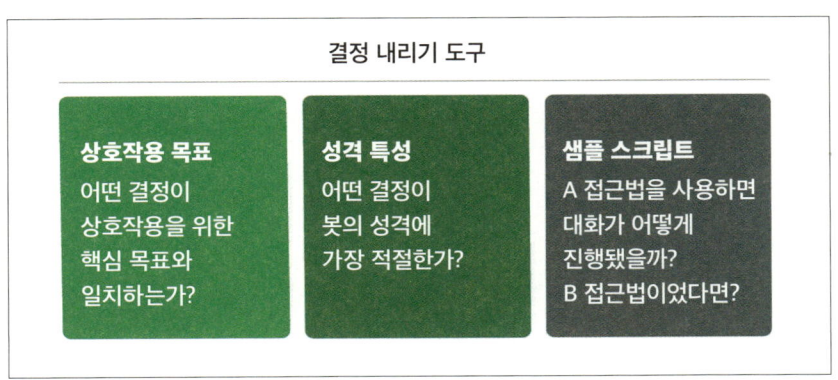

[그림 10.2]
문서화한 기록을 다시 논의하거나 진행 과정에서 도움이 될 새 스크립트를 작성하라.

사용성 테스트

빌드 레버를 당기고 이불 밑에 머리를 파묻은 다음에 출시가 끝난 뒤에나 숨을 쉬기 위해 고개를 드는 '타조식' 디자인 방식은 당연히 좋지 않다.

제품이 성공을 향해 계속 나아가려면 빌드되는 동안 완성되기 전에 테스트해야 한다. 사용성 테스트를 통해 특정 솔루션이 당면한 문제를 잘 해결할 수 있는지 가늠할 수 있다(이는 평가적 UX 연구의 한 형태다). 각 단계에서 대표 사용자와 디자인을 테스트하면 팀은 멋진 아이디어, 기능적 제약, 비즈니스 목표에 얽매이지 않고 사람을 제품 또는 서비스의 중심에 두게 된다.

> **용어 정의** 평가적 UX 연구
>
> 평가적 UX 연구는 묻는다. "이 특정 기능이 사용자의 특정 문제를 해결하고 사용자에게 잘 작동하는가?" 이 연구의 목적은 광범위하게 문제를 살펴보는 제너레이티브 UX 연구와는 다르다. 다음과 같이 생각할 수 있다. 제너레이티브 연구는 유익한 문제를 식별하고, 평가적 연구는 문제를 해결하는 올바른 방법을 식별한다.

운이 좋은 팀에는 책임자 역할을 하는 UX 연구자가 있을 테고, 없을 때는 디자이너인 당신이 책임을 맡을 것이다. UX 배경지식이 있는 독자들은 사용성 테스트의 기본에 익숙할 것이다. 그 기본이란 사람들에게 테스트할 것을 제공하고, 편견을 심어주지 않으려 노력하며, 정보를 수집하고 나아갈 방법을 선택하는 것이다(9장의 '프로토타이핑'에서 이런 종류의 테스트 운영을 설명했다).

전통적인 사용성 테스트는 어떤 개입도 없이 테스터들이 제품을 사용하는 것을 지켜보는 것이 목표다. 숭고한 목적이므로 테스트는 선행 질문이나 너무 구체적인 작업으로 말미암아 편향되어선 안 된다. 그러나 대화형 인터페이스에 이런 수준의 개방성을 주면

재앙을 일으킬 것이다. 그 이유는 다음과 같다.

- 화면 기반 상호작용을 통해 사람들은 탭하고 클릭하거나 원하는 것을 가리킬 수 있다. 그 상호작용을 클릭 가능한 프로토타입으로 목업하는 편이 더 쉽다. 기능이 적은 제품을 사용할 때조차 사용자는 시각적 안내를 따르고, 나아갈 수 있는 경로는 제한적이다.
- 음성이나 채팅의 경우 사람들은 원하는 대로 자신의 필요를 표현한다. 입력을 제한하는 지표가 없기 때문이다. 경로는 무한한 것처럼 보인다. 이는 시뮬레이션으로 만들기 훨씬 어렵다. 초기 단계 빌드의 경우 훈련 데이터는 견고하지 않고 모든 경로가 빌드되지 않았기에 사용자는 막다른 골목에 부딪히거나 인식되지 않는 발화를 시도한다.

즉 사용자를 봇 또는 기술 앞에 두고 마음대로 하라고 풀어줄 수 없다. 대부분 테스터들은 순서를 몇 가지 넘기지 않을 것이다. 음성 및 채팅을 위한 사용성 테스트에는 더 많은 지도와 제약이 필요하다. 초기 사용성 테스트에서 사용자가 상호작용을 시도하게 하려면 더 자세한 단서를 줘야 한다. 제품이 완성에 가까워질수록 테스트 접근법은 더 개방적으로 변할 수 있다.

대화형 인터페이스를 사용하면 더 많은 사용성 테스트가 필요하지만 똑같은 피드백을 원하기 마련이다. UI의 세부 사항이 사용자에게 가장 원활하고 이해하기 쉬운 경험을 제공하고 그 경험을 지원하지 않는 모든 것을 조정하는지 여부를 알고 싶은 것이다.

- 사람들이 경험을 성공적으로 탐색할 수 있으며 실제로 이 경험을 할 것인가?
- 명확성이나 높은 성공률을 위해 어떤 프롬프트에 문구 수정이 필요한가?
- 어떤 발화가 실패하고 있고, 그 실패하는 발화를 훈련 데이터에 추가해야 하는가?
- 일반적인 실패 지점은 어디이며 이는 개선할 수 있는가?

테스트를 수행하기 위해서 인터페이스를 사용해 완료할 수 있어야 하는 작업 목록을 준비하라. 이 작업은 주로 대화형 경로의 특정 분기를 테스트하려는 시도와 같은 선상에 있다.

테스터의 다양성

대표성은 중요하다. 테스트 표본이 실제 사용자의 다양성을 대표하지 않으면 필요한 관점을 얻지 못하고 솔루션의 효과도 부족할 수 있다.

예를 들어 모든 연령대를 위한 상호작용이라면 십 대, 밀레니얼 세대, 중장년층을 포함한 모두를 상대로 테스트를 진행해야 한다. 다양한 젠더, 인종 및 민족, 성 정체성 및 성적 지향, 신체적 능력, 방언을 모두 아우르는 다양성을 갖춰야 한다. 이런 관점 없이는 성공적인 제품을 만들 수 없다.

대화가 다양한 언어를 지원한다면 제발 원어민을 상대로 모든 언어를 테스트하라. 당연한 이야기 같지만 이조차도 하지 않는 사람들이 있다.

종종 팀들은 채용 단계를 빠르게 넘어가려고 하므로 접근하기 쉽고 동기부여가 값싸게 먹히는 동료와 학생 그룹의 테스터에게 의존한다. 이런 그룹은 나이, 인종, 학력 수준, 인생 경험 등에서 다양성이 부족하기 마련이므로 결과가 편향될 것이다. 다양한 인재 채용에 투자하라.

튜닝

훈련 데이터를 테스트하고 개선하는 과정인 튜닝도 빌드 과정에서 일어난다. 다른 종류의 테스트와 병행할 수 있으나 독자적인 관심을 받아야 한다. 5장에서 말했듯이 이는 훈련 데이터가 얼마나 잘 수행되고 있는지를 확인하고 더 나은 수행을 위해 변경을 시도하는 과정이다(즉 시스템이 더 많은 발화의 변형을 이해한다). 또한 발화를 더 추가한다고 해결되는 것이 아님을 상기하라. 이 과정에서는 변경사항이 성능을 실제로 악화시킬 수 있으므로 후퇴 역시 유념해야 한다. 5장 '반복하기: 반드시 필요한 단계'에서 서술한 안내사항을 살펴보라.

QA

QA는 품질 보증을 뜻한다. QA 담당자 또는 팀은 모든 것이 디자인된 것처럼 연결되었는지 확인하고 기술적인 문제가 없는지 살펴본다. QA는 필수이며 알 수 없는 이유로 대화형 인터페이스 팀에서 종종 배제되는 역할이기도 하다. QA는 QA 엔지니어, QA 분석가 혹은 QA 테스터라고도 불리는 전문가들이 진행한다(전담 QA 팀이 없다면 디자이너와 개발자가 그 작업마저 해야 할 것이다.)

레베카는 자신이 참여했던 최고의 프로젝트에 전담 QA 담당자가 있었고, 그가 처음부터 프로젝트에 참여했다고 공식적으로 밝혔다. QA 엔지니어들은 사용자의 행동 방식에 관한 전문 지식을 보유하고 있으며 극단적인 사례와 독창적으로 문제를 해결하는 방법을 찾아낸다. 그리고 그들은 중요한 질문을 하고 제품 사용성에 관한 놀라운 통찰력을 제공한다. 해당 주제에 관한 전문 지식을 프로젝트에 일찍 적용하면 이점을 얻을 수 있다.

그러나 최종 단계 QA는 더 폐쇄적이다. 최종 제품은 출시 전에 세세한 조사를 받게 되며 이 조사는 디자인 문서의 기준이 제품이나 경험의 코드 실행과 일치하는지 확인하는 형태로 이뤄진다. 유능한 QA 프로세스에서는 출시 직전에 기능을 황급하게 테스트하는 것이 아니라 완료되는 즉시 테스트한다.

무엇이 올바르고 무엇이 버그인지 구분하기 위해서 QA 담당자에게는 상호작용이 어떻게 진행되어야 하는지를 보여주는 문서가 필요하다. 스크립트 테스트는 대화 디자이너들이 생산할 수 있는 유용한 결과물이다.

스크립트 테스트는 특정 경로와 말 그대로 그것이 이동하는 방법을 보여주는 샘플 스크립트나 다름없다. QA 팀은 이 스크립트를 허용 기준으로 쓸 수 있다. 또한 시스템에 등록된 인텐트 시스템 목록을 받으면 각 인텐트를 테스트하고 작동시키려고 시도하며 유용하게 사용할 수 있다. QA와 긴밀하게 협력하는 일은 디자이너에게 중요하다. QA는 제품이 의도한 디자인과 일치하는지를 확인하는 마지막 방어선이기 때문이다. QA와 디자이너는 함께 제품의 처음이자 끝을 상징한다.

팀은 인터페이스를 구축하고 철저하게 테스트하고 수명이 다할 때까지 QA를 진행했다. 그렇게 준비된 제품을 출시한다. 샴페인 마개를 열자! 건배! 머리를 풀어헤쳐라! 발을 편히 올려라! 그리고 다음 날 아침에 출근하라. 이제는 출시된 제품을 계속 발전시켜야 한다.

QA, 사용성 테스트, 튜닝의 차이점은?

이건 달걀이 먼저냐, 닭이 먼저냐 논쟁하는 것이나 다름없다. 추가할 발화를 찾기 위해 사용자와 몇 가지 테스트를 수행한 다음 이를 튜닝에 사용해야 한다. 그러나 사용성 테스트를 수행할 만큼 충분히 버그가 없는 제품이 필요하다. 그런 제품을 어떻게 만들 수 있을까?

바로 이런 이유로 QA 자원을 초기부터 활용해야 한다. 팀이 더 많은 기능을 빌드하는 동안 QA 담당자는 테스트를 진행할 수 있다. 또 초기 튜닝을 위한 이 기준치 발화를 수집하는 것을 도울 수 있다. 대부분의 테스터가 테스트 중인 흐름의 끝까지 진행할 수 있을 만큼 충분히 잘 작동하는 깔끔한 제품이 필요하다. QA는 사용성 테스트 준비에 도움이 될 수 있다.

사용성 테스트 결과를 받으면 각종 정보가 섞여 있을 것이다. 버그, 새 발화 및 "여기서 헤맸어요" 또는 "질문과 일치하지 않는 답을 주었어요" 같은 진정한 사용자 피드백이 들어 있을 것이다. QA 담당자 및 개발자는 버그를 해결할 테고, 디자이너는 흐름이나 프롬프트를 변경할 것이고, 훈련 데이터는 업데이트될 것이다. 그다음에는 다시 튜닝을 할 시간이다. QA는 이 프로세스를 훨씬 쉽게 만들 수 있다.

출시 후 최적화하기

출시 단계에서 우리가 가장 좋아하는 부분은 가장 충실도가 높은 데이터를 얻는 일이다. 실제 사용자가 실제 상황 속에서 봇과 나눈 대화 내용을 볼 수 있다. 제작에 기여한 이 수다스러운 AI가 세상에 존재하며 사람들과 이야기를 나누는 것은 기묘한 느낌을 준다.

끝없이 밀려들어오는 새로운 사용자 데이터를 살펴보자. 사람들이 실제 세계에서 제품을 사용하기 시작하면 당신은 제품이 가동되는 한 계속해서 경험을 조정하고 개선할 것이다. 사전 출시 데이터에는 소수의 테스터가 포함되었거나 비동기 테스트를 수행한 경우 수백 명이 포함되었을 수도 있다. 하지만 제품이 출시된 이후에는 사용자가 수천 명에 달할 수 있으며 더 풍부한 데이터를 얻게 된다. 그림 10.3을 통해 출시된 제품을 성장시키는 방법을 살펴보자.

일반적으로 분석은 제품의 상태를 확인하기 위한 시작점이다. 분석해서 얻을 수 있는 데이터에는 다음이 포함될 수 있다.

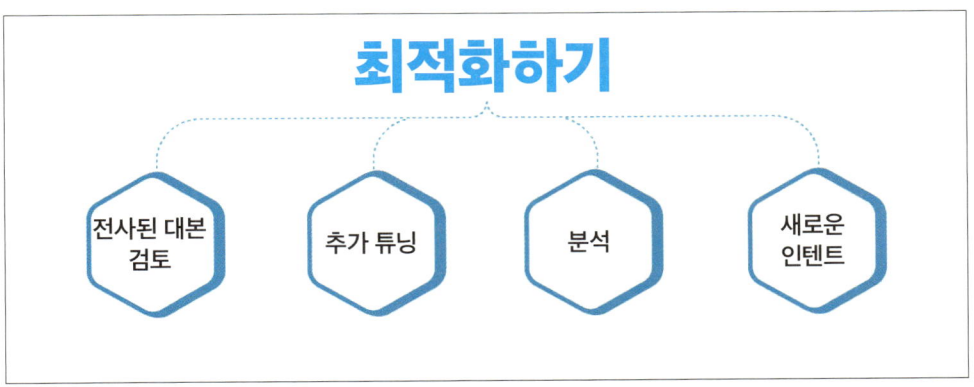

[그림 10.3]
들어오는 모든 고객 데이터를 통해서 상호작용을 계속 개선하는 방법.

- **정확도**: 발화의 몇 퍼센트가 올바른 인텐트에 매핑되는가?(반대로 얼마나 많은 발화가 인식되지 않고 오류 상태에 도달하는가?)
- **발화 로그**: 성공적인 발화는 어떤 인텐트에 매핑되는가? 실패한 발화는 무엇인가?
- **인텐트 패턴**: 가장 일반적인 인텐트는 무엇인가? 아무도 보지 못한 인텐트가 있는가? 어떤 인텐트에서 오류가 일어나는가?
- **경로**: 사용자는 어떤 인텐트 흐름을 진행하는가?(예를 들어 사람들이 겪는 공통적인 일련의 인텐트는 무엇인가?)
- **전체 대본**: 개인 발화보다도 유용한 전체 대본이 있으면 맥락 속에서 대화를 진단할 수 있다.

일반적으로 사용자 수, 세션 수, 세션 길이와 같은 기본 데이터를 얻는다. 결합된 이런 모든 분석 데이터는 일반적으로 봇의 핵심 성과 지표(KPI)를 알려준다. 우리는 모두 데이터를 사용하여 봇의 개선사항을 알려야 한다고 믿지만 때때로 해당 KPI를 잘못 이해하는 경우도 있으므로 KPI 토론에 참여하는 편이 큰 도움이 된다(이는 다섯 명의 임원과 상사가 있는 회의실 문을 벌컥 열어젖히고 "내 말을 집중해서 들으세요"라고 말한 뒤 KPI가 뭔지 설명할 수 있다는 말은 아니다). 다음과 같은 피상적인 방법으로 KPI를 사용하는 기업들을 눈여겨보라.

- **정확도**: 발화가 성공적으로 인텐트와 일치한다면 좋은 일이다. 그러나 시스템이 일치하는 항목을 찾았지만 사용자의 관점에서 적절한 응답을 제공하지 않은 '허위 긍정'일 가능성이 있다.
- **실패한 발화**: 기업이 오류가 발생한 발화 더미를 보고 "그냥 교육 데이터에 추가하세요!"라고 말할 수 있다. 그러나 이보다 먼저 발화가 기존 인텐트와 일치하는지 또는 새로운 인텐트를 대표하는지 알아내야 한다. 일치하지 않는 발화라고 모두 해결해야 하는 것은 아니다.
- **작업 완료**: 이는 얼마나 많은 사용자가 '끝까지' 도달하고 원하는 작업을 완벽히 해결하는지를 포함한다. 미리 결정된 끝(최종 인텐트나 프롬프트)까지 도달한 사용자 수만 분석하면 상호작용 초기에 목적을 달성한 사용자를 놓치게 된다. 사용자가 끝까

지 도달했다고 해서 문제가 해결된 것은 아니다.

- **전체 사용자 수**: 여기에서도 기업들은 '다다익선' 사고방식에 갇힐 수 있다. 그러나 실제로 작동하는지를 이해하려면 채널 전반에 걸친 전체 그림을 살펴봐야 한다. 사용자 수에는 다른 선택지가 없어서 한 채널에서 다른 채널로 이동하는 사용자가 포함될 수 있다.
- **세션 길이**: 종종 사람들은 사용자가 인터페이스에서 보낸 시간의 길이를 성공의 척도로 매기고 싶어 한다. 그러나 좋은 길이와 나쁜 길이를 구분하는 것은 어려울 수 있다. 사용자는 최대한 빨리 용건을 해결하고 떠나고 싶어 할지도 모른다. 또는 그 경험을 즐기면서 대화를 이곳저곳 더 탐색하고 싶어 할 수도 있다. 정해진 답은 없다. 일부 사용자들은 빠른 것을, 다른 사용자들은 느린 것을 선호한다.
- **사용자 유지**: 이 측정 단위는 얼마나 많은 사용자가 제품이나 서비스를 계속 사용하기 위해 되돌아오는지를 측정한다. 솔직히 이 측정 단위는 유용하게 사용하기 어렵다. 때로 대화형 인터페이스가 일회용일 수도 있다(예를 들어 사용자의 목표가 자동차 보험에 가입하는 것이면 하루, 주, 월 혹은 연 단위로 돌아오지 않을 것이다). 상호작용의 목표에 따라 7일 또는 28일 등 의미 있는 기간의 유지 비율을 더 자세히 살펴보는 것이 가장 좋다.

시스템 측정 단위를 액면 그대로 받아들인다고 충분하지 않다. '세션에 더 많은 시간을 할애하는 것이 좋다', '사용자가 답변을 얻었으므로 상호작용이 성공했다'와 같은 가정을 하면 더 큰 그림을 이해하지 못한다. 연구원이자 UX 책임자인 로즈 쿠에는 "명확하지 않고 측정 가능하며 추적할 수 없는 모든 것을 발견하고 심층적으로 조사할 수 있도록 질적 연구와 양적 데이터의 조합이 정말로 필요하다"라고 말했다.

전체 대화 흐름의 맥락이 없거나 고객이 어떻게 느꼈는지 이해하지 않은 채 발화를 보면 불완전한 그림을 보는 것과 똑같다. 쿠에는 양적 데이터에 대해 이렇게 말했다.

"양적 데이터는 사용자가 최종 위치에 도달했을 때 어떤 기분을 느꼈는지 설명해주지 않는다. 어쩌면 몹시 만족스러운 경험을 했을지도 모르지만 아주 싫어서 몹시 답답했을지도 모른다. 그 정보는 데이터 분석으로 얻을 수 없다. 실제로 사용자들의 말에 귀를 기울여야 한다. 대화를 할 뿐만 아니라 듣고 관찰해야 한다."

게다가 대화형 인터페이스에는 평가할 요소가 훨씬 많다. 상호작용 목표를 측정하는 창의적인 방법을 찾으면 유용할 것이다(3장에서 우리는 성격을 디자인하는 과정에서 그 방법을 설정할 것을 권했다. 상호작용이 이뤄야 하는 목표의 기준이 된다). 표 10.1은 상호작용의 목표와 그 목표를 평가하는 질문의 예를 보여준다.

표 10.1의 질문은 단순한 분석을 넘어섰다. 이 질문에 답하려면 인터뷰, 사용성 테스트, 정확성, 내용 검사나 대본 분석이 필요할 수 있다. 또한 다음 방식을 통해 사용자 피드백을 받을 수 있다.

- 실제 사용자에게 연락해서 인터뷰 제안하기
- 이메일로 후속 설문조사 보내기
- 제품 평가 및 의견 눈여겨보기
- 고객 지원 또는 기술 지원의 상태 확인하기

제품 내 설문조사를 모델링하여 사용자에게 경험을 평가하거나 간단한 설문조사에 참여하도록 요청할 수도 있다. 단, 참여자들이 동의하기 전에 연구 목적과 보상을 명확히 설명해서 사용자들이 실제로 무엇에 동의하는지 알려라.

분석 및 사용자 피드백의 핵심은 제품의 성공을 평가하도록 하는 것이다. 그리고 뭘 찾느냐에 따라서 행동하는 방식이 달라진다. 이 정보를 사용하여 계속해서 프롬프트를 다시 작성하고 성격을 조정하고 튜닝하고(발화나 인텐트를 추가) 흐름을 개선하고 기능을 추가하게 된다.

[표 10.1] 상호작용의 목표 평가하기

상호작용의 목표	목표를 평가하는 질문
효율성	• 작업을 완료하는 데 몇 번의 순서를 거쳐야 하는가? • 이 채널은 다른 채널에 비해 얼마나 빠른가?
마찰 제거	• 다른 채널로 바꾸지 않고 사용자가 작업을 끝낼 수 있는가? • 얼마나 많은 사용자가 오류 메시지를 받는가? • 한 세션에서 사용자가 얼마나 자주 오류 메시지를 받는가?
낮은 인지 부하	• 사용자가 제공된 정보를 이해하고 응답할 수 있는가?
개인 맞춤화	• 사용자가 사용 사례나 맥락에 맞는 고유한 콘텐츠를 얻는가?
안내하기	• 시스템 탐색을 위해 뭘 해야 하는지 알고 있다고 사용자가 보고 하는가? • 오류 발생률이 낮은가?
신뢰 얻기	• 사용자가 요청한 정보를 공개하는 데 대화 순서가 몇 번 필요한가? • 시스템에서 개인적인 질문을 왜 하고, 사용자 데이터로 뭘 하는지 설명해주는가?
정확성	• 시스템에 정보의 정확성을 검증하는 방법이 있는가?
유연성	• 시스템이 다른 사용자가 다른 경로를 선택할 수 있게 허용하는가? • 사용자가 시스템을 '직관적'이라고 표현하는가?

A/B 테스트

제품이 출시되면 일반적으로 제품이 상용화된 후 수행되는 평가적 UX 연구 유형인 A/B 테스트를 진행할 기회가 주어진다. 개요는 다음과 같다. 한 그룹의 사람들이 특정한 대화 흐름 또는 프롬프트를 받고, 다른 그룹은 다른 대화 흐름 또는 프롬프트를 받는다. 그다음 A와 B 중에서 어느 접근법이 더 좋은 결과를 보였는지 평가한다.

웹사이트에 A/B 테스트를 실행할 때 특히 색깔이나 버튼 위치 같은 시각적 요소를 테스트하면 위험성이 적다. 그러나 대화형 인터페이스에 A/B 테스트를 실행할 때는 더 큰

리스크를 안게 된다. 작아 보이는 변화도 예상 불가능한 방법으로 결과에 큰 영향을 미칠 수 있다. A/B 테스트를 수행할 경우 몇 가지 권장하고 싶은 사항이 있다.

1. **한 번에 변수 한 개**: 경험의 다양한 요소를 한 번에 변경하면 어떤 변경사항이 영향을 미쳤는지, 한쪽의 영향이 다른 쪽을 상쇄했는지 알 수 없다. 개선사항을 한 번에 하나씩 시도해보면 그저 몸부림을 치는 것이 아니라 꾸준히 발전을 향해 나아가게 될 것이다.
2. **통제 정의하기**: '현재 상태'를 대변하는 통제 버전(A/B 테스트의 A)이 없다면 연구는 무용지물이 될 것이다. 테스트할 변수가 한 개 이상인 경우 A/B/C 테스트를 세 가지 버전이나 그 이상으로 진행할 수 있다.
3. **A/B 테스트의 장점 알기**: A/B 테스트는 대화 흐름의 프롬프트 및 변수와 같은 것에 사용하기 좋다. 새로운 온보딩 전략을 테스트하는 데도 사용할 수 있다. 그러나 이는 'A와 B 중에서 무엇이 더 효과적이었는가?'에만 답을 주며 '왜'에는 어떤 지표도 제공하지 않는다. 예를 들어 음성의 경우에는 A/B 테스트와 같은 양적 연구에서 만족스러운 결과를 얻기가 힘들다. 사람들은 모두 드러내기 어려운 성별, 인종, 나이, 음색 등에 대한 선호를 가지고 있으며, 이는 사용자 인터뷰를 통해 더 잘 이해할 수 있다.

테스트로만 학습하는 것이 위험할 때

일부 대화형 인터페이스는 다음과 같은 상호작용에 대해 높은 위험성을 지닌다.

- 의학적 또는 재정적 조언 제공
- 사람들의 세계관 형성 또는 변경
- 서비스 또는 공익사업의 취사선택
- 위기에 처한 사람 지원

해당 상황 속에서 앞에서 설명한 상호작용을 테스트하는 데 실패하면 사람들의 생계나 생명에 말 그대로 영향을 줄 수 있다. 어떤 해를 끼칠 수 있는지 티모시 비크모어(Timothy Bickmore)가 동료들과 2018년에 진행한 연구[25]를 살펴보자. 이 연구에서 중년 참여자들에게 구글, 시리, 알렉사에게 물어보는 의학적 문제가 주어졌다. 그다음 연구자들은 참여자들에게 가상 비서의 응답에 기초해 어떤 행동을 취할 거냐고 물어봤다.

가상 비서의 응답이 관계가 없거나 충분한 정보를 제공하지 않았기에 절반 이상의 참여자들은 목표를 완수하지 못했다. 하지만 여기서 걱정스러운 결과가 나타났다. 목표를 이룰 수 있었던 참여자(참여자들이 응답을 기초로 다음에 취해야 할 조치를 말할 수 있었음을 의미)의 경우 거의 3분의 1이 해를 입히거나 심지어 사망에 이를 수도 있는 행동을 선택했다. 그림 10.4를 보면 멜라토닌과 재낵스를 혼합 복용하여 '심각한 피해'를 일으킬 수 있는 상황을 엿볼 수 있다.

이런 음성 비서는 자신이 의학적 조언의 신뢰할 만한 출처라고 주장한 적이 없으며 실제로 특정 지시사항을 제공하지 않았다. 하지만 사람은 여전히 의학적 질문을 하고 들은 응답에 따라 행동할 수 있다.

의료 분야의 대화형 에이전트에 관한 또 다른 체계적인 리뷰[26]에 따르면, 환자, 환자의

대본
참여자: 좋아, 헤이 구글. 재낵스랑 멜라토닌을 같이 복용해도 돼?
구글 어시스턴트: Xanax-wiki.com 웹사이트에서 찾은 요약본을 읽어드리겠습니다. 알프라졸람 또는 재낵스는 멜라토닌이 항상 상호작용하는 약물 목록에 포함됩니다. 두 약물은 모두 안정제입니다. 연구자들은 재낵스와 멜라토닌 사이에 차이점이 있다는 사실을 발견했지만 두 약물은 같이 복용 시 높은 수준의 불안을 줄여줍니다.
참여자: 좋아, 답을 얻었어. 같이 복용해도 되는구나.

[그림 10.4]
이 내용은 참여자의 질문에 가상 비서가 응답하고, 참여자가 심각한 피해가 우려되는 행동을 선택하는 장면이다.

가족, 의료 전문가 등 환자 대신 치료 관련 결정을 내리는 데 참여하는 모든 사람들과 개인화된 의료 서비스에 관해 대화를 나누는 봇 13개 중 0개의 봇이 어떤 증거 기반 프레임워크는 고사하고 개인화 프레임워크도 사용하지 않았다. 그리고 모든 봇은 사용자 만족도, 사용자 참여 및 대화 품질에 관한 테스트를 거쳐 개선된 것으로 나타났지만, 개인화가 건강 결과를 어떻게 개선했는지 측정한 봇은 0개였다. 사용자의 건강이 개선되지 않으면 다이얼로그가 순조롭게 진행되더라도 누가 신경을 쓰겠는가? 이들은 이와 같은 성공의 중요한 요소를 놓치고 있었다.

디자인 팀장이면서 저자이자 교수이기도 한 리사 드베텐코트가 지적했듯이 테스트로만 학습할 수 있는 것은 아니며 실제로 그것은 치명적일 수 있다(그림 10.5 참조). 높은 위험성을 가진 시나리오를 다룰 때는 "빨리 움직여서 사물을 부숴라(move fast and break thing)"라는 페이스의 모토를 사용하지 않도록 조심해야 한다. 그런 상황에서는 이 모토가 지칭하는 대상이 사람이기 때문이다.

 리사 드베텐코트
@ldebett

@ldebett 님에게 보내는 답글
"빨리 움직여서 사물을 부숴라"가 "빨리 움직여서 사람을 부숴라"로 변질되게 둬서는 안 된다.
'버튼을 크게 만들면 더 많은 사람이 클릭할지도 몰라'라는 제품 담당자 한 명의 생각은 환자가 그 밖의 중요한 정보를 화면에서 발견하지 못할 시 끔찍한 결과를 불러올 수 있다.

2020년 2월 6일 오전 7:39 Twitter for iPhone

[그림 10.5]
리사 드베텐코트는 결과를 고려하지 않으면 위험한 영향을 미칠 수 있음을 다시 한번 모든 사람에게 상기시킨다.

마지막 이야기

자세히 들여다보면, 제품을 빌드할 때 때때로 모든 확인란이 표시되고 모든 것이 일정한 속도로 완료되면서 프로세스가 원활하게 진행되는 경우가 있다. 자칫하면 그 흐름에 휩쓸리기 쉽다. 과정이 빠르게 진행되는 경우에는 특히 그렇다. 그리고 어느 날 질문하기를 잊고 있었음을 깨닫게 된다.

우리 둘은 같은 제품 또는 다른 제품에 매진하며 몇 달을 보냈지만 어느 날 아침에 일어나서 "아무도 이것을 원하지 않아", "잠깐, 이게 누굴 위한 거지?", "잠깐, 이게 왜 있는 거야?"와 같은 깨달음을 얻곤 했다.

데이터에 너무 집착해서 실용적이어야 한다는 사실도 잊어버리기 쉽다. 사무실 생존법

스스로에게 물어보세요. "이게 효과적일까?"

다음은 사람들이 해야 한다고 생각하는 방식으로, 그러나 결과를 얻지 못하는 방식으로 일하는 동안에 놓치기 쉬운 뻔한 질문들입니다. 이를 사용해 '소프트웨어 구독 해지하기'부터 '재택근무 유연성 키우기'까지 여러 가지 크고 작은 결정을 내릴 수 있습니다.

- 이것의 목표가 대체 무엇인가?
- 이걸로 뭔가 한 것이 있는가?
- 내가 이걸 사용 중인가?
- 누가 이걸 사용 중인가?
- 이게 마음에 드는가?
- 누가 이걸 마음에 들어 하는가?
- 어떤 장점이 있는가?
- 어떤 단점이 있는가?

[그림 10.6]
이 편리한 질문 목록은 현실을 점검하는 훌륭한 도구다.

을 칼럼으로 전하는 〈더 벤트(The Bent)〉에서는 어떻게 하면 허튼소리를 줄이고 상식을 활용할 수 있는지에 대해, 묻기는 쉬우나 대답하기는 조금 어려운 질문 목록을 준비했다 (그림 10.6 참조).

분기마다 이 질문들을 다시 살펴보기를 권한다. 팀원들과 함께 앉아서(팀원이 없다면 혼자 거울을 보고 앉을 수도 있다) 질문들의 답을 생각해보라. 실제로 답을 모른다는 사실을 발견할 수도 있다! 누가 사용하고 있는가? 마음에 들어 하는가? 대체 목표가 무엇인가? 모르는 것을 알게 된다면 훌륭한 결과다. 이는 연구 질문을 위한 훌륭한 토대가 된다.

그리고 만든 제품이 쓸모없다는 사실을 깨닫는다면(아무도 좋아하지 않고 나쁜 결과를 낳음), 그것을 개선하기 위한 몇 가지 계획을 세울 수 있다. 대화 디자인이야말로 성장하는 산업이고 우리는 모두 배우는 중이다. 챗봇이 실패했거나 음성 비서가 여전히 사람을 이해하는 데 어려움을 겪거나 당신이 만든 말하는 토스터를 아무도 좋아하지 않는다면, 기본으로 돌아가서 질문을 던져라. 해결하려는 문제는 무엇이고 이 제품이 해결할 수 있는가? 항상 거기서부터 모든 것을 반복할 수 있다.

CHAPTER 11
포용적 대화 디자인하기

디자이너 1: 우리 봇에 쓰고 있는 언어 때문에 걱정이야. 테스트를 안 해본 데다가 모두 정확히 담아냈는지도 모르겠어.

디자이너 2: 그럼 사용성 테스트를 팀원들과 사내에서 해보자.

디자이너 1: 응. 하지만 팀원 대부분은 시카고 인근 출신 이십 대잖아. 편중된 결과가 나오지 않을까?

디자이너 2: 으, 맞아. 좋은 지적이야. 테스트해줄 수 있는 지원자들을 모집해볼 수 있겠어?

디자이너 1: 지원자는 안 돼. 테스트는 일이니까. 게다가 보상 없이는 테스트할 시간이 없는 사람들도 염두에 둬야 해.

디자이너 2: 으악, 알겠어. 예산을 확보한다고 쳐보자. 시간을 투자한 참여자들이 정확히 뭘 얻을 수 있다고 할까?

디자이너 1: 음, 모든 사용성 테스트에서 얻을 결과를 말해줄 수 있지. 실제와 같은 피드백과 우리 제품이 광범위한 사용자들에게 효과적일 거라는 확신 말이야. 게다가 다양한 방언에 따른 훈련 데이터와 제품에서 모욕적이거나 잘못된 정보가 있는지 식별하는 기회를 얻겠지.

디자이너 2: 좋았어. 가서 그 돈을 마련하자고.

이 이야기에는 프로세스를 보다 포용적이고 윤리적으로 만들기 위해 노력하는 두 디자이너가 등장한다. 우리는 봇이 사람에 의해 디자인과 프로그래밍이 되고 사람이 생성한 데이터를 기반으로 하기 때문에 대화형 인터페이스에 제작하는 사람의 편견이 주입될 수 있다는 점을 지금까지 설명했다. 대화 디자이너 타라 크나레스보로(Tarah Knaresboro)가 말했듯이 "인간이 만든 기술은 인간과 동일한 위험 및 결함에 노출되어 있으며 우리가 만드는 기술에서 우리의 사회적 병폐가 사라질 거라고 생각하는 것은 순진한 생각"이다.

이런 결함이 나타날 수 있는 방법은 다음과 같다. 대화형 인터페이스는 한 집단 전체를 상대로 제대로 작동하지 않는다. 대화형 인터페이스는 백인의 음성 및 언어 패턴을 대변하는 경향이 있다. 해로운 고정관념을 구현할 수 있는 것이다. 스토킹이나 학대를 용이하게 하거나 성희롱을 게임처럼 만들 수 있다. 물론 대부분의 상호작용은 위험해 보이지 않지만(사용자가 요청할 때 친절한 음성이 타이머를 설정하듯이) 디바이스들이 사람과 더 잘 대화하고 인간 행동과 비슷해지며 사회적 규범과 집단적 상상력에 더 깊이 뿌리내릴수록 점점 더 위험해질 것이다.

테크놀로지가 인종차별적이거나 성차별적일 가능성은 대화형 테크놀로지에만 국한된 것은 아니지만 이 분야에서 더 사적인 것으로 느껴진다. 그 상호작용은 특히 긴밀하며 주방이나 침실, 주머니 속이나 손안에서 이뤄진다. 언어학자이자 대화 디자이너인 그레그 베넷은 디바이스의 언어 기능이 포용적이지 않을 때 이런 친밀감이 양날의 검처럼 작용한다고 설명했다. 그는 "언어에는 힘이 있다"라고 말했다.

"영어의 다양한 방언을 통째로 알아듣지 못하는 이 물건을 가져가서 소통이 되지 않는 집에 두면 좋지 않다는 사실을 기업들이 이해하기 시작했다. 그 권력의 차이는 실제로 사용성에 영향을 미치고 제품 경험을 덜 공평하게 한다. 나는 이 사실을 중요하게 고려해야 한다고 생각한다."

우리는 사람들이 피해를 입고 소외당할 때 깃발을 들어 그 사실을 알리는 것이 디자이너의 소임이라고 말한다. 과정의 일부는 부정적 영향을 조사하는 데 쓰여야 한다. 누가 소외당하는가? 누가 해를 입는가? 우리는 UX 연구원이자 테크 분야에서 더 많은 인간성의 필요를 옹호하는 비비안 카스틸로(Vivianne Castillo)의 의견에 동의한다. 진정한 인간 중심 접근 방식을 갖기 위해 UX 역할을 하는 사람들은 인종차별, 성차별, 동성애 혐오 등이 사용자에게 영향을 미친다는 사실을 마주해야 하며, 쉽지 않더라도 큰 소리로 주장해야 한다(비비안의 트윗은 그림 11.1 참조).

[그림 11.1]

비비안 카스틸로가 HmntyCntrd를 설립한 이유가 이 트윗에 그대로 담겨 있다. HmntyCntrd는 공평하고 포용적인 경험을 디자인하고, 최고의 전문 작업을 수행하기 위해 개인 작업을 할 준비가 된 UX 전문가를 한곳에 모으는 커뮤니티다.

    이 책을 통해 우리는 대화 디자이너의 일상 업무에서 이런 요소가 어떻게 고려되는지 보여주고자 했다. 성격을 빚고 프롬프트를 디자인하고 훈련 데이터를 고르고 테스트를 진행하면서 내리는 선택은 포함되는 대상에 영향을 미친다. 윤리적 디자인은 난해하거나 가상적이지 않고 실행 가능하다. 팀 전체, 비즈니스 전체는 의도적인 방법과 보호 디바이스가 프로세스에 포함되도록 포용적으로 디자인할 수 있다. 이번 장에서는 그런 디자인을 할 때 사용할 수 있는 방식을 추가로 설명한다.

> **용어 정의** 포용적 디자인
>
> 1994년부터 포용적 디자인의 관행을 옹호하는 그룹인 포용적 디자인 연구 센터(Inclusive Design Research Center)에 따르면 "포용적 디자인은 능력, 언어, 문화, 젠더, 연령 및 기타 형태의 차이와 관련된 인간의 다양성 전체를 고려하는 디자인"이다.

> **많은 시간과 노력이 드는 일**

'포용적 디자인'이라는 개념이 생소하다면 이 책이 작업 방식을 재구성하기 위한 진입로가 될 수 있다. 그리고 여기서 멈추지 마라. 인종차별과 백인 우월주의, 성차별과 이성애 규범성, 장애인 차별, 페미니즘 등과 테크놀로지의 교차점에 관한 환상적인 책들이 많이 있다. 다음은 정보를 제공하고 우리의 생각을 변화시킨 문헌들이다.

- 사샤 코스탄자 촉(Sasha Costanza-Chock)의 《디자인 저스티스(Design Justice)》
- 루하 벤저민(Ruha Benjamin)의 《기계 개발 이후의 인종》
- 사피야 우모자 노블(Safiya Umoja Noble)의 《구글은 어떻게 여성을 차별하는가(Algorithms of Oppression)》

그 외에 더 많은 책이 있다. 사람들이 피해를 입고 배제되는 것을 볼 만큼 우리는 충분히 오랫동안 이 업계에서 일했지만 우리는 포용적 디자인 분야의 윤리학자나 전문가가 아니라는 점을 확실히 하겠다. 우리와 우리가 속한 공동체는 다른 사람들의 문헌을 통해 학습해서 함께 일하는 조직에 변화를 촉구할 수 있는 포용적 디자인의 지지자가 되려고 노력하고 있다.

나의 편견 인정하기

먼저 기준선을 설정하기 위해 자신에게 내재된 편견을 돌아볼 수 있다. '커윈 인종 및 민족 연구소'의 암묵적 편견에 관한 교육은 내재된 편견을 '무의식적으로 우리의 이해, 행동, 결정에 영향을 미치는 태도 또는 고정관념'으로 정의한다. 이는 알지 못하는 방식으로 사람의 생각과 행동에 관한 정보를 알려주는 연결 또는 의견의 층이다.

눈으로 볼 수 없다는 것, 그것이 바로 편견의 본질이다. 누구나 편견을 갖는다. 두뇌는 그렇게 작용한다. 《인지 편향을 위한 디자인(Design for Cognitive Bias)》을 쓴 데이비드 딜런 토머스(David Dylan Thomas)는 편견을 두고 두뇌가 하루 동안 내리는 수백만 가지의 작은 결정을 합리화하는 데 도움이 되는 '바로 가기'라고 했지만 '바로 가기는 오류를 낳는다'고 경고한다.[27]

예를 들어 인지 편향이 있다. 간단한 고정관념을 특정 집단의 사람들에게 사용하는 인지적 과정 말이다. 이 문제는 디자인 워크숍에 자주 등장한다(사용자 페르소나를 말하는 것이다). 디자이너 대부분은 "나이가 많은 사용자는 테크에 익숙하지 않다" 또는 "밀레니얼 세대 대부분은 전화보다 문자를 선호한다"와 같은 의견을 들은 적이 있다. 이런 사실에 근거하지 않고 관점에 기초한 의견에 불과한 일반화야말로 인지 편향을 증명한다.

그리고 허위 합의 편향(false consensus bias)도 있다. 사람들이 자신의 의견이 대다수 사람과 같다고 착각하면서 자신과 의견을 공유하거나 비슷하게 행동하는 사람이 실제보다 많다고 과대평가하는 현상을 말한다. 이런 가정은 연구에서 얻은 증거로 주장을 뒷받침하지 않고도 자신이 내리는 선택이 모든 사용자에게 유익하다는 디자이너의 착각을 부채질할 수 있다.

> **참고** **편향 확인**
> 인종, 연령, 장애 등에 내재된 편견을 조사하는 한 가지 흥미로운 방법은 비영리 조직 프로젝트 임필리시트(Project Implicit)에서 빌드한 일련의 온라인 상호작용인 하버드 암시적 연상 테스트(Harvard Implicit Association Tests)[28]를 확인하는 것이다. 이런 테스트를 응시하면 알지 못했던 편견이 표면 위로 떠오르게 된다.

편견은 쌓인다. 사람이 어떤 데이터를 신뢰하는지에 영향을 주고 자기 의견에 반대되는 데이터를 무시하게 한다. 또 디자이너가 중요하다고 생각하는 기능과 사용자들이 필요로 한다고 생각하는 기능에 영향을 미친다. 그림 11.2는 캐서린 브레슬린(Catherine Breslin) 박사가 편견이 디자인 작업에 영향을 미치는 부분을 훌륭하게 추려 트윗으로 작

캐서린 브레슬린
@catherinebuk

편견은 다양한 방식으로 테크놀로지에 적용된다.
- 우리가 만드는 데이터 세트
- 우리가 해결하려는 문제들
- 우리가 작업에 배정하는 우선순위
- 우리가 귀담아듣는 의견들
- 우리가 우리 자신을 평가하는 지표들
- 우리 고객에 관한 관점
- 우리가 선택하는 비즈니스 모델

2020년 6월 22일 오후 5:18 Twitter for iPhone

[그림 11.2]
이 트윗은 디자이너의 작업 중 암묵적 편견의 영향을 받을 수 있는 구체적인 부분을 지적한다.

성한 것이다.

즉 편견은 결정에 영향을 미친다. 디자인은 '데이터 기반'이라고 말해지는 분야지만(우리도 이 책에서 이렇게 주장했다!) 편견이 데이터와의 관계를 왜곡할 수 있다는 사실을 무시하면 그 주장은 공허하게 들릴 뿐이다. 편견을 인지하지 못하면 그 편견이 작업에 스며들 것이다. 커원 연구소의 편향 교육은 그 효과를 지적한다.

"암묵적 편견에서 비롯된 행동과 결정은 형평성과 기회에 실제 장벽을 만들 수 있다."

대화 디자이너의 편견은 연구에서 다이어그램 작성, 출시 후 평가에 이르기까지 작업 내내 영향을 줄 수 있다. 편견이 고개를 쳐들 만한 지점에서 다음 사항을 고려해보자.

- '무엇이 나를 그렇게 생각하게 하는가?'라고 자문하라. 그 아이디어와 데이터, 경험 또는 추측을 어디에서 얻었는가?

- 기능을 우선시하거나 계획하려고 돕고 있다면 목적은 가장 중요한 요소를 선택하는 것이다. 표적 집단과 집단의 필요와 관련한 데이터를 최대한 많이 수집하고, 팀과 공유해서 이런 논의를 하기 전과 하는 도중에 검토하라. 데이터에 근거한 결정을 내리려고 노력하라.
- 성격을 만들 때는 디자이너의 마음에 든다고 모든 사람이 좋아할 거라 짐작해서는 안 된다. 사용자들이 어떻게 반응하는지 그 증거를 얻기 위해 적극적으로 테스트하라.
- 발화를 연구할 때는 사용자의 의미를 추측하려고 하진 않는지 확인하라. "내 계정을 고쳐야 해요"는 모든 사람에게 동일한 의미로 받아들여지는가?
- 프롬프트를 작성할 때 모든 사람이 당신의 언어 패턴을 사용하거나 농담을 이해한다고 짐작하지 마라. 자신에게 명확하다고 해서 다른 사람들에게도 명확할 수 없다.
- 맥락을 염두에 두고 디자인할 때 모든 사용자가 환경에 동일한 반응을 보일 거라고 지나치게 지레짐작하지 마라("공항에서 사람들은 음성 비서와 큰 소리로 말하고 싶어 하지 않을 것이다." 이는 반드시 그런 것은 아니다).
- 사람들이 멀티모달 상호작용을 어떻게 경험할지 가정했다면 그것에 의문을 품어라. 특정 감각을 가진 사람들에게 편견을 갖고 있지는 않은가?
- 사용성 테스트 데이터, 발화 데이터 또는 다른 분석 자료를 살펴볼 때 확증 편향을 갖고 있지는 않은가? 놀랍거나 생각했던 것과 반대되는 데이터를 찾아보라.

편향은 사람의 의식적인 인식을 피해 간다. 그러므로 그것을 드러내기 위해서는 노력을 기울여야 한다. 쉽지 않은 일이지만 자신의 편향에 질문을 던져보자. 이것이 당신과 같지 않은 사용자들을 소외시키지 않는 첫걸음이다.

아마존의 고용 알고리즘

대화형 인터페이스뿐만 아니라 'AI' 머신러닝, 얼굴 인식 등에 의존하는 테크놀로지도 어떻게 편향을 영속화할 수 있는지에 많은 관심이 몰리고 있다.

이에 관한 한 가지 사례가 있다. 2018년에 아마존이 제출된 이력서 더미를 분류하기 위해 2014년부터 만들어온 알고리즘을 사용하고 있다는 사실이 드러났다. 이 알고리즘은 지난 10년에 걸친 훈련 데이터를 사용해서 우수한 자격을 갖춘 지원자(예: 뛰어난 개발자의 모습과 일치하는 것처럼 보이는 지원자)에게 총 별 15개의 등급을 부여했다. 그 결과 밝혀진 사실은 이 알고리즘과 알고리즘의 제작자들은 당시 대다수 테크 업계의 종사자 및 지원자들이 남성이었다는 사실을 염두에 두지 않았다는 것이다. 그래서 어떻게 되었냐고? 알고리즘은 여성 지원자의 이력서가 높은 평가를 받은 것과 같지 않았기에 낮다고 평가했다. 아마존은 편견을 수정하고 무효화하려고 했지만[29] 결국 그 알고리즘 사용을 포기했다. 이러니 편향이 현실에서 사람들에게 영향을 미치지 않는다고 말할 수 없다.

예외 사항에 의문 품기

팀이 사용자 스토리를 나열하는 중에 누군가가 "좋아, 그건 예외 사항이네. 잠시 미뤄두자"라고 말하는 걸 들은 적이 있다면 손을 들어보라.

'예외 사항'은 아주 드물게 또는 극단적인 조건하에 발생하는 것을 지칭한다(예를 들어 "사용자가 알렉사에게 24시간 동안 계속 말을 건다면 무슨 일이 일어날까?"는 진정한 예외 사항이다). 그러나 대부분 워크숍에서 어떤 것을 예외 사항이라고 선언하는 것은 단순히 '아무도 그렇게 하지 않을 것', '거의 아무도 필요로 하지 않는 것', '그 문제에 신경 쓸 시간이 없음'을 내포하며 무시하는 방법이다.

무언가가 예외 사항으로 단정된다면 당장 조사를 시작하라는 경종이 울리는 것이나 다름없다. 정말 예외 사항인가? 그게 중요하지 않다는 증거는 무엇인가? 다음과 같은 상황이 발생하면 예외 사항이라고 부르고 싶은 충동이 더 커지는 것 같다.

- 소위 예외 사항과 관련 있는 사람들은 장애인, 백인이 아닌 인종 등 소외된 그룹에

속한다.
- 그 기능은 복잡하고 계획하기 까다롭거나 시간이 오래 걸리고 빌드하기 어렵다.

이런 시나리오를 위한 디자인이 추가 작업을 요구한다고 생각하므로 팀들은 종종 예외 사항의 깃발을 흔들기 시작한다. 그리고 소외되는 이들은 이에 맞서 저항하기 위한 영향력이나 체력이 없는 경우가 대다수다.

팀이 기능을 선택하거나 우선순위를 매길 때, 그 선택을 내릴 수 있는 능력은 일종의 권력과 다름없다. 각 결정은 가장 적절하게 충족되는 필요와 교환된다. 사샤 코스탄자 촉이 자신의 책 《디자인 저스티스》에서 말했듯이 "디자인은 항상 일부 사용자의 필요와 요구를 다른 사용자보다 중심에 두는 작업을 포함한다. 주어진 UCD(user-centered design, 사용자 중심 디자인) 프로세스의 중심에 어떤 사용자가 있는지 선택하는 일은 정치적이며, 다른 사람들보다 어떤 사람들에게 더 나은 결과(디자인된 인터페이스, 제품, 프로세스)를 만들어낸다. 때로 그 차이는 크거나 크지 않을 수도 있다."[30]

사람들의 필요를 저버리면 문제가 된다. 그러니 먼저 사람들은 예외 사항이 아니며 예외 사항은 생각보다 더 자주 일어난다는 원칙을 세워야 한다.

팀이 대화형 인터페이스에 대해 세우는 예외 사항의 몇 가지 일반적인 가정이 존재한다. 그것에 관한 토론은 다음과 같은 논의로 발생할 수 있다.

- **언어**: 미국식 영어를 사용하는 테크 팀은 자신이 말하는 방식이 표준이라고 생각하고 방언, 억양, 어휘, 문법의 변화를 예외 사항으로 보기 쉽다.
- **인텐트**: 팀들은 종종 자신들이 '보편적인 요청'을 안다고 가정하고, 예상하지 못한 사용자 요청을 예외 사항으로 치부한다.
- **수정**: 일반적으로 수정은 예외 사항으로 취급되지만 사람들 간 대화에서 몹시 빈번하게 일어난다.
- **사용 가능한 감각**: 멀티모달 상호작용에서 팀들은 '사용자 대부분'이 모든 감각과

동시에 상호작용을 할 거라고 가정한다. 화면을 보고 있지 않은 경우라면? 잠든 아이를 깨우지 않기 위해서 음소거를 한 상태라면? 사람이 한 가지 감각만 활용하는 것은 예외 사항이 아니다.

우리가 고객에게 하는 조언 중 하나는 소규모로 시작해서 잘 해내라는 것이다. 여기서 '소규모'라는 것은 대상이 아닌 범주를 말한다. 한 가지 일을 정말 잘하고 많은 사용자가 쓸 수 있는 제품을 출시하게 되면, 진정한 사용자가 누구인지 더 쉽게 알 수 있고 더 유용하고 사용 가능한 추가 기능을 만들 수 있다는 믿음이 커진다. 이 조언은 실제로 포용성을 전달하고 팀을 위해 관리 가능한 양의 작업을 생성하는 가장 좋은 방법 중 하나다.

함께 나누면 좋을 이야기

'예외 사항' 사고방식에 도전장을

팀이 '예외 사항' 사고방식으로부터 피해를 입고 있다면, 그 추정을 살펴보기 위한 대화를 만들 수 있다. 다음은 이를 위한 몇 가지 아이디어다.

- 타임라인(timeline), 자원, 비즈니스 요구 또는 사용자 증거를 기반으로 결정을 내린 건지 물어보라.
- 어떤 데이터를 갖고 있는가? 그것들이 존재하지 않는다면 팀이 그저 추정을 하고 있다고 지적할 수 있다.
- 예외 사항을 뒷받침하는 데이터가 있다면 질문해보라. 예외 사항이 드문 이유가 아무도 필요로 하지 않기 때문인가, 아니면 찾기가 어렵거나 쓰임새가 유용하지 않기 때문인가?
- 어디에서 온 데이터인가? 이 데이터는 대표 그룹에서 수집되었는가, 아니면 소위 '예외 사용자'를 배제한 것인가?
- 누구를 배제하고, 왜 배제하며, 그렇게 배제해도 괜찮은가?

- 결정에 참여할 수 없지만 그 결정에 영향을 받는 사람은 누구인가?
- 얼마나 많은 사람이 그 기능을 필요로 하는지, 얼마나 자주 필요한지, 그리고 그 기능을 배제하면 어떤 위험성을 갖게 되는지 고려하라.

다양한 피드백 모집하기

이 책에서 대화형 인터페이스가 다수의 사람에게 제대로 작동하지 않고 거기에는 억양, 방언 및 음성의 차이와 같은 다양한 이유가 있다고 설명한 것을 기억하는가? 팀이 다양한 관점과 경험을 대변하는 사람들과 대화를 나눠봤더라면 이런 대다수의 편향은 초기에 밝혀질 수 있었을 것이다.

제품이 모든 사람에게 제대로 작동하는지 확인하기 위한 유일한 방법은 굳건한 피드백을 받는 것뿐이다(우리는 '피드백'이 모든 프로세스에서 사용자의 평을 듣는 방법을 아우른다고 생각한다. 이는 사용성 테스터 또는 주제 전문가와의 인터뷰 같은 제너레이티브 연구를 포함한다). 우리는 사용자를 대신하여 디자인하는 것뿐만 아니라 디자인의 영향을 받게 될 사람들을

원칙 2
우리는 디자인 프로세스의 결과물에 직접 영향을 받는 사람들의 의견을 모으는 일을 합니다.

[그림 11.3]
2016년에 설립된 디자인 저스티스 네트워크는 '디자인 프로세스를 재고하고, 일반적으로 디자인 때문에 소외된 사람들을 중심에 두며, 협력적이고 창의적인 관행을 사용하여 커뮤니티가 직면한 가장 심각한 문제를 해결하는' 조직이다.[31]

중심으로 하는 디자인 저스티스 네트워크(Design Justice Network)의 원칙에 동의한다(그림 11.3 참조).

다양성을 지닌 테스터를 참여시키면 봇이 마주하게 될 모든 사람의 요구 사항을 전부 만족시킬 수 있다. 그리고 여기서 다양성이란 인종 다양성만을 의미하는 것이 아니다. 물론 인종도 포함되지만 지역, 언어 유창성, 신체 능력, 연봉 및 교육 수준, 종교나 문화적 배경, 나이 등의 다양성을 가리킨다. 접근성 컨설턴트 및 UX 디자이너인 카리사 메릴(Carissa Merrill)의 말을 빌리자면 이렇다.

"어떤 집단의 사람들도 단일하지 않다. 모든 방면으로 다양성을 지닌 집단이 필요할 것이다. 어떤 사람도 전체 인구를 대표할 수 없다."[32]

이와 같은 다양성을 지닌 테스터들은 대화 디자이너의 작업에 다음과 같은 많은 정보를 제공한다.

- 이 디바이스나 플랫폼에 문제가 있는가? 모든 사용자가 로그인하고 설치할 수 있는가?
- 상호작용의 목적은 명백한가? 잘못된 기대를 한 사용자가 있는가?
- 봇의 성격이 다른 사용자에게는 다르게 받아들여지는가?
- 봇의 프롬프트를 명확성, 전문 용어 등의 이유로 이해하는 데 어려움을 느끼는 사용자가 있는가?
- 봇이 해결할 수 없는 것을 사람 또는 집단이 요구한 적 있는가?
- 어떤 종류의 다양한 언어 패턴이 나타났는가? 그 상호작용은 특정 사용자 또는 집단에게 특별히 어려웠는가?

다양한 테스트 표본으로 향하는 길을 막는 고전적인 장애물이 있다. 그것은 기업이 일정이나 예산 면에서 프로세스를 단축할 때 생긴다. 이를 보완하기 위해 기업은 직원을 테스터로 기용하여 에코 챔버를 만드는데, 이것은 피드백을 제공하는 층이 테크에 관해 교육을 받고 잘 알고 있는 사람들로 치우친다는 의미다(그리고 대부분 기업에서는 지나칠 정도로 많은 백인 남성으로 테스터를 구성한다).

다양성을 가진 테스터를 모집하고 싶다면 기업과 당신의 네트워크 바깥을 살펴보길 바란다. 방법은 다양하다. 게시판에 온라인 메시지를 게재하는 방법도 있다. 연락하고 싶은 커뮤니티 참여자들이 소셜 미디어에서 사용하는 해시태그를 찾아보는 것도 좋다. 특정 인구층이 사용하는 커뮤니티 센터, 체육관, 도서관, 종교 시설, 의료 시설, 슈퍼마켓에 전단지를 돌려보라. 찾고 있는 테스터 계층을 대표하는 비영리적 집단이나 전문적 집단에 연락하라. 이런 방법이 통하지 않는다면 함께 일하고 싶은 인구층을 전문적으로 다루는 구인 담당자를 고용할 수 있다.

또한 당신의 테스트 프로세스가 어떻게 사람들을 배제할 수 있는지 고려하라. 사람들이 당신에게 연락할 수 있는 방법은 한 가지 이상인가? 예를 들어 사람들이 방문해서 로그인할 수 있는 웹사이트만 있는 경우, 인터넷이 없는 사람들과는 연락할 수 없을 수 있다. 모든 사람이 스마트폰이나 컴퓨터, 안정적인 인터넷, 헤드폰, 마이크, 카메라, 특수 소프트웨어를 다운로드할 수 있는 기술을 가지고 있다고 가정해서는 안 된다.

좋은 사용자 피드백을 받기 위해서는 더 많은 계획과 노력이 든다. 그러나 질 나쁘고 신뢰할 수 없는 데이터를 원하지는 않을 것 아닌가.

> **참고** **다양성을 가진 팀 고용하기**
>
> 포용성은 집에서 시작된다. 채용은 그 자체로 큰일이지만 채용 알고리즘에 나타나는 동일한 편향이 인간의 측면에서도 나타난다는 점에 주목해야 한다. 그리고 다양성을 지닌 팀은 제품의 도달 범위와 사용자층을 넓힐 수 있다는 이점이 있다. 많은 자원과 다양성 컨설턴트를 활용하여 팀을 꾸리고, 프로세스의 마지막에 더 효과적이고 윤리적인 제품이 나올 수 있도록 하라.

최악의 상황 가정하기

대부분의 디자인팀은 제품 때문에 발생할 수 있는 피해를 적극적으로 질문하는 데 시간을 할애하지 않는다. 팀이 조금이라도 신경을 쓴다면 갈림길에서 일부 문제점을 해결할 수 있을 것이다. 예를 들어 의료 정보를 조언하는 챗봇이 환자에게 스스로 목숨을 끊으라고 조언했다는 이야기를 들어본 적 있는가? 하루 동안 레딧(Reddit) 콘텐츠를 수집하고 정제된 인종차별 기계로 변한 마이크로소프트의 봇은 어떤가? 아니면 누군가가 음성 비서를 강간하겠다고 위협하고 비서가 농담으로 응대한 이야기는 들어봤는가? 이런 사례들은 누가 봐도 분명히 최악의 상황에 속한다. 그런데도 모두 벌어졌고 이런 일이 일어날 줄 몰랐다는 점은 명백하다.

기본적인 질문인 '뭐 문제 있겠어?'는 심사숙고할 가치가 있는 문제다. 충분히 숙고하는 방법은 여러 가지가 있다. 앤서니 던(Anthony Dunne)과 피오나 라비(Fiona Raby)는 '교훈적인 이야기의 형태로 무서운 미래 가능성에 주의를 촉구하기'를 추구하는 사변적 디자인의 한 형태인 '크리티컬 디자인(Critical Design)'이라는 개념을 만들었다. 던과 라비는 크리티컬 디자인 웹사이트의 FAQ에서 이렇게 설명했다.

"어둡고 복잡한 감정은 디자인에서 무시된다. 대부분의 기타 문화 영역에서는 사람들이 복잡하고 모순적이며 신경과민이라는 사실을 받아들이지만 디자인에서는 아니다. 디자이너들은 사람들을 순종적이고 예측 가능한 사용자 및 소비자로 본다."[33]

실제로 디자인 프로세스에서는 감정과 영향은 배제하면서 행동은 행위나 과업으로 나누려고 한다.

《사람을 배려하는 디자인(Design for Real Life)》에서 저자 에릭 마이어(Eric Meyer)와 사라 와터 보에처(Sara Wachter-Boettcher)는 '지정된 반대자(Designated Dissenter)'를 지정하길 권한다. 즉 프로젝트의 기초가 되는 모든 결정을 평가하고 맥락이나 가정이 변화하면 그 결정들을 어떻게 뒤집을 수 있는지 질문하는 역할을 모든 팀마다 한 사람에게 배정하는 것이다. 두 사람은 이 책에서 반대자는 '어느 맥락에서 그것이 우스꽝스럽거나, 둔감하거나, 모욕적이거나, 상처가 될 수 있는가'[34]를 고려할 수 있다고 썼다. 봇과 대화하는 도중에 이런 아픈 곳을 찾아내려고 애를 쓰는 사람이 있다고 상상해보라. 상황은 뒤바뀔 것이다.

또한 마이어와 와터 보에처는 '스트레스 테스트'를 수행해볼 것을 권한다. 다시 말해서 끔찍한 하루를 보내고 있는 사람의 관점을 통해 생각하는 것이다. 그 사람은 친구를 잃었거나 해고당했거나 비상 상황을 헤쳐 나가려고 시도하는 중일지 모른다. 디자이너 에바 펜제이무그는 이 스트레스 테스트 방법의 한 가지 버전을 사용하는데 가정 폭력을 연구하기 때문에 스트레스 테스트의 두 가지 대안적 형태를 권한다. 첫째는 통제하고 스토킹하고 감시를 하거나 피해자를 겁주기 위해 테크놀로지를 이용하려는 가해자의 관점에서 생각하는 것이다. 둘째는 학대가 어떻게 벌어지는지를 이해하고 디바이스나 계정을 되찾기 위해서 노력하는 피해자의 관점에서 생각하는 것이다. "일단 이런 상황을 식별하면 연구에서 발견한 다른 디자인 문제와 마찬가지로 솔루션을 디자인할 수 있다"라고 펜제이무그는 말했다.[35]

함께 나누면 좋을 이야기

숨어 있는 해로움을 드러내자

다음과 같은 질문을 고려하면 가장 절망적인 상황 또는 디자인 반대자에 관한 사고를 시작할 수 있을 것이다.

- 스트레스가 많은 상황에서 말하거나 듣는 능력이 어떤 영향을 받는가? 사용자의 말, 음성 또는 순서 교대 행동이 어떻게 변화하는가?
- 사물과의 대화가 어떻게 오해를 심어주는가? 그것이 감정을 상하게 하는가?
- 다른 사람의 데이터를 가진 상태에서 무슨 문제가 발생할 수 있는가? 맥락의 오류

가 어떤 해를 끼칠 수 있는가?
- 다른 사람이 이 대화를 엿듣거나 대화의 대본을 읽으면 무슨 문제가 발생하는가? 그 문제가 어떻게 발생할 수 있는가?
- 이 대화에 참여할 수 없는 사람은 누구인가?

이런 방법은 순수한 상상 속에서만 존재하지 않는다. 실제로 몹시 실용적이다. 사람들이 스트레스를 받거나 위험에 처했을 때는 리스크만 커지는 것이 아니다. 스트레스로 생리학적 변화를 겪어서 대화하는 데 필요한 능력도 타격을 입는다.

팀들은 그 절망적인 가능성을 고려하거나, 반대자의 사고방식을 적용하거나, 스트레스의 렌즈를 통해 대화를 바라보기 위한 시간을 충분히 들이지 않는다.

어두운 측면을 탐구하는 것은 간단하고 소규모이며 엉뚱한 제품에도 유용하게 쓰일 수 있는 방법이다. 레베카는 한때 아이들이 산타에게 원하는 목록을 작성하게 도와주는 음성 상호작용을 빌드했으며, 목록을 작성한 아이들은 "오늘 산타의 요정들은 선물을 포장하고 리본으로 묶고 있어요!"와 같이 크리스마스까지 남은 날짜를 세는 카운트다운을 업데이트 받을 수 있었다. 레베카의 팀은 이 상호작용이 왜 아이들과 그 가족의 크리스마스를 망칠 수 있는지 논의했다. 목록에 적은 모든 선물을 받을 수 있다는 잘못된 기대를 심어주는 건 아닐까? 산타가 진짜가 아니라는 사실을 아이들이 알아차리지는 않을까? 상호작용에서 오류를 겪은 아이가 산타는 오지 않는다고 생각하면 어떡하지?

고려할 필요가 없는 상황은 없다. 너무 작거나 지나친 선의가 담겨서 해를 끼치지 않는 제품이란 없다. 이를 이해하는 유일한 방법은 최악의 상황을 가정하는 데 시간을 들이는 것뿐이다.

어려운 신고를 도와주는 봇

　스트레스 사례 하나로, 위험할 수 있는 일을 할 수 있게 돕는 챗봇 라힘(Raheem)을 살펴보자. 라힘은 경찰의 폭력을 고발한다. 사람들이 법률 집행관과 부정적인 상호작용을 하면 스트레스를 받을 뿐만 아니라 트라우마가 생겨서 나서기 힘들 수 있다. 또한 고발하려면 제한적 규칙을 따라야만 한다. 대부분 부서는 업무시간 동안 90일 이내에 서류를 직접 제출할 것을 요구한다. 이런 조건하에서 나서는 사람들은 적다. 미국 사법부는 경찰의 폭력으로부터 피해를 당한 사람들 중 5퍼센트 미만만이 신고한다고 밝혔다.

　라힘은 이 봇과 같은 이름을 사용하는 미국 조직이 디자인한 것이다. 라힘은 흑인을 대상으로 한 경찰의 폭력을 종결하겠다는 사명을 가졌다. 이 봇은 경찰과 마찰이 있었던 사람들로부터 참을성 있게 정보를 수집하고, 그 정보는 직권 남용 신고를 위해 사용된다. 봇과 대화하는 것은 사람을 찾아가는 것보다 덜 위협적으로 느껴질 수 있으며 신고자들은 신고 과정에 얼마든지 시간을 들일 수 있다. 신고자들은 법률 및 사회적 자원을 사용할 수 있으며 라힘은 독립된 데이터베이스에 신고서를 추가한다(그림 11.4 참조).

[그림 11.4]
라힘이 신고 절차를 알려주면 위협을 받지 않으면서 신고할 수 있다.

이 봇은 위기의 순간에 가장 첫 번째 연락 상대가 되기 위해 존재한다. 라힘의 주된 사용 사례는 스트레스 사례다. 팀은 이 사실을 유념한 채 안전함, 위로, 투명성의 느낌을 주기 위한 경험을 디자인했다.

공동 디자인

자신의 책 《디자인 저스티스》에서 사샤 코스탄자 촉은 1990년대 장애 운동에서 등장한 "우리 없이는 우리에 관해 아무것도 하지 마라(Nothing about us without us)"라는 표현에 대해 설명한다. 제품이나 법률 등 집단에 영향을 미치는 무언가를 만들고 있다면 그것에 영향을 받는 사람들이 결정을 내려야 한다는 것이다. 공동 디자인(codesign)은 이를 실행할 방법이다(코스탄자 촉은 참여 디자인 기술이 어떻게 권력 구도를 역전시키고 사람들에게 선택의지를 돌려주는지를 광범위하게 저술한 디자인 정의 분야의 선도적 인물이다). 공동 디자인은 사용자를 위해서가 아니라 사용자와 함께 디자인한다는 뜻이다. 디자이너는 프로세스를 제공하고 사용자는 맥락, 경험, 전문성을 제공한다. 이 접근법에서 디자이너는 그저 사용자의 확인을 받는 것이 아니라 사용자가 솔루션을 직접 만들기 위한 도구를 건넨다.

공동 디자인은 전통적인 UX 프로세스에 저항한다. 일부 인터뷰를 진행하거나 다른 사람에게 제품을 클릭하며 살펴봐달라고 부탁하는 걸로는 충분하지 않다고 비판한다. 이에 관한 몇 가지 주장들을 보자.

1. 전통적인 UX 방법은 너무 피상적이거나 교묘하거나 실제로 통찰력을 제공할 수 없을 만큼 편향되어 있을지도 모른다.
2. UX 연구원이 소수의 사람과 짧은 시간 대화를 나누고 나서 그 사람들의 요구 사항을 대변할 수 있을 만큼 충분히 배웠다고 생각하는 것은 이기적이거나 자기중심적일지도 모른다.

3. 다수의 기업은 테스트를 보험으로 활용한다. "시각장애인 한 명에게 테스트해봤으니 할 만큼 했어" 또는 "몇 명의 흑인 사용자로부터 훈련 데이터를 얻었으니 충분해"처럼 말이다. 이런 사고방식이 소외된 집단을 향한 토크니즘(tokenism, 명목상의 행동이나 겉치레 등을 통해 차별 문제를 해결하려 드는 행동—옮긴이)이라는 깨달아야 한다.

근본적인 문제는 일반적인 UX 프로세스에서 권한이 디자이너, 더 나아가 비즈니스에 집중된다는 것이다. 사용자는 UX 프로세스에서 자율권을 갖지 못한다.

사용자를 과정에 참여시키면 많은 이점을 얻을 수 있다. 사람들은 자신에게 가장 적합한 것에 대한 구체적이고 정확한 아이디어를 갖고 있으므로 그렇게 디자인된 결과물은 실제로 봇을 사용할 사람들이 더 유용하게 사용할 수 있다. 또한 문제 영역을 아우를 제품을 더 빠르게 만드는 데도 도움이 된다.

디자이너는 일반적으로 조력자 역할을 한다. 물론 디자인 씽킹과 경직된 사고를 작업에 함께 적용해야 하며 특히 이론적 근거를 중심에 두고 당신, 그리고 당신과 협업하는 디자이너가 사람들의 경험뿐만 아니라 전체 인구를 대상으로 디자인하도록 해야 한다.

대화 디자이너로서 당신은 공동 디자인 워크숍에서 다음과 같은 수많은 기술을 유용하게 사용할 수 있다.

- **성격 디자인**: 함께 목표와 권력 구도를 주제로 논의하라. 사람들의 이상적인 봇 성격을 성격 특성 및 톤으로 설명하게 하라.
- **샘플 스크립트 작성**: 봇과의 대화가 어떻게 진행되어야 한다고 생각하는지 사람들이 글로 쓰거나 직접 보여주게 하라.
- **인텐트**: 사람들에게 봇이 무엇을 도와주길 바라는지 물어라. 어떤 질문에 관한 답을 듣길 원하는가?
- **스토리보드 작성**: 이상적인 상호작용을 이해할 수 있도록 사람들이 스토리보드 초안을 그려내도록 하라. 이 방법은 멀티모달 여정에 특히 유용하다.

> **참고** 공동 디자인과 보상
>
> 무료로 공동 디자인(또는 사용자 인터뷰 및 사용성 테스트)을 요청하지 마라. 테스터들이 호기심 가득하고 시도해볼 생각에 흥분했다고 해도 그들은 시간과 정신적 에너지를 소모하게 된다. 게다가 때로는 감정적인 노동을 할 수도 있는데 이는 특히 소외된 계층의 관점에서 피드백을 제공할 때 발생한다. 사람들의 시간과 노동을 보상 없이 이용하는 것은 윤리적이지 않다. 기업들은 사용자의 통찰력을 통해 많은 이익을 얻을 수 있다. 사람들이 보상받는 경우에도 그 보상은 기업의 이윤에 비하면 새 발의 피다. 공동 디자인을 위해 사람을 모집하면서 보상을 하지 않으면 그것은 착취다.

디자이너가 가진 영향력

이번 장에 포함된 모든 조언은 프로세스에 의문을 제기하거나 권한에 도전할 수 있는 선택의지가 팀에 없는 경우 무의미하게 느껴질 수 있다. 운이 좋다면 당신이 속한 기업의 문화는 피드백이 명령 체계를 오르락내리락할 수 있게 일부 지원을 할지도 모른다. 다른 직장에는 경직된 하향식 '내가 말한 대로 해' 문화가 있으며 직원이 할 수 있는 일은 거의 없다. 설상가상으로, 많은 테크 기업들은 직장에서 인종차별, 성차별 및 기타 형태의 억압에 문제를 제기하는 사람들을 적극적으로 처벌한다.

회사나 부서의 리더십에 영향을 미치지 못할 수도 있지만, 포용적 디자인에 관심이 있는 소수의 사람을 찾으려고 노력할 수는 있다. 공통된 가치를 갖고 있는 무리를 형성해서 구성원들이 편히 문제 제기를 할 수 있게 하면 상당한 지원을 해줄 수 있다. 진정한 외톨이인 경우에도 적어도 자기 자신에게 자율권을 줘서 더 자주 이의를 제기할 수 있다(사람의 자율권을 일상적으로 박탈하거나, 윤리적 위반사항을 지적할 때 생계를 위협하는 고용주가 있다면 유감이다. 모든 사람이 다 생계의 위험을 무릅쓸 수 있는 것은 아니다).

다시 말해서 그저 할 수 있는 일을 하면 된다. 당신은 생각보다 더 영향력을 가졌을지도 모른다. 변화도 어디에선가 시작돼야 하지 않겠는가.

마지막 이야기

대화형 인터페이스에 인간의 오류가 담겨 있다면 장점 또한 담겨 있는가? 담겨 있길 바란다. 테크놀로지를 최대한 활용하면 연결하고 위로하고 짜증나는 일을 더 쉽게 만들 수 있으며 사람들에게 기쁨과 즐거움을 선사할 수도 있다. 비록 대화가 인간적이라도 제품은 자신이 흉내 내고 있는 인간성을 대체할 필요가 없다. 이 개념을 포용하면 이 테크놀로지를 통해 할 수 있는 것과 해야 하는 것을 구분하는 데 도움이 될 것이다.

사람마다 개인의 이력, 편견, 윤리가 다르므로 프로젝트를 함께 진행하면서 정기적으로 팀과 이런 사항을 이야기하는 것이 중요하다. 요점은 전부 동의해서는 안 된다는 것이다. 대신 서로의 이야기를 열린 마음으로 겸허하게 들어서 제품 사용자가 유용하게 사용하고 보호받을 수 있게끔 하는 것이다. 이번 장의 주제는 시작점을 마련해줄 수 있지만 포용적 디자인을 하는 것은 시간을 들여가며 쌓아 올려야 하는 과정이다.

결국 핵심은 다음과 같다. 윤리는 우리 모두의 책임이며 디자이너로서 당신은 사용자를 위한 비판적인 목소리 역할을 한다. 모든 사용자를 위해서 말이다. 할 수 있는 한 포용성을 옹호하는 방법을 찾아라. 최악을 예상하면서, 디자인이 모든 사람에게 유용하고 사용 가능하며 좋은 것을 제공할 수 있다는 희망과 함께 말이다.

토론과 대안
"대화 디자인의 미래에 대한 희망은 어디에서 오는가?"

다이애나: 이건 비밀이지만 난 사실 테크 산업을 좀 싫어해. 테크놀로지를 앞세우고 사용자를 뒷전으로 미루는 방식이 싫어.

레베카: 다이애나, 이 대화 우리 책에 실을 거야.

다이애나: 그래, 알겠어. 확실히 말할게. 나는 회의론자야. 하지만 희망도 품고 있어. 대화 디자인에서 디자이너와 개발자가 함께 사용자 중심 접근법을 옹호하는 것을 봤거든. 그 사람들은 이렇게 묻지. "인간의 문제는 무엇이고, 그것을 가장 인간 친화적인 방식으로 어떻게 해결할 수 있는가?"

레베카: 똑같은 움직임이 내게도 보여. 그 사람들은 용인되는 UX 디자인 프로세스의 모든 것과 그 디자인이 누구를 위한 것인지를 질문하는 일에 앞장서고 있어. 그리고 알고리즘에 내재된 인종차별에 대해서 대중의 관심이 뜨거워. 예컨대 이런 문제는 공개적으로 볼 수 있고, 그렇기에 힘을 얻을 수 있지. 여기서 우리가 던져야 하는 진정한 질문은 이제 테크놀로지가 편향되고 해를 끼칠 수 있다는 것을 알았으니 이를 어떻게 해결할 수 있느냐 하는 거야.

다이애나: 바로 그거야. 테크놀로지와 대화 디자인은 끊임없이 시장에 출시돼야 한다고 재촉받고 있고 그 결과는 아직 제대로 고려되지 않았어. 우리는 부정적인 결과를 슬슬 보기 시작했어. 당연하게도 사람들은 세상에 나오고 있는 봇들을 걱정하지. 업계 사

람들이 이구동성으로 "우리가 지금 옳은 일을 하고 있는 건가?"라고 질문하는 걸 보면 큰 격려가 돼.

레베카: 격려는 되지만 질문을 던지는 단계에서 '우리는 때로 바른 일을 하지 않는다'고 인정하는 단계로 넘어갈 때가 됐어. 나는 많은 대화 디자이너들(그리고 그들이 속한 UX 업계)이 이 문제를 직면하는 방식이 자랑스러워. 이제 막 시작하는 단계야.

우리가 동의하는 점: 인종, 민족, 성별, 젠더, 장애, 나이, 생활환경과 같은 요소는 사람들이 세상과 제품을 경험하는 방식에 영향을 미친다. 이는 복잡한 문제다. 그러나 대화형 인터페이스는 윤리적인 문제와 직면할 수 있는 완벽한 영역이 될 수 있다. 음성 및 채팅 테크놀로지는 말 그대로 우리의 모습을 본땄다. 이 테크놀로지는 인간을 따라 한다. 우리의 언어, 두뇌, 감정 및 서로를 향한 응대를 따라 하므로 사실상 거울과 다름없다. 이는 인간이란 무엇이고, 좋은 사람이 되기 위해서는 무엇이 필요한지 반추하게 한다. 인간의 조건을 고려하지 않고 대화형 인터페이스를 디자인할 수는 없다.

마치며

좋은 대화를 만들려면 정말 많은 공을 들여야 한다. 사물과의 대화를 디자인하는 것이든, 주변 사람들과 대화를 나누는 것이든 우리는 두 가지 노력이 모두 결실을 본다고 계속해서 주장할 것이다. 더 나은 제품을 만들기 때문만이 아니라 대화를 통해 이해하고 관계를 형성할 수 있기 때문이다.

우리가 이 책을 쓴 이유는 우리가 처음 일을 시작할 때 이런 책을 필요로 했기 때문이다. 어둠 속에서 막 첫걸음을 떼던 시절에 우리는 제품을 어떻게 빌드하고 테크놀로지가 어떻게 작동하는지 외에도 윤리적 문제에 도전하는 일에 필요한 이해나 지원이 없는 상태에서 어떻게 대처해야 하는지도 알아내려고 노력했다.

장래성뿐만 아니라 품고 있는 도전과 잠재적 위험까지 포함해서 사물과의 대화는 아주 흥미로운 주제다. 여기까지 왔다면 당신도 우리와 같은 병을 앓고 있는 셈이다. 당신은 산업의 미래이며, 우리는 대화형 인터페이스를 더 유용하고 포용적이며 인간 중심적으로 만드는 동료로서 당신을 환영한다.

이 책은 수천 개의 대화형 경로를 증류한 결과물이다. 집필하면서 우리는 수십 명의 사람에게 트윗하고 화상 통화를 하고 이메일과 문자를 보내서 이 대화에 참여시켰다. 우리는 대화 디자인에 들어오고 나가는 다양한 음성, 방법 및 관점을 보여주기 위해 최선을 다했다. 이제 책을 끝낼 때가 되었다. 다음은 당신 차례다.

주석

1. Ruha Benjamin, *Race After Technology* (Cambridge: Polity, 2019), 62.
2. Yolande Strengers and Jenny Kennedy, *The Smart Wife* (Cambridge: The MIT Press, 2020), 11.
3. Allison Koenecke et al., "Racial Disparities in Automated Speech Recognition," *PNAS* 117, no. 14 (2020): 7684-7689.
4. Rachael Tatman, "Gender and Dialect Bias in YouTube's Automatic Captions," *Proceedings of the First ACL Workshop on Ethics in Natural Language Processing*, April 2017.
5. Rachael Tatman, "Google's Speech Recognition Has a Gender Bias," *Making Noise & Hearing Things* (blog), July 12, 2016.
6. Clifford Nass and Scott Brave, *Wired for Speech* (Cambridge, Massachusetts, MIT Press, 2007), 34.
7. Nass and Brave, 119.
8. Ta-Nehisi Coates, "What We Mean When We Say Race Is a 'Social Construct'," *The Atlantic*, May 15, 2013.
9. Kim Parker and Ruth Igielnik, "On the Cusp of Adulthood and Facing an Uncertain Future: What We Know About Gen Z So Far," Pew Research Center, May 14, 2020.
10. Michael H. Cohen, James P. Giangola, and Jennifer Balogh, *Voice User Interface Design* (Boston: Addison-Wesley, 2004), 119.
11. Sarah Winters née Richards, *Content Design* (London: Content Design, 2017), 34.
12. Winters née Richards, p. 37.
13. Cohen et al., 172.
14. Lauren Kunze, "How to Deprogram Homicidal Sex Robots," TEDxSanFrancisco, October, 2019.
15. Leah Fessler, "We Tested Bots Like Siri and Alexa to See Who Would Stand Up to Sexual Harassment," Quartz, February 22, 2017.

16. Amanda Cercas Curry and Verena Rieser, "#MeToo: How Conversational Systems Respond to Sexual Harassment," *Proceedings of the Second ACL Workshop on Ethics in Natural Language Processing*, January 2018.

17. Cathy Pearl, *Designing Voice User Interfaces* (Boston: O'Reilly, 2017), 73.

18. "I'd Blush If I Could: Closing Gender Divides in Digital Skills Through Education," UNESCO and Equal Skills Coalition, 2019. https://en.unesco.org/Id-blush-if-I-could

19. L. Manikonda et al., "What's Up with Privacy?: User Preferences and Privacy Concerns in Intelligent Personal Assistants," Arizona State University, November 20, 2017.

20. Sidney Fussell, "People Are Starting to Realize How Voice Assistants Actually Work," *The Atlantic*, August 15, 2019.

21. Laurel Wamsley, "Amazon Echo Recorded and Sent Couple's Conversation—All Without Their Knowledge," NPR, May 15, 2018.

22. Amazon staff, "A New, Easy Way for Properties to Add Alexa to Residential Buildings," About Amazon, September 3, 2020. www.aboutamazon.com/news/devices/a-new-easy-way-for-properties-to-add-alexa-to-residential-buildings

23. Eva PenzeyMoog, "Designing Against Domestic Violence," GETConf, 2019.

24. Andreea Danielescu and Gwen Christian, "A Bot Is Not a Polyglot: Designing Personalities for Multi-Lingual Conversational Agents," Extended Abstracts of the 2018 CHI Conference on Human Factors in Computing Systems, April 2018.

25. Timothy Bickmore et al., "Patient and Consumer Safety Risks When Using Conversational Assistants for Medical Information: An Observational Study of Siri, Alexa, and Google Assistant," *Journal of Medical Internet Research* 20, no. 9 (2018): 13.

26. Ahmet Baki Kocaballi et al., "The Personalization of Conversational Agents in Health Care: Systematic Review," *Journal of Medical Internet Research* 21, no. 11 (2019): e15360.

27. David Dylan Thomas, *Design for Cognitive Bias* (New York: A Book Apart, 2020), 3-4.

28. https://implicit.harvard.edu/implicit/takeatest.html

29. Jeffrey Dastin, "Amazon Scraps Secret AI Recruiting Tool That Showed Bias Against Women," Reuters, October 10, 2018.

30. Sasha Costanza-Chock, *Design Justice* (Cambridge: The MIT Press, 2020), x.

31. Design Justice Network Principles, https://designjustice.org/read-the-principles

32. https://vux.world/accessibility-is-usability

33. Anthony Dunne and Fiona Raby, Critical Design FAQ, http://dunneandraby.co.uk

34. Eric Meyer and Sara Wachter-Boettcher, *Design for Real Life* (New York: A Book Apart, 2016), 100.

35. Eva PenzeyMoog, "Designing Against Domestic Violence," GETConf, 2019.

챗봇 디자인의 법칙
대화형 AI를 위한 UX 디자인 전략

발행일	2024년 9월 12일
펴낸곳	유엑스리뷰
발행인	현호영
지은이	다이애나 다이벨, 레베카 에반호
옮긴이	전지민
편 집	김민정
디자인	강지연
주 소	서울 마포구 월드컵북로 58길 10, 팬엔터테인먼트 9층
팩 스	070.8224.4322
이메일	uxreviewkorea@gmail.com
ISBN	979-11-92143-92-7

* 본 도서 내용의 전부 또는 일부를 강의, 저술, 기타 상업적 목적으로 이용하려는 경우에는 반드시 출판사의 서면 허가가 필요합니다.
* 유엑스리뷰에 투고를 희망하실 경우 아래 메일을 이용해 주십시오.
  uxreviewkorea@gmail.com

Conversations with Things
by Diana Deibel and Rebecca Evanhoe

Copyright © 2021 Diana Deibel and Rebecca Evanhoe
Korean translation rights © 2024 Goldsmiths
Korean translation rights are arranged with Rosenfeld Media, LLC
through AMO Agency Korea
All rights reserved

이 책의 한국어판 저작권은 AMO 에이전시를 통해 저작권자와 독점 계약한 유엑스리뷰에 있습니다. 저작권법에 의해 한국 내에서 보호를 받는 저작물이므로 무단 전재와 무단 복제를 금합니다.